隆天知識產權 隆諾律師事務所
LUNG TIN IP ATTORNEYS LUNG TIN LAW FIRM

2021年度
中国法院
知识产权审判
动态跟踪

主　　编　郑泰强
执行主编　许　波

法律出版社
LAW PRESS·CHINA
北京

图书在版编目(CIP)数据

中国法院知识产权审判动态跟踪. 2021年度 / 郑泰强主编；许波执行主编. -- 北京：法律出版社，2022
ISBN 978-7-5197-7010-5

Ⅰ. ①中… Ⅱ. ①郑… ②许… Ⅲ. ①知识产权-审判-中国-2021 Ⅳ. ①D925.118.4

中国版本图书馆CIP数据核字(2022)第152400号

中国法院知识产权审判动态跟踪(2021年度)
ZHONGGUO FAYUAN ZHISHI CHANQUAN SHENPAN DONGTAI GENZONG(2021 NIANDU)

郑泰强 主编
许 波 执行主编

责任编辑 朱轶佳 韩梦超
装帧设计 李 瞻

出版发行 法律出版社
编辑统筹 司法实务出版分社
责任校对 王晓萍
责任印制 胡晓雅
经　　销 新华书店

开本 710毫米×1000毫米 1/16
印张 26.5 **字数** 467千
版本 2022年9月第1版
印次 2022年9月第1次印刷
印刷 永清县金鑫印刷有限公司

地址：北京市丰台区莲花池西里7号(100073)
网址：www.lawpress.com.cn
投稿邮箱：info@lawpress.com.cn
举报盗版邮箱：jbwq@lawpress.com.cn

销售电话：010-83938349
客服电话：010-83938350
咨询电话：010-63939796

书号：ISBN 978-7-5197-7010-5
定价：128.00元
凡购买本社图书，如有印装错误，我社负责退换。电话：010-83938349

编委会

郁　舜　张思悦

穆丽娟　康　兴

撰写人

许　波　卜祥凯

邓思涵　李鹏飞

陈　菲

序　一

不久前，隆天知识产权集团联系我，表示系列案例丛书首卷的《2020 年度中国法院知识产权审判动态跟踪》即将付梓，邀我作序。阅毕书稿，我欣然答应。

我与隆天是"老相识"了。早在 1998 年，隆天就在中国人民大学设立了"人大法学院隆天知识产权奖学金"，获奖的优秀学子至今已达数百名。在专注于知识产权争议解决的隆诺律师事务所于 2014 年正式成立后，隆天与人大之间的交流越发密切和深入。时光荏苒，隆天不仅已经茁壮成长为我国知识产权法律服务领域的领跑者之一，也是始终陪伴、支持着人大知识产权法学研究的同行人。

2020 年年初，我关注到隆诺律师事务所创新性地推出了"隆诺视界 · 司法跟踪"栏目，密切跟踪全国各主要法院最新作出的知识产权司法裁判典型案例，并针对每一个典型案例，精练案情概要及裁判规则，清晰明了地展现了当前我国法院知识产权审判的最新动向以及发展趋势。"知法治之所由生，则应时而变"，法律、案例是映照时代发展的明镜。"司法跟踪"取材及时、广泛，具有很强的时效性、实务性和专业性，也为知识产权法学研究源源不断地提供了丰富的养料和有力的支持。

"石以砥焉，化钝为利；法以砥焉，化愚为智"。值此书出版之际，衷心期望本系列丛书能够成为法官、学者、律师等知识产权工作者的"手边书"和案例库，也期待"隆诺视界 · 司法跟踪"栏目能够乘风前行、精勤致远，继续保持输出优质的案例素材，共同记录下我国在迈向知识产权强国进程中的点点滴滴。

是为序。

中国人民大学法学院教授

中国人民大学知识产权学院院长

中国法学会常务理事、学术委员会委员

中国知识产权法学研究会会长

刘春田

二零二一年十一月于北京

序　　二

隆天深耕知识产权领域已二十七年有余,“办大案、办难案、办好案”已成为植根隆天人心底深处的信条。作为脱胎于隆天法律部的隆诺律所,自2014年成立以来,就很好地传承了隆天人的办案信条,专注于知识产权争议解决,紧跟国际国内知识产权最新动向和司法裁判领域的前沿规则,取得了非常丰硕的研究成果。为了更好地回馈社会并求教于方家,隆诺律所计划推出一套有关中国法院知识产权司法裁判动向的别具一格的案例丛书,以每一个自然年度为单位,将历经一年跟踪和精选的当年度全国法院知识产权典型案例及其裁判规则汇编成册,以飨读者。

近年来,我国各级法院正在大力推进案例指导制度,知识产权领域尤甚。自2005年起,最高人民法院通过及时发布指导性案例、典型案例、公报案例等形式,为全国法院审判工作提供及时、有效的实务指导,各地法院亦通过多种形式的典型案例发布,指导本地司法实践,推动司法公开。正如中国近现代法学奠基人沈家本所言,“律者,一成不易者也。例者,因时制宜者也。”在中国法律漫长的发展史中,法律的稳定性与案例的灵活性相辅相成、互为补充,二者共同构成了形塑社会规则的重要方面。在此时代大背景下,基于对“律”与“例”之理解,北京隆诺律师事务所自2020年伊始,由许波博士牵头组建了司法跟踪团队,对全国各级法院最新的知识产权司法动态予以紧密跟踪,日更不辍,并以案例概要及裁判规则汇编的形式,通过“隆诺视界·司法跟踪”栏目定期发布于众。需要特别说明的是,许波博士在北京知识产权法院工作期间,曾经全程参与了最高人民法院知识产权案例指导研究(北京)基地的设立、运行及相关规则制定工作,对于检索并应用在先案例实现纠纷解决具有丰富的经验。

就某种程度而言,法律往往是寂寥的,但案例却是鲜活的。司法跟踪团队的劳动和智力成果以案例明释法理,以要旨指导实践,无疑是为知识产权界的广大同人提供了有效、务实、及时的办案参考。尤为值得关注的是,最高人民法院《关于统一法律适用加强类案检索的指导意见(试行)》在2020年7月31日正式施行,其中明确规定了人民法院类案检索的工作机制,扩大了类案检索的范围,为我国案例指导制度进一步向深入推进提供了实操规则,这也进一步印证了司法跟踪团队所做工作的前瞻性和正确性,亦体现了将每年度司法跟踪内容整理出版的价值性和必要性。

当前,在习近平总书记和党中央的高度关注下,我国知识产权领域正处于前所未有的发展机遇期。《"十四五"国家知识产权保护和运用规划》高屋建瓴,全面谋划了知识产权强国战略的宏伟蓝图。国内知识产权相关法律法规不断修订、完善,最高人民法院也不断发布相配套的司法解释、司法意见等,新领域新业态,知识产权立法、司法、执法深入推进、系统协同,各地法院受理的知识产权案件数量持续攀升,新颖、疑难、复杂案件层出不穷,知识产权从业者大有可为,但机遇显然也与挑战并存。作为法律人,我深知办案经验的积累并非一日之功,法律素养的精进亦非一蹴而就,但"宁可十年不将军,不可一日不拱卒",对于案例的积累和学习任何时候都不能放松,也任何时候都不晚。衷心期望本书能够成为知识产权从业者的"枕边书",为进一步理解法律、法规、司法解释的真实样态有所助益,也期待本书能够为推动我国知识产权案例指导制度的落地实施贡献绵薄之力,期待北京隆诺律师事务所司法跟踪团队能够不忘初心,继续保持高质量的司法案例输出,做这个伟大时代的见证者、记录者。

是为序。

前国际知识产权律师联合会(FICPI)中国分会副会长
中国人民大学法学院法律硕士专业研究生兼职导师
中华全国专利代理人协会常务理事
中国知识产权研究会常务理事
中华商标协会常务理事
中华全国专利代理师协会国际交流合作委员会委员
中评协知识产权资产评估专业委员会委员
隆天知识产权代理有限公司董事长
郑泰强
二零二一年十一月于北京

编 者 序

近年来，最高人民法院建立并在我国司法审判中逐步推广适用案例指导制度。2020年7月31日正式施行的最高人民法院《关于统一法律适用加强类案检索的指导意见（试行）》在总结各地法院司法经验的基础上，给出了通过运用类案检索方法统一法律适用的具体指引，为案例指导制度在实践中进一步落地生根奠定了坚实基础。

知识产权领域与创新密切相关，知识产权案件的前沿性、复杂性与制定法规定的滞后性、僵化性冲突频繁，通过典型案件的审理及时输出具有指引意义的裁判规则，成为我国法院实现社会治理、服务保障创新驱动发展战略实施的重要职责使命。在知识产权审判领域，最高人民法院早在2005年2月1日即开始尝试向社会公开发布典型案例，并在此后形成了制度化的年度典型案例发布机制并延续至今，为及时明确裁判标准和司法导向发挥了重要作用。2015年4月24日，最高人民法院在北京知识产权法院设立"最高人民法院知识产权案例指导研究（北京）基地"，以知识产权审判为突破口，探索建立具有中国特色的知识产权案例指导制度，为全国司法审判工作以及案例指导制度在更多审判领域的推广适用提供鲜活、丰富的实践样本和具体操作指引。至今，"遵循先例"的裁判理念以及对在先案例的援引适用，已在我国多地法院的知识产权审判工作中得到了贯彻执行，受到学术界、实务界的多方认可。

在此大背景下，隆天知识产权代理有限公司（以下简称隆天知识产权）、北京隆诺律师事务所（以下简称隆诺律所）自2020年伊始，组建起专门的司法跟踪团队，每日紧密跟踪全国各地、各级法院的知识产权司法审判动态，并精选其中重大、新颖、具有指引意义的案例，以案例概要及裁判规则汇编的形式通过"隆诺视界·司法跟踪"栏目定期发布于众。司法跟踪团队的主要负责人为隆诺律所执行主任、合伙人许波博士，团队成员包括卜祥凯、邓思涵、李鹏飞、陈菲等律师。其中，许波博士作为原北京知识产权法院四级高级法官,全程参与了知识产权案例指导研究(北京)基地的设立、运行及各大课题研究,亦在知识产权案例指导方面编著大量研究性文章及专著;邓思涵等律师具备英语、日语、计算机工程、材料工程、生物医药等复合背景,较为完整地涵盖了各个知识产权领域,能够互相协作、优势互补、形成合力,将对知识产权案例指导制度的运用切实落地并向深入探索实践。继 2020 年整理全年司法跟踪案例并出版《2020 年度中国法院知识产权审判动态跟踪》后,2021 年全年,司法跟踪团队共发布 25 期司法跟踪,文字总计逾 27 万字,其中涉及 220 余个典型案例,并总结提炼出 220 余条具有指引意义的裁判规则。对这些典型案例的及时、精心择选和提炼,获得了广大知识产权从业人员的广泛好评,每一期司法跟踪都成为获悉我国知识产权司法裁判最新动态及裁判规则,并可用以指导实务办案、学术研究的宝贵资料。

随着案例指导制度的大力推进及“隆诺视界 · 司法跟踪”栏目越发专业和精研,以及业内同人对于《2020 年度中国法院知识产权审判动态跟踪》给予的肯定与支持,司法跟踪团队梳理了 2021 年度的 220 余个典型案例,结合最新的法律、法规、司法解释规定及指导案例,继续秉承着为知识产权从业人员提供务实、便捷、优质的参考书的初衷,撰就本书。

具体而言,本书主要由以下两个部分构成:

第一部分:以司法辖区划分的典型案例汇整。该部分主要分为最高人民法院、北京法院、上海法院、广东法院、浙江法院、江苏法院及其他法院共七个名目,各名目下涵盖该司法辖区内法院所审理的典型案例,每个案例由诉讼基本信息、案情简介及裁判规则构成,以便读者能够快速了解我国各地法院 2021 年度知识产权审判的主要情形及趋势。

第二部分:以知识产权类型划分的裁判规则汇编。该部分主要分为专利类、商标类、特殊标志专有权、著作权类、不正当竞争类、垄断类、植物新品种权共七个名目,各名目下总括 2021 年度典型知识产权案例中提炼出的裁判规则,并按照审判逻辑和法律争点进一步归类编排,以便读者能够从具体法律问题入手,快速了解我国各地法院针对该具体法律问题的主要观点及裁判要旨。

本书从编写初衷、素材来源、整体架构等方面均显著区别于当下的裁判文书汇编类书籍、法律法规汇编类书籍、案例评析类书籍等。如前所述,本书通过精选 2021 年度全国各地、各级法院的典型案例,简明概括每个案例的来龙去脉而形成一目了然的案情简介,深度加工每个案例的裁判观点而形成可快速理解并适用的裁判规则，能够为知识产权领域从业人员提供及时、高效、务实的办案参考及规范，也能为学术研究提供鲜活、丰富的案例素材。我们也期望继续保持紧密跟踪各地、各级法院的最新司法裁判动态，以每一个自然年度为单位将跟踪的案例集结汇编出版，做中国知识产权审判事业的见证者、记录者，以求真务实的态度为中国知识产权事业贡献我们的绵薄之力。

隆天知识产权代理有限公司、北京隆诺律师事务所
司法跟踪团队
二零二二年五月

Contents | 目录

第一部分

各地法院典型案例

第二部分
裁判规则汇编

第一部分

各地法院典型案例

一、最高人民法院

（一）专利类

专利民事纠纷

白某民等与多维公司专利权权属纠纷案

法院：最高人民法院

法院：（2020）最高法知民终 1258 号

上诉人：无锡乐尔科技有限公司、白某民

被上诉人：江苏多维科技有限公司

案由：发明专利权权属纠纷

案情简介：白某民是“用于销售终端的读出磁头”发明专利（以下简称诉争专利）的发明人。诉争专利于 2012 年 8 月 4 日由白某民申请，后变更申请人为无锡乐尔科技有限公司（以下简称乐尔公司），目前诉争专利的专利权人为乐尔公司。江苏多维科技有限公司（以下简称多维公司）主张白某民自 2011 年 5 月至 2012 年 6 月在其公司任职，诉争专利为职务发明创造，专利权应归多维公司所有，并提交了白某民个人社保参保证明和个税缴税记录、白某民工作周报记录、参加会议相关邮件、公司内部发放工资等证据予以佐证。白某民辩称其为兰州大学教授，并非多维公司员工，向多维公司提供研发服务是基于《咨询服务合同》以及《技术开发委托合同》，且诉争专利并非产生于与多维公司的合作中。江苏中院一审认为，双方劳动关系不应仅以是否存在明确劳动合同为依据，而应结合在案证据综合予以判定。多维公司提交的证据间可以相互印证，足以证明在上述时间段内，白某民与多维公司形成了事实上的劳动关系，并据此判定诉争专利归多维公司所有。白某民及乐尔公司不服一审判决，向最高人民法院提起上诉，并提交多组新证据。

最高人民法院经审理认为，白某民与多维公司工作关系的性质应当以双方之间的约定优先。本案中无明确证据证明白某民具有将其与多维公司之间由《咨询服务合同》所确定的工作关系的性质变更为职务发明意义上的劳动关系或临时工

作关系的意思表示;双方实际实施行为也不足以认定双方之间存在职务发明意义上的劳动关系或临时工作关系。最高人民法院据此认为白某民与多维公司之间不存在劳动关系,并撤销一审判决,驳回了多维公司的全部诉讼请求。

裁判规则

1. 判断发明人与用人单位之间是否存在职务发明意义上的劳动关系或者临时工作关系,关键在于判断用人单位对发明人的创造性劳动是否已取得支配权。如果用人单位与发明人之间的关系仅是一般的合作关系,发明人并未让渡相关劳动的支配权,则不应将不属于用人单位支配的劳动所创造出的技术成果认定为该用人单位所有。

2. 个人与用人单位系平等的民事主体,在不涉及国家、社会公共利益的情况下,双方之间形成何种工作关系应遵循意思自治原则。认定发明人与用人单位之间工作关系的性质应当以约定优先,只有在双方之间没有约定的情况下,才需要根据双方所实施的实际行为和结果进行综合判断。

CJ 株式会社与东晓公司侵害发明专利权纠纷案

法院:最高人民法院

案号:(2019)最高法知民终 702 号

原告:CJ 第一制糖株式会社

被告:诸城东晓生物科技有限公司

案由:侵害发明专利权纠纷

案情简介:CJ 第一制糖株式会社(以下简称 CJ 株式会社)是"启动子核酸、表达盒和载体、宿主细胞和使用该细胞表达基因的方法"发明专利(以下简称涉案专利)的专利权人。CJ 株式会社于 2017 年 11 月 8 日在青岛市中级人民法院(以下简称青岛中院)对诸城东晓生物科技有限公司(以下简称东晓公司)提起诉讼,诉称东晓公司生产、销售、许诺销售侵害涉案专利的 L－赖氨酸盐酸盐以及 L－赖氨酸硫酸盐产品(以下简称涉案产品),请求法院判定东晓公司停止侵权,并赔偿 CJ 株式会社经济损失及合理开支共计 9998 万元。

2018 年 11 月 1 日,青岛中院依据 CJ 株式会社的申请,在东晓公司对涉案产品进行了证据保全。青岛中院委托中国工业微生物菌种保藏管理中心(以下简称鉴定机构)对经证据保全的涉案产品进行鉴定(以下简称第一次鉴定),并依据 CJ 株式会社的申请向鉴定机构提供了双方当事人提交的鉴定方法作为参考。第一次鉴定的结论为未检测到与涉案专利对应的技术特征。CJ株式会社对第一次鉴定报告的真实性、合法性和关联性无异议,但认为鉴定样品是东晓公司已经知晓本案发生后在其公司通过证据保全取得,存在更换修改鉴定样品的可能性。2019年5月24日,青岛中院再次委托鉴定机构对公证购买的涉案产品进行鉴定(以下简称第二次鉴定),第二次鉴定的结论仍为未检测到与涉案专利对应的技术特征。青岛中院经审理认为,根据两次鉴定的结果,涉案产品并未落入涉案专利的保护范围,并据此驳回了CJ株式会社的诉讼请求。

CJ株式会社不服一审判决,向最高人民法院提起上诉,并提交了由鉴定机构出具的针对第二次鉴定的补充说明(以下简称补充说明),其结论为在采用了新的鉴定方法后,检测到了涉案专利的技术特征,但该补充说明并非由原司法鉴定人作出,且并非由青岛中院委托。CJ株式会社还提交了其自行委托第三方公司检测并出具的实验报告。最高人民法院认为,上述补充说明从性质上看既不属于"补充鉴定",也不属于对原司法鉴定意见书的"补正",其作为证据不具有合法性,不能用于否定或"补正"第二次鉴定的结论。CJ株式会社自行委托第三方公司出具实验报告所针对的鉴材以及鉴定方法的真实性、合法性无法确认,且在青岛中院已就本案相关事实委托两次鉴定,没有证据证明鉴定程序违法、鉴定方法有误的情况下,不能以CJ株式会社自行委托第三方公司出具的实验报告推翻经双方当事人同意并由青岛中院委托鉴定机构所出具的鉴定报告。最高人民法院据此驳回上诉,维持原判。

库米赛诺公司与政明公司等发明专利权侵权纠纷案

法院:最高人民法院

案号:(2020)最高法知民终1453号

上诉人(一审被告):衢州政明粮食机械制造有限公司、浙江丰禾粮油有限公司

被上诉人(一审原告):衢州市库米赛诺粮食机械制造有限公司

案由:侵害发明专利权纠纷

案情简介:衢州市库米赛诺粮食机械制造有限公司(以下简称库米赛诺公司)系专利号为ZL200780037775.4、发明名称为"具有研磨带和产品室的研磨装置"的发明专利(以下简称涉案专利)的专利权人。库米赛诺公司于2019年6月25日向浙江省杭州市中级人民法院(以下简称杭州中院)起诉衢州政明粮食机械制造有限

公司(以下简称政明公司)、浙江丰禾粮油有限公司(以下简称丰禾公司),诉称政明公司制造、许诺销售、销售,丰禾公司使用的“具有研磨带和产品室的研磨装置”的碾米机(以下简称被诉侵权产品)落入涉案专利权利要求1、2、3、4、5、7、8、11的保护范围,请求法院判令政明公司、丰禾公司停止侵权行为,召回、销毁侵权产品及专用组件,政明公司赔偿经济损失200万元,丰禾公司赔偿经济损失30万元。杭州中院经审理认为,被诉侵权产品落入涉案专利权利要求1、2、3、4、5、7、8、11的保护范围,政明公司及丰禾公司的现有技术抗辩不能成立。法院对于库米赛诺公司关于政明公司制造、丰禾公司使用被诉侵权产品的指控予以认可,对于库米赛诺公司关于政明公司销售及许诺销售的指控,认为缺乏证据支持,政明公司未经许可制造、丰禾公司使用被诉侵权产品构成对涉案专利的侵害。据此,杭州中院判决政明公司停止制造、丰禾公司停止使用被诉侵权产品,判令政明公司赔偿库米赛诺公司经济损失及合理费用30万元。政明公司及丰禾公司不服一审判决,上诉至最高人民法院,理由包括其获得了库米赛诺公司的默示许可。

最高人民法院经审理认为,被诉侵权产品落入涉案专利权利要求的保护范围,政明公司、丰禾公司的现有技术抗辩不能成立,政明公司未获得制造被诉侵权产品的默示许可。据此,最高人民法院判决驳回上诉,维持原判。

裁判规则

专利默示许可通常是指专利侵权诉讼中的被诉侵权人基于专利权人的任何语言或行为,可以正当地推定专利权人已经同意其实施专利,而不必承担侵权责任。专利权人对于被诉侵权产品研发制造的消极不作为,尚不足以认定该行为能够使得被诉侵权人产生获得专利使用许可的合理信赖,不宜认定构成默示许可。

联柔公司与华剑公司确认不侵害专利权纠纷案

法院:最高人民法院

案号:(2020)最高法知民终496号

上诉人:广州市联柔机械设备有限公司

被上诉人:浙江华剑智能装备股份有限公司

案由:确认不侵害专利权纠纷

案情简介:广州市联柔机械设备有限公司(以下简称联柔公司)是“一种袋装弹簧生产压缩输送机构”发明专利(以下简称涉案专利)的专利权人。2018年7月26

日，联柔公司向成都市巨人弹簧厂（以下简称巨人弹簧厂）发送律师函，要求巨人弹簧厂停止使用被控侵权产品或向联柔公司支付专利使用费，该侵权产品为浙江华剑智能装备股份有限公司（以下简称华剑公司）生产并向巨人弹簧厂销售。华剑公司于2018年7月31日向联柔公司发送律师函的回函，并于2018年9月3日向宁波市中级人民法院（以下简称宁波中院）提起确认不侵权之诉，请求确认华剑公司生产的被控侵权产品不侵害涉案专利。华剑公司主张被控侵权产品中不具有“挡板”这一技术特征，不落入涉案专利的保护范围；联柔公司主张该案应当适用等同原则，被控侵权产品中的“挡轮”与涉案专利中的“挡板”等同。宁波中院认为，涉案产品与涉案专利之间虽然实现的是基本相同的功能，达到了基本相同的效果，但采用的却是不同的手段和方式，本案无法适用等同原则，涉案产品并未落入涉案专利的保护范围，并据此判决确认被控侵权产品不侵犯涉案专利。联柔公司不服一审判决，向最高人民法院提起上诉。

最高人民经审理法院认为，构成等同特征需同时满足上述司法解释所规定的手段基本相同、功能基本相同、效果基本相同以及“无需创造性劳动即可联想到”等四个要件。被控侵权产品的“挡轮”与涉案专利的“挡板”存在明显不同的技术效果，其实际上是涉案专利的变劣技术方案，本领域普通技术人员在被控侵权产品“挡轮”的基础上，不经过创造性劳动不容易想到涉案专利“挡板”的技术方案，故两者不属于等同特征。最高人民法院据此判定被控侵权产品并未落入涉案专利的保护范围，并驳回上诉，维持原判。

博龙公司与嘉德公司等确认不侵害专利权纠纷案

法院：最高人民法院

案号：（2021）最高法知民终1、2号

上诉人：潍坊市嘉德机械有限公司、内蒙古润海源实业有限公司

被上诉人：鹤壁市博龙畜牧机械有限公司

案由：确认不侵害专利权纠纷

案情简介：鹤壁市博龙畜牧机械有限公司（以下简称博龙公司）是“中式产蛋箱”实用新型专利以及“自动产蛋箱防污装置”实用新型专利（以下统称涉案专利）的专利权人。2019年5月17日，博龙公司在包头市中级人民法院（以下简称包头中院）对潍坊市嘉德机械有限公司（以下简称嘉德公司）、内蒙古润海源实业有限公司（以下简称润海源公司）提起侵害实用新型专利诉讼。2019年5月19日，博龙公

司、嘉德公司以及宋焕相签订《协议书》,约定博龙公司撤诉、嘉德公司赔偿博龙公司50万元,并约定争议由北京仲裁委员会(以下简称北京仲裁委)裁决。2019年8月2日,博龙公司根据《协议书》向北京仲裁委提起仲裁申请,并于2019年8月11日向包头中院申请撤回起诉。2019年11月7日,嘉德公司、润海源公司向包头中院提起确认不侵权之诉,请求确认嘉德公司生产、销售,润海源公司使用涉案侵权产品的行为不侵害涉案专利。包头中院认为,嘉德公司、润海源公司提交的证据不足以证明博龙公司对二公司发出了专利侵权警告,其起诉不符合提起确认不侵害专利权纠纷之诉的法定条件,并据此驳回嘉德公司、润海源公司的起诉。嘉德公司、润海源公司不服包头中院的一审裁定,向最高人民法院提起上诉,并主张博龙公司申请仲裁的行为属于专利侵权警告。

最高人民法院经审理认为,博龙公司向北京仲裁委提起仲裁申请的行为目的在于定分止争,并不属于怠于行使诉权,也并未使得嘉德公司、润海源公司长期处于不安状态。博龙公司提起的仲裁申请并不是向嘉德公司、润海源公司发出侵害专利权的警告,嘉德公司、润海源公司的上诉请求不能成立。最高人民法院据此驳回上诉,维持原裁定。

裁判规则

确认不侵权之诉本质上属于侵权之诉,其实益及目的在于对被诉侵权人予以救济,并给予被警告人在遭受侵权警告、而权利人怠于行使诉权使得被警告人长期处于不安状态情形下的一种司法救济途径,其根本目的是规制权利人滥发侵权警告的行为,维护稳定的市场经营秩序。判定被警告人遭受的行为是否属于侵权警告,应当考虑该行为的目的以及该行为是否会使被警告人长期处于不安状态。

美高公司与赵某勇专利侵权案

法院:最高人民法院

案号:(2019)最高法知民终421号

上诉人:美高文体集团(深圳)有限公司

被上诉人:赵某勇

案由:侵害发明专利权纠纷

案情简介:赵某勇是名称为"通过无线网络实现多媒体播放的系统及其方法"的发明专利(以下简称涉案专利)的专利权人,涉案专利中的多媒体播放系统包括中央服务器和至少一台利用公共无线通信网络与之连接的多媒体广告终端机。2016 年 5 月 30 日,赵某勇向稽查局提交了针对美高文体集团(深圳)有限公司(以下简称美高公司)的专利侵权纠纷行政处理请求。稽查局于 2016 年 5 月 31 日对美高公司进行现场检查,于 2016 年 11 月 10 日对美高公司的广告终端机的主板进行保存登记,并委托广东安证计算机司法鉴定所(以下简称鉴定机构)对广告终端机的主板进行鉴定分析,结论为被诉侵权技术方案落入权利要求 1 和权利要求 8 的保护范围。2017 年 2 月 27 日,赵某勇向深圳市中级人民法院(以下简称深圳中院)提起诉讼,请求判令美高公司停止实施侵害涉案专利权的行为,并赔偿经济损失和合理开支 120 万元。美高公司提交了涉案侵权产品的三份购销合同,用以证明涉案侵权产品是由广州市康华电子科技有限公司(以下简称康华公司)等三公司制造销售,由云管端互联网软件有限公司(以下简称云管端公司)提供后台服务,并申请将前述主体追加为共同被告。赵某勇不同意追加被告,认为涉案专利权利要求 1 保护的播放系统是通过美高公司的行为实现的系统搭建,该行为即是制造行为。一审庭审过程中,鉴定人员出庭就其作出的技术比对接受了双方当事人的问询。深圳中院采信该鉴定意见,认定被诉侵权技术方案落入涉案专利权利要求保护范围。深圳中院认为,美高公司通过向案外人定制广告终端机、选用服务器并使用无线通信网络,实质上搭建了与专利技术方案相同的多媒体播放系统(以下简称被诉侵权产品),被诉侵权行为构成制造、使用侵权播放系统及使用专利方法的行为。深圳中院据此判令美高公司停止侵权行为,并赔偿赵某勇经济损失及合理支出共计 30 万元。美高公司不服一审判决,向最高人民法院提起上诉。

最高人民法院经审理认为:首先,被诉侵权的技术方案是否落入涉案专利权利要求 1、8 的保护范围,属于法律适用问题,不属于事实问题,也不属于查明事实的专门性问题,应当由人民法院作出判定,深圳中院一审直接采信鉴定意见作为认定依据不妥。最高人民法院通过比对分析,判定被诉侵权的技术方案落入涉案专利权利要求 1、8 的保护范围。其次,美高公司在获取被诉侵权产品时,不同组件已经被集合在一起,被诉侵权技术方案已经被完整再现,美高公司并不能再自由选择各个组件,且美高公司定制购买的行为并未包含完整技术方案,故美高公司不属于将软件与硬件连接在一起的制造者,不构成制造被诉侵权产品。再次,在涉案专利方法记载的 7 个步骤中,虽然仅 1、5、6、7 由美高公司控制的广告终端机完成,其余步骤 2、3、4 由中央服务器完成,但步骤 2、3、4 均是受美高公司操作指令控制,故美高公司构成未经许可使用专利方法。最后,使用专利方法的行为一般不能适用合法来源抗辩。综上所述,最高人民法院改判美高公司赔偿赵某勇经济损失及合理支出共计 10 万元,并驳回其他上诉请求。

裁判规则

1. 当专利权人在专利侵权纠纷中针对被诉侵权的使用行为,同时依据方法权利要求和装置权利要求提出诉讼请求时,应围绕专利权人的真实意思表示,合理确定依据方法权利要求还是装置权利要求对使用者的行为进行侵权认定,从而给予专利权以实质保护。

2. 针对网络通信领域中涉及计算机软件的方法权利要求的情形,实施者通过自己控制的组件实现该方法权利要求中的部分步骤,并且可以控制其他组件中的模块运作再现其他步骤,进而导致方法权利要求的所有步骤流程被完整再现,实现了方法权利要求中所有步骤的效果,则应认定构成对该方法权利要求中所有技术特征的"全面覆盖",属于对该专利方法的使用行为。

3. 合法来源抗辩一般仅适用于使用、许诺销售、销售专利侵权产品的情况。对于使用专利方法的行为而言,实施方法所需产品的对价不等同于使用方法的对价,实施方法所需产品具有合法来源同样不构成方法专利合法来源抗辩成立的原因。使用专利方法行为反复再现专利方法,持续给专利权人造成损害,尤其是对于使用产品制造方法的行为而言,使用专利方法的过程类似专利产品的制造行为,不符合专利法中合法来源抗辩制度设立的初衷,故对于使用专利方法的行为一般不能适用合法来源抗辩。

新辉公司与屹成公司专利侵权案

法院:最高人民法院

案号:(2020)最高法知民终 862 号、(2021)最高法知司惩 1 号

上诉人(一审被告):深圳市新辉机电设备有限公司

被上诉人(一审原告):东莞屹成智能装备有限公司

案由:侵害实用新型专利权纠纷

案情简介:东莞屹成智能装备有限公司(以下简称屹成公司)系专利号为 ZL201721536970.9、名称为"全自动转子绕线机"实用新型专利(以下简称涉案专利)的专利权人,其针对深圳市新辉机电设备有限公司(以下简称新辉公司)制造、销售被控侵权产品的行为向深圳市中级人民法院(以下简称深圳中院)提起诉讼,

请求判令新辉公司停止侵权并赔偿经济损失。为查清案件事实,深圳中院法官到被诉侵权产品存放处进行现场勘验。然而,新辉公司的法定代表人拒绝开机运行被诉侵权产品,故意作废开机密码,最终导致深圳中院未能勘查到被控侵权产品的技术方案。深圳中院还明确要求新辉公司就其绕线机的运行情况和相关技术特征提交相关证据予以证明,但新辉公司拒绝提交。深圳中院在此基础上认定新辉公司所生产的绕线机的技术方案落入涉案专利的保护范围,判决新辉公司停止侵权并赔偿屹成公司经济损失20万元。新辉公司不服一审判决上诉至最高人民法院,并在二审过程中提交了被诉侵权产品的运行视频作为新证据,屹成公司对此视频内容表示认可。最高人民法院据此重新就案件事实作出了认定,并对一审判决予以改判。同时,最高人民法院就新辉公司阻碍司法工作人员执行职务的行为,对该公司及其法定代表人分别处以10万元和5万元的罚款,并就新辉公司故意逾期举证的行为,对该公司处以5万元的罚款。

裁判规则

对于阻碍法院工作人员现场勘验被诉侵权产品、无正当理由故意逾期提交证据材料等妨碍人民法院审理案件、扰乱正常诉讼秩序的行为,依法应予制裁。

世鑫公司与悦诚玩具厂和舒贝玩具厂等专利侵权案

法院:最高人民法院

案号:(2020)最高法知民终1838号、(2020)最高法知民终1806号

上诉人(一审原告):金华市世鑫休闲用品有限公司

被上诉人(一审被告):平乡县舒贝儿童玩具厂和广宗县悦诚儿童玩具厂、邢台市硕童儿童玩具有限公司和平乡县优泰童车厂

案由:侵害实用新型专利权纠纷

案情简介:金华市世鑫休闲用品有限公司(以下简称世鑫公司)是专利号为ZL201420522206.6、名称为"车把杆折叠机构"实用新型专利(以下简称涉案专利)的独占被许可人。世鑫公司在第十二届中国北方(平乡)国际自行车、童车玩具博览会上,对多家展位销售、许诺销售涉嫌侵权的滑板车产品的情况进行了公证取证,随后分别针对平乡县舒贝儿童玩具厂和广宗县悦诚儿童玩具厂(以下简称悦诚玩具厂和舒贝玩具厂)、邢台市硕童儿童玩具有限公司和平乡县优泰童车厂(以下简称硕童公司和优泰童车厂)向河北省石家庄市中级人民法院(以下简称石家庄中

院)提起两起诉讼。石家庄中院在两案中分别判决:(1)悦诚玩具厂停止侵权,赔偿世鑫公司经济损失及合理费用共计 20,000 元;(2)硕童公司和优泰童车厂不侵权,驳回世鑫公司全部诉讼请求。世鑫公司不服一审判决上诉至最高人民法院。

最高人民法院在(2020)最高法知民终 1838 号案中,根据被诉侵权产品自身随附的信息,结合公证取证的名片中记载的内容、悦诚玩具厂经营范围,认定悦诚玩具厂为制造、销售、许诺销售侵权行为的侵权主体,应承担相应的民事责任。同一展位的参展商舒贝玩具厂提交了租赁协议、微信聊天记录、转账凭证等证据,能够证实舒贝玩具厂与悦诚玩具厂之间系展位租赁关系,主观上不具有与悦诚玩具厂共同侵权的意思联络,故认定舒贝玩具厂不构成销售、许诺销售的共同侵权。在(2020)最高法知民终 1806 号案中,最高人民法院认定,硕童公司、优泰童车厂未就其所主张的租赁事实提供充分证据予以证实,故对其未从事销售和许诺销售行为的抗辩理由不予支持,并进而认定被诉侵权产品由硕童公司、优泰童车厂制造,硕童公司、优泰童车厂应当就其侵权行为承担连带责任。

裁判规则

在展览会参展产品涉及侵犯他人专利权的情形下,如果被诉侵权参展者主张其系租赁展位进而不侵犯他人专利权的,应当积极举证证明直接侵权人。如果被诉侵权参展者未就其所主张的租赁事实提供充分证据,使无法区分参展者行为,则会被法院认定为共同侵权人并被判决承担相应法律责任。

青禾公司与共创公司专利侵权案

法院:最高人民法院

案号:(2020)最高法知民终 1379 号

上诉人(一审原告):青岛青禾人造草坪股份有限公司

被上诉人(一审被告):江苏共创人造草坪股份有限公司

案由:侵害实用新型专利权纠纷

案情简介:青岛青禾人造草坪股份有限公司(以下简称青禾公司)系专利号为ZL201220075338. X、名称为“休闲草坪”实用新型专利(以下简称涉案专利)的专利权人,其针对江苏共创人造草坪股份有限公司(以下简称共创公司)制造、销售被控侵权产品的行为向南京市中级人民法院(以下简称南京中院)提起诉讼,请求判令共创公司停止侵权并赔偿经济损失 2000 万元。南京中院经审理认为:从南京金色家园幼儿园调取的草坪所使用的技术方案为现有技术,其公开了涉案专利权利要求1和3的技术方案,因此,共创公司针对上述权利要求提出的现有技术抗辩成立。涉案专利未经实质审查,青禾公司亦未提交涉案专利评价报告,而共创公司提交了充分的对比文件并明确提出专利无效抗辩,涉案专利权不具备《专利法》第22条第3款规定的创造性,不具备授权条件。据此,南京中院判决驳回青禾公司的诉讼请求。青禾公司不服一审判决,上诉至最高人民法院。

最高人民法院经审理认为:在专利民事侵权案件中,专利权的有效存在是审理专利民事侵权案件的前提和基础。针对被诉侵权人提出的专利权效力的特定质疑或抗辩,人民法院并非不进行任何意义上的审查,但在现行法律框架下,人民法院只进行有限审查,以确定专利权人是否具有诉权基础,不对专利权的效力作出判决。从南京金色家园幼儿园调取的草坪所使用的技术方案是否在涉案专利申请日以前通过使用导致所涉技术内容处于公众能够获得的状态,是本案现有技术抗辩能否成立的基础,而南京中院未对上述草坪的形成时间作进一步调查,导致现有技术抗辩的相关认定基本事实不清。最高人民法院据此判决撤销一审判决,并发回南京中院重审。

裁判规则

专利权的有效存在是审理专利民事侵权案件的前提和基础。针对被诉侵权人就专利权效力稳定性提出的抗辩,人民法院只进行有限审查,以确定专利权人是否具有诉权基础,但不对专利权的效力作出判决,社会公众仍然可以向国务院专利行政部门请求宣告涉案专利权无效。

朗进公司与南邦公司等专利侵权案

法院:最高人民法院

案号:(2019)最高法知民终369号

上诉人(一审被告):浙江南邦科技有限公司

被上诉人(一审原告):台州朗进缝纫机电有限公司

一审被告:义乌市华富缝纫机配件商行

案由:侵害实用新型专利权纠纷

案情简介:台州朗进缝纫机电有限公司(以下简称朗进公司)是专利号为ZL201620180916.4、名称为“一种自动橡筋机”实用新型专利(以下简称涉案专利)

的排他被许可人,其针对浙江南邦科技有限公司(以下简称南邦公司)制造及销售、义乌市华富缝纫机配件商行(以下简称华富商行)销售被控侵权产品的行为向宁波市中级人民法院(以下简称宁波中院)提起诉讼,请求判令停止侵权并赔偿经济损失 100 万元。宁波中院经审理,认定被控侵权产品落入朗进公司所主张的权利要求 1、2、7 的保护范围,据此判决南邦公司、华富商行立即停止侵权行为,并判令南邦公司赔偿朗进公司经济损失及合理费用共计 28 万元。

一审宣判后,在涉案专利的无效宣告程序中,涉案专利的权利人将原从属权利要求 7 的部分技术特征以及原从属权利要求 9 的全部附加技术特征增加到原独立权利要求 1 中,形成新的独立权利要求 1。南邦公司向最高人民法院提起上诉,主张朗进公司在无效程序中主动放弃民事侵权案件中据以主张权利的权利要求且被国家知识产权局所接受,故不得在侵害专利权纠纷中再据其主张专利权保护。

最高人民法院经审理认为,专利权人在专利确权程序中,以“进一步限定”的方式修改原权利要求,修改后的权利要求所限定的技术方案不落入原各从属权利要求的保护范围,但仍落入原独立权利要求的保护范围,他人未经许可实施该修改后的权利要求技术方案的行为亦构成对涉案专利的侵害。但是,基于专利权保护与公众信赖利益平衡的考量,可对此情形酌情减少赔偿数额。据此,最高人民法院酌情确定南邦公司赔偿朗进公司经济损失及合理开支 5 万元。

裁判规则

专利权人在专利确权程序中,以“进一步限定”的方式修改原权利要求,修改后的权利要求所限定的技术方案不落入原各从属权利要求的保护范围,但仍落入原独立权利要求的保护范围,他人未经许可实施该修改后的权利要求技术方案的行为,仍然构成对涉案专利权的侵害并应承担赔偿责任。但基于专利权保护与公众信赖利益平衡的考量,对发生在上述以“进一步限定”方式修改权利要求之前的侵权行为,可以酌减赔偿数额。

动一公司与朗辉公司财产保全损害责任纠纷案

法院:最高人民法院

案号:(2020)最高法知民终 521 号

上诉人(一审被告):浙江动一新能源动力科技股份有限公司

被上诉人(一审原告):宁波朗辉工具有限公司

案由:申请诉中财产保全损害责任纠纷

案情简介:浙江动一新能源动力科技股份有限公司(以下简称动一公司)是名称为“用于园林工具的动力装置”的实用新型专利(以下简称涉案专利)的专利权人。2017 年 1 月 3 日,动一公司以宁波朗辉工具有限公司(以下简称朗辉公司)侵害涉案专利为由向宁波市中级人民法院(以下简称宁波中院)提起诉讼,宁波中院依据动一公司的财产保全申请于 2017 年 1 月 11 日冻结朗辉公司存款 200 万元。朗辉公司于 2017 年 1 月 20 日、2018 年 1 月 29 日及 4 月 8 日,多次请求原专利复审委员会(以下简称复审委)宣告涉案专利无效,复审委于 2018 年 6 月 29 日宣告在原权利要求 4 的基础上维持涉案专利有效。2017 年 6 月 30 日,国家知识产权局依动一公司的申请,对涉案专利作出专利权评价报告,结论为全部权利要求 1 – 4 不符合授予专利权的条件。2018 年 2 月 2 日,宁波中院依动一公司增加财产保全金额的申请,扣押价值 100 万元的被诉侵权产品。2018 年 3 月 29 日,宁波中院作出一审判决,判令朗辉公司停止侵权,并赔偿动一公司经济损失 100 万元。2018 年 8 月 4 日,浙江省高级人民法院以涉案专利权利要求 2 已被宣告无效为由,撤销前述宁波中院一审判决,驳回动一公司的起诉。2018 年 8 月 10 日,宁波中院解除对朗辉公司存款的冻结。2018 年 10 月 8 日,朗辉公司向宁波中院提起诉讼,请求判令动一公司赔偿其因财产保全而造成的损失。宁波中院认为,动一公司在专利权评价报告作出后未及时解除财产保全,反而再次追加财产保全金额,存在有失审慎的过错。宁波中院据此判令动一公司赔偿朗辉公司利息损失 165,974.04 元。动一公司不服一审判决,向最高人民法院提起上诉。最高人民法院认为,动一公司申请财产保全的行为有失审慎,宁波中院事实认定清楚、适用法律正确,故对一审判决予以维持。

裁判规则

在侵害专利权纠纷案件中,因专利权效力稳定性和权利边界清晰性弱于普通物权、技术事实查明较为复杂、侵权判断专业性较强等特点,对申请财产保全有无错误的判断,应注意此类纠纷区别于一般民事侵权纠纷的较多特殊性,并需结合案件具体事实予以分析。具体到实用新型专利侵权纠纷中的财产保全申请,需结合在案证据着重考察实用新型专利本身的稳定性,以审查财产保全申请行为是否符合审慎原则,进而判断申请财产保全是否属于《民事诉讼法》第 105 条所规定的“错误”。

宝华公司与华丽丰公司等专利侵权案

法院:最高人民法院

案号:(2020)最高法知民终 1468 号

上诉人(一审原告):东莞市宝华数控科技有限公司

上诉人(一审被告):江西华丽丰光电有限公司、蚌埠新晋拓智能科技有限公司

被上诉人(一审被告):北海市硕华科技有限公司

案由:侵害实用新型专利权纠纷

案情简介:东莞市宝华数控科技有限公司(以下简称宝华公司)是名称为"雕铣雕刻机自动上下料装置"的实用新型专利(以下简称涉案专利)的申请人。宝华公司于 2017 年将涉案专利转让给案外人李某丽,李某丽又将涉案专利独占许可给宝华公司,并约定若发现侵犯涉案专利行为,将由宝华公司向法院提起诉讼。2017 年 7 月 28 日,江西华丽丰光电有限公司(以下简称华丽丰公司)向北海市硕华科技有限公司(以下简称硕华公司)购买精雕机,并向蚌埠新晋拓智能科技有限公司(以下简称新晋拓公司)购买用于适配前述精雕机的机械手。宝华公司认为安装机械手后的精雕机(以下简称被诉侵权产品)落入其涉案专利的保护范围。2019 年 2 月 25 日,宝华公司向南昌市中级人民法院(以下简称南昌中院)起诉,请求判令华丽丰公司、硕华公司、新晋拓公司停止侵权,并连带赔偿宝华公司经济损失 300 万元。

南昌中院经审理认为,被诉侵权产品与涉案专利权利要求 1 记载的技术特征均构成相同或等同。其中被诉侵权产品机头座内部的上下结构与涉案专利权利要求 1 中"上下结构设置在机头座上"相比属于相同技术手段,且两者具有相同的功能、达到相同的效果,属于相同的技术特征。硕华公司销售的精雕机不含机械手,不侵犯涉案专利。而华丽丰公司主观上有安装、使用被诉侵权产品的意图,客观上实施了安装并使用被诉侵权产品的行为,认定其实施了制造、使用被诉侵权产品的行为。新晋拓公司明知华丽丰公司购买机械手等设备是用于安装被诉侵权产品,认定其实施了制造被诉侵权产品的行为。南昌中院据此判令华丽丰公司、新晋拓公司立刻停止侵权行为,并连带赔偿宝华公司 60 万元。宝华公司、华丽丰公司、新晋拓公司均不服一审判决,向最高人民法院提起上诉。

最高人民法院经审理认为,涉案专利是对雕铣雕刻机的改进,保护的不是雕刻机本身,而是其改进所增加的部件。站在本领域普通技术人员的角度、并结合涉案专利说明书可知,"上下机构"和"机头座"是两个彼此独立的结构。涉案专利技术方案中的"上下机构"是为了带动翻转机构做上下运动,从而实现上下料,其不同于

被诉侵权产品设置在机头座内带动雕铣头做上下运动的驱动装置。故被诉侵权产品缺少“上下机构”的技术特征，没有落入涉案专利的保护范围。最高人民法院据此撤销一审判决，并驳回宝华公司的诉讼请求。

裁判规则

对权利要求的解释应当站在本领域普通技术人员的角度，在本领域普通技术人员对专利要求保护的技术方案形成整体认识的基础上，结合权利要求的具体语境，对权利要求的保护范围作出合乎逻辑的界定，并以符合发明目的和能够实现发明技术方案为指引。

晨源公司与青科公司专利侵权案

法院：最高人民法院

案号：(2020)最高法知民终1658号、(2020)最高法知民终1659号

上诉人(一审被告)：青岛晨源机械设备有限公司

被上诉人(一审原告)：青岛青科重工有限公司

案由：侵害实用新型专利权纠纷

案情简介：青岛青科重工有限公司(以下简称青科公司)是名称为“立式二次构造柱泵”、专利号为ZL201721357125.5的实用新型专利(以下简称涉案专利)以及名称为“一种具有导轨的混凝土搅拌拖泵”、专利号为ZL201720434420.X的实用新型专利(以下简称涉案专利)的专利权人。青科公司发现青岛晨源机械设备有限公司(以下简称晨源公司)在其公司网站、阿里巴巴网站上展示的立式二次构造柱泵、搅拌拖泵等产品(以下简称被诉侵权产品)侵害涉案专利，遂向山东省青岛市中级人民法院(以下简称青岛中院)提起诉讼，请求判令晨源公司立即停止制造、销售、许诺销售被诉侵权产品并赔偿经济损失10万元。青岛中院经审理认为，被诉侵权产品包含了涉案专利的全部技术特征，落入涉案专利的保护范围。晨源公司在其网站及阿里巴巴网上展示被诉侵权产品的行为构成许诺销售，侵犯了青科公司的专利权。据此，青岛中院判决晨源公司立即停止许诺销售被诉侵权产品，并根据涉案专利的类型、晨源公司的主观过错、侵权行为的情节及青科公司的合理开支等因素，酌定晨源公司每案分别赔偿青科公司经济损失及合理支出共计3万元。

青科公司不服一审判决上诉至最高人民法院，主张其对所实施的许诺销售行为只需承担赔偿专利权人维权合理开支的责任，而不应承担赔偿损失的法律责任。

最高人民法院认为,许诺销售行为客观上会给专利权人造成损害。许诺销售行为的目的虽指向销售行为,但许诺销售行为是一种法定的独立的侵权行为方式,许诺销售侵权行为的民事责任承担不以销售是否实际发生为前提。许诺销售行为一旦发生,因被诉侵权人许诺销售的价格通常低于专利产品的价格,会对潜在消费者产生心理暗示,影响专利产品的合理定价;或导致消费者放弃购买专利产品转而考虑与被诉侵权人联系,造成延迟甚至减少专利产品的正常销售。此外,被诉侵权人许诺销售行为还可能对专利产品的广告宣传效果造成不利影响。可见,许诺销售行为的存在,将会给专利权人造成专利产品的价格侵蚀、商业机会的减少或者延迟等损害。如果仅仅因为许诺销售行为造成的具体损害后果难以准确证明,就免除侵权人的损害赔偿责任,仅承担停止许诺销售行为、支付专利权人维权合理开支的民事责任,既不符合权利有损害必有救济的民法原则,也不利于充分实现专利法的立法目的。专利权人难以举证证明其因许诺销售行为遭受的具体损失时,可以着重考虑在案证据反映的侵权恶意与侵害情节,以法定赔偿方式计算损害赔偿数额。综上所述,最高人民法院认为一审判决并无不当,应予维持。

裁判规则

1. 许诺销售行为的目的虽指向销售行为,但许诺销售行为是一种法定的独立的侵权行为方式,许诺销售侵权行为的民事责任承担不以销售是否实际发生为前提。权利有损害必有救济,除非法律另有特殊规定,该救济即应当至少包括承担停止侵害和赔偿损失这两种最基本的侵权民事责任形式,而不是只承担其中一种形式。而且,判令侵权人就其许诺销售行为承担损害赔偿责任,有利于保护和激励创新,更有利于实现专利法的立法目的。

2. 专利权人难以举证证明其因许诺销售行为遭受的具体损失时,应着重考虑在案证据反映的侵权恶意与侵害情节,在法定赔偿额范围内酌情确定赔偿数额。

孙某贤与朗汀公司专利侵权案

法院:最高人民法院

案号:(2020)最高法知民终 699 号

上诉人(一审被告):安徽朗汀园林绿化工程服务有限公司

被上诉人(一审原告):孙某贤

案由:侵害实用新型专利权纠纷

案情简介：孙某贤是专利号为ZL200920242493.4、名称为“绿化箱”的实用新型专利（以下简称涉案专利）的专利权人。孙某贤以安徽朗汀园林绿化工程服务有限公司（以下简称朗汀公司）在其公司网站上展示、销售的植物墙绿化箱产品（以下简称被诉侵权产品）侵害涉案专利为由，向合肥市中级人民法院（以下简称合肥中院）提起诉讼，请求判令朗汀公司立即停止制造、销售、许诺销售、使用被诉侵权产品并赔偿经济损失及调查取证费153,200元。合肥中院经审理认为，被诉侵权产品包含了涉案专利的全部技术特征，落入涉案专利权利要求1－5的保护范围。朗汀公司在其网站上展示、销售被诉侵权产品，且未举证证明被诉侵权产品的来源，可认定朗汀公司实施了制造、许诺销售、销售被诉侵权产品的行为。鉴于一审判决时涉案专利的保护期已经届满，合肥中院根据涉案专利的类型、朗汀公司的侵权情节及孙某贤的合理开支等因素，酌定朗汀公司赔偿孙某贤经济损失及合理支出共计6万元。

朗汀公司不服一审判决，上诉至最高人民法院，主张孙某贤曾就相同技术方案同时申请发明专利和实用新型专利（涉案专利），发明专利申请已因不符合授权条件被驳回，涉案专利评价报告亦显示该专利不符合授予专利权的条件，请求撤销原判，驳回孙某贤的诉讼请求。最高人民法院经审理认为，孙某贤同日向国家知识产权局提交权利要求内容完全相同的实用新型专利和发明专利申请，国家知识产权局认定该发明专利申请原申请文件记载的权利要求1、4、5不具备新颖性，权利要求2、3不具备创造性，且本案不存在因发明专利和实用新型专利创造性要求的不同而导致不能授予发明专利权保护的技术方案可能被授予实用新型专利权保护的情形。此外，国家知识产权局出具的专利权评价报告也显示涉案专利权效力不稳定。如果专利权人据以主张权利保护的实用新型专利有极大可能属于不应获得授权的技术方案，则其也不属于专利法保护的“合法权益”。综上所述，最高人民法院判决撤销一审判决，驳回孙某贤的诉讼请求。

裁判规则

1. 专利权合法有效且权利相对稳定是其依法获得保护的前提。专利权人有权实施其专利并依法禁止他人未经许可实施其专利技术，但对于不应获得法律保护的技术方案，且被诉侵权人也明确据此抗辩被诉行为不构成侵权或其不应承担侵权责任的，不应禁止他人实施，否则将显失公平且有悖专利法立法目的。

2. 对于同一申请人同日分别申请发明专利和实用新型专利的同一技术方案，如果申请人认可相同技术方案的发明专利申请审查结论，或者相同技术方案的发明专利申请未采用对比文件以及因缺乏新颖性被驳回的,该驳回理由通常也可以作为判断相同技术方案的实用新型专利是否符合授权条件的依据,并可能对该实用新型专利是否应获得民事保护产生实质影响。如果相同技术方案的发明专利申请系因不具备创造性而被驳回,则应考虑发明专利和实用新型专利在创造性要求方面的不同。通常而言,如果相同技术方案的发明专利申请被认定不具备创造性时并未明显超越实用新型专利创造性的审查标准,例如,在技术领域、对比文件数量上并未出现明显不同,则针对发明专利申请的审查结论也可以作为判断相同技术方案的实用新型专利是否符合授权条件的依据,亦可能对该实用新型专利是否应获得民事保护产生实质影响。

OPPO 公司与夏普等标准必要专利许可纠纷管辖权异议案

法院:最高人民法院

案号:(2020)最高法知民辖终 517 号

上诉人(一审被告):夏普株式会社、赛恩倍吉日本株式会社

被上诉人(一审原告):OPPO 广东移动通信有限公司、OPPO 广东移动通信有限公司深圳分公司

案由:标准必要专利许可纠纷

案情简介:OPPO 广东移动通信有限公司(以下简称 OPPO 公司)系全球性智能终端制造商和移动互联网服务提供商,OPPO 广东移动通信有限公司深圳分公司(以下简称 OPPO 深圳公司)负责 OPPO 公司包括知识产权许可、运营等在内的知识产权管理工作。2018 年 10 月起,赛恩倍吉日本株式会社(以下简称赛恩倍吉)代表夏普株式会社(以下简称夏普)与 OPPO 深圳公司就 3G、4G 及 WiFi 标准相关的标准必要专利进行许可谈判,双方曾于 2019 年 2 月 19 日在 OPPO 深圳公司的深圳办公室见面洽谈许可。2020 年 1 月,夏普在日本针对 OPPO 公司提起专利侵权诉讼并申请禁令,并于 2020 年 3 月在德国提起专利侵权诉讼。2020 年 3 月 25 日,OPPO公司和 OPPO 深圳公司就上述标准必要专利许可纠纷起诉至深圳市中级人民法院(以下简称深圳中院)。2020 年 4 月 1 日,夏普在中国台湾地区对萨摩亚商新茂环球有限公司(系 OPPO 公司的中国台湾地区独家代理商)提起专利侵权诉讼。夏普和赛恩倍吉在本案提交答辩状期间提出管辖权异议,主要理由为:(1)本案涉及侵权和合同两个法律关系,不能同案审理;(2)本案侵权行为实施地、侵权结果发生地或者被告住所地均在域外,不属于中国法院的管辖范围;(3)即使中国法院具

有管辖权，亦应由侵权行为的间接结果发生、OPPO 公司住所地广东省东莞市所属的广州知识产权法院管辖，深圳中院不具有管辖权。

深圳中院经审理认为，本案系标准必要专利许可纠纷，与中国存在适当联系，中国法院对于本案具有管辖权。深圳是涉案标准必要专利的实施地和双方谈判行为发生地，深圳中院系审理本案标准必要专利许可纠纷的更便利法院，且法院裁判标准必要专利的全球许可费率有助于整体效率提升。据此，深圳中院裁定驳回该管辖权异议。

夏普和赛恩倍吉不服一审裁定，上诉至最高人民法院。最高人民法院经审理认为，涉案标准必要专利的专利权授予地、实施地、许可磋商地均在中国，故本案与中国存在适当联系，中国法院对于本案具有管辖权。深圳系涉案标准必要专利的实施地及许可磋商地，深圳中院可以对本案行使管辖权。关于深圳中院是否适宜裁决涉案标准必要专利的全球许可费率，最高人民法院认为，本案当事人均有就涉案标准必要专利达成全球范围内许可条件的意愿，且涉案标准必要专利大部分是中国专利，中国是涉案标准必要专利实施者的主要实施地、主要营业地或主要营收来源地、当事人专利许可磋商地、专利许可请求方可供扣押或可供执行财产所在地，即本案与中国法院具有更密切联系，故深圳中院认定其适宜对涉案标准必要专利在全球范围内的许可条件作出裁决，并无不当。此外，夏普先行在日本、德国和中国台湾地区针对 OPPO 公司提起的专利侵权诉讼可能涉及许可费率问题，但不影响中国法院对本案行使管辖权。据此，最高人民法院裁定驳回上诉，维持原裁定。

裁判规则

1. 针对在中国境内没有住所和代表机构的被告提起的标准必要专利许可纠纷案件，在判断该案件与中国是否存在适当联系时，可以综合考虑涉案标准必要专利的专利权授予地、专利实施地、专利许可合同签订地或专利许可磋商地、专利许可合同履行地、可供扣押或可供执行财产所在地等是否在中国领域内。只要前述地点之一在中国领域内，则应认为该案件与中国存在适当联系，中国法院对该案件即具有管辖权。

2. 标准必要专利许可纠纷的当事人对于由一国法院裁判标准必要专利全球许可条件能够达成合意，并非特定法院能够就标准必要专利全球许可条件进行管辖和处理的必要条件。在此基础上，还应综合考虑涉案标准必要专利的专利权授予地、专利实施地、专利许可合同签订地或专利许可磋商地、专利许可合同履行地、可供扣押或可供执行财产所在地等，判断该案件是否与中国法院具有更密切联系。

在当事人就涉案标准必要专利具备达成全球范围的许可条件的意愿,且该案件与中国法院具有更密切联系的情况下,中国法院适宜对涉案标准必要专利在全球范围内的许可条件作出裁决。

朱某彦与袁某丽等专利权转让合同案

法院:最高人民法院

案号:(2021)最高法知民终 553 号

上诉人(一审原告):朱某彦

被上诉人(一审被告):袁某丽、山东美天能源科技股份有限公司

案由:专利权转让合同纠纷

案情简介:朱某彦系专利号为 ZL201721854392.3、名称为“逆流式矿井回风直接加热新风的系统”的实用新型专利(以下简称涉案专利)的专利权人。朱某彦主张,袁某丽伪造其签名的《转让协议书》(以下简称涉案转让协议),经国家知识产权局,将包括涉案专利在内的多项专利著录项目的专利权人变更为山东美天能源科技股份有限公司(以下简称山东美天公司),遂起诉至山东省济南市中级人民法院(以下简称济南中院),请求确认涉案转让协议不成立,诉讼费用由袁某丽、山东美天公司负担。另,朱某彦于 2020 年 7 月 18 日,以国家知识产权局为被告,以袁某丽、山东美天公司为第三人,向北京知识产权法院提起专利行政诉讼,请求撤销国家知识产权局作出的涉案专利的专利权人变更行为。济南中院经审理认为,本案与另案提起的行政诉讼案件均涉及涉案转让协议是否成立的问题,两者构成重复诉讼。据此,济南中院裁定驳回起诉。朱某彦不服一审裁定,上诉至最高人民法院。

最高人民法院经审理认为,本案与另案提起的行政诉讼案件可能均涉及转让协议签名的真实性问题,但仅为涉及相同事实,两者诉讼类型、当事人、诉讼标的和诉讼请求均不相同,不构成重复诉讼。据此,最高人民法院裁定撤销一审裁定,指令本案由济南中院继续审理。

裁判规则

最高人民法院《关于适用〈中华人民共和国民事诉讼法〉的解释》第 247 条规定的重复诉讼的构成前提为已有前诉对当事人的诉讼事项正在处理,或已经对当事人的诉讼事项进行实质处理,没有提起后诉的必要。如果前诉与后诉仅涉及相同

事实,但在诉讼类型、当事人、诉讼标的和诉讼请求等方面存在差异的,不构成重复诉讼。

瑞之顺公司与周某专利侵权案

法院:最高人民法院

案号:(2021)最高法知民终334号

上诉人(一审被告):无锡瑞之顺机械设备制造有限公司

被上诉人(一审原告):周某

案由:侵害发明专利权纠纷

案情简介:周某系专利号为ZL201110375874.1、名称为“排水板成型机”的发明专利(以下简称涉案专利)的专利权人。周某以无锡瑞之顺机械设备制造有限公司(以下简称瑞之顺公司)存在涉嫌侵权行为为由,向江苏省苏州市中级人民法院(以下简称苏州中院)提出诉前证据保全申请。苏州中院依申请对被诉侵权产品采取保全措施,并明确告知瑞之顺公司不得破坏或者转移保全证据。2019年11月6日,周某向苏州中院提起专利侵权之诉。一审过程中,苏州中院组织双方当事人对保全证据进行现场勘验,但被诉侵权产品已被瑞之顺公司转移,且拒不告知被诉侵权产品的实际去向。苏州中院认为瑞之顺公司的行为导致诉前保全证据灭失,直接影响侵权判断的有效进行,依法认定被诉侵权产品落入涉案专利的保护范围,构成专利侵权。苏州中院据此判决瑞之顺公司立即停止侵权行为,赔偿周某经济损失及维权合理费用共计100万元。此外,因瑞之顺公司擅自转移、处分被保全证据,构成对民事诉讼的妨害,苏州中院依法对其罚款20万元。瑞之顺公司不服一审判决,上诉至最高人民法院。

最高人民法院经审理认为,涉案专利权利要求1的技术特征涉及产品内部结构及位置连接关系,如果无法接触、观察被诉侵权产品实物,不易查明被诉侵权产品实施的技术方案是否全面覆盖涉案专利权利要求1的全部技术特征。瑞之顺公司的行为导致苏州中院无法组织双方当事人围绕被诉侵权产品实物展开技术特征比对,瑞之顺公司应当为此承担相应的不利法律后果。苏州中院基于瑞之顺公司的妨害民事诉讼行为,推定被诉侵权产品落入涉案专利权的保护范围,并无不当。此外,瑞之顺公司擅自实施转移、处分证据保全证物的行为已构成对民事诉讼的妨害,苏州中院对其采取罚款的强制措施,体现的是公法上对于瑞之顺公司妨害民事诉讼、破坏诉讼秩序的行为的否定性评价。据此,最高人民法院判决驳回上诉,维持原判。

裁判规则

被诉侵权人擅自转移、处分被人民法院采取保全措施的证据,导致人民法院无法查明相关技术事实的,人民法院可以依法推定权利人就该证据所涉证明事项的主张成立。人民法院对于被诉侵权人实施的擅自转移、处分被法院采取保全措施之证据的妨害民事诉讼行为,分别对其科以公法层面的制裁和私法层面的不利事实推定,两项举措各司其职,并行不悖。被诉侵权人不因承担了公法层面被司法制裁的不利后果,而当然豁免私法层面的不利事实推定。

仁恒德公司与爱心母婴公司专利侵权案

法院:最高人民法院

案号:(2021)最高法知民终 306 号

上诉人(一审原告):北京仁恒德医药科技有限公司

被上诉人(一审被告):湖州爱心母婴保健服务有限公司、湖州市妇幼保健院

案由:侵害发明专利权纠纷

案情简介:北京仁恒德医药科技有限公司(以下简称仁恒德公司)系专利号为200880108740.X、名称为“畸形耳朵的矫正”的发明专利(以下简称涉案专利)的独占实施被许可人。仁恒德公司以湖州爱心母婴保健服务有限公司(以下简称爱心母婴公司)、湖州市妇幼保健院销售的“益耳”耳廓矫形器(以下简称被诉侵权产品)侵害涉案专利权为由,向浙江省杭州市中级人民法院(以下简称杭州中院)提起诉讼。杭州中院经审理认为,被诉侵权产品具备涉案专利权利要求 1、2、4、6 - 8、12 的全部技术特征,落入了涉案专利权保护范围。爱心母婴公司与湖州市妇幼保健院系分工协作,合意实施了销售被诉侵权产品的行为,共同侵害了涉案专利权。然而,爱心母婴公司系通过合法渠道以支付合理对价等符合商业交易习惯的方式取得被诉侵权产品,而且爱心母婴公司与湖州市妇幼保健院已尽到合理的注意义务,爱心母婴公司与湖州市妇幼保健院主张的合法来源抗辩成立,无须承担赔偿责任。据此,杭州中院判决爱心母婴公司与湖州市妇幼保健院停止销售被诉侵权产品,共同承担合理开支 20,520 元。仁恒德公司不服一审判决,上诉至最高人民法院。

最高人民法院经审理认为,销售者主张合法来源抗辩,需要同时满足“被诉侵权产品具有合法来源”的客观要件和“销售者无主观过错”的主观要件。对于仁恒

德公司主张其向湖州市妇幼保健院、爱心母婴公司分别发送了律师函，告知被诉侵权产品涉嫌侵权，认为湖州市妇幼保健院、爱心母婴公司主观存在过错的主张，最高人民法院认为，第一，专利侵权判断具有较强的专业性，熟悉医疗器械的使用方式方法并不意味着就了解医疗器械的结构和技术特征，故不能仅以此就认定湖州市妇幼保健院和爱心母婴公司应当具有判断其所售产品是否侵害他人专利权的审查判断能力。第二，被诉侵权产品是经行政审批许可制造、合乎行业规范的医疗器械产品，且其产品包装上标注了专利技术信息，湖州市妇幼保健院、爱心母婴公司在采购时对于被诉侵权产品是否具备投放市场流通的合法资质已尽到本领域经营者的合理审查注意义务。第三，被诉侵权产品与仁恒德公司的专利产品并非简单的抄袭与被抄袭的关系，被诉侵权技术方案与涉案专利说明书附图亦非完全一致。第四，在湖州市妇幼保健院和爱心母婴公司接到侵权警告函之前，杭州市知识产权局曾作出行政处理决定，并认定被诉侵权产品未落入涉案专利权的保护范围。第五，侵权警告函仅是辅助认定销售者存在主观过错的初步证据，而非可直接认定销售者存在主观过错的充分证据。综合上述因素，仁恒德公司提交的证据不足以推翻“湖州市妇幼保健院、爱心母婴公司对所销售的产品侵害涉案专利权主观上善意不知情”这一推定，因此，应认定湖州市妇幼保健院、爱心母婴公司的合法来源抗辩成立。据此，最高人民法院判决驳回上诉，维持原判。

裁判规则

在侵害专利权纠纷中，销售者主张的合法来源抗辩成立需要同时满足“被诉侵权产品具有合法来源”的客观要件和“销售者无主观过错”的主观要件。对于主观要件，如果销售者能够证明其遵从合法、正常的市场交易规则，取得所售产品的来源清晰、渠道合法、价格合理，则应认为销售者已经尽到作为诚信经营者所应负的合理注意义务，进而可以推定其主观上对所销售的产品侵害他人专利权善意不知情。此时，应由专利权人或利害关系人提供相反证据证明销售者明知或应知其销售的产品侵害他人专利权。在专利权人或利害关系人未能进一步提供可以推翻上述推定之相反证据的情况下，应认定销售者满足合法来源抗辩成立所要求的“主观无过错”要件。

丰科公司与绿圣蓬源公司等专利侵权案

法院：最高人民法院

案号：(2020)最高法知民终1602号

上诉人(一审被告):天津绿圣蓬源农业科技开发有限公司、天津鸿滨禾盛农业技术开发有限公司

被上诉人(一审原告):上海丰科生物科技股份有限公司

案由:侵害发明专利权纠纷

案情简介:上海丰科生物科技股份有限公司(以下简称丰科公司)系专利号为201310030601.2、名称为“纯白色真姬菇菌株”的发明专利(以下简称涉案专利)的专利权人。丰科公司以天津绿圣蓬源农业科技开发有限公司(以下简称绿圣蓬源公司)、天津鸿滨禾盛农业技术开发有限公司(以下简称鸿宾禾盛公司)销售的菌类产品侵害其专利权为由,向北京知识产权法院(以下简北京知产法院)提起侵权诉讼。北京知产法院根据鉴定意见,认定被诉侵权产品落入了涉案专利权的保护范围,判决绿圣蓬源公司、鸿宾禾盛公司停止侵权并各自赔偿丰科公司经济损失 100 万元。绿圣蓬源公司、鸿宾禾盛公司不服一审判决,上诉至最高人民法院,主张本案鉴定应当采用全基因序列检测方法而非采用涉案专利说明书中记载的基因特异性片段检测方法,否则会扩大涉案专利权的保护范围。

最高人民法院经审理认为,虽然涉案专利权利要求书中没有对所涉菌株结构、生理生化特性作出明确限定,但是微生物领域可以采用保藏号的方式限定,通过保藏号保证能获得菌株的 DNA 指令即可。由于另有分子标记专利对鉴定方法进行保护,涉案专利说明书记载的鉴定方法没有必要写入权利要求书中。涉案专利说明书明确记载了所述保藏菌株具有特有的 SCAR 分子标记 975bp 片段,以该 SCAR 分子标记作为检测指标,并结合形态学以及 ITS 序列分析对被诉侵权菌株进行鉴定的方法合理且可信。因此,采用涉案专利说明书记载的鉴定方法对被诉侵权产品是否落入涉案专利权的保护范围进行鉴定,并未扩大涉案专利权的保护范围。据此,最高人民法院判决驳回上诉,维持原判。

裁判规则

在微生物领域,可以采用微生物保藏编号的方式确定该微生物的 DNA 指令,进而限定涉及微生物的发明专利权利要求的保护范围。

航电公司与盖讯公司合同违约案

法院:最高人民法院

案号:(2021)最高法知民辖终 73 号

上诉人(一审被告):航电建筑科技(深圳)有限公司

被上诉人(一审原告):上海盖讯信息技术有限公司

案由:合同纠纷

案情简介:上海盖讯信息技术有限公司(以下简称盖讯公司)以航电建筑科技(深圳)有限公司(以下简称航电公司)违反双方签订的《劳务派遣协议书》(以下简称涉案合同)为由,向上海知识产权法院(以下简称上海知产法院)提起诉讼,上海知产法院立案受理。航电公司提出管辖权异议,认为盖讯公司与航电公司签订的涉案合同是劳务派遣合同,围绕该合同产生的争议不属于知识产权争议,本案应移送至广东省深圳市的人民法院管辖。上海知产法院经审理认为,涉案合同约定航电公司委托盖讯公司提供软件开发服务,本案属于计算机软件开发合同纠纷。此外,盖讯公司请求判令航电公司支付服务费及违约金,根据最高人民法院《关于适用〈中华人民共和国民事诉讼法〉的解释》第18条的规定,争议标的为给付货币的,接收货币一方所在地为合同履行地,因此,上海知产法院认为其对本案享有管辖权,裁定驳回航电公司的管辖权异议。航电公司不服一审裁定,上诉至最高人民法院。

最高人民法院经审理认为,双方签订的涉案合同虽然约定由盖讯公司为航电公司提供软件开发服务,但是合同的主要条款约定的是关于委托派遣人员、派遣期间、结算单价等,并未对软件开发的相关权利义务作出明确约定,本案纠纷属于劳务派遣合同纠纷,上海知产法院对本案不具有管辖权。盖讯公司在本案中诉请履行的义务是支付劳务派遣服务费,上海市为接收货币一方所在地的合同履行地。因此,本案可由上海市相关有劳务派遣合同纠纷管辖权的基层法院审理。据此,最高人民法院裁定撤销一审裁定,指定本案移送上海市长宁区人民法院审理。

裁判规则

知识产权法院对技术合同纠纷具有管辖权。对于涉案合同是否属于技术合同,应根据双方签订的合同所约定的具体内容来判断。如果涉案合同不属于技术合同,则围绕该合同产生的纠纷不属于知识产权纠纷,不应由知识产权法院管辖,而应由对此类合同具有管辖权的法院进行审理。

绿幽公司与安锐公司专利侵权案

法院:最高人民法院

案号:(2021)最高法知民终1462号

上诉人(一审原告):上海绿幽环保设备有限公司

被上诉人(一审被告):乐清安锐工具有限公司

案由:侵害发明专利权纠纷

案情简介:上海绿幽环保设备有限公司(以下简称绿幽公司)系专利号为201610220647.4、名称为"一种木工钻坯的成型方法"的发明专利(以下简称涉案专利)的专利权人。绿幽公司以安锐公司制造、销售被诉侵权产品为由,向浙江省宁波市中级人民法院(以下简称宁波中院)提起诉讼,请求判令安锐公司停止制造、销售侵权产品,销毁侵权产品及用于生产侵权产品的专用设备,赔偿经济损失及合理开支42万元。宁波中院经审理查明,绿幽公司作为证据提交的木工钻头并非来源于安锐公司,安锐公司与宁波市海曙鄞江升龙轩机械厂(以下简称升龙轩机械厂)曾签订购销合同,约定升龙轩机械厂根据安锐公司的要求制作木工钻头。宁波中院认为,绿幽公司认可其提交的木工钻头来源于升龙轩机械厂,然而没有证据表明安锐公司在与升龙轩机械厂签订购销合同时,明确要求该厂按照涉案专利方法加工木工钻坯,故根据现有证据难以认定安锐公司存在制造被诉侵权产品的行为。据此,宁波中院判决驳回绿幽公司的诉讼请求。绿幽公司不服一审判决,上诉至最高人民法院。

最高人民法院经审理查明,绿幽公司确认木工钻坯实际由升龙轩机械厂制造后再销售给安锐公司,并非由安锐公司实施制造行为。由于升龙轩机械厂不具备生产、销售资质,且该厂的经营者杨某宝以不被起诉作为其出庭作证承认制造方法与专利方法相同的条件,因此,绿幽公司转而起诉木工钻坯的购买者安锐公司。最高人民法院认为,木工钻坯实际由升龙轩机械厂制造后再销售给安锐公司,安锐公司并未就该木工钻坯实施制造行为,其也非制造方法的使用者。安锐公司购进木工钻坯后再加工为钻头对外销售,不属于销售使用专利方法所获得原始产品的行为。据此,最高人民法院判决驳回上诉,维持原判。

裁判规则

产品制造方法专利的保护范围延及通过该制造方法直接获得的原始产品。购买该原始产品并进一步加工销售的,不属于销售使用专利方法所获得原始产品的行为。

斯恩蒂斯公司与大博公司等专利侵权案

法院：最高人民法院

案号：(2021)最高法知民终148号

上诉人（一审被告）：大博医疗科技股份有限公司

被上诉人（一审原告）：瑞士斯恩蒂斯有限公司

一审被告：湖南德荣医疗健康产业有限公司、湖南德荣医疗器械物流配送服务有限公司

案由：侵害发明专利权纠纷

案情简介：瑞士斯恩蒂斯有限公司（以下简称斯恩蒂斯公司）系专利号为ZL03827088.9、名称为"一种用于治疗股骨骨折的装置"的发明专利（以下简称涉案专利）的专利权人。斯恩蒂斯公司向长沙市中级人民法院（以下简称长沙中院）提起诉讼，主张大博医疗科技股份有限公司（以下简称大博公司）制造、销售、许诺销售的产品落入了涉案专利权的保护范围，湖南德荣医疗健康产业有限公司（以下简称德荣医疗健康公司）、湖南德荣医疗器械物流配送服务有限公司（以下简称德荣医疗器械公司）销售了上述侵权产品，请求判令大博公司、德荣医疗健康公司、德荣医疗器械公司立即停止制造、销售、许诺销售侵权产品，销毁所有库存侵权产品，销毁侵权产品制造所使用的图纸及专用设备，判令大博公司赔偿经济损失2000万元、合理支出10万元。长沙中院经审理认为，被诉侵权产品落入涉案专利权的保护范围，判决大博公司、德荣医疗健康公司及德荣医疗器械公司停止侵权，并适用法定赔偿判决大博公司赔偿斯恩蒂斯公司经济损失及合理开支共计100万元。大博公司、斯恩蒂斯公司均不服一审判决，向最高人民法院提起上诉。

最高人民法院经审理认为，被诉侵权产品属于植入人体的三类医疗器械，我国要求三类医疗器械的生产、销售可以追溯，大博公司作为制造三类医疗器械的上市公司理应掌握被诉侵权产品的生产、销售情况，完全可以通过自我举证精确计算其侵权获利。斯恩蒂斯公司主张以侵权获利计算损害赔偿数额且对侵权规模事实已经完成初步举证，大博公司无正当理由拒不提供有关侵权规模基础事实的相应证据材料，导致用于计算侵权获利的基础事实无法精准确定，构成举证妨碍，应承担举证妨碍的相应后果，可以推定斯恩蒂斯公司主张的金额成立。据此，最高人民法院判决大博公司赔偿斯恩蒂斯公司经济损失2000万元、合理开支10万元。

裁判规则

专利权人主张以侵权获利计算损害赔偿数额且对侵权规模事实已经完成初步举证的情况下,被诉侵权人无正当理由拒不提供有关侵权规模基础事实的相应证据材料,导致用于计算侵权获利的基础事实无法精准确定的,人民法院可以推定专利权人主张的金额成立。

维沙华公司与黄某超专利侵权案

法院:最高人民法院

案号:(2021)最高法知民终 1328 号、(2021)最高法知民终 1335 号

上诉人(一审被告):常州维沙华商贸有限公司(常州德迈光电科技有限公司)

被上诉人(一审原告):黄某超

案由:侵害实用新型专利权纠纷

案情简介:黄某超系专利号为 ZL201420283951. X、名称为"一种电路盘"的实用新型专利(以下简称涉案专利)的专利权人。黄某超以常州维沙华商贸有限公司(以下简称维沙华公司)制造、销售、许诺销售被诉侵权产品为由,向江苏省苏州市中级人民法院(以下简称苏州中院)提起诉讼,请求判令维沙华公司立即停止制造、销售、许诺销售被诉侵权产品,销毁库存产品和专用生产模具,赔偿经济损失 20 万元。苏州中院经审理认为,被诉侵权产品落入了涉案专利权利要求 1、2、4 的保护范围,而且维沙华公司主张的现有技术抗辩、合法来源抗辩均不能成立,故判决维沙华公司停止侵权并赔偿黄某超经济损失及维权合理费用共计 4 万元。

维沙华公司不服一审判决,上诉至最高人民法院,并提交了在涉案专利优先权日后、申请日前申请的一件专利和涉案专利的授权公告文本,拟证明涉案专利的优先权不成立,且前述专利构成涉案专利的抵触申请,并主张抵触申请抗辩。最高人民法院二审期间,国家知识产权局作出第 48961 号无效决定,宣告涉案专利权利要求部分无效,在权利要求 4、5 的基础上继续维持该专利权有效。黄某超在二审中明确主张以权利要求 4 确定涉案专利的保护范围。最高人民法院经审理认为,被诉侵权产品落入涉案专利权利要求 4 的保护范围。涉案专利属于实用新型专利,国务院专利行政部门并未针对其能否享有优先权作实质审查,但鉴于涉案专利是否享有优先权对于维沙华公司主张的抵触申请抗辩具有实质性影响,因此需对涉案专利能否享有优先权进行审查。本案中,涉案专利不应享有优先权,但维沙华公司主张

的抵触申请并未单独、完整地公开被诉侵权技术方案,因此维沙华公司的抵触申请抗辩主张不能成立。据此,最高人民法院判决驳回上诉,维持原判。

裁判规则

1. 在侵害实用新型专利权纠纷中,如果未经实质审查的涉案专利是否享有优先权将对现有技术抗辩或抵触申请抗辩具有实质性影响时,应对涉案专利能否享有优先权进行审查。

2. 对于被告提出的抵触申请抗辩,只有在被诉侵权技术方案的各项技术特征均已被该抵触申请单独、完整地公开,也即涉案专利相对于抵触申请不具有新颖性时,才可以认定抵触申请抗辩成立。

鑫华隆公司与邓某智专利侵权案

法院:最高人民法院

案号:(2020)最高法知民终 1310 号

上诉人(一审被告):深圳市鑫华隆科技有限公司

被上诉人(一审原告):邓某智

案由:侵害实用新型专利权纠纷

案情简介:邓某智系专利号为 ZL201420474545.1、名称为“PCB 板的印锡贴片焊接治具”的实用新型专利(以下简称涉案专利)的专利权人。邓某智以深圳市鑫华隆科技有限公司(以下简称鑫华隆公司)制造、销售的产品(以下简称被诉侵权产品)侵害涉案专利权为由,向广东省深圳市中级人民法院(以下简称深圳中院)提起诉讼,请求判令鑫华隆公司停止侵害并赔偿经济损失及维权合理开支 22.711 万元。深圳中院经审理认为,涉案专利权利要求 1 与被诉侵权产品的对应技术特征构成等同,被诉侵权产品落入涉案专利权的保护范围,据此判决鑫华隆公司停止侵害,赔偿邓某智经济损失及维权合理开支共计 15 万元。鑫华隆公司不服一审判决,向最高人民法院提起上诉。

最高人民法院经审理认为,因涉案专利技术特征“治具托盘的每个边上均活动安装有用于夹持 PCB 板边位的边位推拉装置”特意强调了“每个边上”的限定作用,本领域普通技术人员在阅读权利要求书和说明书后可以理解,权利人在专利申请时存在排除被诉侵权产品技术特征“在治具托盘相对的两个边上活动安装有用于夹持 PCB 板边位的边位推拉装置”的意思,故不应将该技术方案再以等同认定纳入专利权保护范围,被诉侵权产品与涉案专利的对应技术特征不相同也不等同,未落入涉案专利权的保护范围。据此,最高人民法院判决撤销一审判决,驳回邓某智的全部诉讼请求。

裁判规则

若本领域普通技术人员在阅读权利要求书、说明书后,可以理解专利权人或者专利申请人特意强调某一特征用语并排除特定技术方案,则该特定技术方案不应再以构成等同特征的方式纳入涉案专利的保护范围。

中隧桥公司与大建公司等专利侵权案

法院:最高人民法院

案号:(2020)最高法知民终2号

上诉人(一审原告):浙江中隧桥波形钢腹板有限公司

被上诉人(一审被告):郑州恒天大建桥梁钢构有限公司、河南大建波形钢腹板有限公司、成都华川公路建设集团有限公司

案由:侵害发明专利权纠纷

案情简介:浙江中隧桥波形钢腹板有限公司(以下简称中隧桥公司)系专利号为ZL201310308210.2、名称为"一种转角强化不等厚型波形钢板及制造方法"的发明专利(以下简称涉案专利)的专利权人。中隧桥公司以郑州恒天大建桥梁钢构有限公司(以下简称恒天公司)、河南大建波形钢腹板有限公司(以下简称大建公司)、成都华川公路建设集团有限公司(以下简称华川公司)制造、使用、销售、许诺销售的产品(以下简称被诉侵权产品)侵害涉案专利权为由,向河北省石家庄市中级人民法院(以下简称石家庄中院)提起诉讼,请求判令恒天公司、大建公司、华川公司立即停止制造、使用、销售、许诺销售被诉侵权产品,赔偿经济损失及合理费用50万元。中隧桥公司在一审诉讼过程中提出证据保全申请,石家庄中院未予支持。石家庄中院经审理认为,中隧桥公司仅凭网页信息笼统指控恒天公司、大建公司、华川公司侵权,无明确具体的被诉侵权产品,无从进行比对判定,据此判决驳回中隧桥公司的诉讼请求。中隧桥公司不服一审判决,上诉至最高人民法院。

最高人民法院经审理认为,人民法院应当依法审查证据保全申请,对于满足法律规定的申请,应予支持。首先,中隧桥公司提交的初步证据与被诉侵权事实之间具有较强的关联性。具体而言,中隧桥公司提交的初步证据较为清晰地反映出被

诉侵权产品具有与涉案专利权利要求中相对应的技术特征;恒天公司、大建公司系波形钢腹板生产、施工企业,华川公司系涉案工程的总承包方,与被诉侵权行为存在密切关系。其次,中隧桥公司申请法院证据保全具有紧迫性、必要性。具体而言,中隧桥公司向石家庄中院申请保全的证据具有“以后难以取得”的紧迫性,一旦施工完毕,仅从外部无法测量被诉侵权产品的厚度等技术特征。而且,中隧桥公司已穷尽合理合法的举证手段,进一步举证证明恒天公司等实施了侵权行为存在客观困难。最后,中隧桥公司向石家庄中院申请证据保全具有可行性。最高人民法院判定中隧桥公司提出的证据保全的申请已经符合人民法院依申请进行证据保全的适用条件,石家庄中院未对证据保全申请进行全面审查,而是简单予以驳回,导致本案与侵权认定有关的基本事实不清。据此,最高人民法院判决撤销一审判决,发回重审。

裁判规则

证据保全是补强当事人举证能力、推动查明案件事实的重要手段。人民法院应当依法审查证据保全申请,对于满足法律规定的申请,应予支持,通过及时采取恰当的保全措施,切实减轻当事人的证明负担。法院在决定是否进行证据保全时需审查三个方面要件:(1)原告提交的初步证据与被诉侵权事实之间是否具有较强的关联性;(2)原告申请法院证据保全是否具有紧迫性、必要性;(3)原告向法院申请证据保全是否具有可行性。

华欣公司与诚科公司等专利侵权案

法院:最高人民法院

案号:(2020)最高法知民终580号

上诉人(一审原告):广州华欣电子科技有限公司

被上诉人(一审被告):广州诚科商贸有限公司、广州君海商贸有限公司、广州兆科电子科技有限公司、峻凌电子(东莞)有限公司、佛山市厦欣科技有限公司

案由:侵害发明专利权纠纷

案情简介:广州华欣电子科技有限公司(以下简称华欣公司)系专利号为ZL201010235151.7、名称为“一种触摸屏及其多路采样的方法”的发明专利(以下简称涉案专利)的独占实施被许可人。华欣公司以广州诚科商贸有限公司(以下简称诚科公司)、广州君海商贸有限公司(以下简称君海公司)、广州兆科电子科技有限公司(以下简称兆科公司)、峻凌电子(东莞)有限公司(以下简称峻凌公司)、佛山

市厦欣科技有限公司(以下简称厦欣公司)制造、销售、许诺销售侵害涉案专利权的电路框(以下简称被诉侵权产品)为由,向广州知识产权法院(以下简称广州知产法院)提起诉讼,请求法院判令被告停止侵权并赔偿经济损失 1000 万元及合理开支 20 万元。广州知产法院经审理认为,结合本案说明书与《现代汉语词典》《百度百科》等公知常识性证据理解本案权利要求中所限定的技术特征,被诉侵权产品不具备权利要求 1 限定的"触摸屏""触摸检测区"等技术特征,没有落入涉案专利权的保护范围,据此判决驳回华欣公司的诉讼请求。华欣公司不服一审判决,上诉至最高人民法院,主张广州知产法院关于权利要求解释存在错误,进而错误认定被诉侵权产品没有落入涉案专利权的保护范围。为支持其主张,华欣公司在二审期间提交多篇与涉案专利领域、申请时间更为接近的公知常识性证据。兆科公司、峻凌公司提交了由中国电子信息产业发展研究院出具的鉴定意见,用以证明被诉侵权产品不落入涉案专利权利要求的保护范围。

最高人民法院经审理认为,关于权利要求解释,由于触摸屏属于在本领域中已有确切含义的技术术语,涉案专利说明书记载相关内容为触摸屏的具体实施方式而非特别界定,从属权利要求及说明书所记载的相应具体实施方式不会对专利权利要求 1 中记载的触摸屏是否具有实体屏结构产生限定作用,故涉案专利权利要求 1 中的"触摸屏"可以理解为既包括带有实体屏结构的接触式触摸屏,也包括不带有实体屏结构的非接触式触摸屏。对鉴定意见中将触摸屏限缩解释为具有实体屏结构的鉴定意见不予采信。"触摸检测区"应理解为红外发射管与红外接收管之间的空间区域。基于上述理解将被诉侵权产品与涉案专利权利要求进行比对,被诉侵权产品具有"触摸屏""触摸检测区"的技术特征及其他技术特征,被诉侵权产品落入涉案专利权保护范围。关于共同侵权,诚科公司、君海公司和兆科公司存在信息互通、分工合作,共同实施侵害涉案专利权的行为。诚科公司、君海公司和兆科公司除共同制造、销售被诉侵权产品外,无其他实质性生产经营活动,应认定为完全以侵权为业。峻凌公司与厦欣公司加工制造被诉侵权产品行为,构成专利侵权,但在案证据尚不足以证明峻凌公司和厦欣公司明知或者应知其接受委托代为加工制造的被诉侵权产品系侵害他人专利权的产品,故难以认定其与诚科公司、君海公司以及兆科公司构成共同侵权。但该两公司践行其注意义务的程度与其接受委托代加工的规模相比并不相称,存在一定过失。据此,最高人民法院判决各被诉侵权人应停止侵权行为、销毁库存被诉侵权产品,诚科公司、君海公司以及兆科公司连带赔偿华欣公司经济损失 292.6 万元以及合理开支 20 万元,峻凌公司在 100 万元范围内、厦欣公司在50万元范围内对上述经济损失承担连带责任,并且峻凌公司在5万元范围内、厦欣公司在2万元范围内对上述合理开支承担连带责任。

裁判规则

1.在说明书对于权利要求中的技术术语没有作出特别界定的情况下,应当按照本领域技术人员对于该技术术语的通常理解进行解释,而不是按照该技术术语在日常生活中的通常含义进行解释。针对本领域中已有确切含义的技术术语,且涉案专利说明书中并无特别界定的,从属权利要求及说明书所记载的相应具体实施方式不会对该技术术语产生限定作用。

2.侵权损害赔偿以及合理开支的承担方式,应根据各被诉侵权人在侵权行为中所起的地位和作用确定各自应当承担的份额。对于违法可责性和损害严重性较高的被诉侵权人,可判令其连带承担全部侵权损害赔偿以及合理开支;对于无故意侵权但存一定过失的被诉侵权人,可判令其在一定金额范围内连带承担侵权损害赔偿以及合理开支。

3.关于委托加工行为的民事责任承担,应考虑其接受委托加工时是否尽到了与其企业实际情况、委托加工规模相匹配的知识产权审查义务。其与委托人自行约定的知识产权侵权免责条款,不足以构成免予承担专利侵权赔偿责任的理由。

4.被诉侵权人是否完全以侵权为业,应当从其营业内容判断。若营业内容中虽存在非侵权业务,但其与主营业务相比可以忽略不计,或者该非侵权业务与侵权主营业务之间仍然存在一定联系的,不影响完全以侵权为业的认定。

专利行政纠纷

南天司法鉴定所与国家知识产权局、儒洞机械制袋厂专利行政案

法院:最高人民法院

案号:(2020)最高法知行终330号

上诉人(一审第三人):广东南天司法鉴定所

被上诉人(一审原告):阳西县儒洞塑料薄膜机械制袋厂

一审被告:国家知识产权局

案由:发明专利权无效行政纠纷

案情简介:广东南天司法鉴定所(以下简称南天司法鉴定所)系专利号为 ZL200910106896.0、名称为"一种利用计算机检验文件制成时间的方法及计算机系统"的发明专利(以下简称涉案专利)的专利权人。针对涉案专利,阳西县儒洞塑料薄膜机械制袋厂(以下简称儒洞机械制袋厂)以涉案专利不符合《专利法》第 22 条第 4 款等理由向国家知识产权局(以下简称国知局)提出无效宣告请求,并提供若干证据证明按照本专利技术方案作出的鉴定结论不准确,不具有实用性。国知局于 2017 年 12 月 24 日作出第 34391 号无效宣告请求审查决定(以下简称被诉决定),维持涉案专利有效。儒洞机械制袋厂不服被诉决定,向北京知识产权法院(以下简称北京知产法院)提起行政诉讼。北京知产法院经审理认为,本领域技术人员无法确信采用涉案专利的方法即能够实现专利权人所声称的确定文件制成时间的技术效果,涉案专利不符合《专利法》第 22 条第 4 款、第 26 条第 3 款及第 4 款的规定,并据此判决撤销被诉决定,由国家知识产权局重新作出审查决定。南天司法鉴定所不服一审判决,上诉至最高人民法院。

最高人民法院经审理认为,涉案专利的技术方案系根据颜色指标数据随时间变化的规律并利用计算机技术实现对文件制成时间的检验。当以颜色或亮度作为字迹颜色指标数据时,字迹颜色指标数据随时间变化的规律是客观存在的。涉案专利技术方案并不违背自然规律,技术方案本身不存在固有的缺陷。而且,本领域技术人员基于涉案专利技术方案检测文件制成时间时,只要严格按照限定条件可以实施,就表明利用计算机技术进行文件制成时间的检验是能够重复实施、可以再现的。即使有证据表明南天司法鉴定所作的部分检测结果不准确,但由于无法确定样本文件和待检文件的保存条件完全相同,这些不准确的检测结果并不足以否认涉案专利的技术方案具有可再现性。因此,涉案专利并非明显无益、脱离社会需要的技术方案,不宜轻易否定其实用性。据此,最高人民法院判决撤销一审判决,驳回儒洞机械制袋厂的诉讼请求。

裁判规则

实用性是指发明或者实用新型专利技术方案能够制造或者使用,并且能够产生积极效果。其中,"能够制造或者使用"是指发明或者实用新型的专利技术方案具有在产业中被制造或使用的可能性且应具有再现性,违背自然规律的发明或者实用新型专利由于技术方案本身固有的缺陷而不能实施。"能够产生积极效果"需要排除明显无益、脱离社会需要的技术方案。专利技术方案在实际应用中是否具有较高价值、能否获得准确可靠的检测结果等,不影响对实用性的判断。

萨驰公司与VMI荷兰公司、国家知识产权局专利行政案

法院:最高人民法院

案号:(2020)最高法知行终663号

上诉人(一审被告、一审第三人):国家知识产权局、VMI荷兰公司

被上诉人(一审原告):萨驰智能装备股份有限公司

案由:发明专利权无效行政纠纷

案情简介:VMI荷兰公司系专利号为200880006690.4、名称为“切割装置”的发明专利(以下简称涉案专利)的专利权人。萨驰智能装备股份有限公司(以下简称萨驰公司)以涉案专利不具备创造性为由,向国家知识产权局(以下简称国知局)提出无效宣告请求。国知局审理后作出第32739号无效审查决定(以下简称被诉决定),在修改后的权利要求1－14的基础上,维持涉案专利权有效。萨驰公司不服被诉决定,向北京知识产权法院(以下简称北京知产法院)提起行政诉讼,请求撤销被诉决定。北京知产法院经审理认为,权利要求1相对于对比文件和公知常识的结合不具备创造性,并据此判决撤销被诉决定,判令国知局重新作出审查决定。国知局、VMI荷兰公司均不服一审判决,分别向最高人民法院提起上诉。萨驰公司认为,VMI荷兰公司在涉案专利的民事侵权案件中关于“提升梁”数量的主张与其在本案中关于“提升梁”仅有一根的陈述相互矛盾。

最高人民法院经审理认为,在本案中,VMI荷兰公司明确权利要求1并未限定提升梁的具体数量,其并未主张提升梁应当限定为一根。在涉案专利的侵权诉讼中,苏州市中级人民法院(以下简称苏州中院)认为权利要求1中未限定“提升梁”的数量,并参考了VMI荷兰公司在无效程序中关于涉案专利是“单独”“一个”提升梁结构的陈述,据此认定“提升梁”应理解为一个单独实现橡胶片推起功能的部件,并未限定数量。因此,VMI荷兰公司并不存在为“两头获利”而在专利侵权民事诉讼和专利无效行政诉讼中对同一技术特征作出不同或相反解释的情况。另外,即使认为本案需要参考专利权人在民事侵权案件中的相关陈述,由于涉案专利权侵权诉讼的一审判决尚未生效,不应以该未生效判决所采纳的VMI荷兰公司关于涉案专利“提升梁”的相关陈述意见作为参考。据此,最高人民法院判决撤销一审判决,驳回萨驰公司的诉讼请求。

裁判规则

人民法院在专利确权行政案件中界定权利要求的用语时,可以参考已被专利

侵权民事案件生效裁判采纳的专利权人的相关陈述。若前述判决尚未生效,不宜以该未生效判决所采纳的专利权人的相关陈述作为参考,限制专利确权行政案件中对同一技术特征的解释。

波速尔公司与国家知识产权局、骑客公司专利无效行政纠纷案

法院:最高人民法院

案号:(2020)最高法知行终 352 号

上诉人(一审原告):浙江波速尔运动器械有限公司

被上诉人(一审被告):国家知识产权局

一审第三人:杭州骑客智能科技有限公司

案由:实用新型专利无效行政纠纷

案情简介:杭州骑客智能科技有限公司(以下简称骑客公司)系专利号为 ZL201520406847. X、发明名称为“新型电动平衡车”、优先权日为 2014 年 6 月 13 日的实用新型专利(以下简称涉案专利)的专利权人。针对涉案专利,波速尔公司于 2016 年 10 月 21 日向国家知识产权局提出无效宣告请求,国家知识产权局经审理于 2018 年 6 月 26 日作出第 36457 号无效审查决定(以下简称被诉决定),维持涉案专利有效。波速尔公司不服被诉决定,向北京知识产权法院提起行政诉讼。北京知识产权法院经审理作出(2018)京 73 行初 8697 号判决,驳回波速尔公司的诉讼请求。波速尔公司不服一审判决,上诉至最高人民法院。

最高人民法院经审理认为,证据 6 作为网页证据,在没有其他证据予以佐证的情况下,尚不能证明涉案专利产品在优先权日之前已经公开销售。涉案专利权利要求 1 – 9 能够享有优先权,在此基础上,涉案专利技术方案并非证据 3 与证据 4、5 的简单叠加,而是需要本领域技术人员付出创造性劳动才能得到,故权利要求 1 – 9 具备创造性。据此,最高人民法院判决驳回上诉,维持原判。

裁判规则

判断在后申请是否享有在先申请的优先权,需要站在本领域技术人员的立场上对二者的主题是否相同进行整体判断,但并不要求在叙述方式上完全一致,只要在先申请阐明了在后申请权利要求所述技术方案即可,且在先申请记载的内容不限于文字,也包括说明书附图公开的信息。

西门子公司与国家知识产权局、联影公司专利无效行政案

法院：最高人民法院

案号：(2019)最高法知行终61号

上诉人：西门子(深圳)磁共振有限公司(一审原告)、国家知识产权局(一审被告)、上海联影医疗科技有限公司(一审第三人)

案由：发明专利权无效行政纠纷

案情简介：上海联影医疗科技有限公司(以下简称联影公司)是名称为"平面回波成像序列图像的重建方法"的发明专利(以下简称涉案专利)的专利权人。2016年11月30日，西门子(深圳)磁共振有限公司(以下简称西门子公司)向原国家知识产权局专利复审委员会(以下简称复审委)提出无效宣告请求，无效理由包括权利要求1、2、5、8、10得不到说明书支持，权利要求1、2、5不具备新颖性，权利要求1－16不具备创造性等。2017年10月9日，复审委作出无效决定(以下简称被诉决定)，维持涉案专利有效。2018年2月5日，西门子公司向北京知识产权法院(以下简称北京知产法院)提起诉讼，请求撤销被诉决定、责令国家知识产权局(以下简称国知局)重新作出决定。

北京知产法院认为：权利要求2中"零次项相位偏差因子"等虽非本领域技术人员熟知的技术用语，但根据说明书的全面阐释和明确界定，本领域技术人员能够知晓其确切含义和用途；且本领域技术人员在说明书具体实施方式所公开的内容基础上可以想到其他实施方式。故权利要求2等是清楚且可以得到说明书支持的，被诉决定对此认定正确。被诉决定中将涉案专利权利要求1中"计算"一词限缩解释为"直接进行计算"错误。在专利授权确权程序中，对于权利要求的解释，可以适用最大合理解释原则。涉案专利说明书中既未对权利要求1中的"计算"进行专门界定，也没有与"直接进行计算"相关的任何表述，应当对"计算"作出未超出合理范围的最广义的解释。据此，涉案专利权利要求1中的"计算"包含了对比文件1公开的"采集参考回波信号并计算校正数据"的情形，权利要求1相较于对比文件1不具有新颖性。在权利要求1不具备新颖性的情况下，权利要求2、5是否具备创造性尚不明确，需国知局重新审查后得出结论。北京知产法院据此判令撤销被诉决定，并责令国知局重新作出无效决定。西门子公司、国知局、联影公司均不服一审判决，向最高人民法院提起上诉。

最高人民法院经审理认为，北京知产法院对于涉案专利符合《专利法》第26条第4款的认定正确，但对于新颖性的认定错误。在适用最大合理原则解释权利要求

时,应当在权利要求用语的最大含义范围内,以“合理”解释为出发点和落脚点。涉案专利中“计算”一词并不包括所有可能的计算方式,说明书中已明确排除了部分计算方式。而本领域技术人员通过阅读说明书及附图能够理解,涉案专利权利要求1中的“计算”是指不损失相位以及其他信息情况下的直接计算,与证据1中的计算方式并不相同,故涉案专利权利要求1相较于证据1具有新颖性。证据2、3、4均未公开权利要求2的附加技术特征,证据5、6均未公开权利要求5的附加技术特征,故权利要求2、5及其从属权利要求均具备创造性。最高人民法院据此撤销一审判决。

裁判规则

在专利授权确权程序中,对于权利要求的解释,可以适用最大合理解释原则。但适用最大合理解释原则时,应当基于权利要求的文字记载,结合本领域技术人员对说明书的理解,在权利要求用语的最大含义范围内,以“合理”解释为出发点和落脚点,对权利要求作出最广义的合理解释。

大疆公司与国家知识产权局、杜某文专利无效行政纠纷案

法院:最高人民法院

案号:(2020)最高法知行终183号

上诉人(一审原告):深圳市大疆灵眸科技有限公司

被上诉人(一审被告):国家知识产权局

一审第三人:杜某文

案由:实用新型专利权无效行政纠纷

案情简介:深圳市大疆灵眸科技有限公司(以下简称大疆公司)系专利号为201520653490.5、名称为“云台”的实用新型专利(以下简称涉案专利)的专利权人。针对涉案专利,杜某文于2018年4月3日向国家知识产权局提出了无效宣告请求。国家知识产权局经审查,于2018年11月29日作出第38122号无效宣告请求审查决定(以下简称被诉决定),宣告涉案专利的权利要求1、6无效,在权利要求2-5、7-18的基础上继续维持涉案专利有效。

大疆公司不服被诉决定,于2019年1月10日起诉至北京知识产权法院(以下简称北京知产法院),请求撤销被诉决定,并责令国家知识产权局重新作出无效决定。北京知产法院经审理认为,证据1的“摆动头”“旋转分度和锁定组件”分别相

当于涉案专利中的“云台”“锁定结构”，在此基础上被诉决定关于权利要求1、6不具备创造性的认定并无不当。据此，北京知产法院判决驳回大疆公司的诉讼请求。大疆公司不服一审判决，于2020年6月28日上诉至最高人民法院。

最高人民法院经审理认为，被诉决定和一审判决关于涉案专利中的技术术语“云台”及“非工作状态”的解释有误，导致权利要求1、6与最接近的现有技术相比遗漏了相应区别技术特征，但关于技术术语“锁定结构”的理解和认定并无不当。关于创造性，涉案专利提出的技术问题“云台电机轴在非工作状态下的锁定”本身不具有非显而易见性，且上述遗漏的区别技术特征不能给权利要求1、6的技术方案带来创造性，故权利要求1、6不具备创造性。据此，最高人民法院驳回上诉，维持原判。

裁判规则

1. 在专利确权程序中，对于权利要求中的技术名词或者术语，应当结合说明书所记载的内容进行理解，而不能脱离说明书所记载的发明背景、发明目的、应用领域、解决的技术问题等内容作宽泛的、一般意义上的解释。

2. 在确定涉案专利与最接近的现有技术之间的区别技术特征时，一般不宜将涉案专利的多个技术特征组合起来，与最接近的现有技术中的相应技术特征进行比较，否则会难以准确识别实质性区别点，导致对发明实际要解决技术问题予以宽泛化理解，并最终影响现有技术中是否存在技术启示的准确判断。

3. 专利技术方案的创造性既可以源于“问题的解决”，也可以源于“问题的提出”。当现有技术进步的难点在于发现问题时，如果不考虑“问题的提出”对本领域技术人员来说是否显而易见，可能会陷入“后见之明”并低估技术方案的创造性。

裴某与国家知识产权局专利驳回复审行政纠纷案

法院：最高人民法院

案号：(2021)最高法知行终233号

上诉人(一审原告)：裴某

被上诉人(一审被告)：国家知识产权局

案由：实用新型专利申请驳回复审行政纠纷

案情简介：裴某是名称为“一种利用智能戒指提供票据信息的进站刷卡系统”的实用新型专利申请(以下简称涉案申请)的申请人。2017年7月3日，国家知识产权局(以下简称国知局)以涉案申请不符合《专利法》第 2 条第 3 款的规定为由,驳回了涉案申请,并被之后的复审决定(以下简称被诉决定)维持。2019 年 1 月 18 日,裴某向北京知识产权法院(以下简称北京知产法院)提起诉讼,请求撤销被诉决定。北京知产法院经审理认为,涉案申请权利要求 1 的技术方案仅凭硬件结构的改进无法实现,必须依靠特定计算机程序才能实现,而没有证据表明上述计算机程序是已知的,因此权利要求 1 实质上包含了对计算机程序本身的改进,不属于实用新型专利保护客体。北京知产法院据此驳回了裴某的诉讼请求。

裴某不服一审判决,向最高人民法院提起上诉。最高人民法院经审理认为,涉案申请权利要求要求保护的对象实质上是对方法的改进方案,被诉决定将涉案申请认定为不属于实用新型专利的保护客体并无不当。最高人民法院据此驳回上诉,维持原判。

裁判规则

在判断权利要求所保护的技术方案是否构成实用新型专利的保护客体时,应将该方案作为一个整体,在分析其所采用的技术手段、解决的技术问题、产生的技术效果的基础上,予以综合评判。如果实用新型专利申请的权利要求在形式上保护产品的形状、构造,但本领域技术人员根据权利要求书和说明书的记载,可以确定该权利要求所保护的实质上是对方法的改进,则其不属于实用新型专利的保护客体。

靶标公司等与国家知识产权局专利行政诉讼案

法院:最高人民法院

案号:(2020)最高法知行终 35 号

上诉人(一审被告):国家知识产权局

被上诉人(一审原告):江苏靶标生物医药研究所有限公司、常州南京大学高新技术研究院

案由:发明专利申请驳回复审行政纠纷

案情简介:江苏靶标生物医药研究所有限公司(以下简称靶标公司)、常州南京大学高新技术研究院(以下简称南大研究院)是申请号为 201110187700.2、名称为"一种肿瘤靶向性肿瘤坏死因子相关凋亡配体变体及其应用"的发明专利申请(以下简称涉案申请)的申请人。国家知识产权局(以下简称国知局)以权利要求 1-14

不具有创造性为由驳回了涉案申请。靶标公司、南大研究院对上述驳回决定不服，向国知局提出了复审请求，并对权利要求进行了修改。国知局经审理认为，修改后的权利要求1相对于对比文件3的区别特征分别被对比文件1、公知常识性证据《肿瘤研究前沿》第8卷公开，不具备创造性。据此，国知局作出了第116649号复审请求审查决定（以下简称被诉决定），维持其对涉案申请作出的驳回决定。

靶标公司、南大研究院不服被诉决定，起诉至北京知识产权法院（以下简称北京知产法院）。北京知产法院经审理认定，《肿瘤研究前沿》第8卷仅为肿瘤医学研究方面的期刊，国家知识产权局未判定《肿瘤研究前沿》第8卷记载的具体技术知识是否为公知常识，而是直接将《肿瘤研究前沿》第8卷作为公知常识证据使用，存在错误。据此，北京知产法院判决撤销被诉决定，并令国知局重新作出审查决定。

国知局不服一审判决，上诉至最高人民法院，主张被诉决定所引用的《肿瘤研究前沿》第8卷中所涉及的NGR相关技术知识并非前沿进展，而是早已为本领域所熟知的公知常识。最高人民法院经审理认为，《肿瘤研究前沿》第8卷具有ISBN国际标准书号，应当认定属于图书。但该书旨在介绍世界肿瘤研究的最新进展，并非讲述肿瘤研究领域一般性技术知识，不属于通常意义上的教科书，而是专业研究人员的参考用书。此外，本案并未有其他证据表明，该书在相关领域已经成为研究人员的普遍参考用书。综上所述，可以认定《肿瘤研究前沿》第8卷虽然属于图书，但并非通常意义上的教科书，尚不足以认定属于公知常识性证据。据此，最高人民法院判决驳回上诉，维持原判。

裁判规则

对于公知常识的认定，应该有充分的证据或者理由支持并以确凿无疑为标准。一般而言，对于相关技术知识是否属于公知常识，原则上可以通过技术词典、技术手册、教科书等所属技术领域中的公知常识性证据加以证明。在难以通过技术词典、技术手册、教科书等公知常识性证据予以证明的情况下，也可以通过所属领域的多份非公知常识性证据，例如，多篇专利文献、期刊等相互印证以充分证明该技术知识属于公知常识，但这种证明方式应遵循更严格的证明标准。如无相反证据，技术词典、技术手册、教科书记载的技术知识可以推定为公知常识。而对于技术词典、技术手册、教科书之外的文献所记载的内容，在判断其是否属于本领域的公知常识时，需要具体结合该文献的载体形式、内容及其特点、受众、传播范围等认定。

麦克罗弗姆公司等与国家知识产权局专利行政案

法院:最高人民法院

案号:(2019)最高法知行终 76 号

上诉人(一审原告):英国卫生部、麦克罗弗姆有限公司

被上诉人(一审被告):国家知识产权局

案由:发明专利申请驳回复审行政纠纷

案情简介:英国卫生部、麦克罗弗姆有限公司(以下简称麦克罗弗姆公司)系申请号为 201080053778.9、名称为"用于预防或抑制艰难梭菌感染的疗法"的发明专利申请(以下简称涉案申请)的申请人。国家知识产权局(以下简称国知局)以涉案申请不具有创造性为由驳回了涉案申请,后又作出第 121331 号复审请求审查决定(以下简称被诉决定),维持了上述驳回决定。英国卫生部、麦克罗弗姆公司不服被诉决定,向北京知识产权法院(以下简称北京知产法院)提起诉讼,主张涉案申请权利要求相对于对比文件 1 和对比文件 3 的结合具备创造性。北京知产法院经审理认为,在对比文件 1 的基础上结合对比文件 3 和本领域常规技术手段得出涉案申请的技术方案是显而易见的,因此涉案申请不具备创造性,并据此判决驳回起诉,维持被诉决定。英国卫生部、麦克罗弗姆公司不服一审判决,上诉至最高人民法院。最高人民法院经审理认为,涉案申请与对比文件 1 的区别特征实质是采用不同的宿主制备抗体,该区别特征实际解决的技术问题是,实现抗体组合物具有低免疫原性和高效价的效果。而对比文件 3 客观上给出了将绵羊作为免疫宿主可以用于制备艰难梭菌毒素 A 的抗体的技术教导。因此,根据对比文件 3 公开的内容,本领域技术人员有动机对对比文件 1 的技术方案作出改进,从而得到权利要求 1 的技术方案。据此,最高人民法院判决驳回英国卫生部、麦克罗弗姆公司的上诉,维持原判。

裁判规则

判断本领域技术人员是否存在对现有技术进行改进的动机,并非单独判断现有技术是否存在缺陷。即便现有技术在实际实施应用中没有缺陷或改进的必要,也不能排除本领域普通技术人员为解决一定的技术问题,对该现有技术进行改进。对此,应当从区别技术特征以及发明实际需要解决的技术问题出发进行判断。当现有技术整体上存在将区别技术特征应用于最接近的现有技术以解决其存在的技术问题的技术启示,使本领域普通技术人员在面对所述技术问题时,有动机改进该最接近的现有技术,则发明是显而易见的,不具有突出的实质性特点。

叶某微与国家知识产权局专利行政案

法院：最高人民法院

案号：（2021）最高法知行终 278 号

上诉人（一审原告）：叶某微

被上诉人（一审被告）：国家知识产权局

案由：发明专利申请驳回复审行政纠纷

案情简介：叶某微系申请号为 201710105731.6 的发明专利申请（以下简称涉案申请）的申请人。国家知识产权局（以下简称国知局）经审查驳回了涉案申请，后又作出第 207398 号复审请求审查决定（以下简称被诉决定），维持了上述驳回决定。国知局于 2020 年 4 月 7 日向叶某微的电子申请客户端发送被诉决定，又于 2020 年 4 月 14 日向叶某微发送短信，通知其于 15 日内下载被诉决定。叶某微于 2020 年 4 月 29 日下载被诉决定，并于 2020 年 7 月 11 日向北京知识产权法院（以下简称北京知产法院）提起针对被诉决定的行政诉讼。北京知产法院依据《电子签名法》第 11 条第 2 款的规定，认定叶某微收到被诉决定的时间为该决定到达电子申请客户端的时间，即 2020 年 4 月 7 日，其于 2020 年 7 月 11 日提起行政诉讼超过了法定起诉期限，据此裁定对本案不予立案。叶某微不服一审裁定，上诉至最高人民法院。

最高人民法院经审理认为：首先，国知局颁布的《关于专利电子申请的规定》系特别规范，应当优先适用，北京知产法院适用《电子签名法》第 11 条第 2 款属于适用法律错误。其次，叶某微与国知局签订了《专利电子申请系统用户注册协议》，明确约定以《关于专利电子申请的规定》为依据，该约定合法有效，《关于专利电子申请的规定》第 9 条第 2 款载明，“对于专利电子申请，国家知识产权局以电子文件形式向申请人发出的各种通知书、决定或者其他文件，自文件发出之日起满 15 日，推定为申请人收到文件之日”。最后，国家知识产权局发送短信的行为属于具体行政行为的过程性行为，虽不构成独立的行政行为，但应认定属于行政行为的组成部分。因此，对于叶某微而言，其能够合理预期以 2020 年 4 月 7 日（发文日）加 15 日或者以 2020 年 4 月 14 日（短信提醒日）加 15 日作为起诉期限的起算点，其于 7 月 11 日起诉均未超过法定期限。据此，最高人民法院裁定撤销一审裁定，指令北京知产法院立案受理。

裁判规则

确定国家知识产权局所作出相关决定的送达时间应符合信赖利益保护原则。

在对送达时间存在多种理解的情形下,为保护行政相对人的信赖利益,充分保障其诉权行使,应当作出有利于行政相对人的解释,从而全面有效地保障行政相对人的程序性合法权益。

盖组织公司与国家知识产权局专利行政案

法院:最高人民法院

案号:(2020)最高法知行终 93 号

上诉人(一审原告):盖组织管理及投资股份有限公司

被上诉人(一审被告):国家知识产权局

一审第三人:深圳纳斯威电子有限公司

案由:实用新型专利无效行政纠纷

案情简介:盖组织管理及投资服务有限公司(以下简称盖组织公司)系专利号为 ZL201390000237.9、名称为"头发矫直刷"的实用新型专利(以下简称涉案专利)的专利权人。针对涉案专利,深圳纳斯威电子有限公司(以下简称纳斯威公司)于 2015 年 9 月 21 日和 2016 年 2 月 1 日分别向国家知识产权局(以下简称国知局)提出无效宣告请求,盖组织公司针对 2016 年 2 月 1 日的无效宣告请求修改了权利要求。2016 年 10 月 19 日,国知局针对 2015 年 9 月 21 日提起的无效宣告请求作出第 30338 号无效宣告请求审查决定(以下简称被诉决定),宣告涉案专利无效。盖组织公司不服被诉决定,向北京知识产权法院(以下简称北京知产法院)提起诉讼。北京知产法院经审理认为,盖组织公司在针对涉案专利的另一在先无效程序中修改了权利要求且该修改后的权利要求已被国知局接受,因此对被诉决定的审理已不具有实质意义,并据此判决驳回盖组织公司的诉讼请求。盖组织公司不服,上诉至最高人民法院。

最高人民法院经审理认为,在另一无效宣告请求程序中,盖组织公司作为专利权人修改了权利要求书且已被国知局接受,在此情况下,本案的无效请求审查程序不应再基于涉案专利授权公告时的权利要求书继续审查并作出决定。另案无效决定于 2016 年 10 月 18 日作出,宣告涉案专利权全部无效。因此,本案被诉决定作出时,其审查基础实质上已不复存在而无继续审查之必要,故应对已作出的被诉决定予以撤销,且国知局也无须重新作出决定。据此,最高人民法院判决撤销一审判决和被诉决定,驳回盖组织公司的上诉请求。

裁判规则

在针对同一专利权提起的多个无效宣告请求审查程序中，如果专利权人在在后的无效程序中修改了权利要求且该修改被国家知识产权局接受，则在先以授权时的权利要求作为审查基础的无效决定以及由其所引发的专利确权行政诉讼，将因审查基础已不复存在而无继续审理之必要。

(二)商标类

商标民事纠纷

红牛公司与天丝公司商标权权属纠纷案

法院：最高人民法院

案号：(2020)最高法民终394号

上诉人(一审原告)：红牛维他命饮料有限公司

被上诉人(一审被告)：天丝医药保健有限公司

案由：商标权权属纠纷

案情简介：天丝医药保健有限公司(以下简称天丝公司)是第878072号、第878073号、第1289559号、第5608276号等一系列"RedBull红牛""RedBull红牛及图""红牛"等商标(以下简称红牛系列商标，见图1－1－1)的商标权人。1995年，天丝公司与中国深圳中浩(集团)股份有限公司、中国食品工业总公司及红牛维他命饮料(泰国)有限公司(以下简称红牛泰国公司)签订了《红牛维他命饮料有限公司合同》(以下简称95年合资合同)，约定共同投资设立红牛维他命饮料有限公司(以下简称红牛饮料公司)。1998年，天丝医药公司、泰国华彬国际集团公司、红牛泰国公司及北京怀柔县乡镇企业总公司签订了《红牛维他命饮料有限公司合同》(以下简称98年合资合同)。自1996年至2016年，红牛饮料公司与天丝公司签订了一系列《商标使用许可合同》，约定天丝公司将部分红牛系列商标及商标组成部分许可红牛饮料公司使用。红牛饮料公司认为，根据合资合同的约定，红牛系列商标是其资产的组成部分，并且，其对该系列商标的价值做出了巨大贡献，理应享有或至少应与天丝公司共同享有红牛系列商标的全部合法权益。据此,红牛饮料公司起诉至北京市高级人民法院(以下简称北京高院),请求确认红牛系列商标由红牛饮料公司单独享有所有权,若不能对此予以确认,则确认红牛系列商标由红牛饮料公司与天丝公司共同所有,同时请求判令天丝公司向红牛饮料公司支付广告宣传费用 37.53 亿元。北京高院经审理认为,98 年合资合同与 95 年合资合同不具有延续或者补充关系。针对 98 年合资合同与 95 年合资合同,北京高院结合文义解释、体系解释、目的解释并参照交易习惯及诚实信用原则,认定两合同均未对红牛系列商标的所有权进行约定。红牛饮料公司作为红牛系列商标的被许可人并不因在履行许可合同过程中对许可标的进行了广告宣传而当然取得商标所有权。红牛系列商标在使用、宣传过程中形成的商誉归天丝公司所有。因此,北京高院对红牛饮料公司有关确认其对红牛系列商标享有所有权的诉讼请求不予支持。红牛饮料公司与天丝公司未就红牛系列商标广告费用的分担进行过约定,并已将相关广告宣传费用计入公司运营成本,天丝公司除商标许可费用之外,也未获得额外商业利益,因此,红牛饮料公司要求天丝公司承担相关广告费用的诉讼请求缺乏事实依据。北京高院据此判决驳回了红牛饮料公司的全部诉讼请求。

红牛饮料公司不服一审判决,上诉至最高人民法院。最高人民法院经审理认为,95 年合资合同未对红牛系列商标的转让或权属进行约定。根据合同约定,天丝公司作为配方、技术的提供者保有对配方、技术的控制权,同理其作为红牛系列商标的提供者,也应保有对该系列商标的控制权。红牛饮料公司对红牛系列商标的使用是基于天丝公司的授权许可,且有法定义务保证使用该系列商标的商品质量并维护该系列商标的声誉。天丝公司对红牛系列商标知名度提升也作出了贡献。天丝公司与红牛饮料公司充分履行了商标许可协议,北京高院认定两公司就红牛系列商标存在商标许可使用关系并无不当。最高人民法院据此判决驳回上诉,维持原判。

裁判规则

1. 合同的变更、延续或者补充一般是针对合同相对方,并因合同约定事项不明或者发生变动时所致,且需要经过全体合同相对方作出一致的意思表示。对于不同合同主体所订立的合同,其中具体约定的事项亦存在差异,在合同中并未明确约定相关合同之间具有延续、补充关系的情况下,不宜直接认定不同合同之间具有延续或者补充关系。

2. 对合同条款的解释系对合同各方主体订立合同此种法律行为的解释,目的在于探求各方主体的真实意思表示。各方主体对合同条款的理解存在争议的,应当基于合同有效的解释原则,采取文义解释、体系解释、目的解释、习惯解释和诚信解释等方法,对合同条款的真实本意进行分析、认定。

3.除当事人之间另有约定,设计商标、为商标注册提供帮助等均非取得商标权的法定要件。被许可人基于商标权人的授权使用商标,应当保证该商标所贴附商品的质量,维护被许可使用商标的声誉。尤其是在商标权人亦提供产品配方、生产工艺以确保商品质量并投放广告提升商标知名度,且被许可人已通过商标许可使用取得商品利润回报的情况下,商标被许可人无权对该商标主张所有权。

(a) (b) (c) (d)

图1-1-1 部分红牛系列商标

华联公司与肥城市华联公司等商标侵权案

法院:最高人民法院

案号:(2021)最高法民再3号

再审申请人(一审原告、二审上诉人):华联超市股份有限公司

被申请人(一审被告、二审被上诉人):肥城市华联商贸有限公司、肥城市华联商贸有限公司春秋古城店

案由:侵害注册商标专用权及不正当竞争纠纷

案情简介:华联超市股份有限公司(以下简称华联公司)是核定使用在第35类推销(替他人)、为零售目的在通讯媒体上展示商品及特许经营的商业管理等服务上的第5345627号“华联超市 Hualian Supermarket”、第5825607号“华联超市 Hualian Supermarket”及第5825608号“”商标(以下统称涉案商标,见图1-1-2)的商标权人。华联公司认为,肥城市华联商贸有限公司(以下简称肥城市华联公司)、肥城市华联商贸有限公司春秋古城店(以下简称肥城市华联古城店)在门店招牌、经营场所、网络支付账单、购物小票上突出使用“华联”“华联超市”标识(以下简称被诉侵权标识,见图1-1-3)并将“华联”注册为企业字号,侵害了涉案商标权并构成不正当竞争,遂起

诉至山东省泰安市中级人民法院(以下简称泰安中院),请求判令肥城市华联公司及肥城市华联古城店停止商标侵权及不正当竞争行为,更改企业名称,更改后的企业名称中不得含有“华联”字样、赔礼道歉并赔偿经济损失及合理支出15万元。泰安中院经审理认为,肥城市华联公司的成立时间早于涉案商标的注册时间,且在涉案商标注册之前已经在注册地区域内具有一定影响力,因此,肥城市华联公司使用被诉侵权标识属于在先使用且不会导致相关公众产生混淆、误认,不构成商标侵权。肥城市华联公司主观上不具有借助涉案商标及华联公司商誉扩大经营、谋取不正当利益的故意,客观上也未损害华联公司及消费者的权益,因此不构成不正当竞争。泰安中院据此判决驳回华联公司的诉讼请求。华联公司不服一审判决,上诉至山东省高级人民法院(以下简称山东高院)。山东高院判决驳回上诉,维持原判。

华联公司不服二审判决,向最高人民法院申请再审。华联公司在再审中提交了新证据,可证明现华联公司与其前身各主体之间存在紧密的承继关系,现华联公司使用“华联”字号的时间应追溯至其前身成立之时。经过长期经营,“华联”“华联超市”与华联公司及其前身已经形成对应关系,并具有较高知名度。最高人民法院经审理认为,肥城市华联公司成立于2000年3月8日,晚于华联公司前身及其关联企业的成立时间,且在案证据无法证明在涉案商标申请注册之前,肥城市华联公司已经在超市行业将被诉侵权标识作为商标使用并具有一定影响,故其对被诉侵权标识不构成在先使用。肥城市华联公司在涉案商标申请注册之后开设肥城市华联古城店不属于在原使用范围内继续使用该商标。“华联”字号及“华联超市”品牌在相关公众中具有较高的知名度,肥城市华联公司、肥城市华联古城店在相同或类似服务上使用与涉案商标近似的标识,容易引起相关公众的混淆、误认,构成商标侵权及不正当竞争。在案证据无法证明侵权行为给华联公司带来商誉上的损失,故对于华联公司关于赔礼道歉的主张不予支持。最高人民法院综合考虑华联公司及涉案商标的知名度、侵权情节等因素判决撤销一审及二审判决、肥城市华联公司及肥城市华联古城店停止使用被诉侵权标识、在企业名称中使用“华联”字样、赔偿经济损失5万元。

裁判规则

权利人与使用相同字号的前身等主体之间存在紧密的承继关系,权利人使用其字号的时间应追溯至其前身使用该字号之时。

（a）

（b）

图1－1－2　涉案商标

华联

（a）

华联超市

（b）

图1－1－3　被诉侵权标识

商标行政纠纷

哈尔滨啤酒公司与国家知识产权局商标复审行政纠纷案

法院：最高人民法院

案号：（2020）最高法行再370号

再审申请人（一审原告、二审被上诉人）：百威哈尔滨啤酒有限公司

被申请人（一审被告、二审上诉人）：国家知识产权局

案由：商标申请驳回复审行政纠纷

案情简介：百威哈尔滨啤酒有限公司（以下简称哈尔滨啤酒公司）在第32类啤酒等商品上申请注册第12445672号“哈尔滨小麦王”商标（以下简称诉争商标，见图1－1－4）。2014年2月10日，原国家工商行政管理总局商标局（以下简称商标局）认为诉争商标中的“哈尔滨”为县级以上行政区划名称，且诉争商标并未形成其他强于地名的含义，不得作为商标使用，驳回了诉争商标的注册申请。哈尔滨啤酒公司不服商标局驳回决定，向原国家工商行政管理总局商标评审委员会（以下简称商评委）申请复审。商评委作出复审决定，维持了商标局的驳回决定。哈尔滨啤酒公司不服上述复审决定（以下简称被诉决定），向北京知识产权法院提起行政诉讼。北京知识产权法院经审理认为，诉争商标虽然包含了县级以上行政区划地名“哈尔滨”，但由于“哈尔滨”在啤酒商品上已经形成了区别于地名的其他含义，诉争商标客观上能够起到区分商品来源的作用，因此判决撤销被诉决定，判令商评委对诉争商标的注册申请重新作出决定。商评委不服一审判决，向北京市高级人民法院提起上诉。北京市高级人民法院经审理认为，“哈尔滨”本身作为地名，其在行政区划之外并不具有其他含义，故判决撤销一审判决，驳回哈尔滨啤酒公司的诉讼请求。

哈尔滨啤酒公司不服二审判决,向最高人民法院申请再审。最高人民法院经审理认为,诉争商标“哈尔滨小麦王”易被相关公众识别为哈尔滨啤酒的系列产品之一,具有区别于地名的其他含义,亦可以发挥识别商品来源的作用。据此,最高人民法院判决撤销二审判决,维持一审判决。

裁判规则

对于由地名与其他要素组合而成的商标,需要从整体上考察该商标是否具有区别于地名的其他含义。若该商标从整体而言具有区别于地名的其他含义,可以发挥识别商品来源的作用,则应予以核准注册。

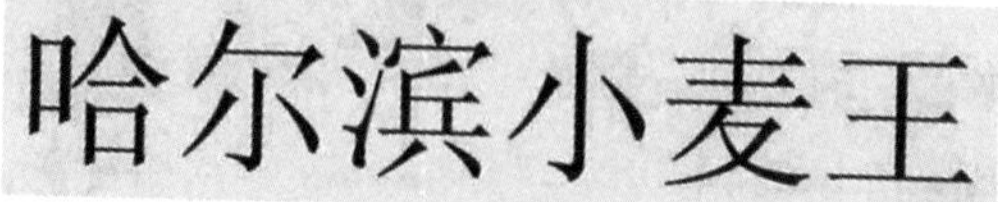

图 1－1－4　诉争商标

载途公司与国家知识产权局等商标权无效宣告请求行政纠纷案

法院:最高人民法院

案号:(2020)最高法行再 130 号

再审申请人(一审原告、二审上诉人):深圳市载途科技有限公司

被申请人(一审被告、二审被上诉人):国家知识产权局

一审第三人:马某

案由:商标权无效宣告请求行政纠纷

案情简介:马某于 2015 年 3 月 13 日申请注册第 16486942 号“磨房”商标(以下简称诉争商标,见图 1－1－5),该商标于 2016 年 4 月 28 日核定使用在第 6 类金属标志牌等商品上。载途公司与深圳元空间策划顾问有限公司(以下简称元空间公司)于 2012 年 5 月 22 日签订《磨房品牌优化项目合作协议》(以下简称合作协议),委托元空间公司设计“磨房”品牌新 LOGO 等。双方约定载途公司享有设计物的完整著作权。深圳市载途科技有限公司(以下简称载途公司)于 2013 年 10 月 11 日申请注册第 13339882 号“磨房驿栈”商标(见图 1－1－6),该商标于 2015 年 1 月 21 日核定使用在第 43 类餐厅、饭店等商品上。载途公司认为,诉争商标的注册申请损害其享有的在先著作权,并构成抢先注册其在先使用并有一定影响的商标的

情形，请求商标评审委员会宣告诉争商标无效。商标评审委员会经审查作出商标权无效宣告请求裁定，对诉争商标予以维持。载途公司不服该裁定，起诉至北京知识产权法院。北京知识产权法院经审理认为，现有证据无法证明载途公司享有在先著作权，亦不足以证明载途公司在中国，在与金属标志牌等相同或类似商品上实际使用过与诉争商标相同或者近似的商标并具有一定影响，故判决驳回载途公司的诉讼请求。载途公司不服一审判决，上诉至北京市高级人民法院（以下简称北京高院）。北京高院经审理认为，涉案“磨房”标志整体上并未达到《著作权法》保护作品所要求的基本创作高度，不能体现出审美意义，不具有独创性，未构成《著作权法》保护的美术作品。在案证据亦不足以证明载途公司在诉争商标核定使用的商品或者类似商品上在先使用了相同或近似的且具有一定影响的商标，故判决驳回上诉，维持原判。

载途公司不服二审判决，向最高人民法院申请再审。最高人民法院经审理认为，涉案“磨房”标志具有独创性，构成受《著作权法》保护的美术作品。结合合作协议及履行证据，以及载途公司申请注册在先的第 13339882 号商标等事实，认定载途公司对涉案“磨房”标志享有著作权。马某在载途公司组织的活动中实际接触了涉案“磨房”标志，且 2015 年申请的诉争商标中的“磨房”二字与涉案“磨房”标志完全相同，其行为侵害了载途公司的在先著作权。在此情况下，马某仍然申请诉争商标，至少在与户外活动紧密相关的金属标志牌上申请诉争商标属于以不正当手段抢先注册他人在先使用并有一定影响的商标，违反了《商标法》第 32 条的规定。最高人民法院据此判决撤销一审及二审判决，撤销被诉商标权无效宣告请求裁定，责令国家知识产权局重新作出裁定。

裁判规则

当事人主张商标标志构成受《著作权法》保护的作品，诉争商标损害其在先著作权的，当事人提供的涉及商标标志的设计底稿、原件、取得权利的合同、诉争商标申请日之前的著作权登记证书，均可以作为证明涉案作品著作权归属的初步证据；当事人在先申请注册的含有涉案作品的商标公告、商标注册证等，可以作为确定商标申请人为有权主张商标标志著作权的利害关系人的初步证据。

图 1-1-5　诉争商标

图 1-1-6　著作权人注册商标

陈麻花公司与国家知识产权局等商标权无效行政案

法院:最高人民法院

案号:(2021)最高法行再 255 号

再审申请人(一审第三人):重庆市沙坪坝区互旺食品有限公司、重庆市沙坪坝区磁器口老街陈建平麻花食品有限公司、冯某金、重庆陈记香酥王食品开发有限公司、重庆大渝人食品有限责任公司

被申请人(一审原告、二审上诉人):重庆市磁器口陈麻花食品有限公司

被申请人(一审被告、二审被上诉人):国家知识产权局

案由:商标权无效宣告请求行政纠纷

案情简介:重庆市磁器口陈麻花食品有限公司(以下简称陈麻花公司)是核定使用在第 30 类麻花、怪味豆、琥珀花生等商品上的第 13488202 号"陈麻花"商标(以下简称诉争商标,见图 1－1－7)的商标权人。重庆市沙坪坝区互旺食品有限公司(以下简称互旺公司)、重庆市沙坪坝区磁器口老街陈建平麻花食品有限公司(以下简称陈建平麻花公司)、冯某金、重庆陈记香酥王食品开发有限公司(以下简称香酥王公司)、重庆大渝人食品有限责任公司(以下简称大渝人公司)对诉争商标提出商标权无效宣告请求,国家知识产权局作出裁定(以下简称被诉裁定),认定诉争商标违反了《商标法》第 10 条第 1 款第 7 项、第 11 条第 1 款第 1 项的规定,对诉争商标予以无效宣告。陈麻花公司不服被诉裁定,起诉至北京知识产权法院(以下简称北京知产法院)。北京知产法院经审理认为,诉争商标本身显著性不强,在案证据不足以证明相关公众已经在诉争商标及陈麻花公司之间建立稳定联系。相关行业的从业人员和相关消费者不认为诉争商标与陈麻花公司之间存在唯一对应关系,亦不将"陈麻花"作为商标识别。在诉争商标申请日前,其在重庆磁器口地区已经成为一种麻花商品约定俗成的通用名称。同时,诉争商标已于重庆市磁器口地区被包括第三人在内的众多商户于生产、经营、销售、检验等环节用作商品名称使用,造成其标识显著性进一步退化,不再具有识别商品来源的功能。因此,诉争商标申请注册违反了《商标法》第 11 条第 1 款第 1 项的规定。诉争商标作为一种麻花商品的通用名称,使用于怪味豆、琥珀花生、黑麻片、糕点等商品上,以一般公众的辨识能力容易对标有诉争商标标识商品的产地、质量、主要原料等特点产生误认,故诉争商标的注册违反了《商标法》第 10 条第 1 款第 7 项的规定。北京知产法院据此判决驳回陈麻花公司的诉讼请求。

陈麻花公司不服一审判决,上诉至北京市高级人民法院(以下简称北京高院)。北京高院经审理认为,在案证据不足以证明诉争商标系规范化的商品名称,不足以证明"陈麻花"在诉争商标核准注册时成为通用名称。因此,被诉裁定及一审判决对此认定有误。诉争商标中的"麻花"系一种商品,使用在除"麻花"之外的"怪味豆、琥珀花生、黑麻片、糕点"等商品上,以一般公众的辨识能力容易对标有诉争商标标识商品的产地、质量、主要原料等特点产生误认。因此,诉争商标在除"麻花"之外商品上的注册违反了《商标法》第10条第1款第7项的规定。北京高院据此判决撤销被诉裁定及一审判决,并判令国家知识产权局重新作出裁定。

互旺公司、香酥王公司、大渝人公司及冯某金不服二审判决,向最高人民法院申请再审。最高人民法院再审认为,互旺公司等在再审期间提交的证据能够证明在陈麻花公司申请注册诉争商标时,相关公众已将"陈麻花"与重庆磁器口联系起来,并有相当一部分公众将其认读为一种重庆小吃。2001年以后,在重庆市磁器口地区有多家麻花经营者以包含"陈"和"麻花"的字号开展经营,直至诉争商标申请时,在重庆磁器口有多家麻花经营者在生产经营的麻花商品上突出使用"陈麻花"标志。虽然在案证据不能证明相关公众普遍认为"陈麻花"所具体指代的是哪一类麻花商品,"陈麻花"尚不足以构成麻花类商品的通用名称,但基于上述相关公众对"陈麻花"的认识和当地经营者对"陈麻花"标志的使用状况等事实,证明诉争商标申请注册时,其已不能区别具体的麻花商品的生产、经营者,从而发挥商标应有的识别功能,故其构成《商标法》第11条第1款第3项其他缺乏显著特征的标志,不得作为商标注册。被诉裁定及一审判决关于诉争商标"陈麻花"构成一种麻花商品的通用名称虽认定不当,但被诉裁定宣告诉争商标无效以及一审判决驳回陈麻花公司的诉讼请求正确,最高人民法院对此予以维持。此外,诉争商标核定在麻花以外的"怪味豆、琥珀花生、黑麻片、糕点"等商品上使用,构成《商标法》第10条第1款第7项"带有欺骗性,容易使公众对商品的质量等特点或者产地产生误认的"规定的不得作为商标使用的情形,一审判决对此认定正确。最高人民法院据此判决撤销北京高院二审判决,维持北京知产法院一审判决。

裁判规则

商标是在生产经营活动中使用的,用于识别商品或者服务来源的标志,应当具备帮助消费者将其所代表的生产、经营者的商品或者服务同其他生产、经营者的商品或者服务区分开来的功能。虽然诉争商标尚不足以构成相关商品上的通用名称,但若在其申请注册时,已不能区别具体的商品生产、经营者的,应当认定该诉争商标构成《商标法》第 11 条第 1 款第 3 项规定的其他缺乏显著特征的标志,不得作为商标注册。

陈麻花

图 1-1-7 诉争商标

(三)著作权类

宝利通公司与小鱼在家公司等计算机软件著作权侵权案

法院:最高人民法院

案号:(2020)最高法知民终 1705 号

上诉人(一审被告):北京小鱼在家科技有限公司、北京小鱼易连科技有限公司

被上诉人(一审原告):宝利通公司(Polycom, Inc.)

一审被告:北京澹泊兄弟计算机科技有限公司

案由:侵害计算机软件著作权纠纷

案情简介:宝利通公司(Polycom, Inc.)系 RealPresenceDesktopv3.3 软件(以下简称 RPD3.3 软件)和 RealPresenceMobilev3.3 软件(以下简称 RPM3.3 软件)的著作权人。宝利通公司发现,北京小鱼在家科技有限公司(以下简称小鱼在家公司)和北京小鱼易连科技有限公司(以下简称小鱼易连公司)共同开发制作小鱼易连 Windows 客户端、小鱼易连 Android 客户端、小鱼易连 ME80 机器端三款软件(以下合称被诉侵权软件),通过网站向公众提供小鱼易连 Windows 客户端、小鱼易连 Android 客户端两款软件的下载服务,由北京澹泊兄弟计算机科技有限公司(以下简称澹泊兄弟公司)等销售商销售预装有小鱼易连 ME80 机器端软件的产品。宝利通公司于 2017 年 7 月 26 日将小鱼在家公司、小鱼易连公司、澹泊兄弟公司起诉至北京知识产权法院(以下简称北京知产法院),诉称小鱼在家公司、小鱼易连公司共同开发制作小鱼易连 Android 客户端、小鱼易连 Windows 客户端并提供下载的行为,侵害了宝利通公司对 RPM3.3 软件和 RPD3.3 软件享有的复制权、修改权及信息网络传播权,生产、销售小鱼易连 ME80 机器的行为侵害了宝利通公司对 RPD3.3

软件享有的复制权、修改权及发行权，澹泊兄弟公司销售小鱼易连ME80机器的行为侵害了宝利通公司对RPD3.3软件享有的发行权，请求法院判令三被告停止侵权，向宝利通公司赔礼道歉、消除影响，赔偿经济损失及合理支出共计1亿元。

北京知产法院经审理认为，宝利通公司就RPD3.3软件和RPM3.3软件于中国享有著作权。根据小鱼在家公司、小鱼易连公司的开发人员在宝利通公司的任职情况、相关宣传表述以及被诉侵权软件数字证书存在与"Polycom"英文缩写一致的字段等情况，小鱼在家公司、小鱼易连公司具有接触RPM3.3软件和RPD3.3软件源代码的可能性。关于小鱼易连Windows客户端、小鱼易连ME80机器端与RPD3.3软件的同一性，由于宝利通公司未完成初步举证责任，故不构成实质性相似。关于小鱼易连Android客户端与RPM3.3软件的同一性，经比对，涉及音频解码、网络适配、视频编解码等基础功能的471个函数代码构成实质性相似。据此，北京知产法院认为，小鱼在家公司与小鱼易连公司共同实施了开发制作小鱼易连Android客户端的行为，该软件的部分代码与RPM3.3软件的部分代码构成实质性相似，侵害了宝利通公司对RPM3.3软件享有的修改权、复制权；小鱼易连公司向公众提供小鱼易连Android客户端下载的行为，侵害了宝利通公司对RPM3.3软件享有的信息网络传播权。关于损害赔偿，北京知产法院综合考虑小鱼在家公司和小鱼易连公司的企业规模和相关业务发展程度，构成实质性相似部分的代码数量、比重范畴、功能重要程度，以及小鱼在家公司和小鱼易连公司的主观故意明显等因素，酌定赔偿数额为50万元；根据合理性和必要性的原则，酌定合理开支数额为45万元。据此，北京知产法院判令小鱼在家公司和小鱼易连公司立即停止侵权、赔礼道歉并赔偿经济损失及合理开支共计95万元。

小鱼在家公司和小鱼易连公司不服一审判决，上诉至最高人民法院，后在二审审理期间申请撤回上诉并得到最高人民法院的准许。

裁判规则

1.在侵害计算机软件著作权纠纷中，被告拒不提交其计算机软件源代码时，若要推定原告、被告的计算机软件构成实质性相似通常还需满足以下前提条件：原告能够举证证明原、被告的计算机软件目标代码相同或者相近似；或者被告的计算机软件的目标代码存在原告主张权利的计算机软件的特有内容（包括权属标记、设计缺陷）；或者原告、被告的计算机软件在软件结果（包括软件界面、运行参数、数据库结构）等方面相同或者实质性相似。若原告未能证明上述前提条件，则应视为原告未完成初步举证责任，应承担举证不能的不利后果，而不能直接推定被告的计算机软件与原告的计算机软件构成实质性相似。

2. 融资与侵权违法所得属于不同的概念,是否获得融资以及融资规模大小与侵权违法所得之间不具备必然联系,无法直接作为计算侵权获利的依据。但与融资相关的证据可以从一定层面反映企业的规模和相关业务的发展程度,可以作为酌定法定赔偿的考虑因素。

3. 在著作权人提交的源代码的完成时间无法确认,且该源代码与涉案目标代码所反映的范围不一致时,应以涉案目标代码,或与涉案目标代码具有同一性且编译后实际进入涉案目标代码的源代码,作为实质性相似判断的比对基础。

君意东方公司与东方瑞利公司软件著作权侵权案

法院:最高人民法院

案号:(2020)最高法知民终 209 号

上诉人(一审原告):北京君意东方电泳设备有限公司

被上诉人(一审被告):北京东方瑞利科技有限公司

案由:侵害计算机软件著作权纠纷

案情简介:北京君意东方电泳设备有限公司(以下简称君意东方公司)系“JY－C 系列电泳仪程序 97－03”和“三恒多用途电泳仪程序 V1.0”两款计算机软件(以下合称涉案软件)的著作权人。北京东方瑞利科技有限公司(以下简称东方瑞利公司)的法定代表人张某刚曾任职于君意东方公司,从事技术研发工作。君意东方公司认为,东方瑞利公司销售的 DYY－6C 双稳定时电泳仪(以下简称被诉侵权产品)中的软件源代码侵害涉案软件著作权,遂起诉至北京知识产权法院(以下简称北京知产法院),请求判令东方瑞利公司立即停止复制、发行的侵权行为,并赔偿经济损失及合理支出共计约 40.9 万元。一审庭审中,将君意东方公司的 JY－600C 型电泳仪与被诉侵权产品的操作界面进行比对,二者电压、电流、电功率的取值范围及调节方式、时间设定页均相同。北京知产法院责令东方瑞利公司将被诉侵权产品的软件源代码提交至法院,但东方瑞利公司声称无法联系上该源代码的提供人而不能提交。北京知产法院经审理认为,君意东方公司未提交充分证据证明二者的源代码构成实质性相似,据此驳回君意东方公司的全部诉讼请求。

君意东方公司不服一审判决,上诉至最高人民法院。二审期间,君意东方公司提供了 19 份新证据,用以证明张某刚与涉案软件存在接触、被诉侵权产品与涉案软件构成实质性相似。东方瑞利公司在最高人民法院的要求下,提交了三份载有源代码的光盘。最高人民法院经审理认为，君意东方公司难以获取被诉侵权产品的软件源程序，在其已证明东方瑞利公司对涉案软件具有接触可能性，以及双方的两款软件可视化内容相同特别是瑕疵显示上亦相同的情况下，君意东方公司已尽到了初步举证责任，此时应由东方瑞利公司提供相反证据证明其不构成侵权，故北京知产法院对举证责任的分配不当。二审期间双方提交的证据是否应予采信对本案处理结果具有重要影响，应于本案发回重审后由北京知产法院一并予以查明并作出认定。据此，最高人民法院裁定撤销一审判决，发回北京知产法院重审。

裁判规则

源代码比对并非计算机软件著作权侵权判断的必备条件和必须环节，计算机软件著作权的侵权判断仍然遵循“接触加实质性相似”的标准。在原告提交的证据能够初步证明侵权成立的情况下，若被告并未提交相反证据或者提交的相反证据不足以推翻侵权认定的，则被告应当承担相应的侵权责任。

（四）不正当竞争类

中华化工公司等与王龙集团等侵害技术秘密纠纷案

法院：最高人民法院

案号：（2020）最高法知民终1667号

上诉人（一审原告）：嘉兴市中华化工有限责任公司、上海欣晨新技术有限公司

上诉人（一审被告）：王龙集团有限公司、宁波王龙科技股份有限公司、喜孚狮王龙香料（宁波）有限公司、傅某根

被上诉人（一审被告）：王某军

案由：侵害技术秘密纠纷

案情简介：嘉兴市中华化工有限责任公司（以下简称嘉兴中华化工公司）与上海欣晨新技术有限公司（以下简称上海欣晨公司）共同研发了乙醛酸法制备香兰素的新工艺，并将其作为技术秘密予以保护。嘉兴中华化工公司、上海欣晨公司于2018年5月23日起诉至浙江省高级人民法院（以下简称浙江高院），诉称王龙集团有限公司（以下简称王龙集团公司）、宁波王龙科技股份有限公司（以下简称王龙科技公司）、喜孚狮王龙香料（宁波）有限公司（以下简称喜孚狮王龙公司）、傅某根、王

某军以不正当手段获取、披露、使用、允许他人使用其香兰素生产工艺（以下简称涉案技术信息）的行为侵害其技术秘密，请求法院判令五被告停止侵权，赔偿经济损失及合理开支 5.02 亿元。其中，傅某根系嘉兴中华化工公司原香兰素车间副主任，离职后随即入职王龙科技公司，王某军系王龙集团公司监事、王龙科技公司法定代表人、喜孚狮王龙公司原法定代表人。

浙江高院经审理认为，嘉兴中华化工公司与上海欣晨公司对于涉案技术信息采取了相应保密措施，涉案技术信息具有极高商业价值，构成商业秘密。涉案技术信息包括 6 个秘密点，涉及 58 个非标设备的设备图 287 张、工艺管道及仪表流程图 25 张。王龙集团公司、王龙科技公司、傅某根共同实施了以不正当手段获取涉案技术秘密并披露、使用、允许他人使用该技术秘密，应就该侵权行为承担连带责任；喜孚狮王龙公司实施了使用涉案技术秘密的侵权行为，应承担部分连带责任；王某军的行为未明显超出其法定代表人职务行为的范畴，不承担侵权责任。据此，浙江高院判决王龙集团公司、王龙科技公司、喜孚狮王龙公司、傅某根停止侵权，王龙集团公司、王龙科技公司、傅某根连带赔偿经济损失及合理维权费用 350 万元，喜孚狮王龙公司对其中 24.5 万元承担连带赔偿责任。浙江高院在作出一审判决的同时，一并作出行为保全裁定，责令王龙科技公司、喜孚狮王龙公司立即停止使用涉案技术秘密生产香兰素的行为，王龙集团公司、王龙科技公司、喜孚狮王龙公司、傅某根不得向他人披露或者允许他人使用涉案技术秘密。该行为保全裁定作出后，王龙科技公司、喜孚狮王龙公司并未申请复议，亦未停止涉案使用行为。

嘉兴中华化工公司、上海欣晨公司、王龙集团公司、王龙科技公司、喜孚狮王龙公司、傅某根均不服一审判决，上诉至最高人民法院。最高人民法院经审理认为，涉案技术信息构成技术秘密，王龙集团公司、王龙科技公司、喜孚狮王龙公司、傅某根、王某军共同实施了侵害涉案技术秘密的行为。据此，最高人民法院综合考虑涉案技术秘密商业价值巨大、侵权规模大、侵权时间长、被告拒不执行生效行为保全裁定性质恶劣等因素，以嘉兴中华化工公司香兰素产品 2011 年至 2017 年的销售利润率来计算本案损害赔偿数额，最终改判王龙集团公司、王龙科技公司、喜孚狮王龙公司、傅某根、王某军立即停止侵权，并连带赔偿经济损失 1.59 亿元。同时，最高人民法院认为本案被诉侵权行为已涉嫌侵犯商业秘密犯罪，决定将相关线索移送公安机关处理。

裁判规则

1. 诉讼时效的适用对象通常是债权请求权，商业秘密权利人关于停止侵害其商业秘密的诉讼请求不适用诉讼时效。侵权损害赔偿请求权的诉讼时效则应自权利人知道或者应当知道其被侵害的权利范围、侵害人及侵害行为之时开始计算,权利人提起诉讼、向公安机关报案等维权行动构成诉讼时效的中断。

2. 被诉侵权人在生产经营活动中直接使用商业秘密,对商业秘密进行修改或改进后使用,或者根据商业秘密调整、优化、改进有关生产经营活动的,一般应当认定为使用商业秘密。若被诉侵权产品与涉案技术秘密之间的差异是因被诉侵权人在获取涉案技术秘密后进行规避性或者适应性修改所导致的,则依然构成使用涉案技术秘密。

3. 如果特定法人是其法定代表人或者主要负责人专门为从事侵权而登记成立,客观上该法人的生产经营本身主要就是实施侵权行为,且该法定代表人或者主要负责人自身积极参与侵权行为实施,则可以认定该法定代表人或者主要负责人与法人共同实施了侵权行为,并应依法承担相应的法律责任。

4. 如果被诉侵权人系为实施涉案技术秘密而专门成立的公司,其成立及存在的目的即为实施涉案技术秘密以生产侵权产品,则该被诉侵权人属于以侵权为业的侵权人。

5. 在确定侵害技术秘密的损害赔偿数额时,可以综合考虑涉案技术秘密的商业价值、被诉侵权人获取涉案技术秘密手段的恶劣程度、非法获取及使用涉案技术秘密的数量、侵害涉案技术秘密的恶意程度、被诉侵权人是否系以侵权为业、侵害涉案技术秘密行为对相关市场造成的影响、是否存在举证妨碍和不诚信诉讼等情节、是否拒绝执行法院生效行为保全裁定等因素,并对侵权恶意较深、侵权情节恶劣、不诚信诉讼的被诉侵权人,以销售利润计算损害赔偿数额。

圣奥公司与晋腾公司侵害商业秘密管辖案

法院:最高人民法院

案号:(2020)最高法知民辖终 68 号

上诉人(一审原告):圣奥化学科技有限公司

被上诉人(一审被告):山西翔宇化工有限公司破产管理人、陈某刚、运城晋腾化学科技有限公司

案由:侵害技术秘密纠纷

案情简介:陈某刚系山西翔宇化工有限公司(以下简称翔宇公司)的实际控制人。2007 年,陈某刚利诱案外人张某非法获取江苏圣奥化学科技有限公司(圣奥化

学科技有限公司前身,以下统称圣奥公司)的技术秘密,并安排王某峰、李某年窃取。在非法获取涉案技术秘密后,翔宇公司利用涉案技术秘密改造、新建生产线并实现规模化生产。翔宇公司与陈某刚共同侵害圣奥公司技术秘密的事实已由江苏省高级人民法院(以下简称江苏高院)于 2018 年 12 月 28 日作出的(2013)苏知刑终字第 0006 号裁定(以下简称 6 号刑事裁定)作出认定。张某在 6 号刑事裁定中供述涉案技术秘密系其在江苏省泰州市工作期间多次窃取获得。因涉刑事案件且经营状况恶化,陈某刚于 2017 年设立运城晋腾化学科技有限公司(以下简称晋腾公司),由晋腾公司使用翔宇公司的厂房、设备及涉案技术秘密继续生产、销售侵权产品。翔宇公司向山西省临猗县人民法院(以下简称临猗法院)提出破产清算申请,2019 年 1 月 18 日,临猗法院作出(2019)晋 0821 破 1 号民事裁定,受理翔宇公司的破产清算申请。2019 年 4 月 29 日,圣奥公司向江苏高院起诉翔宇公司、陈某刚、晋腾公司侵害其技术秘密。翔宇公司、晋腾公司提出管辖权异议,认为本案应当移送破产受理法院,即临猗法院审理。江苏高院认为:根据《企业破产法》第 21 条的规定,人民法院受理破产申请后,有关债务人的民事诉讼只能向受理破产申请的人民法院提起。本案系在临猗法院受埋翔宇公司破产申请后立案,故应由临猗法院审理。2019 年 7 月 26 日,江苏高院作出(2019)苏民初 34 号裁定(以下简称一审裁定),裁定将本案移送至临猗法院审理,一审裁定于 7 月 30 日被圣奥公司签收。2019 年 7 月 26 日,圣奥公司向江苏高院提交变更诉讼请求申请书,申请撤回对翔宇公司的起诉,并追加王某峰、李某年作为本案被告,该申请于 7 月 29 日被江苏高院签收。

圣奥公司不服一审裁定,上诉至最高人民法院。最高人民法院经审理认为:翔宇公司进入破产清算程序是江苏高院认定本案应移送临猗法院管辖的唯一根据。圣奥公司撤回对翔宇公司起诉的申请在江苏高院作出管辖权异议裁定之后提出,且裁定尚未送达。由于该撤诉申请直接导致一审裁定丧失事实基础和法律依据,此时江苏高院应暂缓送达,先对圣奥公司的撤诉申请作出是否准许的裁定,再根据裁定结果决定是否重新作出管辖权异议裁定。鉴于圣奥公司自愿申请撤回对翔宇公司的起诉,且这一申请并不违反法律的强制性规定,不侵害其他诉讼当事人的利益,应予准许。准许圣奥公司撤回对翔宇公司的起诉后,翔宇公司进入破产清算程序不再影响本案管辖权的确定。江苏省泰州市是案外人张某实施窃取技术秘密的行为发生地,该窃取行为系张某与陈某刚、王某峰、李某年在主观上具有共同意思、在客观上相互利用配合所实施,属于共同故意侵权行为。江苏省泰州市是本案共同侵权行为实施地之一，也是侵权行为结果发生地之一。最高人民法院据此准许圣奥公司撤回对翔宇公司的起诉、撤销一审裁定并指定本案由江苏高院管辖。

裁判规则

1. 管辖权的确定是人民法院可以依职权调查的程序性事项，对于影响确定案件管辖的事实，人民法院可以依职权主动调查，当事人也可以在起诉后予以补充。确定案件管辖原则上以起诉时为准，起诉时对案件具有管辖权的人民法院，不因确定管辖的事实在诉讼过程中发生变化而影响其管辖权，即管辖权恒定原则。但是，在法院认定其对案件不具有管辖权的情况下，缺乏管辖权恒定原则的适用前提。此时，如果在后续程序中出现可能使法院对案件具有管辖权的新事实的，则应该根据新事实确定管辖。

2. 若当事人在人民法院作出管辖权异议裁定之后、尚未送达之前提出撤诉申请，且该撤诉申请将直接导致管辖权异议裁定丧失事实基础和法律依据的，人民法院应暂缓送达，先对撤诉申请作出是否准许的裁定，再根据裁定结果决定是否重新作出管辖权异议裁定。

瑞昌公司与明远公司等商业秘密侵权案

法院：最高人民法院

案号：(2020)最高法知民终726号

上诉人（一审原告）：洛阳瑞昌环境工程有限公司（原洛阳瑞昌石油化工设备有限公司）

上诉人（一审被告）：洛阳明远石化技术有限公司、程某甲、李某伟、武某国、程某乙、唐某宽、蔡某雷、王某星、王某、田某川、江某锋

案由：侵害经营秘密、技术秘密纠纷

案情简介：洛阳瑞昌环境工程有限公司（以下简称瑞昌公司）成立于1994年，原名为洛阳瑞昌石油化工设备有限公司，经营范围为设计、开发、生产、销售并安装石油化工、石油勘探、节能环保设备等。洛阳明远石化技术有限公司（以下简称明远公司）由程某甲成立于2014年3月10日，经营范围为石化技术的研发及服务等。程某甲、李某伟、武某国、程某乙、唐某宽、蔡某雷、王某星、王某、田某川、江某锋（以下统称程某甲等人）均为瑞昌公司前员工，于2013年至2016年间从瑞昌公司离职后先后入职明远公司。瑞昌公司认为，程某甲等人违反与瑞昌公司签订的保密协

议约定,披露、使用正和集团股份有限公司等 32 家客户信息进行交易,明远公司明知程某甲等人系瑞昌公司前员工,仍使用上述客户信息进行交易并获利,明远公司和程某甲等人共同侵犯了瑞昌公司的经营秘密。明远公司于 2014 年 11 月 21 日申请的发明人为程某甲、李某伟及范某利、专利号为 201420705855. X、名称为"一种燃烧器"的实用新型专利(以下简称涉案专利)披露了瑞昌公司的燃烧器技术方案,明远公司和程某甲等人侵犯了瑞昌公司的技术秘密。2018 年 6 月 25 日,瑞昌公司将明远公司和程某甲等人起诉至河南省郑州市中级人民法院(以下简称郑州中院),请求法院判令明远公司和程某甲等人立即停止侵权,共同赔偿经济损失及合理开支 1000 万元。

郑州中院经审理认为,瑞昌公司主张的 32 家客户信息包括深度客户信息,不为公众所知悉,对于瑞昌公司的经营销售具有现实和潜在的商业价值,且瑞昌公司具有保密意愿并采取了相应的保密措施,故该 32 家客户信息构成经营秘密。程某甲等人违反与瑞昌公司签订的保密协议约定,披露、使用上述 32 家客户信息中的 25 家客户信息,为明远公司开发客户并进行交易。明远公司明知程某甲等人系瑞昌公司前员工,仍使用上述客户信息进行交易并获利,故明远公司和程某甲等人共同侵犯了瑞昌公司的经营秘密。瑞昌公司未能证明其主张的燃烧器技术方案不为公众所知悉,亦未能举证接触人员的范围,故对于明远公司和程某甲等人侵犯瑞昌公司的技术秘密的主张不予支持。关于损害赔偿,郑州中院综合考虑瑞昌公司为形成 25 家客户信息所付出的努力、行业种类及明远公司以往同类产品的交易价格、侵权行为的性质、情节、主观过错、侵权持续的时间以及合理开支等因素,酌情确定损害赔偿数额为 150 万元。据此,郑州中院判决明远公司和程某甲等人停止侵害瑞昌公司经营秘密的行为,判令明远公司赔偿经济损失及合理开支共计 150 万元,程某甲、王某、程某乙各对其中的 10 万元承担连带赔偿责任,李某伟、武某国、唐某宽、蔡某雷、王某星、田某川、江某锋各对其中的 5 万元承担连带赔偿责任。

瑞昌公司、明远公司和程某甲等人均不服一审判决,上诉至最高人民法院。最高人民法院经审理认为,瑞昌公司主张的 32 家客户信息构成经营秘密,程某乙、李某伟、武某国、王某、蔡某雷、田某川等六人违反与瑞昌公司约定的竞业限制义务和保密义务,在离职之前实施了披露、使用并允许明远公司使用其所掌握的经营秘密的行为,并且该行为一直持续到该六人从瑞昌公司离职之后,侵害了瑞昌公司的经营秘密。明远公司与瑞昌公司经营范围相同,程某甲独资股东设立明远公司,系其实际控制人,明远公司和程某甲明知上述六人有竞业限制义务和保密义务,仍获取并使用其提供的构成经营秘密的客户信息从事经营活动，应视为侵害瑞昌公司的经营秘密。唐某宽、王某星、江某锋等三人在离职之后或者竞业限制协议期满之后，没有法定或约定的竞业限制义务，可以自主选择新单位入职，且瑞昌公司未能证实该三人存在相关侵权行为，故该三人未侵害瑞昌公司的经营秘密。关于瑞昌公司主张的燃烧器技术方案，综合考虑国家知识产权局专利检索咨询中心出具的《技术信息咨询报告》等因素，可以认定该燃烧器技术方案不为公众所知悉，且存在现实和潜在的商业价值，瑞昌公司具有保密意愿并采取了相应的保密措施，故构成技术秘密。涉案专利的技术方案与瑞昌公司主张的燃烧器技术方案实质相同，李某伟在涉案专利申请日之前即参与明远公司项目研发工作，明远公司和程某甲有机会通过李某伟接触该燃烧器技术方案，且明远公司和程某甲等人未能证明具有合法来源，可以推定涉案专利的技术方案系明远公司、程某甲通过李某伟从瑞昌公司获得，故明远公司、程某甲、李某伟共同采取申请涉案专利的方式披露瑞昌公司的燃烧器技术方案，并利用专利产品获得相关销售业绩，构成共同侵害瑞昌公司的技术秘密。关于停止侵害的民事责任，最高人民法院认为，对侵害经营秘密行为再判决停止侵害已经失去必要性和时效性，不在判项中予以表述。明远公司应本着诚信原则将涉案专利的权利人变更为瑞昌公司，且在涉案专利有效期内不得自行或许可他人实施涉案专利。瑞昌公司在明远公司不主动履行义务的情况下，可另行提起请求确认涉案专利权权属之诉。最高人民法院对于侵害经营秘密的损害赔偿，综合考虑经营秘密的类型、侵权行为的性质和情节等因素，并参考明远公司营业利润数额、明远公司与瑞昌公司共同客户交易产品的重合度、明远公司的利润率等因素，酌情确定赔偿数额为200万元；对于侵害技术秘密的赔偿数额，综合考虑该技术秘密的研究开发成本、每台燃烧器的合理利润、实施技术秘密的可得利益、因技术秘密被公开导致瑞昌公司失去竞争优势的合理期限等因素，酌情确定赔偿数额为100万元。同时，酌情确定本案合理开支为10万元。据此，最高人民法院撤销一审判决，判决明远公司赔偿经济损失300万元及合理开支10万元，程某甲对其中的100万元承担连带责任，王某、程某乙分别对其中的50万元承担连带责任，李某伟对其中的20万元承担连带责任，武某国、蔡某雷、田某川分别对其中的10万元承担连带责任。

裁判规则

1. 判断涉案客户信息是否具有经营秘密的秘密性，可从客户信息的内容、客户数量和客户交易的稳定性三方面综合考量。关于客户信息的内容，可以考虑涉案客户信息除包括基础信息外,是否还包括客户需求习惯、客户交易习惯及市场信息等不易从公开渠道获取的深度信息;关于客户信息的客户数量,可以考虑构成涉案客户信息的客户数量的多少,是否具有不易集中从公开渠道获取的特点;关于客户交易的稳定性,可以考虑权利人与涉案客户信息所涵盖的客户之间的交易数量的多少、交易时间的长短、交易对象是否稳定、信息动态是否持续更新等因素。在涉案客户信息除包括客户名称、地址、客户对接人员联系方式等基础信息外,还包括客户的交易习惯、意向、内容等不易从公开渠道获取的深度信息,且汇集了众多客户并保持长期稳定交易关系的情形下,可以认定涉案客户信息具备秘密性。

2. 在侵害经营秘密案件中认定离职员工是否侵犯客户信息时,不仅要考虑该员工是否有接触客户信息的条件,还要考虑该员工的行为是否具有不正当性。对于离职员工因本职工作正常获得的客户信息,除非原单位能够证明该员工或其所在新单位使用原单位的客户信息获取竞争优势具有不正当性,否则该员工或其所在新单位使用该客户信息的行为并不当然具有违法性。

3. 在被诉侵权人应承担侵害客户信息的民事责任时,关于是否判决其停止侵害,应考虑是否存在必要性和时效性。若被诉侵权人在审理期间已经不再处于合同约定的保密义务期限,涉案客户信息的价值和竞争优势随着时间推移和市场供需关系变化随之减弱,且判令支付赔偿金额已足以弥补权利人因经营秘密被侵害造成的经济损失,则判决停止侵害已失去必要性和时效性,对该停止侵害的诉讼请求可不予支持。

(五)垄断类

OPPO 与西斯威尔垄断纠纷管辖权异议案

法院:最高人民法院

案号:(2020)最高法知民辖终 392 号

上诉人(一审被告):西斯威尔国际有限公司、西斯威尔香港有限公司

被上诉人(一审原告):OPPO 广东移动通信有限公司、OPPO 广东移动通信有限公司深圳分公司

案由:滥用市场支配地位纠纷

案情简介：西斯威尔国际有限公司（以下简称西斯威尔公司）在中国及海外持有符合通信领域2G、3G、4G标准的标准必要专利，其于2019年在英国、荷兰、意大利，就其持有的标准必要专利，对包括OPPO广东移动通信有限公司（以下简称OPPO公司）在内的12个被告提起专利侵权诉讼。2019年9月16日，OPPO公司、OPPO广东移动通信有限公司深圳分公司（以下简称OPPO深圳分公司）以西斯威尔公司、西斯威尔香港有限公司（以下简称西斯威尔香港公司）为被告，向广州知识产权法院（以下简称广州知产法院）提起标准必要专利许可使用费纠纷诉讼。随后，OPPO公司、OPPO深圳分公司以西斯威尔公司、西斯威尔香港公司滥用市场支配地位为由，向广州知产法院提起本案诉讼。在本案一审程序中，西斯威尔公司、西斯威尔香港公司提出管辖权异议，广州知产法院裁定驳回了该管辖权异议。西斯威尔公司、西斯威尔香港公司不服上述裁定，上诉至最高人民法院。最高人民法院经审理认为，西斯威尔公司、西斯威尔香港公司滥用市场支配地位的行为可能对OPPO公司、OPPO深圳分公司在中国市场产生排除、限制竞争的效果，故中国法院对此具有管辖权。OPPO公司住所地广东省东莞市可以作为本案侵权结果发生地，故广州知产法院对此具有管辖权。本案与OPPO公司、OPPO深圳分公司另案提起的标准必要专利许可使用费纠纷相比，法律依据、诉讼请求、当事人之间的权利义务关系均不相同，故不属于重复诉讼。西斯威尔公司于其他国家在先起诉的专利侵权纠纷不影响中国法院对该案的受理，本案亦不符合不方便法院原则的适用条件。据此，最高人民法院裁定驳回上诉，维持一审裁定。

裁判规则

1. 我国《反垄断法》明确规定了域外适用原则，即垄断纠纷案件的管辖可以以被诉垄断行为产生排除、限制竞争影响的结果地作为管辖连结点，若被诉垄断行为在中国市场产生了排除、限制竞争效果，则中国法院对此具有管辖权。

2. 在管辖权异议案件中，人民法院只需审理与建立案件管辖连结点相关的事实。如果与建立管辖连结点相关的事实同时涉及案件实体争议内容的，只需审查案件初步证据是否能够证明一个可争辩的管辖连结点事实即可，一般不对案件实体争议内容作出明确认定。

3. 如果专利权人在中国以外的国家或地区对专利实施者提起的专利侵权诉讼可能对该专利实施者参与中国相关市场的竞争造成直接、实质、显著的排除与限制竞争效果，则该专利实施者在中国的住所地可以作为垄断纠纷的侵权结果发生地，该住所地法院对该垄断纠纷具有管辖权。

(六)植物新品种类

登海先锋公司与强盛种业公司等植物新品种权侵权案

法院:最高人民法院

案号:(2020)最高法知民终 795 号

上诉人(一审原告):山东登海先锋种业有限公司

上诉人(一审被告):山西强盛种业有限公司

被上诉人(一审被告):新绛县华丰种业有限公司

案由:侵害植物新品种权纠纷

案情简介:先锋国际良种公司于 2010 年 1 月 1 日获得农业部颁发的《植物新品种权证书》,授予该公司"先玉 335"玉米品种植物新品种权(品种权号为 CNA20050280.8,以下简称涉案品种权)。同年,先锋国际良种公司授权山东登海先锋种业有限公司(以下简称登海先锋公司)在中国境内享有对涉案品种权的保护、收集侵权证据、提起诉讼等权利。2019 年 5 月 5 日,登海先锋公司从新绛县华丰种业有限公司(以下简称华丰种业公司)购买了生产单位为山西强盛种业有限公司(以下简称强盛种业公司)、品种为"强盛 388"的玉米种子(以下简称被诉侵权种子),公证并邮寄至河南中农检测技术有限公司(以下简称中农检测公司)检测。中农检测公司对被诉侵权种子与品种"先玉 335"进行真实性比对,出具《检验报告》,其结论为二者为近似品种。该《检验报告》注明的生产单位为新疆强盛种业有限公司,中农检测公司对此于 2019 年 11 月 25 日出具说明,表示上述生产单位系笔误,并更正为山西强盛种业有限公司。

登海先锋公司向山西省太原市中级人民法院(以下简称太原中院)起诉,诉称强盛种业公司生产和销售、华丰种业公司销售了侵害涉案品种权的玉米种子,请求法院判令强盛种业公司、华丰种业公司停止侵权,赔偿经济损失及合理开支 300 万元。太原中院经审理认为,登海先锋公司对于本案具有适格民事权利主体资格。中农检测公司出具的《检验报告》可作为定案证据,强盛种业公司不侵权抗辩证据不足,且华丰种业公司合法来源抗辩缺乏事实和法律依据,二被告均构成侵权。太原中院综合考虑侵权性质、期间、后果,酌情认定经济损失 30 万元。据此,太原中院判决强盛种业公司、华丰种业公司立即停止侵权，并赔偿登海先锋公司经济损失30万元。

登海先锋公司、强盛种业公司均不服，上诉至最高人民法院。登海先锋公司主张300万元侵权赔偿数额应得到全额支持。强盛种业公司主张其销售的“强盛388”系其享有权利的植物新品种，《检验报告》不具有合法性和公正性，不能作为定案依据，并向最高人民法院提交了重新鉴定的申请。最高人民法院在二审中就该重新鉴定申请组织了听证，对随卷移送的被诉侵权种子进行了质证。最高人民法院综合考虑中农检测公司出具的《检验报告》存在对照样品“先玉335”无样品编号、未注明对照样品来源等问题，认为无法确认是否为审定品种的标准样品，检验结论存在明显疑点，重新鉴定具有必要性，同时考虑到被诉侵权种子保存完好，具备鉴定条件，重新鉴定具有可操作性，决定启动重新鉴定。2020年11月18日，最高人民法院委托北京玉米种子检测中心对被诉侵权种子与农业部征集审定品种标准样品玉米品种“先玉335”“强盛388”分别进行同一性检测。2020年11月27日，北京玉米种子检测中心分别作出《检验报告》，检验结果分别为被诉侵权种子与品种“先玉335”属于不同品种，被诉侵权种子与品种“强盛388”属于极近似或相同品种。据此，最高人民法院认定强盛种业公司和华丰种业公司不侵害涉案品种权，判决撤销一审判决，驳回登海先锋公司的诉讼请求。

裁判规则

1. 对于植物新品种权纠纷案件中当事人自行委托鉴定意见的证据效力，若经审查，该鉴定意见由具有相应鉴定资格的鉴定机构和鉴定人作出、鉴定程序合法、对照样品来源可靠、鉴定方法科学，经质证对方未提出足以反驳的相反证据的，一般可确认其证明力；若经审查，该鉴定意见存在鉴定机构或鉴定人不具备相应鉴定资质、鉴定程序严重违法、对照样品来源不明、鉴定方法明显依据不足等重大错误，或者当事人提交了足以推翻原鉴定意见的相反证据的，可不予采信并启动重新鉴定程序。在二审程序中，若经审查，当事人自行委托鉴定意见作为一审判决定案依据，证明力不足，重新鉴定具有必要性，且被诉侵权产品保存完好而具备鉴定条件，重新鉴定具有可操作性，则可在二审启动重新鉴定程序。

2. 对于侵害植物新品种权纠纷案件涉及的真实性、同一性等专门性问题，可以采取田间观察检测和基因指纹图谱检测方法进行鉴定。鉴于田间种植测试耗时长、诉讼成本高，司法实践中一般采用不受环境影响、测试周期短、准确性高的基因指纹图谱检测技术进行快速鉴别。

台沃公司与清远农业推广中心植物新品种侵权案

法院:最高人民法院

案号:(2020)最高法知民终 1588 号

上诉人(一审原告):四川台沃种业有限责任公司

被上诉人(一审被告):清远市农业科技推广服务中心

案由:侵害植物新品种权纠纷

案情简介:广东省农业科学院水稻研究所系“粤禾丝苗”的品种权人,品种权号为 CNA20141658.3,授权日为 2018 年 4 月 23 日。广东粤良种业有限公司系“恒丰A”的品种权人,品种权号为 CNA20110667.7,授权日为 2015 年 11 月 1 日。四川台沃种业有限责任公司(以下简称台沃公司)与广东省农业科学院水稻研究所签订《关于“粤禾丝苗”独占许可协议》,取得“粤禾丝苗”的独占使用权及诉讼维权等相关权利;与广东粤良种业有限公司签订《水稻不育系“恒丰 A”使用协议》,取得对“恒丰 A”进行配组筛选、参加区试等权利,并独占享有对配组品种的生产经营权。清远市农业科技推广服务中心(以下简称清远农业推广中心)使用“粤禾丝苗”和“恒丰 A”组配出新品种“恒丰优粤禾丝苗”,于 2016 年 8 月 9 日向农业部植物新品种保护办公室申请植物新品种权,申请号为 20161404.8,并向广东省农作物品种审定委员会申请审定。台沃公司认为,清远农业推广中心对“粤禾丝苗”和“恒丰 A”不享有任何权利,清远农业推广中心未经其同意而使用上述品种违法组配、就组配品种申请植物新品种权以及申请审定的行为侵犯了台沃公司的植物新品种权,遂起诉至广州知识产权法院(以下简称广州知产法院),请求法院判令清远农业推广中心停止侵权、消除影响并赔偿经济损失 50 万元。广州知产法院经审理认为,清远农业推广中心未经台沃公司许可,使用“粤禾丝苗”和“恒丰 A”组配“恒丰优粤禾丝苗”的行为属于科研范畴,依照《种子法》第 29 条及《植物新品种保护条例》第 10 条规定,享有豁免权,不构成侵权。清远农业推广中心就“恒丰优粤禾丝苗”申请植物新品种权的行为本身并不具有商业目的,不构成侵权。清远农业推广中心就“恒丰优粤禾丝苗”申请审定的行为仍属于科研育种范畴,不构成侵权。据此,广州知产法院判决驳回台沃公司的全部诉讼请求。

台沃公司不服一审判决,上诉至最高人民法院,焦点在于清远农业推广中心在申请植物新品种权和申请品种审定的过程中,重复使用“恒丰 A”和“粤禾丝苗”的繁殖材料生产“恒丰优粤禾丝苗”的繁殖材料的行为是否构成侵权。最高人民法院经审理认为,清远农业推广中心培育“恒丰优粤禾丝苗”并申请植物新品种权和品种审定的行为，是其就新育成品种获取品种权和市场准入的必然步骤，并非为获得可供上市的新品种种子的行为，属于科研活动的自然延伸。为植物新品种权申请及品种审定提供审批和审定所需要的材料，重复使用授权品种繁殖材料生产申请品种繁殖材料的行为，仍然系育种行为的延续，在为申请植物新品种权及品种审定所必需的合理范围内，属于《种子法》第29条第1项规定的"利用授权品种进行育种及其他科研活动"。因此清远农业推广中心的涉案行为，不应当视为有商业目的，不构成侵害台沃公司的植物新品种权。据此，最高人民法院判决驳回上诉，维持原判。

裁判规则

1.《种子法》第28条、《植物新品种保护条例》第6条以及最高人民法院《关于审理侵犯植物新品种权纠纷案件具体应用法律问题的若干规定》第2条第3款中规定的"重复"，应限定于以市场销售为目的的重复。重复以授权品种的繁殖材料为亲本与其他亲本另行繁殖并不当然具有"商业目的"。

2.利用授权品种培育新品种并申请品种权保护是获取植物新品种权的前置程序，该行为本身并不具有商业目的，不构成侵权。

3.品种审定是品种审定委员会对新育成的品种或新引进的品种根据审定标准和规定程序，对申请审定品种的品种试验结果进行审核鉴定，决定该品种能否销售或推广并确定其适宜推广区域的过程。利用授权品种培育新品种进行品种审定仍属于科研育种的范畴，该行为本身不具有商业目的，不构成侵权。

金地公司与亲耕田公司植物新品种权侵权案

法院：最高人民法院

案号：(2021)最高法知民终816号

上诉人(一审被告)：江苏亲耕田农业产业发展有限公司

上诉人(一审原告)：江苏省金地种业科技有限公司

案由：侵害植物新品种权纠纷

案情简介：天津市水稻研究所于2014年12月12日提出"金粳818"水稻植物新品种权申请，2018年11月8日获得授权，品种权号为CNA20141476.3(以下简称涉案品种权)，并于2017年10月1日授权江苏省金地种业科技有限公司(以下简称金地公司)独占实施许可，授权范围包括以自己名义独立进行维权。金地公司发现,江苏亲耕田农业产业发展有限公司(以下简称亲耕田公司)未经其许可,以线下门店推广以及在微信群内发布“农业产业链信息匹配”线上宣传等方式,寻找销售和购买“金粳 818”稻种(以下简称被诉侵权种子)的潜在交易者,并对成为亲耕田公司会员的主体提供被诉侵权种子的具体交易信息,与买家商定交易价格、数量、交货时间后安排送货收款,对外销售白皮袋包装的被诉侵权种子。金地公司认为亲耕田公司实施的上述销售行为侵害了涉案品种权,遂起诉至江苏省南京市中级人民法院(以下简称南京中院),请求判令亲耕田公司停止侵权,赔偿经济损失及合理费用共计 300 万元。南京中院依金地公司申请,委托农业农村部植物新品种测试(杭州)分中心对涉案品种的种子样品与被诉侵权种子进行鉴定,该中心于 2020 年 9 月 30 日出具《检验报告》,检验结论为“极近品种或相同品种”,金地公司、亲耕田公司对该《检验报告》均不持异议。

南京中院经审理认为,被诉侵权种子系涉案品种的繁殖材料,亲耕田公司未直接销售被诉侵权种子,但为会员提供种子供需信息匹配并促成种子交易的行为,构成对他人实施侵害该植物新品种权的帮助。亲耕田公司帮助的销售主体系种植大户,而非出售、串换剩余自繁自用常规种子的农民,销售地域跨越不同行政区域,销售数量巨大,明显超出一般农民家庭联产承包土地的年度用种量,故亲耕田公司帮助销售种子的行为亦不符合种子法规定的农民自繁自用剩余种子合法出售、串换的情形。关于损害赔偿,南京中院认为亲耕田公司侵权故意明显、情节严重,适用惩罚性赔偿,综合考虑涉案品种权的类型、被诉侵权种子的销售价格和规模、侵权行为的性质和后果等情节,推定亲耕田公司的侵权获利赔偿基数为 100 万元,按照赔偿基数的 2 倍适用惩罚性赔偿,确定判赔总额为 300 万元。据此,南京中院判决亲耕田公司停止侵权,赔偿经济损失及合理费用共计 300 万元。

亲耕田公司不服一审判决,上诉至最高人民法院。最高人民法院经审理认为,亲耕田公司发布被诉侵权种子的具体销售信息,卖的与买家协商确定种子买包装方式、价款和数量、履行期限等交易要素,系被诉侵权种子的交易组织者、决策者,故亲耕田公司直接实施了被诉侵权种子的销售行为,而非仅实施了帮助销售行为。亲耕田公司并非与农村集体经济组织签订家庭农村土地承包经营合同的农民,交易场所并非法定的当地集贸市场,且种子销售数量远超出农民家庭农村土地承包经营合同约定的土地范围所能剩余自留种的数量,故亲耕田公司的被诉侵权行为不符合农民自繁自用剩余种子合法出售、串换的条件。关于损害赔偿,最高人民法院认为亲耕田公司并未取得种子生产经营许可证,明知未经许可销售授权品种繁殖材料而销售包装无标识的种子，且以“农民”“种粮大户”等经营主体名义掩护被诉侵权行为，对金地公司造成巨大市场冲击。最高人民法院综合考虑亲耕田公司具有主观恶意、侵权手段隐蔽、侵权范围广、规模大、侵权行为情节严重等因素，认为南京中院对亲耕田公司适用惩罚性赔偿及赔偿数额并无不当。据此，最高人民法院判决驳回上诉，维持原判。

裁判规则

1. 若被诉侵权人实施了发布被诉侵权种子的具体销售信息、与买家协商种子买卖的包装方式、价款和数量、履行期限等交易要素等行为，使买家依据与被诉侵权人约定的交易条件，产生取得被诉侵权种子所有权的确定预期，则销售合同成立，构成销售行为。

2. 若被诉侵权人并非与农村集体经济组织签订家庭农村土地承包经营合同的农民，交易场所并非法定的当地集贸市场，且种子销售数量远超出农民家庭农村土地承包经营合同约定的土地范围所能剩余自留种的数量，则被诉侵权行为不符合《种子法》第37条规定的农民自繁自用剩余种子合法出售、串换的条件。

3. 侵犯植物新品种权情节严重的，可适用1倍以上3倍以下的惩罚性赔偿。对于侵权情节严重的认定，应当综合考虑侵权人的主观恶意、侵权手段、次数，侵权行为的持续时间、地域范围、规模、后果，侵权人在诉讼中的行为等因素予以确定。

（七）其　他

希泽公司与斯高公司计算机软件合同案

法院：最高人民法院

案号：(2020)最高法知民终1064号

上诉人（一审原告）：上海希泽国际贸易有限公司

被上诉人（一审被告）：深圳市斯高投资有限公司

案由：计算机软件开发合同纠纷

案情简介：上海希泽国际贸易有限公司（以下简称希泽公司）于2017年12月委托深圳市斯高投资有限公司（以下简称斯高公司）开发仓储管理软件，并签订了《企业仓储管理系统技术开发（委托）合同》（以下简称涉案合同），合同总价款为36万元。合同签订后,希泽公司向斯高公司支付了阶段性合同款项共计 25.2 万元,斯高公司向希泽公司交付了开发完成的仓储管理软件(以下简称涉案软件)。希泽公司认为,涉案软件的微信端(客人)存在 9 个问题,管理 PC 端(仓储管理)存在 8 个问题,管理微信端(仓储管理)存在 2 个问题,涉案软件无法正常运行,斯高公司的行为构成根本违约,遂起诉至上海知识产权法院(以下简称上海知产法院),请求法院判令解除涉案合同,斯高公司返还其已支付的合同款项,并赔偿违约金 7.2 万元。斯高公司认为其已按约开发完成涉案软件,希泽公司拒不支付剩余合同款项,故反诉请求法院判令希泽公司向其支付剩余合同款项共计 10.8 万元,并赔偿违约金 1 万余元。

上海知产法院经勘验查明,涉案软件的部分软件功能存在开发瑕疵,部分功能缺失,部分功能不属于合同约定范围之内的开发功能,部分功能无法勘验,但均不足以证明涉案软件存在影响主要功能运行和使用的瑕疵或缺陷。据此,上海知产法院认为,斯高公司的行为尚未达到根本违约的程度。从涉案合同履行过程看,斯高公司虽未构成根本违约,但涉案软件存在一定的瑕疵和部分功能的缺失,具有违约行为;希泽公司未支付剩余合同款项亦存在违约行为,且希泽公司明确表示不同意继续履行合同,合同目的已无法实现。据此,上海知产法院根据原被告双方各自违约程度及合同性质,判决解除涉案合同,驳回希泽公司的全部诉讼请求和斯高公司的全部反诉请求。

希泽公司不服一审判决,上诉至最高人民法院。最高人民法院经审理认为一审判决并无不当,遂判决驳回上诉,维持原判。

裁判规则

计算机软件开发合同纠纷中,委托方一般应就委托开发的软件存在技术问题承担举证责任。在涉案软件的主要功能已经开发完成的情况下,应当认定委托方的合同目的已经实现,委托方基于涉案软件还存在其他技术缺陷或瑕疵为由主张开发方构成根本违约的,不予支持。

(本案判决尚未公开,相关内容及裁判规则系根据法院官方报道内容整理)

江苏中关村公司与斯太尔江苏公司等技术秘密许可使用合同案

法院:最高人民法院

案号:(2021)最高法知民终 809 号

上诉人(一审原告):江苏中关村科技产业园控股集团有限公司

上诉人(一审被告):斯太尔动力(江苏)投资有限公司

被上诉人(一审第三人):斯太尔动力(常州)发动机有限公司

一审第三人:斯太尔动力股份有限公司

案由:技术秘密许可使用合同纠纷

案情简介:2015年9月25日,《中共溧阳市委、溧阳市人民政府关于实施"向先进制造出发"三年行动计划的意见》提出,江苏省溧阳市对于符合该市产业发展的制造业项目,可按照设备投资额的一定比例给予奖励。2016年,斯太尔动力股份有限公司(以下简称斯太尔股份公司)与江苏中关村科技产业园(以下简称中关村产业园)洽谈,计划投资新能源汽车电机国产化项目,该项目预计可获得溧阳市政府综合奖励约2亿元。

2016年12月6日,斯太尔动力(江苏)投资有限公司(以下简称斯太尔江苏公司,系斯太尔股份公司的全资子公司)与江苏中关村科技产业园控股集团有限公司(以下简称江苏中关村公司,系中关村产业园的运营平台公司)签订《技术许可协议三款非道路柴油发动机EM12,M14UI及M16UI》(以下简称涉案技术许可协议),主要约定:斯太尔江苏公司将涉案技术许可协议所涉柴油发动机的全部商业秘密和核心技术(以下简称涉案技术)授权给江苏中关村公司,许可其独家使用;许可使用费为2亿元(固定费用)及每年运营涉案技术收入的3.5%;涉案技术许可协议有效期10年。此外,涉案技术许可协议还约定了斯太尔江苏公司应当交付的具体技术资料。涉案技术许可协议签订后,江苏中关村公司分三次向斯太尔江苏公司账户转账共计2亿元。同时,为确保资金安全,斯太尔江苏公司与江苏中关村公司、中关村产业园共同签署三方协议,约定斯太尔江苏公司动用该转账时,需取得江苏中关村公司同意。此外,江苏中关村公司接收斯太尔江苏公司交付的相关技术资料后,并未实际使用涉案技术。

斯太尔股份公司在2016年发布的重大事项公告以及当年年度报告中,披露了涉案技术许可协议签订及履行情况。深圳证券交易所于2016年12月9日、21日先后两次向斯太尔股份公司发出关注函,要求斯太尔股份公司对涉案技术许可协议的相关问题进行说明。

2017年3月29日,斯太尔股份公司向江苏中关村公司出具《关于专项技术回购方案的汇报》,表示其拟与江苏中关村公司正式就涉案技术签署回购协议,分四期于2017年10月31日前支付江苏中关村公司2亿元回购款。2017年10月31

日,斯太尔江苏公司及斯太尔动力(常州)发动机有限公司(以下简称斯太尔常州公司,系斯太尔股份公司的全资子公司)向江苏中关村公司开出2亿元转账支票。2017年11月,证监会就涉案技术许可协议的真实性,对江苏中关村公司及中关村产业园启动调查,并严密监控斯太尔江苏公司及斯太尔常州公司的账户资金变化情况,江苏中关村公司因此未能使用上述转账支票。

2018年5月24日,江苏中关村公司将斯太尔股份公司、斯太尔江苏公司及斯太尔常州公司起诉至江苏省高级人民法院(以下简称江苏高院),主张涉案技术许可协议系为招商引资需要而签订,并非双方真实意思表示,应属无效,请求法院判令斯太尔江苏公司返还技术许可使用费2亿元。江苏高院经审理认为,涉案技术许可协议是双方以虚假的意思表示实施的民事法律行为,应为无效合同,斯太尔江苏公司应返还江苏中关村公司2亿元。据此,江苏高院判决斯太尔江苏公司返还江苏中关村公司2亿元,且江苏中关村公司向斯太尔江苏公司返还已交付的相关技术资料。

斯太尔江苏公司、江苏中关村公司不服一审判决,上诉至最高人民法院。最高人民法院经审理认为:(1)斯太尔江苏公司不能自由支配江苏中关村公司支付的许可使用费2亿元并要如数返还,且江苏中关村公司不能在合同约定有效期10年内实际使用涉案技术,而是在订约后11个月内拟由斯太尔股份公司回购,故涉案技术许可协议项下两项主给付义务,不具备一般技术许可协议项下被许可方可依约使用技术、许可方可自由支配许可使用费的基本特征,故可以初步认定双方并无签订技术许可协议的真实意思表示;(2)根据涉案技术许可协议签订前后的情况和履约行为等相关事实,可以进一步认定双方签订涉案技术许可协议的真实意图是获得政府先行兑现的2亿元招商奖励;(3)综合全案案情,上述两个方面的认定可以相互吻合,并能够排除合理怀疑。据此,最高人民法院认为,江苏中关村公司与斯太尔江苏公司双方均没有签订技术许可协议的真实意思表示,双方所隐藏的拟获得政府奖励的真实意图并不构成另一种隐藏的民事法律行为,遂最终认定双方系以虚假的意思表示签订了涉案技术许可协议。此外,对于斯太尔江苏公司、中关村公司上诉主张的一审审理程序的正当性问题,最高人民法院经审理认为一审程序并无不当。综上所述,最高人民法院判决驳回上诉,维持原判。

裁判规则

虚假意思表示的特征在于:双方当事人都知道自己所表示的意思不是真实意思,民事法律行为本身欠缺效果意思,双方均不希望此行为能够真正发生法律上的效力。在我国法律体系中,对典型合同分类定性的基本依据是合同项下的主给付义务(含给付标的)。对于双方当事人签订特定类型合同是否存在虚假意思表示,一般可以按照以下“三步法”进行具体认定:第一步,可以根据主给付义务的真实情况进行判定。如果双方当事人之间的主给付义务实际上根本不具备特定类型合同项下主给付义务的基本特征,则可以初步认定双方签订合同时存在虚假意思表示。第二步,在此情况下,可以根据双方当事人订立合同前后的情况(特别是双方缔约背景)和履约行为等相关事实,进一步认定双方订立合同所隐藏的真实意图。第三步,综合全案案情,如果上述两个方面的认定可以相互吻合并能够排除合理怀疑,即可最终认定双方当事人以虚假的意思表示订立合同。

二、北京法院

（一）专利类

专利民事纠纷

北京市高级人民法院

达尔文公司与宇洁公司等发明专利侵权案

法院：北京高级人民法院

案号：（2019）京民终369号

上诉人（一审被告）：南京宇洁环境系统技术有限公司（原名称东莞市宇洁新材料有限公司）、航天通信控股集团股份有限公司北京科技分公司

被上诉人（一审原告）：达尔文技术国际有限公司

案由：侵害发明专利权纠纷

案情简介：达尔文技术国际有限公司（以下简称达尔文公司）是专利号为ZL00806175.0、名称为“空气净化设备”的发明专利（以下简称涉案专利）的专利权人。航天通信控股集团股份有限公司北京科技分公司（以下简称航天通信北京分公司）制造并销售多种型号的“航天迅驰空气净化器”（以下简称被诉侵权产品）。东莞市宇洁新材料有限公司（后更名为南京宇洁环境系统技术有限公司，以下简称宇洁公司）生产蜂巢凝并滤网并向航天通信北京分公司供货，该蜂巢凝并滤网为用于被诉侵权产品的零部件。2015年，达尔文公司向北京知识产权法院（以下简称北京知产法院）提起诉讼，诉称航天通信北京分公司未经达尔文公司同意，制造、销售被诉侵权产品，侵害了涉案专利；宇洁公司制造、销售用于实施涉案专利的专用产品，构成帮助侵权，且宇洁公司在其申请专利的背景技术部分引用过涉案专利，其具有侵权的故意。达尔文公司据此诉请判令航天通信北京分公司与宇洁公司停止侵权，并连带赔偿经济损失100万元。北京知产法院经审理认为：被诉侵权产品落入涉案专利权利要求1－3、15、18－21、24－27的保护范围；蜂巢凝并滤网属于实现

被诉侵权产品功能不可或缺的关键部件，且不具有实质性非侵权用途，属于实施涉案专利的专用品；宇洁公司明知其生产的蜂巢凝并滤网系用于实施涉案专利的专用部件仍向航天通信北京分公司提供，其作为帮助侵权行为人具有主观上的故意。北京知产法院据此判令航天通信北京分公司与宇洁公司停止侵权行为，并连带赔偿达尔文公司经济损失35万元以及合理支出15万元。

航天通信北京分公司与宇洁公司不服一审判决，向北京高级人民法院（以下简称北京高院）提起上诉。北京高院经审理认为，被诉侵权产品落入涉案专利权利要求1－3、15、20、21、24的保护范围；蜂巢凝并滤网属于实施涉案专利的专用品，且宇洁公司向航天通信北京分公司提供巢凝并滤网的行为具有侵权的主观故意。北京高院据此驳回上诉，维持原判。

裁判规则

1. 判断行为人是否构成专利间接侵权，应当以行为人是否明知有关产品系专门用于实施专利的材料、设备、零部件、中间物等专用品，仍为生产经营目的将该产品提供给他人、帮助他人侵权作为判断标准。

2. 对于专利间接侵权认定中所涉及的专用品，通常以该产品是否对实现涉案专利所请求保护的技术方案具有实质性意义且是否具有“实质性非侵权用途”为判断标准。如果相关产品为实现涉案专利技术方案所不可或缺，且除用于涉案专利所保护的技术方案之外，无其他“实质性非侵权用途”，一般应当认定该产品为实施专利的专用品。

专利行政纠纷

北京知识产权法院

正大天晴与国家知识产权局专利无效行政案

法院：北京知识产权法院

案号：（2020）京73行初3798号

原告：正大天晴药业集团股份有限公司

被告：国家知识产权局

第三人:吉利德科学公司

案由:发明专利权无效行政纠纷

案情简介:吉利德科学公司(以下简称吉利德公司)系专利号为 01813161.1、发明名称为“核苷酸膦酸酯类似物前药及其筛选和制备方法”、优先权日为 2000 年 7 月 21 日的发明专利(以下称涉案专利)的专利权人。针对涉案专利,正大天晴药业集团股份有限公司(以下简称正大天晴公司)于 2019 年 6 月 3 日向国家知识产权局提出无效宣告请求,并提交了证据 11a,即专利权人吉利德公司于 1999 年 3 月 19 日针对涉案专利的欧洲同族专利 EP0719273A1 的申请程序中答复审查意见时所提交的意见陈述书及权利要求书修改,认为证据 11a 标注的欧洲专利局收录时间(1999 年 3 月 19 日)可以推定为该证据的公开时间。此外,正大天晴公司提交了证据 22,即《〈欧洲专利公约〉关于案卷查阅的规定》佐证证据 11a 的公开时间。证据 22 第 128 条第 4 项规定:“在欧洲专利申请公布后,有关该申请或其以后的欧洲专利,除实施细则另有限制条件规定的,应适用该规定外,经请求可供查阅”。国家知识产权局经审理认为,证据 11a 标注的时间为欧洲专利局的收录时间,但没有证据表明该证据的收录之日即为其网络公开日期或向公众公开的日期,因此本领域技术人员不能确定证据 11a 的公开日期,其不能作为涉案专利的现有技术使用。在此基础上,国家知识产权局于 2019 年 12 月 3 日作出第 42586 号无效审查决定(以下简称被诉决定),维持涉案专利有效。正大天晴公司不服被诉决定,向北京知识产权法院(以下简称北京知产法院)提起行政诉讼,并提交了涉及其与欧洲专利局有关证据 11a 公开时间的往来邮件的(2020)苏宁钟山证字第 1573 号公证书(以下简称第 1573 号公证书)。

北京知产法院经审理认为,第 1573 号公证书显示“从书面请求或电话请求到实际查看文档的时间,我们估计收到日期(1999 年 3 月 22 日)至少一个月至可能几个月,具体取决于工作量、交付后情况和其他因素”“至少不早于 2003 年”“极有可能在 2001 年之前向公众公开”。鉴于现有证据均不能证明证据 11a 的公开时间,故正大天晴公司有关证据 11a 构成涉案专利的现有技术的主张不能成立。在此基础上,涉案专利权利要求 1 相对于正大天晴公司使用的现有证据组合具备创造性。据此,北京知产法院判决驳正大天晴公司的诉讼请求。

裁判规则

尽管欧洲专利申请公布后,相关专利文件经请求可供查阅,但欧洲专利局收录该相关专利文件的时间不能当然地作为该文件的公开时间,进而该文件也不能当然地作为现有技术使用,除非在案证据能够证明相关技术方案的公开时间。

葛兰素公司与国家知识产权局外观设计专利无效行政案

法院:北京知识产权法院

原告:葛兰素集团有限公司

被告:国家知识产权局

第三人:正大天晴药业集团股份有限公司

案由:外观设计专利权无效行政纠纷

案情简介:正大天晴药业集团股份有限公司(以下简称正大天晴公司)是申请号为201630362398.3、名称为“吸入器”的外观设计专利(以下简称涉案专利)的专利权人。葛兰素集团有限公司(以下简称葛兰素公司)向国家知识产权局(以下简称国知局)就涉案专利提起无效宣告请求,并提交4件对比设计(见图1-2-1)。国知局经审理认为涉案专利与对比设计相比具有明显区别,并据此做出无效宣告决定(以下简称被诉决定),维持涉案专利有效。葛兰素公司不服被诉决定,向北京知识产权法院(以下简称北京知产法院)提起诉讼,请求撤销被诉决定。

北京知产法院经审理认为:涉案专利设计与对比设计1-2-1(e)的设计空间较小,而两者的区别点或是对应的设计空间中所占比例较大,或是处于使用中容易观察到的部位,对整体视觉效果具有显著影响,涉案专利的设计与对比设计1-2-1(e)相比均具有明显区别。北京知产法院据此驳回原告诉讼请求。

裁判规则

在确定一般消费者所具有的知识水平和认知能力时,应当考虑申请日时外观设计专利产品的设计空间。设计空间较大的,可以认定一般消费者通常不容易注意到不同设计之间的较小区别;设计空间较小的,可以认定一般消费者通常更容易注意到不同设计之间的较小区别。

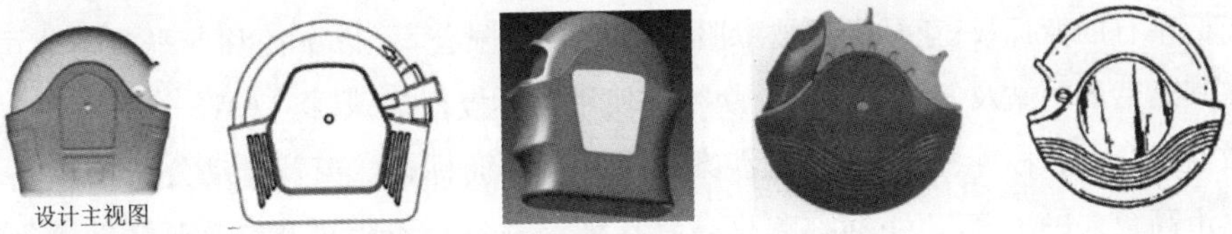

(a)本专利　(b)对比设计1　(c)对比设计2　(d)对比设计3　(e)对比设计4

图1-2-1　专利对比

(二)商标类

商标民事纠纷

北京市高级人民法院

炎黄盈动公司与亚马逊通公司等商标侵权案

法院:北京市高级人民法院

案号:(2018)京民初 127 号

原告:北京炎黄盈动科技发展有限责任公司

被告:北京光环新网科技股份有限公司、亚马逊通技术服务(北京)有限公司

案由:侵害注册商标专用权纠纷

案情简介:北京炎黄盈动科技发展有限责任公司(以下简称炎黄盈动公司)于 2004 年 9 月 1 日申请注册第 4249189 号"**AWS**"商标。该商标于 2008 年 2 月 7 日核准注册,核定使用在第 42 类计算机软件设计等服务上。炎黄盈动公司于 2010 年 12 月 20 日申请注册第 8967031 号"AWS"商标。该商标于 2011 年 12 月 28 日核准注册,核定使用在第 9 类计算机程序(可下载软件)等商品上。炎黄盈动公司于 2010 年 12 月 20 日申请注册第 8967030 号"AWS"商标。该商标于 2012 年 4 月 14 日核准注册,核定使用在第 35 类计算机数据库信息系统化等服务上(以上商标统称涉案商标,见图 1－2－2)。炎黄盈动公司认为,北京光环新网科技股份有限公司(以下简称光环新网公司)在其运营的网站中使用"AWS""AWS 及图"标识(以下简称被诉侵权标识),并使用被诉侵权标识作为搜索引擎关键词,侵害了其对涉案商标享有的商标权;亚马逊通技术服务(北京)有限公司(以下简称亚马逊通公司)在其运营的网站及云计算微信公众号中使用被诉侵权标识,将"AWS 云计算"作为微信公众号名称等,侵害了其对涉案商标享有的商标权。炎黄盈动公司起诉至北京市高级人民法院(以下简称北京高院),请求判令光环新网公司及亚马逊通公司停止侵权、消除影响、共同赔偿经济损失 3 亿元及合理支出 26 万元。

北京高院经审理认为,光环新网公司将被诉侵权标识作为搜索引擎关键词宣

传推广云计算服务，并在其运营的网站中使用“AWS 技术峰会 2018 中国站”“AWS 云解决方案”等文字表述，属于突出使用被诉侵权标识，足以发挥识别商品或服务来源的作用，构成商标性使用。亚马逊通公司在其运营的微信公众号使用“线下研讨会 AWS 云计算助力 IT 创新与转型研讨会”等涉及“AWS”云计算的文字表述，并在其运营的网站突出使用被诉侵权标识，构成商标性使用。虽然亚马逊通公司的相关商标具有较高知名度，但光环新网公司及亚马逊通公司自 2016 年 8 月起开始合作开展相关服务并在该服务上长期、大量地使用涉案商标，容易导致相关公众将炎黄盈动公司提供的相关商品或者服务与光环新网公司及亚马逊通公司联系在一起，并误认为炎黄盈动公司是他人相应服务品牌的代理商或者是出于攀附他人商誉目的而使用涉案商标。北京高院参照光环新网公司 2017 年和 2018 年在“云计算及其服务”领域的利润作为损害赔偿数额计算的基础，但也考虑到经营利润的取得取决于技术、服务、营销等多个方面，即使考虑商标品牌方面的贡献，也还包含了“AWS”以外的其他商标，故不宜完全按照光环新网公司的全部获利确定赔偿数额，而是综合考虑涉案商标的使用状况、侵权行为持续时间、侵权规模、涉案商标利润贡献率等因素，酌情按照上述利润的 5% 确定光环新网公司及亚马逊通公司的侵权获利为 38,231,500 元。北京高院还认为，亚马逊通公司的关联公司在相关商标的申请注册过程中，早已知悉炎黄盈动公司涉案商标在先注册的事实，仍在 2016 年 8 月后与光环新网公司共同实施被控侵权行为，主观上漠视他人依法取得的合法权利，客观上挤压了炎黄盈动公司通过商标使用行为积累商誉、开拓市场空间的可能，而且使相关公众误认为炎黄盈动公司是他人相关服务品牌的代理商或者是出于攀附他人商誉而使用相关商标，严重损害了炎黄盈动公司的市场声誉，属于恶意侵犯商标专用权的行为且情节严重。在诉讼中，两公司滥用程序性权利，提出明显不能成立的管辖权异议并就该管辖异议裁定提出上诉，故意拖延诉讼进程，进一步加剧了侵权行为的影响，因此，北京高院适用二倍惩罚性赔偿确定最终的损害赔偿金额为 76,463,000 元。由于光环新网公司及亚马逊通公司在被诉行为中分工合作且共享侵权利润，故二者应当承担连带赔偿责任。北京高院据此判决光环新网公司及亚马逊通公司停止侵权、刊登声明消除影响，并连带赔偿经济损失 76,463,000 元及合理支出 26 万元。

裁判规则

1. 混淆误认的判断通常要考虑商标标志的近似程度、商品和服务的类似程度、注册商标的显著性和知名度以及相关公众的注意程度等因素，商业活动中实际混淆的证据情况亦可作为混淆误认判断的重要参考因素。同时,混淆误认不仅包括将使用被诉侵权标志的商品或服务误认为商标权人的商品或服务,或者与商标权人有某种联系;也包括将商标权人的商品或服务误认为被诉侵权人的商品或服务,或者误认商标权人与被诉侵权人有某种联系的情形。

2. 计算侵犯商标权的损害赔偿数额时,应当考虑涉案商标的使用状况、侵权行为持续时间、侵权规模、涉案商标的利润贡献率等因素,综合确定赔偿数额。侵权人恶意侵犯商标专用权且情节严重,在诉讼过程中滥用程序性权利故意拖延诉讼进程,进一步加剧侵权行为影响,扩大权利人损失的,可以适用惩罚性赔偿予以规制。

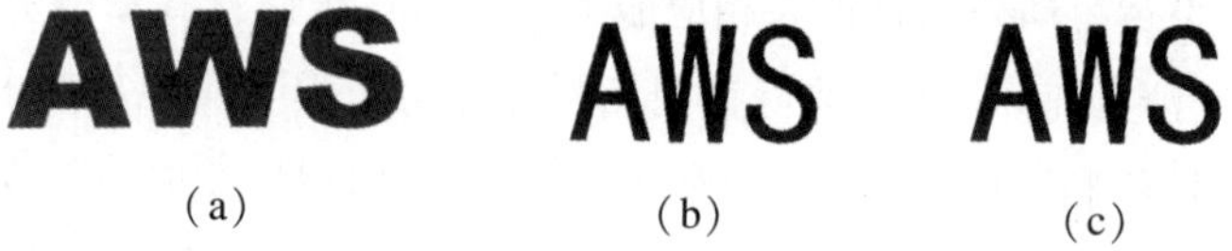

图1-2-2 涉案商标

大陆马牌公司与马牌江西公司等商标侵权及不正当竞争案

法院:北京市高级人民法院

案号:(2021)京民终490号

上诉人(一审被告):马牌汽车零部件(江西)有限公司、北京邦达悦兴贸易有限公司

被上诉人(一审原告):大陆马牌轮胎(中国)有限公司

一审被告:南昌大众润滑油品有限公司

案由:侵害注册商标专用权及不正当竞争纠纷

案情简介:大陆马牌轮胎(中国)有限公司(以下简称大陆马牌公司)经许可享有核定使用在第12类车辆轮胎等商品上的第4510097号"**德国马牌**"商标(以下简称涉案商标,见图1-2-3)的使用权。大陆马牌公司认为,涉案商标达到驰名状态,马牌汽车零部件(江西)有限公司(以下简称马牌江西公司)在其生产销售的滤清器商品上使用"马牌"标识(以下简称被诉侵权标识,见图1-2-4),足以误导公众,构成商标侵权。北京邦达悦兴贸易有限公司(以下简称邦达悦兴公司)宣传、销售被诉侵权商品"马牌滤清器"亦侵害了涉案商标权。马牌江西公司将"马牌"文字登记为企业字号并使用mapai.cn域名的行为构成不正当竞争。南昌大众润滑油品有限公司(以下简称南昌大众公司)与马牌江西公司存在经营混同,应当与马牌江

西公司承担连带责任，遂起诉至北京知识产权法院（以下简称北京知产法院），请求判令马牌江西公司变更企业名称，变更后的企业名称不得包含与“马牌”相同或近似的字样，且停止使用“mapai. cn”域名并将该域名转让给大陆马牌公司；马牌江西公司、邦达悦兴公司、南昌大众公司停止商标侵权行为、消除影响；马牌江西公司、南昌大众公司连带赔偿经济损失及合理支出300万元，邦达悦兴公司对其中50万元承担连带责任。

北京知产法院经审理认为，涉案商标在轮胎等商品上进行了长期、持续、广泛的宣传和使用，已经在中国境内达到为相关公众熟知的程度，应当被认定为驰名商标。被诉侵权商品与轮胎商品虽在功能、用途上有所不同，不属于相同或类似商品，但具有关联性。考虑到涉案商标知名度较高，马牌江西公司在被诉侵权商品包装及宣传中使用被诉侵权标识，易使相关公众产生混淆、误认，侵害了大陆马牌公司享有的驰名商标专用权。邦达悦兴公司在其网店中使用“马牌北京总代理”进行宣传的行为亦构成商标侵权。邦达悦兴公司作为马牌江西公司的销售商和代理商，与马牌江西公司对销售、宣传被诉侵权商品有共同的意思联络，存在共同的侵权故意，构成共同侵权。马牌江西公司为商业目的复制、模仿构成驰名商标的涉案商标，并将其注册为域名，易误导相关公众认为该域名注册人也是涉案商标的所有人或者与涉案商标权人之间存在某种授权许可等关联关系，构成不正当竞争。马牌江西公司将涉案商标的显著识别部分“马牌”作为企业名称中的字号使用，主观上具有攀附大陆马牌公司的故意，客观上易使相关公众产生混淆、误认，构成不正当竞争。现有证据不能证明南昌大众公司与马牌江西公司对生产、销售、宣传被诉侵权商品具有共同侵权故意及侵权行为，不构成共同侵权。北京知产法院综合考虑涉案商标的知名度、侵权故意、侵权规模等因素，判决马牌江西公司、邦达悦兴公司停止商标侵权行为、消除影响并连带赔偿大陆马牌公司合理支出10万元；马牌江西公司将“mapai. cn”域名转移给大陆马牌公司注册和使用，并变更企业名称，变更后的企业名称不得包含“马牌”文字；马牌江西公司赔偿经济损失100万元，邦达悦兴公司在5万元范围内承担连带责任。

马牌江西公司、邦达悦兴公司不服一审判决，上诉至北京市高级人民法院（以下简称北京高院）。北京高院经审理认为，马牌江西公司生产销售的被诉侵权商品与大陆马牌公司销售的轮胎均属于机动车辆的部件，在商品的用途、销售渠道、消费群体等方面相近，商品流通环节交叉重合较多，且马牌江西公司与大陆马牌公司均为从事与机动车辆有关商品的生产销售，二者之间构成具有竞争关系的同业经营者。在马牌江西公司成立前,“涉案商标已经在中国大陆地区进行了大量宣传使用,为相关公众熟知,达到了驰名的程度”。马牌江西公司在注册其企业名称时对“马牌”二字应当做出合理避让,以免引起市场混淆。马牌江西公司将涉案商标的显著文字“马牌”作为其企业名称中识别不同市场主体核心标志的字号进行登记,并在商业活动中予以使用,具有攀附大陆马牌公司的商业信誉及涉案商标商誉的意图,容易导致相关公众产生混淆、误认,构成不正当竞争。马牌江西公司在注册的网站域名中使用与涉案商标具有音译关系的汉语拼音字母,易使相关公众对使用涉案域名的网站及网站销售商品的来源产生混淆误认或者认为网站注册使用主体及提供商品主体与大陆马牌公司之间存在特定的关联关系,从而获取不正当的利益。马牌江西公司在生产、销售和宣传的被诉侵权商品上使用了与驰名涉案商标构成近似的标识,易使相关公众在看到被诉侵权标识时联想到已驰名的涉案商标,进而误认为被诉侵权标识与涉案商标存在关联,减弱了涉案商标的显著性,构成商标侵权。北京高院据此判决驳回上诉,维持原判。

裁判规则

注册商标核准注册日期虽然晚于同业竞争企业成立日期,但该注册商标在核准注册前已达到驰名程度,同业竞争企业对此应当知晓却仍将该商标显著识别部分登记为企业字号,并在商业活动中予以使用,主观上具有攀附该注册商标的故意,客观上容易导致相关公众的混淆、误认,构成不正当竞争,应当变更企业名称且变更后的企业名称中不得包含该商标的显著识别部分。

德国马牌

图 1-2-3 涉案商标

马牌

(a)

马牌北京总代理

(b)

图 1-2-4 被诉侵权标识

百度公司与京百度等商标侵权案

法院:北京市高级人民法院

案号:(2022)京民终 170 号

上诉人(一审被告):北京京百度餐饮管理有限公司、北京京百度餐饮管理有限

公司第三分公司、北京京百度餐饮管理有限公司第八分公司

被上诉人(一审原告):百度在线网络技术(北京)有限公司

一审被告:北京京百度餐饮管理有限公司第一分公司、北京京百度餐饮管理有限公司第七分公司(已注销)

案由:侵害注册商标专用权及不正当竞争纠纷

案情简介:百度在线网络技术(北京)有限公司(以下简称百度公司)是核定使用在第42类计算机软件设计等服务上的第1579950号"百度"商标(以下简称涉案商标,见图1-2-5)的商标权人。百度公司认为,北京京百度餐饮管理有限公司(以下简称京百度公司)、北京京百度餐饮管理有限公司第一分公司(以下简称京百度第一分公司)、北京京百度餐饮管理有限公司第三分公司(以下简称京百度第三分公司)、北京京百度餐饮管理有限公司第七分公司(以下简称京百度第七分公司)、北京京百度餐饮管理有限公司第八分公司(以下简称京百度第八分公司)擅自在所经营的店铺名称、店铺装潢、广告宣传、微信公众号、美团App等处大量使用"百度""百度烤肉""百度食糖"等标识(以下简称被诉侵权标识,见图1-2-6),并在企业名称中使用"百度"字号,侵害了涉案商标权并构成不正当竞争,遂起诉至北京知识产权法院(以下简称北京知产法院),请求给予涉案商标在"提供互联网搜索引擎"服务上以驰名商标保护;判令京百度公司、京百度第一分公司、京百度第三分公司、京百度第七分公司及京百度第八分公司停止使用被诉侵权标识及"百度"字号,变更企业名称,消除影响并赔偿经济损失及合理支出500万元。

北京知产法院经审理认为,百度公司在经营过程中,将涉案商标作为其核心注册商标使用,经过长期、广泛的持续使用和宣传推广,涉案商标已经在相关公众中取得了较高的知名度和市场认可度。多份生效判决曾先后认定涉案商标构成在"提供互联网搜索引擎"服务上的驰名商标,因此,在京百度公司、京百度第一分公司、京百度第三分公司、京百度第七分公司及京百度第八分公司注册成立及被诉侵权行为发生时,使用在"提供互联网搜索引擎"服务上的涉案商标已经成为中国境内相关公众所熟知的驰名商标。京百度公司、京百度第一分公司、京百度第三分公司、京百度第七分公司及京百度第八分公司的被诉行为已经破坏了涉案商标与互联网搜索引擎服务之间的直接密切联系,减弱了涉案商标的显著性,侵害了涉案商标权。京百度公司、京百度第一分公司、京百度第三分公司、京百度第七分公司及京百度第八分公司使用与涉案商标近似的"京百度"作为企业字号,具有攀附涉案商标及百度公司商誉的故意,客观上容易导致相关公众产生混淆、误认,构成不正当

竞争。京百度公司、京百度第一分公司、京百度第三分公司、京百度第七分公司及京百度第八分公司侵害涉案商标权、攀附百度公司商誉的主观恶意明显，侵权行为持续时间长，客观上通过开设多家门店实施被诉侵权行为，不仅减弱了涉案商标的显著性，且不正当利用了百度公司的市场声誉，获利数额大，侵权情节严重，应当使用惩罚性赔偿。北京知产法院根据京百度公司、京百度第一分公司、京百度第三分公司、京百度第七分公司及京百度第八分公司提供的财务账簿、纳税申报表等证据，确定侵权期间营业利润为 150 余万元，综合考虑涉案商标知名度、侵权情节、商标贡献率等因素，适用 3 倍惩罚性赔偿，最终判决京百度公司、京百度第一分公司、京百度第三分公司、京百度第七分公司及京百度第八分公司赔偿经济损失及合理支出 230 余万元。

百度公司、京百度第三分公司、京百度第八分公司不服一审判决，上诉至北京市高级人民法院(以下简称北京高院)。北京高院经审理认为，百度公司在二审诉讼中明确其主张涉案商标达到驰名程度的服务为“以计算机信息网络方式提供计算机信息”，故对一审判决中认定百度公司的驰名商标所注册和使用的服务予以纠正。本案争议焦点在于一审判决中惩罚性赔偿的适用是否恰当。在案证据可以证明涉案商标显著性和知名度较高，京百度公司及其涉案分公司主观故意明显、侵权行为情节严重，适用惩罚性赔偿并无不当，且一审判决关于惩罚性赔偿的计算方式及数额亦正确。此外，由于京百度第一分公司、京百度第七分公司于一审判决后注销，其相关的法律责任由京百度公司承担，故北京高院不再将京百度第一分公司和京百度第七分公司作为诉讼主体对待，并变更两者在一审判决中应承担责任的内容。

百度

图 1-2-5 涉案商标

百度	百度烤肉	百度食糖
(a)	(b)	(c)

图 1-2-6 被诉侵权标识

北京知识产权法院

安实创业公司与正鸿泰达公司商标侵权案

法院:北京知识产权法院

案号:(2020)京 73 民再 1 号

抗诉机关:北京市人民检察院

申诉人(一审原告、二审被上诉人):北京安实创业科技发展有限公司

被申诉人(一审被告、二审上诉人):北京正鸿泰达建材有限公司

案由:侵害注册商标专用权纠纷

案情简介:北京安实创业科技发展有限公司(以下简称安实创业公司)于1996年6月14日申请注册第1080478号“安石”商标,该商标于1997年8月21日核定使用在第2类涂料商品上;安实创业公司于1996年6月17日申请注册第1080449号“安石”商标,该商标于1997年8月21日核定使用在第19类非金属建筑物涂料(灰,砂,石)商品上;于2013年11月7日申请注册第13501354号“**安石**”商标,该商标于2015年2月7日核定使用在第2类涂料(油漆)等商品上;于2013年11月7日申请注册第13502068号“**安石**”商标,该商标于2015年4月7日核定使用在第19类涂层(建筑材料)等商品上(前述商标统称为涉案商标,见图1-2-7)。安实创业公司认为,北京正鸿泰达建材有限公司(以下简称正鸿泰达公司)未经许可,在其生产、销售的涂料商品的外包装袋上使用“天然安石粉涂料”(以下简称被诉侵权标识,见图1-2-8),侵害了其对涉案商标享有的商标权,起诉至北京市石景山区人民法院(以下简称石景山法院),请求判令确认正鸿泰达公司侵害了涉案商标权、停止侵权并赔偿经济损失100万元及合理支出23,920元。石景山法院经审理认为,在案证据不能证明“天然安石粉”已经成为行业内通用产品名称,正鸿泰达公司使用“安石”文字的方式属于商标性使用,其在相同商品上使用与涉案商标近似的被诉侵权标识,容易导致相关公众产生混淆、误认,侵害了安实创业公司的商标权。石景山法院综合考虑涉案商标的知名度、侵权性质及主观过错等因素,判决正鸿泰达公司停止侵权并赔偿经济损失70万元及合理支出23,920元。

正鸿泰达公司不服一审判决,上诉至北京知识产权法院(以下简称北京知产法院)。北京知产法院经审理认为,正鸿泰达公司及安实创业公司均将“天然安石粉”作为一种建筑材料的产品名称加以使用。正鸿泰达公司并未突出使用“安石”文字,且在包装显著位置同时印有绿色图形标志、公司名称、地址和联系电话等信息用以识别产品的来源,从而与其他经营者的商品相区分,其使用被诉侵权标识仅是为了表明商品的名称,不属于商标性使用,不构成商标侵权。北京知产法院据此判决撤销石景山法院的一审判决,驳回安实创业公司的诉讼请求。

安实创业公司不服北京知产法院作出的二审判决,向北京市人民检察院申诉,北京市人民检察院向北京市高级人民法院提出抗诉,北京市高级人民法院指令北京知产法院再审本案。北京知产法院再审认为,正鸿泰达公司并未将涉案商标的

显著识别部分“安石”单独标示,也未将其以改变字体、字号、颜色或背景的方式突出显示,而是将被诉侵权标识作为一个整体使用,用来标示袋中产品的名称,一般消费者亦会产生被诉侵权标识属于产品名称而非商标标识的普遍认知,因此,正鸿泰达公司对“安石”的使用方式属于产品名称的使用。但是,正鸿泰达公司与安实创业公司厂址较近,正鸿泰达公司使用被诉侵权标识的行为必将导致相关公众将其产品与涉案商标联系在一起,从而产生混淆、误认,侵害了安实创业公司的商标权。在案证据不能证明“安石粉”“天然安石粉”已成为国家标准和行业标准认可的产品名称,亦不能证明“天然安石粉”已成为约定俗成的通用名称,正鸿泰达公司使用被诉侵权标识不具有合理性。石景山法院的一审判决并无不当,北京知产法院据此判决撤销二审判决,维持一审判决。

裁判规则

1. 在同一种或类似商品上将与他人注册商标近似的标识作为商品名称使用,容易导致相关公众产生混淆、误认的,构成商标侵权。

2. 通用名称一般被分为依据法律规定或者国家标准、行业标准的通用名称以及约定俗成的通用名称,两者有比较明确及严格的认定依据和标准。依据法律规定或者国家标准、行业标准属于商品通用名称的,应当认定为通用名称。相关公众普遍认为某一名称能够指代一类商品的,应当认定为约定俗成的通用名称。被专业工具书、辞典等列为商品名称的,可以作为认定约定俗成的通用名称的参考。约定俗成的通用名称一般以全国范围内相关公众的通常认识为判断标准。对于由于历史传统、风土人情、地理环境等原因形成的相关市场固定的商品,在该相关市场内通用的称谓,可以认定为通用名称。

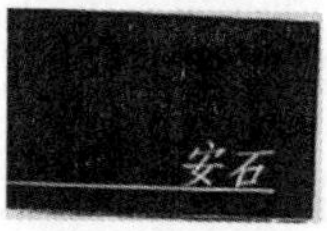

(a)

安石

(b)

图 1-2-7　涉案商标

天然安石粉涂料

图 1-2-8　被诉侵权标识

微播视界公司与爱奇艺公司商标侵权及不正当竞争案

法院:北京知识产权法院

案号:(2021)京 73 民终 690 号

上诉人(一审被告):北京爱奇艺科技有限公司

被上诉人(一审原告):北京微播视界科技有限公司

案由:侵害注册商标专用权及不正当竞争纠纷

案情简介:北京微播视界科技有限公司(以下简称微播视界公司)经授权享有第21879720号“抖音”商标、第21880760号“抖音”商标及第21881020号“抖音”商标(以下统称涉案商标,见图1－2－9)的使用权及维权权利。涉案商标分别核定使用在第9类、41类、42类计算机软件、提供在线录像(非下载)、软件运营服务等商品及服务上。微播视界公司认为,北京爱奇艺科技有限公司(以下简称爱奇艺公司)在百度搜索中将“抖音下载”设置为推广关键词(以下简称被诉关键词,见图1－2－10),在搜索结果链接标题和链接描述中使用含有涉案商标的文字,用于推广其运营的“爱奇艺极速版”App,侵害了微播公司享有的涉案商标权,同时构成不正当竞争,遂起诉至北京市海淀区人民法院(以下简称海淀法院),请求判令爱奇艺公司消除影响并赔偿经济损失4,987,280元及合理支出12,720元。海淀法院经审理认为,爱奇艺公司在同一种服务和类似服务上使用了与涉案商标近似的标识,足以导致混淆,侵害了涉案商标权。但鉴于该行为已落入《商标法》的调整范围,故无须再适用《反不正当竞争法》对其进行评判。鉴于被诉关键词设置期间较短,点击量较少,亦无其他证据证明被诉行为给微播视界公司造成了不良影响,故对微播视界公司消除影响的请求不予支持。海淀法院综合考虑涉案商标及抖音App的知名度、爱奇艺公司的主观恶意、侵权范围及影响等因素,判决爱奇艺公司赔偿微播视界公司经济损失15万元及合理开支1万元。

爱奇艺公司不服一审判决,上诉至北京知识产权法院(以下简称北京知产法院)。北京知产法院经审理认为,爱奇艺公司在使用百度搜索引擎服务商的关键词推广服务时,设置被诉关键词推广其经营的“爱奇艺极速版”App,使相关公众在百度网中搜索“抖音下载”时,在搜索结果的链接和网页描述中出现“抖音下载”的表述,属于在商业交流和交易过程中将被诉关键词作为商业标识进行使用的商标性使用行为。爱奇艺网站及“爱奇艺极速版”App提供的服务均包括提供在线视频、录像的功能,与涉案商标核定使用的第41类服务构成同一种服务;爱奇艺公司所提供的视频服务均来源于爱奇艺公司所搭建的视频服务平台这一软件系统,与涉案商标核定使用的第42类服务构成类似服务,因此,爱奇艺公司在同一种或类似服务上使用了与涉案商标近似的标识,足以导致相关公众误认为爱奇艺公司经营抖音App或者与该App的服务商存在合作关系等,从而产生混淆,构成商标侵权。北京知产法院据此判决驳回上诉,维持原判。

裁判规则

使用搜索引擎服务商提供的关键词推广服务并设置关键词进行推广的,该关键词能够起到商业标识的作用,对其使用属于商标性使用。如果该关键词与他人注册商标构成使用在同一种或类似商品或服务上的相同或近似标识,足以导致相关公众产生混淆、误认的,构成商标侵权。

抖音

图 1-2-9　涉案商标

抖音下载

图 1-2-10　被诉关键词

远洋公司与远睿创公司等商标侵权及不正当竞争案

法院:北京知识产权法院

案号:(2020)京 73 民终 2935 号

上诉人(一审被告):福州远睿创商业管理有限公司

上诉人(一审被告):谢某辉

被上诉人(一审原告):远洋控股集团(中国)有限公司

一审被告:北京智联三珂人才服务有限公司

案由:侵害注册商标专用权及不正当竞争纠纷

案情简介:远洋控股集团(中国)有限公司(以下简称远洋公司)系第 4056498 号"远洋"商标(以下简称涉案商标)的商标权人,该商标核定使用在第 36 类不动产出租等服务上,且于 2013 年 12 月 27 日被商标局认定为驰名商标。谢某辉于 2017 年 5 月至 2018 年 4 月在深圳市远祥置业有限公司(系远洋公司的关联公司,以下简称远祥公司)任综合管理类职务,曾代表远洋公司对外从事地产项目相关工作。2018 年 4 月,谢某辉全资出资设立福州远之洋投资咨询有限公司(以下简称远之洋公司),并任该公司法定代表人。2018 年 12 月,谢某辉于中国香港特区全资出资设立香港远洋公司,并任该公司董事。2019 年 5 月,香港远洋公司全资出资设立福建远一企业管理有限公司(以下简称远一公司),谢某辉任该公司法定代表人。2019 年 11 月 1 日,远洋公司向香港公司注册处发函投诉香港远洋公司名称涉嫌侵权一事,香港远洋公司于 2019 年 12 月 27 日名称变更为远博资产管理(控股)有限公司。2020 年 5 月 26 日,远之洋公司名称变更为福州远睿创商业管理有限公司(以下简称远睿创公司)。远洋公司发现,远睿创公司运营头像为"远洋控股"的"远洋控股"

微信公众号，其工作人员在微信群、朋友圈中发布多条带有“远洋”“远洋控股”字样的内容信息，且远睿创公司在北京智联三珂人才服务有限公司（以下简称智联三珂公司）运营的智联招聘网站上发布使用了“远洋资本”“远洋控股”字样的招聘信息等。据此，远洋公司认为上述行为侵害了涉案商标权并构成不正当竞争，遂将远睿创公司、谢某辉、智联三珂公司起诉至北京市朝阳区人民法院（以下简称朝阳法院），请求判令远睿创公司、谢某辉、智联三珂公司停止对涉案商标的侵权行为，谢某辉、远睿创公司停止不正当竞争行为，谢某辉、远睿创公司连带赔偿经济损失300万元，且智联三珂公司对其中的30万元承担连带赔偿责任。

朝阳法院经审理认为，关于被诉商标侵权行为，远睿创公司使用“远洋”字样的行为侵害了涉案商标权；在案证据未能证明谢某辉参与实施被诉商标侵权行为，谢某辉不对远睿创公司的上述侵权行为承担民事责任；智联三珂公司作为网络服务提供者尽到了合理的注意义务，无须就被诉商标侵权行为承担连带责任。关于被诉不正当竞争行为，远睿创公司将“远之洋”作为企业字号进行工商登记的行为违反商业道德，属于不正当竞争；谢某辉在应明知“远洋”标识及字样与远洋公司的关联性及知名度的情况下，实施了一系列的公司设立行为，其主观上具有攀附远洋知名度的主观恶意，客观上容易使相关公众对谢某辉设立的公司与远洋公司提供的服务产生混淆，误认为二者之间存在关联，故远睿创公司和谢某辉具有共同意思联络，构成共同的不正当竞争行为。据此，朝阳法院判决远睿创公司停止被诉商标侵权行为，远睿创公司、谢某辉消除商标侵权行为及不正当竞争行为所造成的不良影响，远睿创公司赔偿因商标侵权行为造成的经济损失25万元及合理费用4万元，远睿创公司、谢某辉赔偿因不正当竞争行为造成的经济损失25万元及合理费用4万元。鉴于远睿创公司已变更微信公众号名称，智联招聘网站上已无相关信息，且远睿创公司和香港远洋公司的名称已经变更，对于该部分停止侵权的诉讼请求不再处理。

远睿创公司、谢某辉不服一审判决，上诉至北京知识产权法院。北京知识产权法院经审理认为，一审判决认定事实清楚、适用法律正确，判决驳回上诉，维持原判。

裁判规则

对于被控侵权公司的自然人股东或者法定代表人是否与该公司构成共同侵权的认定，应在考虑该自然人股东或者法定代表人自身相关客观事实以及对于被控侵权公司实施的设立、控制等一系列行为的基础上，予以综合判断。若根据上述客观事实及系列行为，该自然人股东或者法定代表人主观上具有明显的侵权故意，且在被控侵权公司的侵权行为中与被控侵权公司具有共同的意思联络,客观上共同造成了侵权后果,则该自然人股东或者法定代表人与被控侵权公司构成共同侵权,应承担连带责任。

北京市海淀区人民法院

诸葛公司与企石兴梅饮食店等商标侵权案

法院:北京市海淀区人民法院

案号:(2021)京 0108 民初 27228 号

原告:重庆诸葛饮食文化有限公司

被告:东莞市企石兴梅饮食店、北京三快科技有限公司

案由:侵害注册商标专用权纠纷

案情简介:重庆诸葛饮食文化有限公司(以下简称诸葛公司)是核定使用在第 43 类餐厅等服务上的第 11089476 号“诸葛烤渔”及第 11731598 号“诸葛烤鱼”商标(以下统称涉案商标,见图 1 – 2 – 11)的商标权人。涉案商标分别于 2012 年 6 月 18 日及 2012 年 11 月 12 日申请注册,并于 2015 年 8 月 21 日及 2016 年 3 月 14 日核准注册。诸葛公司认为,东莞市企石兴梅饮食店(以下简称企石兴梅饮食店)在门店招牌上使用“諸葛烤活魚”标识(以下简称被诉侵权标识,见图 1 – 2 – 12)经营餐饮服务,侵害了其对涉案商标享有的商标权;北京三快科技有限公司(以下简称三快公司)运营的美团网为企石兴梅饮食店在网络平台上向不特定群体提供餐饮预订服务,为侵权行为提供了便利,亦构成侵权。

诸葛公司起诉至北京市海淀区人民法院(以下简称海淀法院),请求判令企石兴梅饮食店、三快公司停止侵权行为、消除影响,连带赔偿诸葛公司经济损失 9 万元及合理开支 1 万元。海淀法院经审理认为,被诉侵权标识与涉案商标构成使用在相同服务上的近似标识,容易导致相关公众产生混淆、误认,构成商标侵权。企石兴梅饮食店虽然主张其自 2010 年即开始使用被诉侵权标识,但在案证据无法证明在涉案商标注册申请日之前且在诸葛公司使用涉案商标之前,企石兴梅饮食店已在餐饮服务上使用被诉侵权标识并具有一定影响力,因此,法院对于企石兴梅饮食店的先用抗辩不予支持。企石兴梅饮食店应对涉案侵权行为承担相应的法律责任,海淀法院综合考虑涉案商标的知名度、被控侵权行为中对涉案商标的使用方式、侵权

行为的性质以及其主观过错程度等因素，酌情确定赔偿数额为35,000元，酌情支持合理支出为5000元。而对于三快公司，其属于信息网络服务提供者，现无证据证明三快公司知道或应当知道本案所涉侵权行为的存在，诸葛公司在起诉前亦未向三快公司发出删除通知，三快公司收到本案起诉后已及时删除被控侵权信息，不存在主观过错，因此对于诸葛公司对三快公司提出的相关诉讼请求不予支持。故海淀法院据此判决企石兴梅饮食店停止侵权行为、赔偿诸葛公司经济损失35,000元及合理开支5000元。

诸葛烤渔、诸葛烤鱼

图1－2－11　涉案商标

諸葛烤活魚

图1－2－12　被诉侵权标识

商标行政纠纷

北京市高级人民法院

哈士奇公司与国家知识产权局等商标权无效宣告请求行政纠纷案

法院：北京市高级人民法院

案号：(2019)京行终10145号

上诉人(一审原告)：广东哈士奇制冷设备有限公司

被上诉人(一审被告)：国家知识产权局

一审第三人：木星工业有限公司

案由：商标权无效宣告请求行政纠纷

案情简介：广东哈士奇制冷设备有限公司(以下简称哈士奇公司)于2011年4月13日申请注册第9332936号“哈士奇”商标(以下简称诉争商标，见图1－2－13)，并于2012年4月28日核准注册使用在第11类冰箱、冷冻设备和装置等商品上。木星工业有限公司(以下简称木星公司)于2008年5月14日申请注册第G924870号“HUSKY”商标(以下简称引证商标，见图1－2－14)，其国际注册日为2007年3月13日，核定使用在第11类家用和商用冰箱、冷却设备及其装置等商品上。针对诉争商标，木星公司向国家知识产权局提出商标权无效宣告请求。国家知识产权局认定诉争商标与引证商标构成使用在同一种或者类似商品上的近似商标,裁定宣告诉争商标无效。哈士奇公司不服该裁定,起诉至北京知识产权法院(以下简称北京知产法院)。北京知产法院经审理认为,基于对诉争商标与引证商标标志本身及实际使用情况的考量,二者使用在同一种或者类似商品上容易使相关公众认为两者所标示的商品源于同一市场主体或者提供者之间存在特定联系,从而产生混淆。在案证据难以证明哈士奇公司申请诉争商标是经木星公司同意。北京知产法院据此判决驳回哈士奇公司的诉讼请求。

哈士奇公司不服一审判决,上诉至北京市高级人民法院(以下简称北京高院)。二审中,木星公司向北京高院提交了其与哈士奇公司签订的《商标共存同意书》,该同意书载明:"木星公司同意诉争商标与引证商标在中国大陆地区共存。"北京高院经审理认为,诉争商标与引证商标在文字构成、整体视觉效果上存在一定差异。《商标共存同意书》足以证明木星公司已经同意诉争商标在核定使用的商品上维持注册。在无其他证据证明诉争商标与引证商标共存足以导致相关公众对商品来源产生混淆的情况下,诉争商标可以维持注册。北京高院据此判决撤销一审判决及被诉裁定,国家知识产权局重新作出裁定。

裁判规则

商标共存协议体现了引证商标权利人对其所享有的商标权部分权利空间的让渡和处分,根据意思自治原则,应当允许商标注册人自由处分其商标权,故在判断诉争商标与引证商标在类似服务上共存是否会导致相关公众的混淆、误认时,应当考虑引证商标注册人与诉争商标申请人之间达成的商标共存协议。在诉争商标标志与引证商标标志存在差异的情况下,商标共存协议可以作为排除混淆可能性的参考因素。

图 1-2-13　诉争商标

图 1-2-14　引证商标

慧能泰丰分公司与国家知识产权局等商标权撤销复审行政案

法院:北京市高级人民法院

案号:(2020)京行终 2540 号

上诉人(一审被告):国家知识产权局

上诉人(一审第三人):瑞昶贸易股份有限公司

被上诉人(一审原告):北京慧能泰丰信息咨询有限责任公司分公司

案由:商标权撤销复审行政纠纷

案情简介:瑞昶贸易股份有限公司(以下简称瑞昶公司)于2011年3月11日申请注册第9199914号“摩卡 MOCCA”商标(以下简称诉争商标,见图1－2－15),该商标于2012年5月21日核定使用在第30类咖啡、可可制品、咖啡调味香料(调味品)、加奶咖啡饮料、含牛奶的巧克力饮料、做咖啡代用品的植物制剂、巧克力酱、茶饮料、糖商品上。北京慧能泰丰信息咨询有限责任公司分公司(以下简称慧能泰丰分公司)认为,“摩卡”“摩卡咖啡”已经成为著名的咖啡品种的通用名称,使用在咖啡等商品上,仅直接表示了商品的原料、品种、风味等特点,是具有特定品质的咖啡商品的通用名称,在缺乏其他显著组成部分的情况下,属于不能区分商品来源的标识,遂向商标评审委员会申请撤销诉争商标。商标评审委员会认为,诉争商标核准注册之后,经瑞昶公司长期广泛宣传和规范使用,使其获得了较高的知名度和影响力,可以使一般公众与瑞昶公司所提供的咖啡等商品联系起来,并未演变为该商品领域的通用名称,商标评审委员会据此作出维持诉争商标的决定。慧能泰丰分公司不服该决定,起诉至北京知识产权法院(以下简称北京知产法院)。北京知产法院经审理认为,至迟在国家知识产权局审查及法院审理时,包括消费者和同业经营者在内的相关公众已普遍认为“摩卡”指代的是一类咖啡商品,且上述认知是在全国范围内的普遍现象,“摩卡”已成为咖啡类商品上约定俗成的通用名称。根据中国相关公众的一般认知水平,易将“MOCCA”识别为“摩卡”的音译,故诉争商标作为一个整体使用在咖啡、加奶咖啡饮料等咖啡类商品上,已无法发挥商标应有的识别商品来源的作用,故应在其核定使用的咖啡、咖啡调味香料(调味品)、加奶咖啡饮料、做咖啡代用品的植物制剂商品上予以撤销。北京知产法院据此判决撤销商标评审委员会作出被诉决定,国家知识产权局重新作出决定。

国家知识产权局及瑞昶公司不服一审判决,上诉至北京市高级人民法院(以下简称北京高院)。北京高院经审理认为,在案证据不足以证明诉争商标已与瑞昶公司建立唯一对应关系。同时,注册商标成为其核定使用商品的通用名称而被撤销,亦不以商标权人的主观过错为前提,故北京知产法院认定“摩卡”已成为咖啡类商品上约定俗成的通用名称,并无不当。北京高院据此判决驳回上诉,维持原判。

裁判规则

判断注册商标是否成为其核定使用商品的通用名称,应当从商标标志整体上进行审查,且应当认定通用名称指向的具体商品,对与该商品类似的商品不予考虑。如果该注册商标因为包含其他显著部分而在整体上能够发挥识别商品来源的作用,则不应仅因其同时包含核定使用商品的通用名称而予以撤销。反之,如果该注册商标中除核定使用商品的通用名称外,还包含其他部分,但该其他部分的加入并不能使该注册商标整体上具备显著特征的,则其注册应予撤销,且该撤销不以商标权人存在主观过错为前提。

图 1-2-15　诉争商标

中文在线公司与国家知识产权局商标权无效行政案

法院:北京市高级人民法院

案号:(2020)京行终 7664 号

上诉人(一审原告):中文在线数字出版集团股份有限公司

被上诉人(一审被告):国家知识产权局

一审第三人:四川大神时代网络科技有限公司

案由:商标权无效宣告请求行政纠纷

案情简介:四川大神时代网络科技有限公司(以下简称大神时代公司)于 2017 年 10 月 13 日申请注册第 26864967 号“巫颂”商标(以下简称诉争商标,见图 1-2-16),该商标于 2018 年 9 月 28 日核定使用在第 41 类广播和电视节目制作、剧本编写等服务上。中文在线数字出版集团股份有限公司(以下简称中文在线公司)对小说作品《巫颂》享有著作权。中文在线公司以诉争商标侵害其在先权利及商品化权益为由向国家知识产权局提出商标权无效宣告请求,国家知识产权局作出维持诉争商标的裁定。中文在线公司起诉至北京知识产权法院(以下简称北京知产法院)。北京知产法院经审理认为,中文在线公司提交的证据不足以证明在诉争商标申请日前,以“巫颂”为名的网络小说作品已经具备一定知名度,进而无法证明小说作品名称“巫颂”具有一定的知名度和影响力，并且该知名度已经超出小说作品本身，并可覆盖到特定商品或服务，因此，在案证据不足以证明诉争商标的注册不当利用了中文在线公司基于特定作品名称而享有的商业信誉，进而挤占了中文在线公司应享有的市场优势地位和交易机会，故未违反2013年《商标法》第32条“不得损害他人现有的在先权利”的规定。北京知产法院据此判决驳回中文在线公司的诉讼请求。

中文在线公司上诉至北京市高级人民法院（以下简称北京高院）。北京高院经审理认为，《巫颂》小说作品处于著作权保护期，在诉争商标申请日前，该作品名称具有一定知名度，相关公众易将使用该作品名称的商品或者服务与该作品的著作权人联系在一起，进而容易误以为诉争商标的申请注册已经过该作品的著作权人许可或者该商标与著作权人之间存在特定联系。大神时代公司意图将诉争商标以1800万元高价转让给中文在线公司，其具有攀附《巫颂》作品名称知名度的主观恶意，因此，诉争商标的申请注册违反了2013年《商标法》第32条“申请商标注册不得损害他人现有的在先权利”的规定。北京高院据此判决撤销一审判决及国家知识产权局裁定，并责令国家知识产权局重新作出裁定。

裁判规则

1. 2013年《商标法》第32条规定的“在先权利”包括当事人在诉争商标申请日之前享有的民事权利或者其他应予保护的合法权益。作品名称由于构成简单，通常不具备著作权法意义上作品所需要的独创性，但可作为在先权益予以保护，以打击恶意抢注，维护商标注册管理秩序。

2. 将作品名称作为在先权益保护至少需要满足以下四个条件：一是诉争商标申请日前，该作品处于著作权保护期；二是诉争商标申请日前，该作品名称具有较高的知名度；三是相关公众易将使用该作品名称的商品或者服务与该作品的著作权人联系在一起，容易认为该商标的申请注册已经过作品的著作权人许可或者该商标与著作权人之间存在特定联系；四是诉争商标申请人主观上存在恶意。

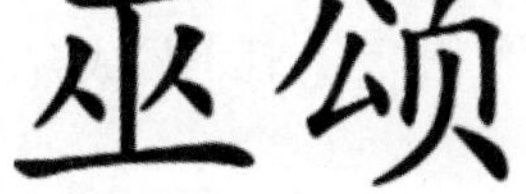

图1-2-16　诉争商标

(三)著作权类

北京市高级人民法院

华谊兄弟与非诚勿扰婚介所等著作权侵权案

法院:北京市高级人民法院

案号:(2020)京民申 5203 号

再审申请人(一审被告、二审上诉人):金某欢、永嘉县非诚勿扰婚姻介绍所(普通合伙)

被申请人(一审原告、二审被上诉人):华谊兄弟传媒股份有限公司

案由:侵害作品信息网络传播权纠纷

案情简介:华谊兄弟传媒股份有限公司(以下简称华谊兄弟公司)是"非誠勿擾"美术字的著作权人。2009 年 2 月 16 日,金某欢申请注册"非誠勿擾"商标(以下简称被诉侵权商标),并于 2010 年 9 月 7 日核定使用在第 45 类交友服务、婚姻介绍所等服务上。金某欢为永嘉县非诚勿扰婚姻介绍所(以下简称非诚勿扰婚介所)合伙人之一。华谊兄弟公司认为,金某欢、非诚勿扰婚介所在其网站上多处使用"非誠勿擾婚恋交友"字样,侵犯了其对"非誠勿擾"美术字享有的著作权,起诉至北京市朝阳区人民法院(以下简称朝阳法院),请求判令非诚勿扰婚介所、金某欢赔偿经济损失 100 万元及合理支出 31,010 元。朝阳法院认为,金某欢、非诚勿扰婚介所侵害了华谊兄弟公司对"非誠勿擾"美术作品所享有的信息网络传播权,故判决赔偿经济损失 2 万元及合理支出 31,010 元。金某欢、非诚勿扰婚介所不服一审判决,上诉至北京知识产权法院(以下简称北京知产法院)。北京知产法院认为,"非誠勿擾"构成美术作品,金某欢、非诚勿扰婚介所以商业目的擅自使用"非誠勿擾"美术作品的行为并非合法的商标性使用行为,且不构成合理使用。据此,北京知产法院判决驳回上诉、维持原判。

金某欢、非诚勿扰婚介所不服二审判决,向北京市高级人民法院(以下简称北京高院)申请再审,理由之一为涉案"非誠勿擾"的电影海报属于最高人民法院《关于审理著作权民事纠纷案件适用法律若干问题的解释》第 18 条规定的"设置或陈

列在室外公共场所的艺术作品”,金某欢和非诚勿扰婚介所对涉案“非誠勿擾”的使用行为属于合理使用。北京高院经审理认为,“非誠勿擾”美术字经过设计在整体外观上体现了作者特有的选择和安排,具有审美意义,构成美术作品。华谊兄弟公司基于委托创作合同的约定,为该美术作品的著作权人。金某欢未经许可,将“非誠勿擾”美术作品申请注册为商标,并与非诚勿扰婚介所擅自将该美术字在婚恋交友网站上使用,不构成《著作权法》第22条第10项所规定的合理使用的情形,侵害了华谊兄弟对“非誠勿擾”美术作品所享有的信息网络传播权。此外,北京高院对一审及二审确定的赔偿金额予以认可,最终判决驳回了金某欢、非诚勿扰婚介所的再审申请。

裁判规则

《著作权法》第22条第10项所规定的合理使用的情形,既有对艺术作品的限制,也有对使用行为的限制,且还需要指明作者姓名和作品名称。否则,被诉侵权行为不应被认定为构成合理使用。

高某、邓某欢与优酷公司等著作权侵权案

法院:北京市高级人民法院

案号:(2020)京民申3362号

再审申请人(一审被告、二审被上诉人):北京陌陌科技有限公司

再审被申请人(一审原告、二审上诉人):高某

一审被告、二审被上诉人:优酷信息技术(北京)有限公司、上海全土豆文化传播有限公司、金色视族(北京)影视文化有限公司

一审原告:邓某欢

案由:侵害著作权纠纷

案情简介:高某、邓某欢共同策划实施了放飞搭载相机的气球拍摄地球的活动,并在高某的微信公众号“NIKOEDWARDS”上发表了一篇题为《追气球的熊孩子》的文章(以下简称涉案文章),记录了此活动过程。文章配图中有一张图片(以下简称涉案图片)是从相机自动录制的视频(以下简称涉案视频)中截取的一帧画面(以下简称涉案视频截图)后由两人进行加工而成。上海全土豆文化传播有限公司(以下简称全土豆公司)在优酷网(www. youku. com)及土豆网(www. tudou. com)为北京陌陌科技有限公司(以下简称陌陌公司)发布了《追气球的熊孩子》广

告视频(以下简称被诉侵权视频)。被诉侵权视频由金色视族(北京)影视文化有限公司制作,著作权归全土豆公司所有。高某、邓某欢认为被诉侵权视频侵害了涉案文章改编权、摄制权及涉案图片的署名权、修改权、摄制权和信息网络传播权,遂起诉至北京市朝阳区人民法院(以下简称朝阳法院)。朝阳法院经审理认为,被诉侵权视频与涉案文章仅在利用升空的气球上的相机拍摄地球的创意及提出想法、筹备、气球升空等高度概括的活动主线构成一致,此两点均属于思想范畴。涉案图片不具有独创性,不构成受《著作权法》保护的作品。朝阳法院据此判决驳回了高某、邓某欢的诉讼请求。高某不服一审判决,上诉至北京知识产权法院(以下简称北京知产法院)。北京知产法院经审理认为,涉案视频从拍摄目的、对象、手法、器材、角度、设置均体现了智力劳动及独创性,涉案图片从拍摄过程到最后美化处理均体现了独创性,构成摄影作品。全土豆公司等侵害了涉案图片的署名权、修改权、摄制权和信息网络传播权。北京知产法院据此撤销一审判决,并改判全土豆公司等赔礼道歉、连带赔偿经济损失 1 万元及合理支出 7500 元。

陌陌公司不服二审判决,向北京市高级人民法院(以下简称北京高院)申请再审。北京高院经再审认为,在涉案视频的录制过程中,完全脱离行为人控制,在真正的拍摄录制环节未体现高某、邓某欢的个性化表达,不宜认定涉案视频构成《著作权法》意义上的作品。但涉案视频属于电影作品和以类似摄制电影的方法创作的作品以外的无伴音的连续图像,符合《著作权法实施条例》关于录像制品的要求,故涉案视频应当属于录像制品。涉案视频截图在拍摄、加工及截取等环节均未体现作者的选择、判断和个性,故不宜认定涉案视频截图构成摄影作品。但是,高某、邓某欢在选取涉案视频截图后,对该截图进行了美化操作的后期处理,在该过程中,体现了高某、邓某欢特有的选择、判断和个性,使涉案图片具备了独创性要求,故涉案图片构成摄影作品。陌陌公司作为涉案广告的广告主,其作为委托人应与受托人共同承担侵权责任,且陌陌公司的员工实际参与了涉案广告脚本的修改及讨论过程,对涉案广告使用涉案图片是否征得权利人同意未尽到合理注意义务,应当承担相应的民事责任。综合考虑涉案图片的性质、价值等因素,北京知产法院判决陌陌公司赔礼道歉并连带赔偿经济损失 1 万元及合理支出 7500 元并无不妥,北京高院据此判决驳回陌陌公司的再审申请。

裁判规则

1. 根据我国《著作权法》的规定,连续的画面既可能构成著作权的客体,也可能成为邻接权的客体,判断其构成哪一种客体类型取决于其是否具有著作权法所要求的独创性。我国《著作权法》意义上的独创性,是指作品系作者独立完成并能体现作者特有的取舍、选择、安排、设计等,即体现作者选择、判断和个性的作品才构成《著作权法》意义上的作品。

2. 在视频的拍摄、录制过程中,完全脱离行为人控制,未体现行为人的选择、判断和个性化表达的视频,不宜认定构成受我国《著作权法》保护的作品。但该视频符合《著作权法实施条例》关于录像制品要求的,可以作为录像制品受到保护。

北京知识产权法院

优酷公司与百度公司著作权侵权案

法院:北京知识产权法院

案号:(2020)京 73 民终 155 号

上诉人(一审原告):优酷网络技术(北京)有限公司

上诉人(一审被告):北京百度网讯科技有限公司

案由:侵害作品信息网络传播权纠纷

案情简介:优酷网络技术(北京)有限公司(以下简称优酷公司)经授权取得电视剧《三生三世十里桃花》(以下简称涉案作品,见图 1 - 2 - 17)的信息网络传播权。在涉案作品上线播出前,优酷公司已预先向北京百度网讯科技有限公司(以下简称百度公司)发送权利预警函,提请采取措施防止或制止相关侵权行为。然而涉案作品上线播出后,仍出现大量百度网盘用户发布涉案作品视频文件的分享链接。优酷公司认为,百度公司对百度网盘上的侵权内容负有主动审查义务,且百度公司有能力对百度网盘上的侵权行为进行事先处理,亦具备主动检索和审查的技术手段和能力。但在优酷公司先后发送 78 封侵权通知函后,百度公司并未及时删除侵权内容,亦未对 8 名反复发布侵权内容的百度网盘用户及时采取封禁等措施,侵害了优酷公司对涉案作品享有的信息网络传播权。优酷公司起诉至北京市海淀区人民法院(以下简称海淀法院),请求判令百度公司停止侵权,包括断开涉案链接并删除百度网盘上存储的涉案作品视频文件等,并赔偿经济损失 2900 万元及合理支出 3 万元。海淀法院经审理认为,百度网盘用户未经许可,将涉案作品视频文件上传至服务器,生成链接分享至其他网站进行传播,使公众可以在选定的时间和地点获得涉案作品,直接实施了侵害涉案作品信息网络传播权的行为。百度公司并未参与用户的上述行为,不存在与用户分工合作之情形,亦未对涉案作品的视频文件进行选择、编辑、修改、推荐等,因此,百度公司不应对上述行为承担侵权责任。但是,百度公司在收到优酷公司的通知后并未及时对全部涉案链接采取断开措施,致使侵权范围和规模进一步扩大,亦未及时对涉案的 8 个重复侵权用户采取限制分享或封禁的必要措施,应对由此导致的损害扩大部分与网络用户承担连带责任。海淀法院认为,在用户未将涉案作品的视频文件以创建分享链接的方式提供给公众之前,均不构成信息网络传播行为,因此,对于优酷公司制止百度网盘用户上传和存储涉案作品的视频文件,以及将百度网盘服务器中已存储的涉案作品视频文件予以删除的诉讼请求,不予支持。海淀法院综合考虑涉案作品的知名度、市场价值、涉案侵权行为发生时间、百度公司在本案中应承担的责任等因素,适用裁量性赔偿在法定赔偿额以上判决百度公司赔偿优酷公司经济损失 100 万元及合理支出 3 万元。

优酷公司及百度公司均不服一审判决,上诉至北京知识产权法院(以下简称北京知产法院)。北京知产法院经审理认为,百度公司未直接实施侵害涉案作品信息网络传播权的行为,亦不存在与用户分工合作实施侵权行为的情形。根据百度网盘的服务模式,用户上传、存储涉案视频文件的行为未构成信息网络传播行为,即不属于信息网络传播权所控制的行为范围。对于一审判决所确定的赔偿数额,北京知产法院亦认为并无不当。北京知产法院据此判决驳回上诉,维持原判。

裁判规则

1. 因权利的行使最终通过对受该权利控制的行为的支配来实现,故受信息网络传播权控制的行为,是指以有线或者无线方式向公众提供作品,使公众可以在其个人选定的时间和地点获得作品的行为。一般认为,信息网络传播行为,是一种向公众提供作品的行为,是指将作品、表演、录音录像制品上传到网络服务器、设置共享文件或者利用文件分享软件等方式将其置于信息网络中,使公众可以在个人选定的时间和地点获得作品、表演、录音录像制品的行为。仅将作品上传、存储至网络服务器的行为不属于信息网络传播权所控制的范围。

2. 网络服务提供者在接到权利人投诉通知后,针对侵权行为是否"及时"采取了必要措施,应当根据最终的实际效果进行判断,即网络服务提供者在其能力范围内采取相应措施后,是否仍存在较为严重的侵权和较为明显的损害后果。

3. 收到权利人通知后及时断开侵权链接是网络服务提供者免于承担侵权责任的必要条件,而非充分条件。除及时断开链接外,网络服务提供者还应基于其所提供服务的性质、方式、引发侵权可能性的大小以及其所具备的信息管理能力,积极采取其他合理措施制止侵权行为。

图 1-2-17　涉案作品

新浪公司与华多公司著作权侵权案

法院:北京知识产权法院

案号:(2019)京 73 民终 3019 号

上诉人(一审被告):广州华多网络科技有限公司

被上诉人(一审原告):北京新浪互联信息服务有限公司

案由:侵害著作权纠纷

案情简介:北京新浪互联信息服务有限公司(以下简称新浪公司)"经授权取得在中国大陆地区以信息网络传播方式播映"第 52 届金马奖颁奖典礼(以下简称涉案节目,见图 1-2-18)及以自己名义单独维权的权利。新浪公司认为,广州华多网络科技有限公司(以下简称华多公司)在其经营的虎牙直播网站(huya. com)(以下简称涉案网站)中对涉案节目进行网络实时转播,侵害了新浪公司对涉案节目享有的著作权,起诉至北京市海淀区人民法院(以下简称海淀法院),请求判令华多公司赔偿经济损失及合理支出 10 万元。海淀法院经审理认为,涉案节目的独创性程度已经达到了作品的保护高度,构成以类似摄制电影的方法创作的作品。主播在涉案网站通过网络实时直播涉案节目的行为侵害了新浪公司对涉案节目享有的著作权中的其他权利。涉案网站从主播涉案行为中获取了直接收益或存在获取收益的可能,因此华多公司对主播的行为负有更高的注意义务。新浪公司在涉案节目直播前分两次向华多公司发送了侵权预警函,华多公司未积极采取合理措施预防侵权行为的发生,主观上存在过错,构成帮助侵权。海淀法院综合考虑涉案节目的独创性、知名度、侵权情节等因素,判决华多公司赔偿经济损失及合理支出 95,000 元。

华多公司不服一审判决,上诉至北京知识产权法院(以下简称北京知产法院)。

北京知产法院经审理认为,新浪公司向华多公司两次发送的侵权预警函中仅声称其是权利人,并未包含其合法享有权利的初步证明材料,亦未对华多公司协助行为划定合理的范围。在华多公司已公开具体的版权投诉方式及专门的版权投诉负责部门的情况下,新浪公司仍然选择通过商务合作邮箱发送预警函,且在涉案节目举办前一天及当天才向华多公司发送预警函,未给予华多公司判断和响应的合理时间,因此新浪公司发送的侵权预警函不属于合格通知。华多公司作为网络服务提供者,不存在接到权利人通知后未及时采取必要措施的情形,亦不存在明知或应知网络用户利用其网络服务侵害他人民事权益而未采取必要措施的情形,不构成帮助侵权。北京知产法院据此判决撤销一审判决,驳回新浪公司的诉讼请求。

裁判规则

1. 权利人向网络服务提供者发送的侵权预警函应当符合一定条件:第一,提供有效的权属证据;第二,对侵权可能发生的范围以及要求网络服务提供者协助的行为进行合理的限定;第三,预警函的发送时间和途径等应当合理,给予网络服务提供者判断和响应的时间。

2. 权利义务具有对等性,对于未实施主动行为,仅提供中立技术服务并基于服务产生收益的网络服务提供者,其应尽到的义务也应是基于合格的通知和说明,及时采取断开、恢复相应服务以及交换材料的义务。只有网络服务提供者脱离中立技术服务范围、采取了超出服务应有范围的行为,实质参与内容提供行为或产生服务收益外的内容收益时,又或是网络服务提供者未提供合理、适时的协助、转递条件时,抑或是存在其他特殊情况时,才应承担与脱离中立技术服务范围程度相适应的扩张之义务,或基于未提供协助、转递条件,或需要处理其他特殊情况而产生的替代义务。

(a) (b)

图 1-2-18 涉案节目图片

中影华腾公司与光线影业公司等著作权侵权案

法院:北京知识产权法院

案号:(2019)京73民初1722号

原告:中影华腾(北京)影视文化有限公司

被告:杨某、北京光线影业有限公司、霍尔果斯可可豆动画影视有限公司、霍尔果斯彩条屋影业有限公司、霍尔果斯十月文化传媒有限公司、北京彩条屋科技有限公司

案由:侵害著作权纠纷

案情简介:中影华腾(北京)影视文化有限公司(以下简称中影华腾公司)是舞台剧《五维记忆》(以下简称涉案戏剧,见图1-2-19)的著作权人。中影华腾公司认为,涉案戏剧构成戏剧作品,《哪吒之魔童降世》电影(以下简称被诉侵权电影,见图1-2-20)在人物设定、故事情节、其他要素表达方面与涉案戏剧构成实质性近似,侵害了其对涉案戏剧享有的改编权,遂起诉至北京知识产权法院(以下简称北京知产法院),请求判令杨某、北京光线影业有限公司、霍尔果斯可可豆动画影视有限公司、霍尔果斯彩条屋影业有限公司、霍尔果斯十月文化传媒有限公司、北京彩条屋科技有限公司停止侵权、刊登道歉声明并赔偿经济损失5000万元及合理支出100万元。

北京知产法院经审理认为,中影华腾公司主张权利的客体为"一整台戏",其包括两部分内容:一是"供舞台演出的作品"部分,其中包含了文字作品、美术作品、音乐作品、舞蹈作品等;二是呈现作品的舞台表演部分。中影华腾公司向北京知产法院提交《五维记忆》录制剪辑版视频作为对整台《五维记忆》舞台剧的完整记述,对此《五维记忆》舞台剧中"供舞台演出的作品"的内容应以其向广大受众呈现的外在表达的客观内容为准。中影华腾公司明确主张《哪吒》电影与《五维记忆》舞台剧中的人物设定、故事情节等方面构成实质性相似,由于其主张仅仅涉及整台《五维记忆》舞台剧所呈现的故事情节、人物设定等部分,故其主张实质仅仅涉及整台《五维记忆》舞台剧的"供舞台演出的作品"部分。整台《五维记忆》舞台剧中,创作者借助声、光、电、气等科技手段及大型背景屏幕的使用,并对舞蹈等多种艺术形式的表演进行选择及顺序编排,用以配合故事情节的发展,将一个贯穿始终的故事呈现给观众,让观众通过观看表演从而感受到故事的开始、发展、高潮和结局,属于文学、艺术和科学领域内的智力成果,具有独创性,且满足作品的可复制性要求,故整台《五维记忆》舞台剧中的"供舞台演出的作品"部分符合戏剧作品的定义,应受《著作权法》

保护。但经比对,被诉侵权电影在人物设定、故事情节等方面与涉案戏剧不构成实质性相似,北京知产法院据此判决驳回中影华腾公司诉讼请求。

中影华腾公司不服一审,向北京市高级人民法院提起上诉,但是后又撤回上诉。

裁判规则

1. 戏剧作品是指以剧本等形式表现的作品。剧本既包括已经写作完成体现在纸质载体或电子载体上的剧本,也包括没有完整体现于载体上而是以口头、动作等行为形成的供舞台演出的剧本。对于后一种形式的剧本,应当以其客观呈现确定其具体内容。

2. 在包含语言文字、音乐、图画、舞蹈等多种形式形成的不同作品之间进行著作权层面的相似性比对时,应当以外观主义为原则,以广大受众的一般感受为基础,而不能受创作者对作品的个性化理解的限制。

图 1-2-19 涉案戏剧

图 1-2-20 被诉侵权电影

良心网公司与聚力公司著作权侵权案

法院:北京知识产权法院

案号:(2019)京 73 民终 3812 号

上诉人(一审被告):上海聚力传媒技术有限公司

被上诉人(一审原告):良心网文化传播有限公司

案由:侵害信息网络传播权纠纷

案情简介:良心网文化传播有限公司(以下简称良心网公司)经授权取得《易经的智慧》(以下简称涉案讲座)第 1 集至第 94 集的信息网络传播权及以自己的名义提起诉讼的权利,涉案讲座第 95 集至第 102 集的音像出版物由良心网公司出品。

良心网公司认为,上海聚力传媒技术有限公司(以下简称聚力公司)擅自在其运营的 PP 视频网站及手机客户端应用 PP 视频上向用户提供涉案讲座全部 102 集的观看,侵害了良心网公司的信息网络传播权,遂起诉至北京互联网法院,请求判令聚力公司赔偿经济损失 71.4 万元及合理支出 3 万元。北京互联网法院经审理认定聚力公司构成侵害信息网络传播权,并根据涉案作品的数量、知名度、聚力公司主观过错程度、侵权行为的性质、后果等因素,判决聚力公司赔偿良心网公司经济损失 16 万元及合理支出 5000 元。

聚力公司不服一审判决,上诉至北京知识产权法院(以下简称北京知产法院)。北京知产法院经审理认为,涉案讲座本身构成作品,涉案讲座的音像出版物为录音、录像制品,良心网公司对该录音、录像制品享有信息网络传播权。聚力公司未经许可,通过信息网络传播涉案讲座及该讲座的录音、录像制品,使他人能够在个人选定的时间和地点以下载、浏览或者其他方式获得,侵害了良心网公司的信息网络传播权。据此,北京知产法院判决驳回上诉,维持原判。

裁判规则

1. 类电作品是一门综合艺术,但其本质在于画面、声音的衔接,通过各种画面、声音的前后衔接表达某种内容。类电作品的独创性主要并最终体现在画面的衔接与声音的衔接上,包括画面内容的选择、光线的明暗、角度和色度、镜头的切换,以及对所摄制画面的剪接等方面。类电作品应当在画面、声音的衔接等方面反映拍摄者的构思,表达出某种精神内容,体现出一定程度的独创性。

2. 在以机械方式录制他人现场讲座、表演等的过程中,由于对机位的设置、场景的选择、镜头的切换等只进行了简单的调整,或在录制后只对画面、声音进行了简单的剪接等,故创作高度较低,运用通常技能即可完成,不宜认定为构成类电作品,但构成录像制品。

麒麟童公司与斗鱼公司著作权侵权案

法院:北京知识产权法院

案号:(2020)京 73 民终 2905 号

上诉人(一审被告):武汉斗鱼网络科技有限公司

被上诉人(一审原告):北京麒麟童文化传播有限责任公司

案由:侵害著作权纠纷

案情简介:北京麒麟童文化传播有限责任公司(以下简称麒麟童公司)享有歌曲《小跳蛙》(以下简称涉案歌曲)的著作权中的财产权。麒麟童公司认为武汉斗鱼网络科技有限公司(以下简称斗鱼公司)的12位签约主播未经授权在线直播涉案歌曲的行为侵害了其对涉案歌曲享有的表演权及其他权利,起诉至北京互联网法院,请求判令斗鱼公司赔偿经济损失及合理费用13万元。北京互联网法院经审理认为,斗鱼公司虽未直接实施网络直播行为,但其在提供技术支持等帮助行为时,应当意识到被诉直播行为侵权可能性较大,但斗鱼公司未采取与其获益相匹配的预防侵权措施,未尽到合理注意义务,主观上存在过错,构成侵权。北京互联网法院据此判决斗鱼公司赔偿经济损失3.74万元及合理支出1.2万元。

斗鱼公司不服一审判决,上诉至北京知识产权法院(以下简称北京知产法院)。北京知产法院经审理认为,麒麟童公司主张斗鱼公司三种侵权方式:第一,网络主播在斗鱼平台直播时形成被诉侵权视频;第二,被诉侵权视频的存储及播放平台虽非斗鱼平台,但被诉侵权视频带有"斗鱼"水印或"斗鱼"房间号;第三,斗鱼公司签约主播在斗鱼平台及其他网络平台直播的被诉侵权视频。针对前两种被诉侵权行为,斗鱼公司作为网络直播技术服务提供者,对主播的直播行为没有直接的控制力和决定权,应当适用一般注意义务。鉴于斗鱼公司对网络主播的侵权行为不具有明知或应知的过错,不应当承担间接侵权的法律责任。针对第三种被诉侵权行为,因斗鱼公司与签约主播系劳动关系或者具有特殊的收益分成约定,网络主播接受网络平台的管理和安排,平台对主播的内容具有直接的控制权和决定权。在此情况下,根据网络直播平台对签约主播的分工以及网络主播参与内容选择的程度,网络直播平台的性质是网络直播内容提供者,抑或与网络主播分工合作共同提供内容,故作为网络直播平台的斗鱼公司应当承担直接侵权的法律责任。北京知产法院据此判决撤销一审判决,改判斗鱼公司赔偿经济损失2.9万元及合理支出1.2万元。

裁判规则

网络直播平台的服务方式包括平台服务方式和主播签约方式,应当根据网络直播平台提供的服务方式确定其侵权责任。若网络直播平台仅提供直播平台服务时,其性质为网络直播技术服务提供者,应当适用一般注意义务;若网络直播平台提供签约主播直播服务时,根据网络直播平台对签约主播的分工以及网络主播参与内容选择的程度,网络直播平台的性质是网络直播内容提供者,或与网络主播分工合作共同提供内容,网络直播平台均应当对网络主播直播中发生的侵权行为承担法律责任。

央视公司与新感易搜公司著作权侵权案

法院：北京知识产权法院

案号：(2019)京73民终99号

上诉人(一审原告)：央视国际网络有限公司

上诉人(一审被告)：深圳新感易搜网络科技有限公司

案由：侵害著作权及不正当竞争纠纷

案情简介：央视国际网络有限公司(以下简称央视公司)经授权独家取得第31届夏季奥林匹克运动会电视节目(以下简称涉案节目)的著作权和邻接权。央视公司认为,深圳新感易搜网络科技有限公司(以下简称新感易搜公司)通过其运营的"A8体育"App、"云图TV手机电视直播"App(以下统称被诉侵权App)擅自向公众提供涉案节目的直播服务,侵害了央视公司对涉案节目享有的著作权并构成不正当竞争,遂起诉至海淀区人民法院(以下简称海淀法院),请求判令新感易搜公司刊登声明以消除影响并赔偿经济损失295万元及合理支出5万元。海淀法院经审理认为,无论是电影作品和以类似摄制电影的方法创作的作品还是录像制品,其画面都需要满足固定性要求。但在涉案节目的直播过程中,采用的是随摄随播的方式,此时画面并未被稳定地固定在有形载体上,涉案节目赛事及闭幕式的公用信号所承载的画面并不符合固定性要求,既不构成电影作品和以类似摄制电影的方法创作的作品,也不构成录像制品,因此,新感易搜公司并未侵害涉案节目著作权。但是,新感易搜公司作为同样提供体育赛事直播的竞争者,未经央视公司许可,提供涉案节目赛事及闭幕式的直播服务,且在部分赛事的片头播放广告,同时伴有大量可以提供涉案节目直播等服务的宣传,违反商业道德及诚实信用的原则,不正当地攫取了本属于央视公司的交易机会及收益,主观恶意明显,构成不正当竞争。海淀法院综合考虑涉案节目的市场价值及性质,新感易搜公司的过错程度、不正当竞争行为持续时间等因素,判决新感易搜公司刊登声明消除影响并赔偿央视公司经济损失295万元及合理支出4万元。

央视公司及新感易搜公司均不服一审判决,上诉至北京知识产权法院(以下简称北京知产法院)。北京知产法院经审理认为,涉案节目的直播画面在机位的拍摄角度、镜头的切换、拍摄场景和对象的选择、拍摄画面的选取、剪辑、编排以及画外解说等方面均体现了摄像、编导等创作者的个性选择和安排,故具有独创性,并且,涉案节目由不同摄像机采集拍摄后进行选择、加工、剪辑及对外实时传送的过程,实质上就是选择、固定并传输赛事节目内容的过程,其在网络上传播的事实足以表明其已经通过数字信息技术在相关介质上加以固定并进行复制和传播，满足类电作品“摄制在一定介质上”的要求，构成类电作品。被诉行为发生时广播组织者权的界定无法涵盖网络直播行为；现有证据无法证明被诉侵权 App 的视频信号以无线方式广播，亦无法通过广播权规制该网络直播行为；但若对被诉直播行为不予制止，将严重影响央视公司的权利，故本案适用“著作权人享有的其他权利”对涉案直播行为进行调整具有可行性和必要性。新感易搜公司擅自直播涉案作品侵害了央视公司对涉案节目享有的“著作权人享有的其他权利”，北京知产法院对该被诉直播行为不再适用《反不正当竞争法》进行处理。海淀法院将“摄制在一定介质上”解释为对类电作品具有“应已经稳定地固定在有形载体上”的要求，过度限缩了类电作品的内涵及外延，北京知产法院予以纠正，但对于海淀法院关于损害赔偿部分的认定予以支持。北京知产法院据此判决撤销一审判决，新感易搜刊登声明消除影响并赔偿济损失 295 万元及合理开支 4 万元，共计 299 万元。

裁判规则

体育赛事直播画面在机位的拍摄角度、镜头的切换、拍摄场景与对象的选择、拍摄画面的选取、剪辑、编排以及画外解说等方面体现了摄像、编导等创作者的个性选择和安排，具有独创性，且其由不同摄像机采集拍摄后进行选择、加工、剪辑及对外实时传送的过程，实质上就是选择、固定并传输赛事节目内容的过程，满足“摄制在一定介质上”的要求，构成类电作品。

中国杂技团与张某杂技团等著作权侵权案

法院：北京知识产权法院

案号：(2019)京 73 民终 2823 号

上诉人(一审被告)：吴桥县桑园镇张某杂技团

被上诉人(一审原告)：中国杂技团有限公司

被上诉人(一审被告)：深圳市腾讯计算机系统有限公司、许昌市建安区广播电视台

案由：著作权权属、侵权纠纷

案情简介：中国杂技团有限公司(以下简称中国杂技团)享有作品《俏花旦—集体空竹》(以下简称涉案作品)的著作权。中国杂技团认为，吴桥县桑园镇张某杂技团(以下简称张某杂技团)在“2017 许昌县春节联欢晚会”上表演杂技节目《俏花

旦》(以下简称被诉侵权节目),侵害了涉案作品的表演权、署名权、修改权、保护作品完整权、获得报酬权;许昌市建安区广播电视台(以下简称建安电视台)举办并播出包含被诉侵权节目的“2017 许昌县春节联欢晚会”,并通过微信公众号、腾讯视频平台传播被诉侵权节目,侵害了涉案作品信息网络传播权、放映权和广播权;深圳市腾讯计算机系统有限公司(以下简称腾讯公司)运营的微信及腾讯视频平台传播了被诉侵权节目,侵害了信息网络传播权,遂起诉至北京市西城区人民法院(以下简称西城法院),请求判令张某杂技团、建安电视台及腾讯公司公开道歉并赔偿经济损失 10 万元及合理支出 38,555 元。

西城法院经审理认为,涉案作品主要表达内容为“集体抖空竹”,但其中穿插、融合的戏曲动作、舞蹈动作,已经与“抖空竹”技能动作密不可分,形成一个艺术表达整体,其舞台艺术形象富有感染力,杂技动作鲜活灵动,构成著作权法意义上的作品。涉案作品的背景音乐构成音乐作品,其演出服装构成美术作品。涉案作品演出时间在先,西城法院排除部分公有领域和有限表达内容后,认定被诉侵权节目与涉案作品在节目编排、背景音乐、演出服装方面构成实质性相似,因此张某杂技团侵害了中国杂技团对涉案作品享有的表演权、获得报酬权。张某杂技团被诉行为并未对涉案作品进行修改、歪曲,因此未侵害修改权及保护作品完整权。涉案作品的杂技动作编排、音乐、服装所对应的杂技作品、音乐作品、美术作品的署名权分别由署名作者享有,中国杂技团不享有署名权,因此,西城法院对其主张张某杂技团侵害署名权的诉讼请求不予支持。建安电视台作为节目组织者,未尽到合理注意义务,将包含被诉侵权节目的春节联欢晚会拍摄成视听作品并在其电视台以广播信号播出,侵害了涉案作品的广播权;其将该春节联欢晚会上传至腾讯视频及微信进行传播,侵害了涉案作品的信息网络传播权。腾讯公司作为网络服务提供者根据服务对象的指令提供网络自动接入服务,对服务对象提供的作品提供自动传输服务时,未选择、未改变所传输的作品。在案证据不能证明腾讯公司对建安电视台、张某杂技团被诉行为进行了帮助、教唆,因此,腾讯公司不构成侵权。西城法院综合考虑涉案作品的独创性程度、知名度、市场价值,张某杂技团、建安电视台的主观过错程度、侵权情节、后果等判决张某杂技团停止侵权并赔偿经济损失 4 万元,建安电视台在 1 万元范围内承担连带责任;建安电视台赔偿经济损失 1 万元;张某杂技团及建安电视台消除影响并赔偿合理支出 28,239 元。

张某杂技团不服一审判决,上诉至北京知识产权法院(以下简称北京知产法院)。二审争议焦点集中在涉案作品是否构成杂技作品,以及西城法院对于实质性相似的认定是否正确。北京知产法院经审理认为,涉案作品的形体动作编排设计体现了创作者的个性化选择,属于具备独创性的表达,构成《著作权法》规定的杂技作品。被诉侵权节目在开场部分的走位、动作衔接安排,以及多次出现的标志性集体动作等动作的编排设计方面与涉案作品构成实质性相似,而该内容属于涉案作品的独创性表达部分,西城法院关于张某杂技团构成表演权侵权的认定无误。北京知产法院据此判决驳回上诉,维持原判。

裁判规则

1. 杂技作品以动作为基本元素,技巧也通过具体动作展现,但杂技作品并不保护技巧本身,通常也不保护特定的单个动作,而是保护具有艺术性及独创性的连贯动作的编排设计。

2. 在对是否侵害表演权的认定中,并非仅对原作不经裁剪的原样照搬才构成抄袭,如未经许可表演的内容与权利作品的部分相对完整的独创性表达构成实质性相似,被诉侵权人存在接触权利作品的可能且排除其系独立创作后,可以认定侵权成立。

3. 立法已明确限定杂技作品系通过形体动作和技巧表现,其并非如视听作品,属于可以涵盖音乐、美术作品等予以整体保护的复合型作品。因此,杂技表演中的配乐、服装及舞台美术设计等,可作为音乐作品、美术作品等分别予以保护,而不应纳入杂技作品的保护范围。

完美世界公司与玩蟹公司著作权侵权案

法院:北京知识产权法院

案号:(2021)京 73 民终 1265 号

上诉人(一审被告):北京玩蟹科技有限公司

被上诉人(一审原告):完美世界(北京)软件科技发展有限公司

案由:侵害著作权及不正当竞争纠纷

案情简介:完美世界(北京)软件科技发展有限公司(以下简称完美世界公司)经授权取得《射雕英雄传》《神雕侠侣》《倚天屠龙记》《笑傲江湖》四部小说(以下简称涉案小说)的独家游戏改编权。2013 年 10 月 1 日,北京玩蟹科技有限公司(以下简称玩蟹公司)与完美世界公司的关联公司完美世界(北京)软件有限公司签署协议,约定玩蟹公司可以使用涉案小说内容至 2015 年 7 月 31 日。完美世界公司认为，玩蟹公司在授权期限结束后，仍在其开发、运营的卡牌网络游戏《大掌门》（以下简称被诉侵权游戏）中使用涉案小说中的人物名称、生平介绍、武功、装备、关卡、人物间关系、人物与武功间关系、人物与装备间关系等元素，并在被诉侵权游戏的宣传中使用前述元素，侵害了其对涉案小说享有的改编权并构成不正当竞争，遂于起诉至北京市朝阳区人民法院（以下简称朝阳法院），请求判令玩蟹公司停止侵权、消除影响并赔偿经济损失8000万元及合理支出49,900元。朝阳法院经审理认为，涉案小说中的人物名称、武功、装备、人物间关系、人物与武功间关系及人物与装备间关系等元素的结合，属于《著作权法》保护的独创性表达。被诉侵权游戏并非对涉案小说中的人物名称或武功名称等不同元素进行单独、孤立地使用，其卡牌人物设置、人物背景、配备装备、武功及人物间关系、关卡等均依托于涉案小说的内容与架构，卡牌组合规则更与涉案小说中的人物、装备、武功、人物关系等具有对应关系，保留了与涉案小说实质性相似并且能够构成表达的独创性元素及设定，与涉案小说具有关联性及依存性。被诉侵权游戏虽依托于涉案小说的内容与架构，但其人物简介等内容系对涉案小说相关内容的选取、整合，使涉案小说的表现形式有了根本性的转变，因此，涉案游戏属于对涉案小说的改编。玩蟹公司未经许可将涉案小说改编成被诉侵权游戏，侵害了完美世界公司的改编权。玩蟹公司在网站、微博、微信公众号中宣传被诉侵权游戏，直接利用了涉案小说的知名度以及相关公众对涉案小说的喜爱，亦使相关公众对涉案游戏来源产生误解，构成不正当竞争。朝阳法院综合考虑涉案小说知名度极高，作者授权改编游戏许可使用费用较高、玩蟹公司主观恶意明显、被诉侵权游戏开启服务区数量较多，但并非全部由涉案小说元素组成等因素，判决玩蟹公司停止侵权、消除影响并赔偿经济损失2000万元及合理支出49,900元。

玩蟹公司不服一审判决，上诉至北京知识产权法院（以下简称北京知产法院）。北京知产院经审理认为，涉案小说中的人物名称、武功、装备等元素相互结合，较为完整地展现了不同人物的身世背景、性格特征、独门绝技、人物关系等，是涉案小说中的重要组成部分，相对完整地表达了作者对特定人物的塑造和故事脉络的构思，体现了作者在作品表达中的选择、取舍、安排及设计，因此，前述元素属于《著作权法》保护的独创性表达。一方面，被诉侵权游戏对涉案小说中的人物名称、武功、装备、人物间关系、人物与武功间关系及人物与装备间关系等元素结合进行的使用，是以卡牌游戏这一新的表现形式进行再现，但由此所表现的人物特征、人物关系以及其他要素间的组合关系与涉案小说中的选择、安排、设计等并不存在实质性差别,尚未形成完全脱离涉案小说中独创性表达的全新表达。另一方面,被诉侵权游戏虽依托于涉案小说的内容与架构,但其根据游戏特性而设计的对白、游戏关卡等在涉案小说中显然无法一一对应,且人物简介等内容亦系对涉案小说相关内容的选取、整合,使涉案小说的表现形式有了根本性的转变,是在涉案小说基础上的再度创作,因此,被诉侵权游戏属于对涉案小说的改编。朝阳法院对于玩蟹公司侵害完美世界公司改编权的认定正确,北京知产法院予以认可。玩蟹公司在其网站、微博、微信公众号中宣传被诉侵权游戏的行为与其在被诉侵权游戏中大量使用涉案小说相关元素的行为并不相同,两者系相互独立的行为,在行为目的、行为方式及使用涉案小说元素的表现形式上均不相同,侵犯的法益亦不相同,朝阳法院对于玩蟹公司构成不正当竞争的认定正确,北京知产法院据此判决驳回上诉,维持原判。

裁判规则

围绕故事主题展开的特定情节、人物技能、经历、关系等小说元素,能够反映作者独特选择、判断、取舍的,属于《著作权法》保护的表达。游戏开发者未经许可对小说中的前述元素进行组合使用,使游戏人物等元素与小说具有高度关联性及依存性,与小说中具有独创性的元素构成实质性相似,若根据游戏特性使小说的表现形式有了根本性转变,属于在小说基础上进行再度创作的,构成侵害小说著作权人的改编权。

成幄公司与三车道公司著作权侵权案

法院:北京知识产权法院

案号:(2021)京 73 民终 4885 号

上诉人(一审原告):北京成幄网络科技有限公司

被上诉人(一审被告):南京三车道交通科技有限公司

案由:侵害信息网络传播权纠纷

案情简介:北京成幄网络科技有限公司(以下简称成幄公司)与杭州刀豆网络科技有限公司(以下简称刀豆公司)就涉案作品签订《授权声明》,主要内容为授权方将作者徐某昕所授权作品的独占性信息网络传播权授予被授权方,被授权方有权以自己的名义对在本授权声明签订前后在中国境内发生的侵害作品信息网络传播权的行为发起维权。而刀豆公司(被授权方)此前与作者徐某昕(授权方)签订另一《授权声明》约定,“授权方以独占性专有许可的方式授权被授权方享有授权方以

‘鱼非鱼’为署名通过互联网平台所发布的全部作品的信息网络传播权、维权权利以及前述权利的转授权权利。被授权方获得该授权及转授权资格后,仅用于对侵犯授权作品信息网络传播权的行为发起维权,未经授权方许可,不另作他用。”成幄公司发现南京三车道交通科技有限公司(以下简称三车道公司)在其运营的微信公众号中未经授权使用涉案作品后,以侵害信息网络传播权为由将三车道公司诉至北京互联网法院。北京互联网法院经审理认为,根据前述《授权声明》,涉案作品作者徐某昕的真实意思表示并非授予刀豆公司实体权利,仅是授予其维权的权利,也即程序性权利。故此,依据《授权声明》,刀豆公司未能获得徐某昕的实体权利授权,亦无权再将实体权利授予成幄公司。故成幄公司未能获得作者的实体权利授权,在案证据无法认定成幄公司与本案具有直接的法律上的利害关系,因此,成幄公司无权以原告的身份提起维权诉讼。北京互联网法院据此裁定驳回起诉。

成幄公司不服一审判决,上诉至北京知识产权法院。北京知识产权法院经审理认为,根据涉案声明载明的权利限制内容和可行使权利范围,仅能认定成幄公司获得了维权权利,不足以认定其获得了涉案作品信息网络传播权的授权。成幄公司以自己的名义作为原告提起本案诉讼,既非为徐某昕之合法权益而代理行使诉权,又无成幄公司自身的实质性民事权益、与三车道公司之间不存在实质性民事权益争议,也未体现社会公共利益,其起诉依据的事实理由不符合常理,不足以证明其与本案的直接利害关系。故驳回上诉,维持原裁定。

裁判规则

诉权派生于实体权利,依附于实体权利,不能脱离实体权利进行转让或许可,只有程序性权利与实体性权利一并转移或许可时,被许可人才可以作为适格原告起诉。

北京互联网法院

万达公司与淘淘智汇公司著作权侵权案

法院:北京互联网法院

案号:(2020)京0491民初2853号

原告:万达儿童文化发展有限公司

被告:北京淘淘智汇文化传媒有限公司

案由:侵害著作权纠纷

案情简介:万达儿童文化发展有限公司(以下简称万达公司)经独占许可取得《海底小纵队》系列动画中的卡通形象和标识(以下简称涉案作品)“在中国大陆地区的著作权财产权,并有权以自己的名义进行维权”。2018 年 11 月,北京淘淘智汇文化传媒有限公司(以下简称淘淘智汇公司)在当当网开设的店铺中上传大量侵害涉案作品著作权的图片并大量销售盗版图书、儿童玩具等侵权产品,万达公司就该侵权行为向法院提起诉讼,之后双方于 2019 年 4 月 25 日达成调解,并经法院生效民事调解书确认,淘淘智汇公司立即停止侵权并赔偿经济损失,若再次发生对万达公司的侵权行为,淘淘智汇公司需赔偿万达公司经济损失 20 万元。2019 年 9 月,万达公司发现淘淘智汇公司再次实施了侵害涉案作品著作权的行为,遂起诉至北京互联网法院,请求判令淘淘智汇公司停止侵权、销毁库存侵权产品、赔偿经济损失 20 万元及合理支出 2 万元。

北京互联网法院经审理认为,涉案作品属于《著作权法》规定的美术作品。前案所涉的部分作品及权利与本案完全一致,调解协议约定的再次侵权行为并不限于前案的特定商品,淘淘智汇公司重复侵权,主观恶意明显,北京互联网法院据此判决淘淘智汇公司赔偿万达公司经济损失及合理支出 20 万元。

裁判规则

侵权人与被侵权人在先在调解协议中就再次发生侵权行为时的侵权责任方式、赔偿数额等达成调解协议并经司法确认的,该调解协议合法有效。如果侵权人再次实施的侵权行为属于在先调解协议约定的范围,可以结合权利类型、侵权情节、主观过错等因素,按照在先调解协议约定的赔偿额确定侵权赔偿数额。

北京市海淀区人民法院

金百星公司与山东卫视等著作权侵权案

法院:北京市海淀区人民法院

案号:(2017)京 0108 民初 43128 号

原告:东阳金百星影视文化传播有限公司

被告:山东卫视传媒有限公司、青岛凤凰影视传媒股份有限公司、东阳市乐视花儿影视文化有限公司、季某、赵某、赵某苓、孟某杰、北京中关村图书大厦有限公司

案由:侵害著作权纠纷

案情简介:东阳金百星影视文化传播有限公司(以下简称金百星公司)经授权享有小说《红盖头》的复制权、改编权、摄制权。金百星公司的法定代表人将该小说的改编电视剧,即三十集的《红盖头》策划书及前十集剧本(以下简称涉案剧本)通过电子邮箱发送给时任山东广播电视台节目购销中心采购二部片区主管的孟某杰。金百星公司认为,由山东卫视传媒有限公司(以下简称山东卫视)、青岛凤凰影视传媒股份有限公司(以下简称凤凰公司)和东阳市乐视花儿影视文化有限公司(以下简称乐视花儿公司)为出品人,以赵某苓为编剧,季某、赵某作为制片人的电视剧《红高粱》(以下简称被诉侵权电视剧,见图1-2-21)剽窃了涉案剧本的内容、人物关系和故事框架结构,侵害了其对涉案剧本享有的发表权、署名权、保护作品完整权、改编权及摄制权,起诉至北京市海淀区人民法院(以下简称海淀法院),请求判令山东卫视、凤凰公司、乐视花儿公司、季某、赵某、赵某苓、孟某杰停止复制、发行被诉侵权电视剧;北京中关村图书大厦有限公司(以下简称中关村图书大厦)停止发行被诉侵权电视剧;前述八被告赔礼道歉并共同赔偿经济损失1800万元及合理支出6万元。

海淀法院经审理认为,涉案剧本能够相对完整地表现作者的思想感情并且能够被他人客观感知,并且具有独创性,构成小说《红盖头》的改编文字作品。海淀法院委托中国版权保护中心版权鉴定委员会对涉案剧本与被诉侵权电视剧的异同性进行比对鉴定,该鉴定机构的鉴定意见认为,涉案剧本与被诉侵权电视剧在文字性语句、台词、剧情结构及整体故事情节安排、具体故事情节及情节安排逻辑、人物设置和人物关系等方面不构成相似,从整体上也不构成实质性相似。海淀法院认为,虽然山东卫视、凤凰公司、乐视花儿公司、季某、赵某、赵某苓及孟某杰均存在接触涉案剧本的可能和机会,但被诉侵权电视剧与涉案剧本不构成实质性相似,前者与后者之间也不存在创作来源关系,因此,被诉侵权电视剧未侵害涉案剧本的发表权、署名权、保护作品完整权、改编权及摄制权,故判决驳回金百星公司诉讼请求。

裁判规则

1.《著作权法》规定的作品是指文学、艺术和科学领域内具有独创性并能以一定形式表现的智力成果,该智力成果的创作完成既包括整体的创作完成,又包括局部的创作完成。创作完成的部分能够相对完整地表现作者思想感情的,可以认定构成《著作权法》意义上的智力成果。

2.比对电视剧本与电视剧是否构成实质性相似,应当首先剔除属于思想范畴的相同历史背景、史实脉络或“标准场景”等,且不能单纯依照两者的直观文字表述为基础及依据进行比对,而应当进一步判断作品之间是否存在改编来源关系,将情节展现作为相似性、关联性判断的基本着眼点,进而比较作者在情节展开中的取舍、选择、安排、设计等是否相似。

图 1-2-21　被诉侵权电视剧

(四)不正当竞争类

北京市高级人民法院

小源公司与泰迪熊公司不正当竞争案

法院:北京市高级人民法院

案号:(2019)京民终 567 号

上诉人(一审原告):珠海市小源科技有限公司

被上诉人(一审被告):北京泰迪熊移动科技有限公司

案由:不正当竞争纠纷

案情简介:珠海市小源科技有限公司(以下简称小源公司)自 2011 年起,对海量短信按照不同情景进行分类采样,并按照“正则表达式”的规则编写了数万条智能短信识别模板提供给合作的手机厂商。2016 年 8 月，小源公司发现，北京泰迪熊移动科技有限公司（以下简称泰迪熊公司）为其合作的手机厂商提供的智能短信识别模板中有 10,977 条与小源公司编写的智能短信模板高度重合。小源公司认为泰迪熊公司抄袭其编写的大量智能短信识别模板的行为，违反了《反不正当竞争法》第 2 条的规定，因此诉至北京知识产权法院（以下简称北京知产法院），要求泰迪熊公司停止侵权、消除影响、赔偿小源公司经济损失 1000 万元以及合理费用 21 万元。

北京知产法院经审理认为：本案中双方存在上万条模板均完全相同的情况，而且双方还存在相同的错误，难谓巧合。在泰迪熊公司不能证明其使用的智能短信识别模板系自行编写的情况下，可以认定其模板来自小源公司。但是，泰迪熊公司实施的是一种竞争行为，不能仅仅因为泰迪熊公司的行为具有“不劳而获”的直观表象，就认定该行为系不正当竞争行为，还要进一步分析泰迪熊公司“获”的是什么，其行为是否具有主观恶意。泰迪熊公司利用没有被《反不正当竞争法》和知识产权专门法所保护的他人智力劳动成果的行为，不具有行为的违法性，也没有违反公认的商业道德。因此，泰迪熊公司使用小源公司编写的智能短信识别模板的行为不属于《反不正当竞争法》第 2 条所规制的不正当竞争行为。据此，北京知产法院判决驳回了小源公司的诉讼请求。

小源公司不服一审判决，向北京市高级人民法院（以下简称北京高院）提起上诉。北京高院经审理认为，泰迪熊公司存在大量抄袭小源公司智能短信识别模板的行为，该行为虽然有违社会公德，但考虑本案智能短信识别编写采用的表达有限，主体信息来源于公有领域，交易相对人的选择是自由的，泰迪熊公司的涉案行为对市场竞争秩序和消费者选择权的影响较小，尚不构成违反公认的商业道德。不能仅仅因为小源公司利益受到损害或者泰迪熊公司的行为具有“不劳而获”，即认定该行为系不正当竞争行为。因此，泰迪熊公司的涉案行为不构成《反不正当竞争法》第 2 条应予规制的情形。据此，北京高院判决驳回上诉，维持原判。

裁判规则

在适用《反不正当竞争法》第 2 条的规定时，不能仅以当事人利益受到损害，即认定涉案行为具有不正当性，还需证明涉案行为对市场竞争秩序、消费者合法权益造成了损害，进而违反“商业道德”。对此，竞争行为是否具有不正当性应以是否违反公认的商业道德为标准，而不应以传统的社会公德、生活道德为标准进行评价。

微梦创科与字节跳动不正当竞争案

法院:北京市高级人民法院

案号:(2021)京民终 281 号

上诉人(一审被告):北京微梦创科网络技术有限公司

被上诉人(一审原告):北京字节跳动科技有限公司

案由:不正当竞争纠纷

案情简介:北京字节跳动科技有限公司(以下简称字节跳动公司)经营的主要产品包括"头条网""今日头条"等,"ToutiaoSpider"系字节跳动公司所有和经营的"今日头条"产品的网络机器人。北京微梦创科网络技术有限公司(以下简称微梦创科公司)是微博平台 weibo. com、weibo. cn 的主办单位。2016 年 4 月 15 日,微梦创科公司在其 m. weibo. cn 网站的 robots 协议中将"ToutiaoSpider"宣示为不受欢迎者,根据涉案证据表明该行为持续至 2019 年 7 月 18 日。字节跳动公司认为,微梦创科公司在其 robots 协议中,仅阻止"ToutiaoSpider"抓取其网站中对公众和其他所有网络机器人完全公开并可以自由访问的网站内容,损害了字节跳动公司的合法权益、用户利益以及扰乱了互联网行业的竞争秩序,构成不正当竞争,故诉至北京知识产权法院(以下简称北京知产法院),请求判决字节头条公司停止侵权、消除影响和并赔偿其经济损失 1 亿元以及合理支出 50 万元。另外,双方均认可,微梦创科公司在其 robots 协议中的单方宣示行为只是文字上的记载,没有其他技术上的限制措施,且所有网络用户都可以看到 robots 协议。微梦创科公司设置上述限制 robot 协议后,字节跳动公司仍然使用"ToutiaoSpider"网络机器人抓取了新浪微博的内容,并根据是否获得新浪微博博主的授权对抓取后的内容是否用于"微头条"产品进行处理,对于获得授权的内容仍然用于"微头条"产品。

北京知产法院经审理认为:微梦创科公司的行为导致字节跳动公司的网络机器人无法正常抓取相关网络信息,损害了字节跳动公司的合法权益。同时在一定程度上迫使存在相关信息检索需求的网络用户只能通过其他平台获取相关信息,从而损害了相关网络用户的合法权益。另外,《互联网搜索引擎服务自律公约》是互联网行业公认商业道德的参考,该公约规定,互联网站所有者设置机器人协议应遵循公平、开放和促进信息自由流动的原则,限制搜索引擎抓取应有行业公认合理的正当理由,不利用 robots 协议进行不正当竞争行为。而微梦创科公司采取的针对性的限制措施显然与行业公认的 robots 协议公平、开放和促进信息自由流动原则不符,违反了互联网行业公认的商业道德,构成不正当竞争。综上所述,北京知识产权法院依据1993年《反不正当竞争法》第2条，判决微梦创科公司立即停止侵权、消除影响并赔偿字节跳动公司经济损失30万元以及合理支出34,343元。

微梦创科公司不服一审判决，向北京市高级人民法院（以下简称北京高院）提起上诉。在二审中，北京高院另查明：微梦创科公司通过robots协议所限制的“ToutiaoSpider”网络机器人并未用于字节跳动公司的搜索引擎服务。北京高院经审理认为：robots协议最初是针对搜索引擎提出的，已经成为国内外搜索引擎行业普遍遵守的技术规范。本案中微梦创科公司限制的“ToutiaoSpider”网络机器人的应用场景并非搜索引擎服务，而是“微头条”等非搜索引擎应用场景。因此，一审判决将《互联网搜索引擎服务自律公约》作为本案中商业道德的参考显有不妥。在判断robots协议对于网络机器人限制行为的正当性时，应从如下方面进行分析：首先，在案证据表明除微梦创科公司外，其他网站的robots协议也存在以主体进行抓取限制的情形，因此，通过robots协议对网络机器人进行限制并不当然违背互联网行业的商业道德。其次，在本案字节跳动公司的“ToutiaoSpider”网络机器人将抓取后的内容直接“移植”到“微头条”，实现了对微博相关内容的实质性替代，虽然在一定程度上扩大了消费者对于用户发布内容的获取途径，但并没有实质上增加消费者的消费体验。即使微梦创科公司不允许字节跳动公司的“ToutiaoSpider”网络机器人抓取，消费者通过微梦创科公司的网站也可以获取用户发布的内容，或者通过搜索引擎搜索到用户发布到微博上的内容。因此，被诉行为并未对消费者的利益造成损害。再次，字节跳动公司自己网站上载明的robots协议明示其他网站经营者可以根据robots协议拒绝其抓取。因此，字节跳动公司对于其他网站拒绝其网络机器人抓取的行为是有明确预期的，其并没有因为被诉行为受到实际损害。最后，对于网站经营者通过robots协议限制其他网站网络机器人抓取的行为，不应作为一种互联网经营模式进行绝对化的合法性判断，而应当进行多种因素的综合判断。综上所述，被诉行为应属于微梦创科公司企业自主经营权范畴内的正当行为，并不构成不正当竞争行为。北京高院据此撤销一审判决，并驳回字节跳动公司的诉讼请求。

裁判规则

1. 非搜索引擎的应用场景与搜索引擎的应用场景不同，在对非搜索引擎的网络机器人通过robots协议进行限制时，不宜当然地借用对于搜索引擎进行限制的规则。

2. 互联网领域中消费者福利的增加，依赖于数据在更大范围和更深层次的共享利用，而非通过数据爬取对数据进行明显替代性或同质化地利用。

3. 反不正当竞争法不是权益保护法,对互联网行业的竞争行为进行规制时不应过多考虑静态利益和商业成果,而应立足于竞争手段的正当性和竞争机制的健全性,更多考虑市场竞争的根本目标。对于网站经营者通过 robots 协议限制其他网站网络机器人抓取的行为,不应作为一种互联网经营模式进行绝对化的合法性判断,而应结合 robots 协议设置方与被限制方所处的经营领域和经营内容、被限制的网络机器人应用场景、robots 协议的设置对其他经营者、消费者以及竞争秩序的影响等多种因素进行综合判断。

北京知识产权法院

优酷公司与福芳公司不正当竞争纠纷案

法院:北京知识产权法院

案号:(2021)京 73 民终 452 号

上诉人(一审被告):深圳市福芳科技开发有限公司

被上诉人(一审原告):优酷信息技术(北京)有限公司

案由:不正当竞争纠纷

案情简介:优酷信息技术(北京)有限公司(以下简称优酷公司)是“优酷网”的经营者。深圳市福芳科技开发有限公司(以下简称福芳公司)运营的“adbye 广告拦截大师”App(以下简称涉案 App)具有屏蔽优酷网视频广告的功能。优酷公司以福芳公司的行为构成不正当竞争为由,向北京市海淀区人民法院(以下简称海淀法院)提起诉讼,请求判令福芳公司赔偿经济损失及合理支出共计 205 万元。海淀法院经审理认定福芳公司构成不正当竞争,并综合考虑涉案 App 下载量、收费标准及优酷贴片广告价格、会员收费标准等,判决福芳公司赔偿经济损失及合理开支共计 35 万元。福芳公司不服一审判决,向北京知识产权法院(以下简称北京知产法院)提起上诉。

北京知产法院经审理认为,优酷公司通过支付版权费用等运营成本而提供加载广告的免费视频节目,以及通过付费购买会员后可免除广告限制等方式实现经营收益;该商业模式形成了正常的市场竞争秩序,应受保护,他人不得以不正当干扰方式损害上述经营模式下形成了竞争秩序和正当权益。福芳公司经营的涉案 App 在经安装并打开广告拦截功能后,无须付费成为会员,即可免除广告完整观看优酷视频 App 上的内容,其屏蔽广告的具体形式不影响结论的认定。该行为的实质目的是通过屏蔽、过滤广告进而吸引用户下载并使用涉案 App,不正当地取得竞争优势,超出了运用中立技术为用户提供便利的范畴,干扰了视频网站的运营模式和盈利方式,破坏竞争秩序和机制,并最终造成消费者福祉的减损。福芳公司的被诉行为属于利用技术手段对优酷公司正当经营行为的妨碍、破坏,违反了《反不正当竞争法》第 12 条第 2 款第 4 项的规定,构成不正当竞争。北京知产法院判决驳回上诉,维持原判。

蚁坊公司与微梦公司不正当竞争纠纷案

法院:北京知识产权法院

案号:(2019)京 73 民终 3789 号

上诉人(一审被告):湖南蚁坊软件股份有限公司

被上诉人(一审原告):北京微梦创科网络技术有限公司

案由:不正当竞争纠纷

案情简介:北京微梦创科网络技术有限公司(以下简称微梦公司)是新浪微博平台的运营者。湖南蚁坊软件股份有限公司(以下简称蚁坊公司)是鹰击系统的运营者。微梦公司以蚁坊公司实施的抓取、存储、展示和分析使用新浪微博平台数据的行为构成不正当竞争为由,向北京市海淀区人民法院(以下简称海淀法院)提起诉讼,请求判令蚁坊公司立即停止不正当竞争行为、赔礼道歉并赔偿经济损失 572 万元及合理支出 28 万元。

海淀法院经审理认为:其一,微梦公司和蚁坊公司之间存在竞争关系。其二,微梦公司设置访问权限的数据属于新浪微博平台中的非公开数据,未设定访问权限的数据属于新浪微博平台公开的数据。蚁坊公司利用技术手段破坏微梦公司设置的访问权限,抓取新浪微博平台的非公开数据,并通过非正当途径抓取新浪微博平台部分公开数据。蚁坊公司实施的存储新浪微博平台数据行为,侵害了新浪微博平台的数据安全,破坏了微梦公司服务的正常运行,同时也侵害了消费者的合法权益。蚁坊公司后续实施的展示和分析使用新浪微博平台数据的行为,因其数据来源不合法而不具有正当性。海淀法院据此作出判决,责令蚁坊公司立即停止不正当竞争行为、赔礼道歉并酌定赔偿经济损失 500 万元及合理开支 28 万元。蚁坊公司不服一审判决,向北京知识产权法院提起上诉。北京知识产权法院经审理,判决驳回上诉,维持原判。

裁判规则

网络平台公司设置访问权限的数据属于网络平台中的非公开数据,未设定访问权限的数据属于网络平台中的公开数据。网络爬虫等技术手段虽系自动抓取网络数据的程序或脚本,但如其遵守通用的技术规则,则其与通过用户浏览的方式获取公开数据的行为本质相同,亦可以访问获取网络平台的公开数据。在无其他合理理由的情形下,不应将通过网络爬虫等自动化程序获取公开数据的行为认定为不正当竞争行为。但通过网络爬虫等自动化程序破坏或绕开网络平台公司设置的访问权限,获取非公开数据的行为应认定为不正当竞争行为。

京饮华天公司与海缘阁公司不正当竞争案

法院:北京知识产权法院

案号:(2020)京 73 民终 3501 号

上诉人(一审被告):北京海缘阁餐饮管理有限公司

被上诉人(一审原告):北京京饮华天二友居餐饮管理有限公司

案由:不正当竞争纠纷

案情简介:北京京饮华天二友居餐饮管理有限公司(以下简称二友居公司)经北京华天饮食集团公司(以下简称华天集团)授权,负责“西四包子铺”(以下简称涉案字号)品牌的经营及维权工作。二友居公司认为,北京海缘阁餐饮管理有限公司(以下简称海缘阁公司)擅自在其开设的店铺招牌上使用涉案字号经营餐饮服务,并在店铺招牌上标有“记忆中的北京味道”字样构成不正当竞争,起诉至北京市西城区人民法院(以下简称西城法院),请求判令海缘阁公司停止不正当竞争行为、变更店铺名称、消除影响并赔偿经济损失及合理支出 1 万元。西城法院经审理认为,华天集团虽多年未使用涉案字号,但涉案字号近年来仍然具有一定影响力,经过长期使用和历史沉淀,已经与其经营者具有了对应关系,对相关公众来说涉案字号所蕴含的意义已经超出了其字面含义。海缘阁公司开设的店铺地址位于西四地区,主营包子,且店铺的经营地点临近二友居公司“西四包子铺”原址。海缘阁公司以涉案字号命名其店铺,并在店铺招牌上标有“记忆中的北京味道”字样,容易引起相关公众的混淆、误认,构成不正当竞争。西城法院综合考虑涉案字号的知名度、海缘阁公司侵权情节、主观过错程度等因素,判决海缘阁公司停止使用涉案字号作为店铺名称,并变更店铺名称,变更后店铺名称不得含有涉案字号;消除影响并赔偿经济损失及合理支出1万元。

海缘阁公司不服一审判决,上诉至北京知识产权法院(以下简称北京知产法院)。北京知产法院经审理认为,虽然华天集团较长时间内未继续实体经营涉案字号,但该老字号所享有的相关权益并不因此而当然不受《反不正当竞争法》的保护。涉案字号近年来仍然具有一定影响力和较高的知名度,相关公众仍将涉案字号积蓄的美誉度与其早年经营者相联系,该字号仍具有识别商品来源的作用,其所享有的历史商誉、知名度以及潜在的商业价值仍持续存在,应当得到肯定并获得保护。海缘阁公司作为同地区、同行业的经营者,在重新启用涉案字号作为店铺名称时,理应知悉涉案字号的知名度,但其未能尽到合理的避让义务,仍在临近"西四包子铺"原址的位置,开设主营包子、字号相同的店铺,并在招牌中标有"记忆中的北京味道"字样,主观上具有承袭涉案字号商誉的故意,客观上引起了相关公众的混淆、误认,构成不正当竞争。西城法院对海缘阁公司责任承担方式及损害赔偿金额的认定并无不当。北京知产法院据此判决驳回上诉,维持原判。

裁判规则

受《反不正当竞争法》保护的企业名称,特别是字号,是区别不同市场主体的商业标识,本质上属于一种财产权益,可由后来者承继。老字号通过经营所形成的美誉度与其早年经营者相联系,即使该早年经营者已较长时间未实体经营该字号,但在该字号仍具有识别商品来源的作用,其所享有的历史商誉、知名度以及潜在的商业价值仍持续存在的情况下,应当受到《反不正当竞争法》的保护。

酷溜网公司与剑圣公司等不正当竞争纠纷案

法院:北京知识产权法院

案号:(2021)京73民终511号

上诉人(一审被告):上海剑圣网络科技有限公司

上诉人(一审被告):上海米提财富网络科技有限公司

被上诉人(一审原告):酷溜网(北京)信息技术有限公司

案由:不正当竞争纠纷

案情简介:酷溜网(北京)信息技术有限公司(以下简称酷溜网公司)是"酷6网"的经营者。上海剑圣网络科技有限公司(以下简称剑圣公司)运营由上海米提财富网络科技有限公司(以下简称米提公司)所开发的2144浏览器,该浏览器具有拦截视频网站广告的功能。酷溜网公司以剑圣公司、米提公司的行为构成不正当竞争为由,向北京市海淀区人民法院(以下简称海淀法院)提起诉讼,请求判令剑圣公司、米提公司赔偿经济损失20万元及合理支出5万元。

海淀法院经审理认为,剑圣公司、米提公司运营的2144浏览器所提供的过滤广告选项虽然系用户自行选择安装,但此种设置并非仅为用户提供免广告的便利,更是为了吸引用户下载并使用2144浏览器。剑圣公司、米提公司作为网络经营者,明知其设置浏览器屏蔽广告功能会对视频网站的经营利益造成影响,仍然主动提供屏蔽广告功能,不正当地取得竞争优势,并对酷溜网公司的合法权益造成损害,有违诚信原则及公认的商业道德。海淀法院据此作出判决,责令剑圣公司、米提公司赔偿经济损失6万元及合理开支2.2万元。剑圣公司、米提公司不服一审判决,向北京知识产权法院提起上诉。北京知识产权法院经审理,判决驳回上诉,维持原判。

裁判规则

适用《反不正当竞争法》第2条归责不正当竞争行为应具备以下条件:一是法律对该种竞争行为未作出特别规定;二是其他经营者的合法权益确因该竞争行为受到了实际损害;三是该种竞争行为因确属违反诚实信用原则和公认的商业道德而具有不正当性或可责性。

路虎公司与江铃公司等不正当竞争案

法院:北京知识产权法院

案号:(2019)京73民终2033号

上诉人(一审被告):江铃控股有限公司

被上诉人(一审原告):捷豹路虎有限公司

一审被告:北京达畅陆风汽车销售有限公司

案由:不正当竞争纠纷

案情简介:捷豹路虎有限公司(以下简称路虎公司)于2009年2月推出五门版“揽胜极光”车型汽车(以下简称涉案车型)。路虎公司认为,江铃控股有限公司(以下简称江铃公司)生产、销售的“陆风X7”汽车(以下简称被诉侵权汽车)的车型在外观上与涉案车型基本无差别,易使相关公众将两车型混淆,构成不正当竞争。北京达畅陆风汽车销售有限公司(以下简称达畅陆风公司)宣传、销售、展示被诉侵权汽车亦构成不正当竞争。路虎公司起诉至北京市朝阳区人民法院（以下简称朝阳法院），请求判令江铃公司、达畅陆风公司停止不正当竞争行为，消除影响并赔偿经济损失1,273,275.655元及合理费用226,724.345元。

朝阳法院经审理认为，涉案车型外观作为形状装潢属于有一定影响的装潢，江铃公司擅自使用路虎公司“揽胜极光”汽车的装潢，容易导致相关公众产生混淆、误认，构成不正当竞争。该行为给路虎公司造成了不良影响，因此对于路虎公司要求江铃公司发表公开声明以消除影响的主张予以支持。达畅陆风公司作为江铃公司的经销商，现无证据证明其实施了擅自使用与涉案车型形状装潢相同或近似的装潢的行为，故其仅需承担停止展示、预售及销售被诉侵权汽车的法律责任。朝阳法院依据被诉侵权汽车的销售量与该商品的单位利润，参考“全国汽车市场研究会”网站统计的2015年国内内资整车企业行业销售利润、江铃公司官方网站公布的销售数据及最低单价，同时考虑被诉侵权行为持续时间、被诉侵权汽车的销售范围、涉案车型的知名度等因素，判决达畅陆风公司停止展示、预售和销售被诉侵权汽车；江铃公司停止生产、展示、预售和销售被诉侵权汽车，公开发表声明以消除影响并赔偿经济损失1,273,275.655元及合理费用226,724.345元。

江铃公司不服一审判决，上诉至北京知识产权法院（以下简称北京知产法院）。北京知产法院经审理认为，涉案车型具有商品装潢应有的显著性，且与路虎公司建立起稳定的市场联系，并在我国具有一定知名度和影响力，符合2017年《反不正当竞争法》第6条第1款第1项规定的“有一定影响的装潢”的情形。江铃公司使用在被诉侵权汽车上的形状装潢，足以导致相关公众产生混淆、误认，构成不正当竞争。鉴于在一审判决前，江铃公司已停止生产、销售及预售的不正当竞争行为，并未停止展示的行为，故北京知产法院改判江铃公司停止展示被诉侵权汽车，对一审判决的其他判项予以维持。

裁判规则

《反不正当竞争法》所保护的商品包装装潢，不仅指为识别与美化商品而在商品或者其包装上附加文字、图案、色彩及其各元素的排列组合，还包括属于商品本体但具有装饰作用的物品整体或者局部外观构造，但由商品自身的性质产生的形状、为获得技术效果而具有的商品形状以及使商品具有实质性价值的形状除外，其主旨实质上是通过商品装潢所具有的显著性特征，起到区别商品来源的作用，防止产生市场混淆，从而保护该商品装潢上积累的经营者商誉。

新百伦公司与广州新百伦等不正当竞争案

法院:北京知识产权法院

案号:(2020)京 73 民终 722 号

上诉人(一审原告):新百伦贸易(中国)有限公司

上诉人(一审被告):江西新百伦领跑体育用品有限公司、广州新百伦领跑鞋业有限公司

被上诉人(一审被告):周某伦、广州新百伦企业管理有限公司

案由:不正当竞争纠纷

案情简介:新平衡体育运动公司 New Balance Athletics, Inc.(以下简称新平衡公司)的 New Balance 运动鞋于 20 世纪 90 年代,通过代理商进入中国市场。周某伦于 2004 年,在鞋等商品上申请注册第 4100879 号"**新百伦**"商标及第 4100880 号"**NEW BOLUNE**"商标,该商标均于 2008 年核准注册。周某伦于 2016 年将第 4100879 号商标许可给广州新百伦企业管理有限公司(以下简称广州新百伦公司)使用。江西新百伦领跑体育用品有限公司(以下简称江西新百伦领跑公司)于 2005 年申请注册第 4817498 号"新百伦领跑 XINBAILUNLINGPAO"商标,该商标于 2009 年在鞋等商品上核准注册。

新百伦贸易(中国)有限公司(以下简称新百伦公司)认为,"新百伦"字号(以下简称涉案字号,见图 1-2-22)最早于 2003 年 11 月由新平衡公司在中国的总经销商新百伦运动用品(深圳)有限公司(以下简称深圳新百伦公司)注册并开始使用,新百伦公司因承接了深圳新百伦公司作为新平衡公司在中国总经销商的业务,故也承继了该公司使用"新百伦"字号所形成的影响。新百伦公司 New Balance 运动鞋属于知名商品,"新百伦"亦是知名商品的特有名称(以下简称涉案商品名称,见图 1-2-22),New Balance 运动鞋两侧靠近鞋带处的大写粗体"N"字母构成知名商品的特有装潢(以下简称涉案商品装潢,见图 1-2-23)。周某伦恶意进行上述商标的注册和许可,构成不正当竞争。广州新百伦公司、江西新百伦领跑公司、广州新百伦领跑鞋业有限公司(以下简称广州新百伦领跑公司)在共同生产、销售的鞋商品上及微信公众号中使用"新百伦""新百伦领跑""NEW BOLUNE"标识(以下统称被诉侵权标识,见图 1-2-24),并在上述鞋商品的两侧使用了大写粗体的"N"字母(以下简称被诉侵权装潢,见图 1-2-25),构成不正当竞争。新百伦公司起诉至东城区人民法院(以下简称东城法院),请求判令周某伦、江西新百伦领跑公

司、广州新百伦公司、广州新百伦领跑公司停止不正当竞争行为，刊登声明，消除影响并赔偿经济损失1000万元及合理支出50万元。

东城法院经审理认为，在案证据无法证明新百伦公司经授权使用涉案字号，或有承继深圳新百伦公司字号的合理理由。新百伦公司于2006年登记成立，在案证据无法证明涉案字号与其建立了稳定的联系并为相关公众所知悉。江西新百伦领跑公司使用“新百伦”“新百伦领跑”标识是对第4100879号商标、第4817498号商标未改变显著特征的使用，上述商标的申请注册时间早于新百伦公司登记成立时间，无证据证明该使用行为具有恶意，因此，江西新百伦领跑公司、广州新百伦领跑公司使用“新百伦”“新百伦领跑”标识不构成擅自使用他人企业名称的不正当竞争行为。周某伦申请注册第4100879号、第4100880号商标早于新百伦公司成立日期，不构成不正当竞争。在案证据无法证明涉案商品名称与New Balance运动鞋建立了稳定的联系并为相关公众所知悉，起到了区分商品来源的作用。被诉侵权商品及被诉侵权公众号使用“新百伦”“新百伦领跑”“NEWBOLUNE”标识分别是对第4100879号、第4817498号及第4100880号商标在核定使用商品上未改变显著特征的使用，不易造成相关公众的混淆、误认，因此，江西新百伦领跑公司、广州新百伦领跑公司使用“新百伦”“新百伦领跑”“NEWBOLUNE”标识不构成擅自使用知名商品特有名称的不正当竞争行为。涉案装潢经过长时间、大规模地宣传及反复使用，呈现了具有一定独特性并与商品功能效果无关的视觉效果，构成显著的整体形象，足以使相关公众将该装潢与New Balance运动鞋联系起来，故其已具有了区分和识别商品来源的功能，应认定为知名商品的特有装潢。被诉侵权装潢的使用方式在整体视觉效果上与涉案装潢基本无差别，足以造成相关公众对商品来源产生混淆、误认，构成擅自使用知名商品特有装潢的不正当竞争行为。在案证据无法证明广州新百伦公司参与了被诉侵权商品的生产、销售，因此其不应承担责任。东城法院综合考虑New Balance运动鞋的知名度、装潢的特有程度、侵权情节及主观恶意等因素，判决江西新百伦领跑公司、广州新百伦领跑公司停止不正当竞争行为、消除影响并赔偿经济损失100万元及合理支出10万元。

新百伦公司、江西新百伦领跑公司、广州新百伦领跑公司均不服一审判决，上诉至北京知识产权法院（以下简称北京知产法院）。北京知产法院经审理认为，现有证据无法证明“新百伦”作为企业字号与新百伦公司建立了稳定的联系并为相关公众所知悉，也无法证明新百伦公司与深圳新百伦公司之间具有可以承继企业字号知名度的关联关系，亦无证据证明新平衡公司在国内将“新百伦”作为企业字号从事经营活动,因此,对于新百伦公司主张其经授权获得涉案字号使用权,不予支持。此外,江西新百伦领跑公司、广州新百伦领跑公司使用“新百伦”“新百伦领跑”标识是对其注册商标的合理使用,不具有攀附新百伦公司商誉的恶意,不构成擅自使用他人企业名称的不正当竞争行为。新百伦公司使用涉案字号的时间晚于周某伦申请注册第 4100879 号及第 4100880 号商标的时间,亦无其他证据证明周某伦上述商标以及商标许可使用的行为具有不正当性,因此,周某伦的被诉行为不构成不正当竞争。广东高院于 2016 年作出的终审判决认定新平衡公司对“新百伦”标识的使用未达到“在中国境内具有一定的市场知名度,为相关公众所知悉”,新百伦公司提交的证据无法证明涉案商品名称与 New Balance 运动鞋建立了稳定联系并为相关公众所知悉,起到区分商品来源的作用,因此,江西新百伦领跑公司、广州新百伦领跑公司不构成擅自使用知名商品特有名称的不正当竞争行为。但是,江西新百伦领跑公司、广州新百伦领跑公司在运动鞋上使用被诉侵权装潢,足以造成相关公众对商品来源产生混淆、误认,构成擅自使用知名商品特有装潢的不正当竞争行为。北京知产法院据此判决驳回上诉,维持原判。

裁判规则

1. 中国企业的企业名称系经我国行政机关依法登记取得,外国企业的企业名称需在中国境内进行商业使用并具有一定知名度才能获得保护。无论是中国企业还是外国企业的企业名称均具有专有属性,不得许可其他主体使用,故对通过授权获得其他主体企业字号使用权的主张不予支持。

2. 被提起异议的商标可以在获准注册后,将其注册商标专用权的起算期限向前追溯至该商标初步审定公告期满 3 个月之日。但在其获准注册之前,商标注册人无法确保其商标能够被核准注册,因此无法将其作为已注册商标进行使用,但对此期间内的使用可作为受《反不正当竞争法》保护的未注册商标进行保护。

新百伦

图 1-2-22 涉案字号/涉案商品名称

图 1-2-23 涉案商品装潢

新百伦 新百伦领跑 NEW BOLUNE

(a) (b) (c)

图 1-2-24 被诉侵权标识

图 1-2-25 被诉侵权装潢

掌上远景公司与腾讯公司不正当竞争案

法院:北京知识产权法院

原告:腾讯科技(深圳)有限公司、深圳市腾讯计算机系统有限公司

被告:深圳市掌上远景科技有限公司、北京卓易讯畅科技有限公司

案由:不正当竞争纠纷

案情简介:腾讯科技(深圳)有限公司(以下简称腾讯科技公司)、深圳市腾讯计算机系统有限公司(以下简称腾讯计算机公司)系“微信”软件的开发者和运营者。深圳市掌上远景科技有限公司(以下简称掌上远景公司)开发并运营了一款名为“微信自动抢红包”软件(简称涉案软件),北京卓易讯畅科技有限公司(以下简称卓易讯畅公司)运营的豌豆荚应用开发平台提供下载该软件。该软件可以在“微信”软件后台运行的情况下自动为用户抢微信红包,并且设置有“开启防封号保护”以应对“微信”软件的治理措施。腾讯公司以不正当竞争为由将掌上远景公司和卓易讯畅公司诉至北京知识产权法院(以下简称北京知产法院)。

北京知产法院经审理认为,“微信红包”功能可以增强用户对“微信”的使用时间和用户黏性,是微信竞争优势中的组成部分。涉案软件利用技术手段破坏了“微信”软件的正常运行,以自动抢红包代替手动抢红包,直接改变了“微信红包”功能的正常操作流程,架空了“微信红包”功能的娱乐性和社交性,损害了“微信”软件的竞争优势和用户体验,并导致“微信”流量减少,实质上破坏了腾讯科技公司、腾讯计算机公司运营“微信”获益的正常商业模式。此外,涉案软件功能系专门针对“微信”软件操作流程进行未经许可的修改,离开“微信”软件即无价值,不当地利用了“微信”软件的运营资源和竞争优势,扰乱了互联网环境下的市场竞争秩序,并通过诱导性的页面设置欺骗消费者,损害了软件用户的利益。最后,涉案软件设置有“开启防封号保护”功能,表明掌上远景公司在实施被诉行为的过程中具有明显恶意,违反了诚信原则以及公认的商业道德。卓易讯畅公司系软件分发平台,并无证据证明卓易讯畅公司存在帮助他人实施不正当竞争行为的主观意图,不构成不正当竞争。据此,北京知产法院判决掌上远景公司赔偿腾讯科技公司、腾讯计算机公司经济损失450万元及合理支出约25.4万元。

(本案判决尚未公开,相关内容系根据法院官方报道内容整理)

智联公司等与魔方公司不正当竞争案

法院:北京知识产权法院

案号:(2021)京 73 民终 1092 号

原告(被上诉人):北京智联三珂人才服务有限公司、北京网聘咨询有限公司

被告(上诉人):魔方网聘(北京)科技有限公司

案由:不正当竞争纠纷

案情简介:北京智联三珂人才服务有限公司(以下简称智联公司)、北京网聘咨询有限公司(以下简称网聘公司)共同经营"智联招聘"网站。魔方网聘(北京)科技有限公司(以下简称魔方公司)开发了一款名为"省钱招"的浏览器插件,用户下载并安装"省钱招"插件并注册"省钱招"账户后,打开并登录"智联招聘"网站,选择一份简历,点击"通过省钱招下载"按钮并下载简历后,在魔方公司网站可显示有上述下载的简历,点击简历可浏览其中全部信息。此外,魔方公司曾以求职者的身份向"智联招聘"网站投放了内容完全一致的"简历"19 份,其中虚构求职者年龄、学历、职位等信息,但内容主体为"省钱招"插件的推广宣传。智联公司、网聘公司认为魔方公司的前述行为构成不正当竞争,起诉至北京市朝阳区人民法院(以下简称朝阳法院)。朝阳法院经审理,判决魔方公司立即停止侵权、消除影响并赔偿二原告经济损失 100 万元及合理费用 65,261 元。魔方公司不服一审判决,上诉至北京知识产权法院(以下简称北京知产法院)。

北京知产法院经审理认为:智联公司、网聘公司基于其商业模式获得的竞争优势受法律保护,魔方公司通过"省钱招"插件在"智联招聘"网站插入链接,进行比价及获取简历资源的行为,损害了智联公司、网聘公司的经济利益。同时,上述行为具有不正当性。另外,该行为虽然发生于网络环境中,但从其行为性质和表现形式看,应不属于经营者利用技术手段实施的妨碍、破坏其他经营者合法提供的网络产品或者服务正常运行的行为,故不宜认定为违反了《反不正当竞争法》第 12 条第 2 款第 4 项的规定,但魔方公司的行为系以不正当方式削弱智联公司、网聘公司竞争力的行为,违反了诚实信用原则和商业道德,构成不正当竞争应认定为违反了《反不正当竞争法》第 2 条的规定。因此,北京知产法院驳回了魔方公司的上诉,维持原判。

裁判规则

1. 不属于利用技术手段主动、强行在他人网站中"插入链接、强制进行目标跳

转”,去影响用户选择的情形,不应适用《反不正当竞争法》第 12 条第 2 款第 1 项的规定。

2. 不属于利用技术手段实施的妨碍、破坏其他经营者合法提供的网络产品或者服务正常运行的行为,不应适用《反不正当竞争法》第 12 条第 2 款第 4 项的规定。

央视国际公司与新传公司等不正当竞争案

法院:北京知识产权法院

案号:(2019)京 73 民终 2989 号

上诉人(一审被告):新传在线(北京)信息技术有限公司、盛力世家(上海)体育文化发展有限公司

被上诉人(一审原告):央视国际网络有限公司

案由:不正当竞争纠纷

案情简介:央视国际网络有限公司(以下简称央视国际公司)成立于 2006 年 4 月 25 日,是“央视网”和“中国网络电视台”网站的开发和运营主体。中央电视台是中国境内提供里约奥运会的专有权利持有人。2009 年 4 月 20 日,中央电视台出具《授权书》,将其享有著作权或与著作权有关的权利等全部授权央视国际公司在全世界范围内独占行使,并有权单独维权。新传在线(北京)信息技术有限公司(以下简称新传公司)和盛力世家(上海)体育文化发展有限公司(以下简称盛力公司)是“www. zhibo. tv”网站(以下简称涉案网站)和“新传直播浏览器”(以下简称涉案直播浏览器)的共同经营主体。新传公司和盛力公司将“正在全程视频直播奥运会”及“正在视频直播里约奥运会”作为百度推广的关键词进行宣传,使得用户点击该搜索结果可直接进入涉案网站,下载安装涉案浏览器后即可在该浏览器内直接观看央视国际公司正在网站 cctv. com 直播的里约奥运会内容。具体实现方式为:新传公司和盛力公司在涉案浏览器内设置“奥运 Rio2016”专题,引导用户进入其为里约奥运会设置的专门直播间后,涉案浏览器以加框链接嵌套的方式呈现了央视国际公司全程直播里约奥运会节目内容的网页,并通过主播多路、实时解说,插入弹幕,实现用户与主播在同一屏幕观赛和互动,并通过用户送的礼物分成盈利;在没有主播在线时,用户仍可进入公共直播间观看原告直播的里约奥运会节目内容,并自行评论互动。央视国际公司认为前述行为属于虚假宣传,且违反了《反不正当竞争法》的诚实信用原则,遂起诉至北京市东城区人民法院(以下简称东城法院),请求赔偿经济损失 4,964,234 元以及合理支出 35,766 元,共计 5,000,000 元。

东城法院经审理认为:新传公司和盛力公司设置“正在全程视频直播奥运会”“正在视频直播里约奥运会”标题进行网络推广并在搜索结果第一项予以显示,容易导致相关公众误认为其经营的涉案网站与奥运赛事存在特定联系,有权进行直播,从而对奥运直播服务的提供主体产生混淆。上述行为构成虚假宣传的不正当竞争行为。另外,新传公司和盛力公司利用其独家奥运会节目资源为涉案网站及浏览器吸引用户的行为,分流了使用央视国际公司的用户,从而对其网站的预期利益和市场份额造成损害。根据已查明事实,央视国际公司及相关媒体曾多次发布里约奥运会电视节目的版权声明,要求任何人不得未经许可在中国大陆利用包括互联网在内的新媒体对该赛事节目进行传播。作为专业的体育赛事直播平台,新传公司和盛力公司对此应当知晓,却仍实施上述行为,借此扩大涉案网站的影响力、推介涉案直播浏览器,并与主播进行分成获利,具有明显的“搭便车”及“不劳而获”的目的。该行为违反了《反不正当竞争法》第 2 条规定的不正当竞争行为。关于赔偿数额,因双方均未提交证据证明央视国际公司因新传公司和盛力公司的行为造成的实际损失或者新传公司和盛力公司的违法获利情况,东城法院综合考虑里约奥运会的知名度、央视国际公司以非独家、延播方式许可第三方对奥运赛事节目提供网络点播服务的费用为 1 亿元,以及新传公司和盛力公司其主观恶意极其明显,最终全额支持央视国际公司主张的经济损失和合理支出合计 5,000,000 元。

新传公司和盛力公司不服一审判决,上诉至北京知识产权法院(以下简称北京知产法院)。北京知产法院经审理认为:新传公司和盛力公司的行为实质上是在央视国际公司奥运赛事节目页面中插入了不受央视国际公司控制的主播直播模块,在某种程度上不当干扰了央视国际公司奥运赛事节目的正常播放,损害了央视国际公司的合法权益。该行为虽然从短期来看并未直接减损央视国际公司的流量利益,但若允许此种经营模式存在,长此以往,将导致没有视频平台愿意付费播放央视国际公司的奥运赛事节目或其他赛事节目。这无疑会损害央视国际公司通过授权其他网络视频平台播放奥运赛事节目而获得的经济利益,同时可能破坏体育赛事转播行业生态,贬损消费者的长远利益。新传公司和盛力公司的前述行为违反诚实信用原则和商业道德,实际损害了央视国际公司的利益,扰乱了公平竞争的市场秩序,具有不正当性。新传公司和盛力公司在涉案网站上使用“正在全程视频直播奥运会”等作为宣传语的行为,会误导相关网络用户认为其网站系经央视国际公司授权提供的奥运会直播服务,进而点击前往涉案网站观看其提供的内容。该行为构成虚假宣传。北京知产法院据此驳回上诉、维持原判。

爱奇艺公司与奇虎公司不正当竞争案

法院：北京知识产权法院

案号：（2021）京 73 民终 496 号

上诉人（一审被告）：北京奇虎科技有限公司

被上诉人（一审原告）：北京爱奇艺科技有限公司

案由：不正当竞争纠纷

案情简介：北京爱奇艺科技有限公司（以下简称爱奇艺公司）是爱奇艺网站的运营商，北京奇虎科技有限公司（以下简称奇虎公司）是 360 浏览器的运营商，该浏览器具备边播边录、一键分享的功能。360 浏览器提供的边播边录功能，可以使用户一边观看作品，一边对作品进行同步录制，并在作品录制完成后进行保存和编辑。360 浏览器提供的一键分享的功能，可以使用户将其录制的作品向百家号、企鹅号、大鱼号、今日头条、youtube 等第三方平台进行传播。爱奇艺公司认为奇虎公司通过 360 浏览器中的边播边录、一键分享功能，鼓励用户通过 360 浏览器访问爱奇艺公司网站，盗播和向第三方平台传播爱奇艺公司投入重金采购的作品，该行为构成不正当竞争行为，遂起诉爱奇艺公司至北京市西城区人民法院（以下简称西城法院）。西城法院经审理认为爱奇艺公司诉讼主张成立，判决奇虎公司登报消除影响，并赔偿爱奇艺公司 30 万元经济损失。

奇虎公司不服一审判决，上诉至北京知识产权法院（以下简称北京知产法院）。北京知产法院经审理认为：360 浏览器提供的“边播边录”和“一键分享”功能属于一种技术手段，并且会在用户观看视频时主动弹出“边播边录”功能页面；同时，在录制完成后会再次提示用户是否使用分享功能将录制完成的作品分享到第三方网站进行传播。上述功能的设置对用户具有一定的诱导性，符合“通过影响用户的选择或其他方式”的情形。因此，用户如果使用了奇虎公司浏览器提供的“边播边录”和“一键分享”功能，就可以对爱奇艺公司享有权利的作品进行免费复制并分享至第三方平台，进而导致爱奇艺公司的经营资源受损，造成其用户流量的流失，对其合法提供网络服务的正常运行造成一定破坏。北京知产法院认定奇虎公司的涉案行为已符合《反不正当竞争法》第 12 条第 2 款第 4 项之规定情形，构成不正当竞争行为，并据此判决驳回奇虎公司上诉，维持原判。

北京市海淀区人民法院

微梦公司与字节跳动公司不正当竞争纠纷案

法院:北京市海淀区人民法院

案号:(2017)京0108民初24530号

原告:北京微梦创科网络技术有限公司

被告:北京字节跳动科技有限公司

案由:不正当竞争纠纷

案情简介:北京微梦创科网络技术有限公司(以下简称微梦公司)是"微博网"以及"微博"App(以下统称新浪微博)的运营者。北京字节跳动科技有限公司(以下简称字节跳动公司)是"头条网"以及"今日头条"App(以下统称今日头条)的运营者。微梦公司认为,字节跳动公司大规模获取新浪微博的内容,并随即发布在今日头条上的行为(以下简称涉案行为)构成不正当竞争,遂向北京市海淀区人民法院(以下简称海淀法院)提起诉讼,请求判令被告立即停止不正当竞争行为、消除影响、赔偿经济损失2000万元及合理支出1,156,700元。

海淀法院经审理认为:首先,通过新浪微博平台展示和传播的新浪微博内容本质上是一种竞争性权益,属于应受到《反不正当竞争法》保护的合法权益。其次,字节跳动公司的涉案行为缺乏合法授权,使今日头条上的相关内容既在来源上依附于新浪微博,又对新浪微博取得了实质性替代的竞争效果,削弱了微梦公司的竞争优势,损害了其商业利益,难谓符合商业道德。再次,限制涉案行为不会对相关用户的合法权益产生损害,本案亦不存在用户数据可携带权的问题。最后,涉案行为严重扰乱竞争秩序,阻碍社会总体福利提升,损害消费者的长远利益。综上所述,字节跳动公司涉案行为违反了《反不正当竞争法》第2条的规定,构成不正当竞争,但不构成《反不正当竞争法》第12条第2款第4项的情形。关于损害赔偿,海淀法院综合考虑了原被告双方的平台影响力及用户数量、今日头条上发布的涉案内容带来的流量、涉案用户账号的粉丝数量和市场影响力、今日头条对新浪微博的替代效果、流量是原被告双方获益的基础、原告提出的以流量价值作为赔偿数额计算的依据具有合理性、被告拒不提交与涉案行为收益有关的证据、被告持续实施涉案行为等八方面因素,采用裁量性赔偿的方式对赔偿数额进行了概括性计算。海淀法院据此作出判决,责令字节跳动公司立即停止不正当竞争行为,刊登声明消除影响,赔偿经济损失 2000 万元及合理开支 1,156,700 万元。

裁判规则

1. 经营者投入经营资源和服务之后而最终形成的成果,能满足社会公众的相关需求,增加了消费者的福利,本质上是一种竞争性权益。如果该权益并未在相关知识产权专门法或《反不正当竞争法》第二章中被具体列明,亦应属于《反不正当竞争法》第 2 条所保护的合法权益。

2. 经营者提供的商品或服务在来源上依附于其他经营者,但既缺乏该经营者的合法授权,又不当地损害了该经营者的合法权益,同时扰乱了市场竞争秩序,对社会整体福利并无增益,并将损害消费者的长远利益,则该行为违反了《反不正当竞争法》第 2 条的规定,构成不正当竞争。

快手公司与互盾公司不正当竞争案

法院:北京市海淀区人民法院

原告:北京快手科技有限公司

被告:上海互盾信息科技有限公司

案由:不正当竞争纠纷

案情简介:北京快手科技有限公司(以下简称快手公司)经营的快手 App 系短视频记录、分享社交平台,用户从快手 App 中下载的短视频(以下简称快手视频)右下角和左上角分别显示有快手图文标识及作者快手号水印(以下简称涉案水印),可让视频观看者知晓视频源于快手公司从而增加其市场竞争力。而上海互盾信息科技有限公司(以下简称互盾公司)开发并运营的"视频去水印大师"App(以下简称涉案 App)提供的去除短视频水印的服务,去除了属于快手公司重要竞争优势的水印。快手公司认为该行为损害了其核心竞争力,系违反《反不正当竞争法》第 2 条规定的行为,故向北京市海淀区人民法院(以下简称海淀法院)起诉,请求判令互盾公司停止侵权、消除影响并赔偿经济损失 10 万元及合理支出 1 万元。

海淀法院经审理后认为,涉案水印包括快手图文标识及作者快手号水印,其中快手图文标志可促进吸引快手 App 用户流量,提升该应用的影响力。作者快手号水印系短视频制作者主体身份的展示,对于快手公司而言,以此方式为用户署名,可在一定程度上留存原创短视频用户并吸引潜在用户。快手公司作为快手 App 的经营者,有权决定涉案水印的标注方式和位置,在无合理理由的情形下,其他经营者不应擅自改变此种标注。涉案App去除涉案水印,既割裂了快手视频与其生成平台快手App之间的关系,也割裂了快手视频与其作者之间的关系从而影响了快手公司为其用户提供具有署名意义的水印自动生成服务,必然妨碍快手App的正常运行。据此,海淀法院认定互盾公司开发运营涉案App违反了《反不正当竞争法》第12条第2款第4项的规定,并判决互盾公司赔偿经济损失10万元及合理开支1万元。

(本案判决尚未公开,相关内容系根据法院官方报道内容整理)

腾讯公司与猎宝公司等不正当竞争案

法院:北京市海淀区人民法院

案号:(2019)京0108民初53072号

原告:深圳市腾讯计算机系统有限公司

被告:江苏猎宝网络科技股份有限公司、北京卓易讯畅科技有限公司

案由:不正当竞争纠纷

案情简介:深圳市腾讯计算机系统有限公司(以下简称腾讯公司)是腾讯视频、腾讯体育相关服务的运营者,其会员管理模式和付费会员模式所获收益是视频业务的主要收入。腾讯公司认为,江苏猎宝网络科技有限公司(以下简称猎宝公司)在其开发运营的安卓手机端涉案"U号租"App、涉案网站(www.uhaozu.com)中设立专区向用户收费提供腾讯视频会员、腾讯体育会员、腾讯体育高级会员三类腾讯公司旗下会员账号的租赁服务,构成《反不正当竞争法》第2条、第6条及第12条第2款第4项规定的不正当竞争行为;北京卓易讯畅科技有限公司(以下简称卓易讯畅公司)在其开发运营的豌豆荚应用市场中提供涉案"U号租"App的下载安装服务,未尽到合理注意义务,与猎宝公司共同构成不正当竞争。基于此,腾讯公司向北京市海淀区人民法院(以下简称海淀法院)起诉,请求法院判令猎宝公司消除影响并赔偿经济损失400万元及合理费用10万元。

海淀法院经审理认为:首先,腾讯公司和猎宝公司存在竞争关系。其次,腾讯公司经营正版视频资源须负担高额的经营成本,其为回收成本和获得收益而采取付费视频服务以及通过诚实经营所获得的竞争优势,不应被他人不当利用或破坏。猎宝公司利用购买的腾讯公司VIP会员账号以极低的成本获取腾讯公司价格高昂的正版片源。另外,猎宝公司被诉行为同时违反了腾讯公司VIP会员协议中仅限会员个人使用的限制,是以会员服务协议之名行攫取腾讯公司正版片源之实,以不

正当手段获取腾讯公司的竞争优势,具有明显的“搭便车”和“食人而肥”的特点,主观上存在明显恶意。据此,海淀法院认为猎宝公司的被诉行为违反了诚实信用原则和互联网行业的商业道德,依据《反不正当竞争法》第 2 条认定猎宝公司构成不正当竞争,判决猎宝公司刊登声明为腾讯公司消除影响,并向腾讯公司赔偿经济损失 80 万元以及合理支出 9 万元。

另外,海淀法院认为本案中并无证据证明卓易讯畅公司应知或明知涉案 App 存在涉案不正当竞争行为,故不应就猎宝公司的相关行为承担相应的赔偿责任。

百度公司与湖南林枫公司等不正当竞争案

法院:北京市海淀区人民法院

案号:(2020)京 0108 民初 26546 号

原告:北京百度网讯科技有限公司、百度时代网络技术(北京)有限公司

被告:江苏极限网络技术股份有限公司、西安市未央区迪尔卡网络工作室、湖南林枫在线网络信息技术有限公司

案由:不正当竞争纠纷

案情简介:“百青藤”是北京百度网讯科技有限公司(以下简称百度网讯公司)经营的广告联盟产品,百度网讯公司委托百度时代网络技术(北京)有限公司(以下简称百度时代公司)负责百度联盟的结算支付业务。湖南林枫在线网络信息技术有限公司(以下简称湖南林枫公司)是百青藤成员,备案运营网站为 xaytdl. cn。百度网讯公司、百度时代公司发现湖南林枫公司与西安市未央区迪尔卡网络信息技术有限公司(以下简称迪尔卡工作室)、江苏极限网络技术股份有限公司(以下简称江苏极限公司)通过技术手段相互配合,将百度推广内容的透明度属性调整为完全透明并附着于不良图片上,故当用户以为点击的是不良图片时,其实际点击的是百度推广内容,湖南林枫公司通过此方式从百度获得推广收益。百度公司认为湖南林枫公司等三个主体实施了不正当竞争的行为,因此向北京市海淀区人民法院(以下简称海淀法院)起诉,请求判令三被告停止侵权、连带赔偿原告经济损失 500 万元。

海淀法院经审理认为,三被告虽然利用了技术手段,通过影响用户选择的方式实施了不正当竞争行为,但未导致百度网站正常运行受到影响,故不适用《反不正当竞争法》第 12 条第 2 款第 4 项的规定,但该行为违反了《反不正当竞争法》第 2 条的规定。据此,海淀法院综合考虑被告主观恶意明显、行为性质恶劣、损害难以量化

等因素,判决三被告停止不正当竞争行为并共同赔偿百度公司经济损失 100 万元。

裁判规则

构成《反不正当竞争法》第 12 条第 2 款中"妨碍、破坏其他经营者合法提供的网络产品或者服务正常运行的行为",需要被告的不正当竞争行为本身对原告的网络产品或服务的正常运行造成妨碍或者破坏,例如导致原告网络产品或服务的某项功能失灵、设置的权限被攻破、无法正常展现或运行等。如果被告的不正当竞争行为仅仅是通过技术手段导致原告的流量被劫持、用户可能流失、潜在商业机会被抢夺等,但并未对原告的网络产品或服务的正常运行造成妨碍或破坏,则不属于《反不正当竞争法》第 12 条第 2 款第 4 项规定的情形。

百度公司与搜狗公司等不正当竞争案

法院:北京市海淀区人民法院

案号:(2020)京 0108 民初 3661 号

原告:北京百度网讯科技有限公司

被告:北京搜狗信息服务有限公司、北京搜狗科技发展有限公司

案由:不正当竞争纠纷

案情简介:北京百度网讯科技有限公司(以下简称百度公司)是百度网的主办单位,北京搜狗信息服务有限公司(以下简称搜狗信息公司)是搜狗网的主办单位、搜狗搜索安卓手机版 App 的开发者,北京搜狗科技发展有限公司(以下简称搜狗科技公司)是搜狗搜索苹果手机 iOS 版 App 的开发者。百度公司发现,网络用户使用手机浏览器访问搜狗网,通过搜狗搜索获得百度网的搜索结果后,点击该搜索结果进入的页面显示"下载搜索 App 即可获得海量免费视频资源",该页面网址为 wap.sogou.com,点击相关按钮,可以根据提示下载搜狗搜索 App。百度公司主张前述行为违反了《反不正当竞争法》第 12 条第 2 款第 1 项之规定,故向北京市海淀区人民法院(以下简称海淀法院)起诉,要求两搜狗公司消除影响,并共同赔偿经济损失 490 万元及合理开支 10 万元。

海淀法院经审理认为:双方在庭审中均认可该行为系因技术原因所导致的,故判断涉案行为是否构成不正当竞争的关键在于,其是否妨碍、破坏了百度公司网络服务的正常运行。第一,网络用户在搜狗搜索引擎中输入"百度"进行检索后,进入的是二被告制作的搜狗网网页,显然违背了用户的意愿;第二,涉案页面上有"下载

搜索 App 即可获得海量免费视频资源”字样及“立即在线观看”的红色按钮，在用户键入“百度”关键词并点击百度网搜索结果后进入该页面的情况下，用户很容易误以为该页面系百度公司提供或与百度公司存在关联；第三，本案证据亦显示在搜狗网搜索“必应”“头条搜索”等其他搜索引擎网站时，点击相应的搜索结果，均可直接进入对应网站，可见二被告设置该页面引导用户下载搜狗搜索 App 的主观故意非常明显；第四，二被告的上述行为，无疑影响了百度网的访问流量及用户数量，根本上损害了百度公司本可获得的经营利益。另外，上述行为也为二被告经营的搜狗搜索 App 及相关服务增加了交易机会、获取了竞争优势。本案中，在用户点击“百度网”搜索结果时即出现涉案页面，此时尚未进入百度公司提供的百度网产品或服务中，故不属于在百度公司提供的产品或服务上插入链接、强制跳转的行为，与《反不正当竞争法》第 12 条第 2 款第 1 项所规定的行为有所不同。但涉案行为在本质上同属利用技术手段妨碍、破坏其他经营者合法提供的网络产品或者服务的正常运行，均系在非法损害他人正当经营的基础上，为自身谋取不当利益，扰乱市场竞争秩序的行为。因此，该行为应属第 12 条第 2 款第 4 项所规制的不正当竞争行为。另外，本案中并无证据证明涉案行为给百度公司造成了严重不良影响，故对百度公司的消除影响的主张不予支持。据此，海淀法院判决二被告共同赔偿百度公司经济损失 5 万元及合理开支 5 万元。

政凯公司与百度公司不正当竞争案

法院：北京市海淀区人民法院

案号：（2020）京 0108 民初 24338 号

原告：北京百度网讯科技有限公司

被告：上海政凯信息科技有限公司

案由：不正当竞争纠纷

案情简介：北京百度网讯科技有限公司（以下简称百度公司）是百度网的运营和主办单位。上海政凯信息科技有限公司（以下简称政凯公司）系“新媒体管家[Plus]”浏览器插件和新媒体管家网的开放运营商。百度公司发现使用安装有的该浏览器插件的浏览器进入百度网的搜索框进行关键词搜索时，搜索结果页面中的专题搜索栏中出现“微信”专题及“实时热点”板块链接（以下简称涉案链接）。用户在点击涉案链接后，将直接跳转至新媒体管家网的相关页面。百度公司认为，政凯公司的前述行为属于强制插入链接并跳转的行为，干扰和破坏了百度网的正常运行,遂起诉至北京市海淀区人民法院(以下简称海淀法院)主张政凯公司构成不正当竞争。

海淀法院经审理认为:政凯公司在百度网插入的涉案链接,足以使用户误认为相关内容是由百度公司所提供,干扰了用户对百度网搜索结果的正常使用,影响了用户的知情权和选择权。政凯公司在百度公司所控制的产品经营范围内,未经其同意,通过插入链接的方式强行加入了政凯公司的服务内容,干扰了百度网的正常搜索服务,且该种干扰并无任何合理理由。政凯公司使用"微信"和"实时热点"字样吸引用户点击,同时被插入内容的展示方式和位置与百度网中的原有页面设置高度融合,其主观恶意明显。另外,涉案链接将用户引出百度网,大大降低了用户使用百度网进行搜索的交易机会以及再次回到百度网中浏览相关信息的可能,而政凯公司却据此获取了本不属于其自身的用户流量,从而获取不正当利益。据此海淀法院依据《反不正当竞争法》第 12 条第 2 款第 1 项认定政凯公司的行为构成不正当竞争,判决政凯公司赔偿百度公司经济损失 80 万元及合理开支 3 万元。

百度公司与子乐公司等不正当竞争纠纷案

法院:北京市海淀区人民法院

案号:(2019)京 0108 民初 63253 号

原告:百度在线网络技术(北京)有限公司

被告:北京子乐科技有限公司、北京经纬智诚电子商务有限公司

案由:不正当竞争纠纷

案情简介:百度在线网络技术(北京)有限公司(以下简称百度在线公司)是小度智能音箱等 AI 电子产品的开发者和运营者,"xiaodu xiaodu"是具有唤醒和操作功能的语音指令,应用于百度在线公司的 AI 电子产品中。百度在线公司认为,北京子乐科技有限公司(以下简称子乐公司)生产、销售与小度智能音箱相同的 AI 电子产品杜丫丫学习机,在其官网宣传内容及杜丫丫学习机中突出使用"小杜"指代该产品,并在杜丫丫学习机中使用"xiaodu xiaodu"语音指令进行唤醒和操作,构成不正当竞争。北京经纬智诚电子商务有限公司(以下简称经纬智诚公司)销售该侵权产品,构成不正当竞争。百度在线公司起诉至北京市海淀区人民法院(以下简称海淀法院),请求判令子乐公司及经纬智诚公司停止侵权;子乐公司消除影响并赔偿经济损失及合理开支 300 万元。

海淀法院经审理认为,"小度"作为百度在线公司智能音箱的商品名称,属于

《反不正当竞争法》规定的"有一定影响的商品名称"。"xiaodu xiaodu"语音指令已与百度在线公司及其产品建立起了明确、稳定的联系,并具有较高知名度和影响力,两者应受《反不正当竞争法》第6条第1项及第4项的保护。小度智能音箱和杜丫丫学习机从功能、受众、销售渠道等方面来看,应属同类产品。在此情况下,子乐公司仍使用与"小度"音同字不同的"小杜"作为名称指代其涉案产品,同时使用与百度在线公司的"xiaoduxiaodu"完全相同的语音指令对其产品进行唤醒和操作,在主观上具有恶意。而且子乐公司的涉案行为,在客观上易使相关公众误认为杜丫丫学习机与百度在线公司的小度智能音箱及其相关服务可能存在产品研发、技术支持、授权合作等方面的特定联系,构成不正当竞争。经纬智诚公司销售侵权产品亦缺乏合法依据。海淀法院据此判决子乐公司及经纬智诚公司停止侵权;子乐公司就其不正当竞争行为消除影响,并赔偿经济损失50万元及合理支出5万元。

北京市朝阳区人民法院

腾讯公司与在线途游公司不正当竞争纠纷案

法院:北京市朝阳区人民法院

案号:(2019)京0105民初73675号

原告:深圳市腾讯计算机系统有限公司、腾讯科技(深圳)有限公司

被告:在线途游(北京)科技有限公司

案由:不正当竞争纠纷

案情简介:腾讯科技(深圳)有限公司是《欢乐斗地主》游戏软件(以下简称涉案游戏)的著作权人,其与深圳市腾讯计算机系统有限公司共同运营涉案游戏(上述两公司统称腾讯公司)。腾讯公司认为,在线途游(北京)科技有限公司(以下简称在线途游公司)运营的《途游斗地主》《欢乐途游斗地主》(以下简称被诉游戏)使用与涉案游戏相同和近似牌面构成不正当竞争,故起诉至北京市朝阳区人民法院(以下简称朝阳法院),请求判令在线途游公司停止不正当竞争行为、消除影响并赔偿经济损失及合理支出300万元。朝阳法院经审理认为,涉案游戏残局闯关中各关卡的牌面设计具有独创性,能够提升游戏收益和市场竞争优势。被诉游戏发布时间晚于涉案游戏,且在牌面设计空间很大的情况下,仍然设计抄袭了涉案游戏中的相应关卡内容,不正当地获取了竞争对手花费大量人力、物力、财力和市场投入所取得的市场成果,违反了诚实信用原则及公认的商业道德,并很可能减损腾讯公司的

收益机会和市场竞争优势,构成不正当竞争。朝阳法院综合考虑到涉案游戏知名度较高、用户基数较大、残局牌面设计对于游戏收益贡献率较高、被诉游戏与涉案游戏具有直接的市场竞争关系、在线途游公司主观恶意明显且属于重复侵权等因素,判决在线途游公司消除影响并赔偿经济损失50万元及合理支出65,610元。

新氧公司与完美公司等不正当竞争纠纷案

法院:北京市朝阳区人民法院

案号:(2020)京0105民初68166号

原告:北京新氧科技有限公司

被告:北京完美创意科技有限公司、北京更美互动信息科技有限公司

案由:不正当竞争纠纷

案情简介:北京新氧科技有限公司(以下简称新氧公司)运营"新氧"App。北京完美创意科技有限公司(以下简称完美公司)运营"更美"App。新氧公司认为"新氧"App图标标识的背景、布局及颜色等要素组合(不含文字)构成商品装潢(以下简称涉案装潢,见图1-2-26),"更美"App的图标标识的背景、布局及颜色等要素组合(不含文字)构成的商品装潢(以下简称被诉装潢,见图1-2-27)与涉案装潢近似,完美公司在使用及宣传"更美"App及服务时使用被诉装潢的行为构成不正当竞争。此外,新氧公司还认为北京更美互动信息科技有限公司(以下简称更美公司)为"更美"App版权人。新氧公司遂向北京市朝阳区人民法院(以下简称朝阳法院)提起诉讼,请求判令二被告立即停止不正当竞争行为,赔礼道歉并消除影响,赔偿经济损失490万元及合理支出10万元。

朝阳法院经审理认为:首先,"新氧"App图标为新氧公司在商业活动中使用的、由特定元素构成的商业外观,目的是美化商品与区别来源,构成服务商品装潢。涉案装潢足以使相关公众将该装潢与新氧公司、"新氧"App形成稳定对应联系,起到识别服务来源作用,应受到《反不正当竞争法》保护。其次,被诉装潢与涉案装潢仅文字内容不同,其余部分均高度近似,整体视觉效果近似,导致相关公众对被诉装潢与新氧公司产生存在特定联系的实际混淆结果。最后,完美公司与新氧公司均为医美行业企业,却多次修改其App图标,不断靠近涉案装潢,主观难谓善意。综上所述,完美公司构成不正当竞争。此外,更美公司不是"更美"App版权人,与本案无关。朝阳法院据此作出判决,责令完美公司立即停止不正当竞争行为,刊发声明消除影响,赔偿经济损失50万元及合理开支8万元。

裁判规则

1. 具有美化商品作用、外部可视的装饰通常都属于装潢。App图标与有形器物的外部装饰等传统意义上的装潢一样,均为经营主体在商业活动中使用的、由特定元素构成的商业外观,目的是美化商品与区分产源,可以认定为《反不正当竞争法》第6条第1项规定的"装潢"。

2. 装潢之所以能够受到《反不正当竞争法》的保护,本质上在于其具有区别性特征并具有一定影响力,从而能够发挥识别服务来源的作用。装潢是否达到足以识别服务来源的程度,应当从装潢本身的设计情况和使用宣传情况综合考虑,即装潢是否存在区别性特征的设计,是否经过大量推广和使用后在市场上具有一定知名度、客观上能独立起到识别服务来源的作用。

3. 判断装潢是否近似,应以相关公众的一般注意力为标准,在隔离观察的情况下,通过比较装潢的整体和主要部分,对是否构成近似进行综合判断。相关公众施加一般注意力容易产生混淆误认的,应认为构成近似的装潢。

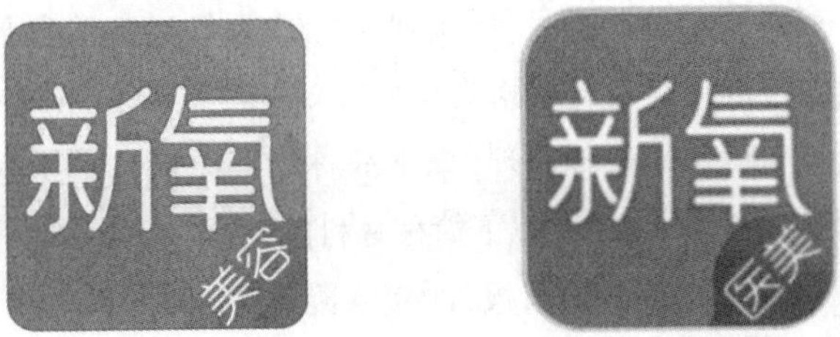

(a) (b)

图1-2-26　涉案装潢

(a) (b)

图1-2-27　被诉装潢

(五)其　他

北京知识产权法院

王某远与林科院等侵害发现权纠纷案

法院:北京知识产权法院

案号:(2020)京 73 民终 2179 号

上诉人(一审原告):王某远

被上诉人(一审被告):中国林业科学研究院、杨某斌

案由:侵害发现权纠纷

案情简介:王某远于 1992 年发表《黄河》一文,系针对黄河中游河口镇至龙门区段水资源及其农业利用途径开展相关研究的文章。王某远主张《黄河》一文中体现了其发现的低覆盖度沙地造林原理(以下简称涉案原理),其享有对于涉案原理的发现权。中国林业科学研究院(以下简称林科院)于 2015 年发布林科院《2015 科技进展报告》(以下简称被诉报告),报告中《低覆盖度防沙治沙的原理与技术》一文(以下简称《低覆盖》)宣称该文作者杨某斌是行带阻风地覆盖度治沙理论(以下简称被诉侵权原理)的首创人。王某远向北京市海淀区人民法院(以下简称海淀法院)提起诉讼,诉称被诉侵权原理剽窃了其享有发现权的涉案原理,林科院与杨某斌共同侵害了其发现权,请求法院判令林科院、杨某斌停止发布被诉报告并在林科院官网发表涉案原理的首创人和发现权人是王某远的书面声明。林科院与杨某斌不认可王某远的主张,并提交 1984 年孙某元研究员发表的《对榆林沙地植被盖度和水分关系的初步探讨》(以下简称《榆林》),主张该文内容和观点均与《黄河》相似,王某远并非涉案原理的首创人。

海淀法院经审理认为:首先,王某远据以主张发现权的被诉原理主要属于对沙地造林理论而非对自然现象、特性和规律作出的阐述或总结,并不属于发现权所保护的客体;其次,《榆林》一文与《黄河》一文所得出的观点基本相同,王某远诉称其首次发现相关原理并无相关事实依据;最后,王某远主张侵害其发明权的低覆盖一文中所述内容与王某远主张的《黄河》一文的相关内容并不相同。综上所述,海淀

法院驳回了王某远的全部诉讼请求。

王某远不服一审判决,向北京知识产权法院(以下简称北京知产法院)提起上诉,北京知产法院经审理认为:王某远所称其首次发现相关原理,无相关事实依据;在案证据亦不能证明《低覆盖》一文与《黄河》一文中相关内容存在相同之处,王某远的上诉理由不能成立。北京知产法院据此驳回上诉,维持原判。

裁判规则

1. 法律意义上的发现应当指科学发现,是在探索、阐明自然现象、特征或规律的科学研究中,通过观察、研究、试验或推理,取得前人尚未发现或者尚未阐明的对事物、规律、特性、现象的新认识成果。

2. 公民对自己的发现享有发现权。发现权受到剽窃、篡改、假冒等侵害的,权利人有权要求停止侵害、消除影响、赔偿损失。

三、上海法院

（一）专利类

上海市高级人民法院

禧玛诺公司与赛冠公司等外观设计专利侵权案

法院：上海市高级人民法院

案号：(2020)沪民终555号

上诉人（一审被告）：宁波赛冠车业有限公司、宁波优升车业有限公司

被上诉人（一审原告）：禧玛诺（新）私人有限公司

案由：侵害外观设计专利权纠纷

案情简介：禧玛诺（新）私人有限公司（以下简称禧玛诺公司）系专利号为ZL201230022870.0、名称为“自行车后变速器”的外观设计专利（以下简称涉案专利）的专利权人。2015年1月，禧玛诺公司向法院提起诉讼，认为宁波赛冠车业有限公司（以下简称赛冠公司）制造、销售、许诺销售的HG－21A自行车部件侵犯了涉案专利。案件审理期间，两公司达成调解协议，赛冠公司承诺停止侵权，否则支付禧玛诺公司违约金100万元。在此期间，赛冠公司将部分生产设备、商标转让给宁波优升车业有限公司（以下简称优升公司），赛冠公司的高级管理人员徐某、凌某等人亦前往优升公司就职。2016年5月、2017年5月，禧玛诺公司在自行车展览会上发现优升公司与赛冠公司名称在展会物品上共同示出；2017年11月，禧玛诺公司母公司向赛冠公司发送律师函后，禧玛诺公司母公司收到的回函邮件中标记有优升公司英文字样；2018年5月，相关市场监管部门在扣押优升公司生产的侵犯禧玛诺公司商标权商品时，查获优升公司关于HG－21A系列自行车部件的生产计划表。禧玛诺公司遂于2019年向上海知识产权法院（以下简称上海知产法院）起诉赛冠公司、优升公司，诉称赛冠公司制造、许诺销售的HG－21、HG－21A，HG－24、HG－24A、HG－24B变速器（以下简称被诉侵权产品）分别与涉案专利设计1、设计2相同，落入涉案专利的保护范围，且其行为违反了调解协议约定，应当依约赔偿

100 万元;优升公司与赛冠公司人格混同,共同实施侵权行为,应承担连带责任。

上海知产法院经审理认为,被诉侵权产品落入涉案专利设计 1、设计 2 的保护范围,侵犯了涉案专利,优升公司、赛冠公司提出的抵触申请抗辩、现有设计抗辩均不能成立。现有证据尚不足以证明优升公司、赛冠公司构成人格混同,但结合展会、网站、行政机关查处等情况,足见两公司共同实施了制造、许诺销售被控侵权产品的行为,应当共同承担赔偿责任。据此,上海知产法院基于调解协议约定的金额,判决两公司连带赔偿经济损失以及合理开支共计 100 万元。

赛冠公司、优升公司不服,上诉至上海市高级人民法院(以下简称上海高院)。上海高院经审理认为,被诉侵权产品落入涉案专利设计 1、设计 2 的保护范围,侵犯了涉案专利,优升公司上诉主张的现有设计抗辩不能成立。关于赛冠公司和优升公司是否构成共同侵权的问题,上海高院认为,根据展会、网站以及行政机关查处中的证据,足以证明两公司在被控侵权产品的制造和许诺销售中存在业务混同。赛冠公司虽主张早已停止经营活动,但该辩称明显与其上述对外表示行为不符。优升公司否认制造被控侵权产品,却未就生产计划表中载有被控侵权产品的近似型号作出合理解释,并提供反驳证据,故两公司共同实施侵权行为,应承担连带责任。关于本案损害赔偿金额,上海高院认为,调解协议中约定的 100 万元违约金,是对后续发生的侵权行为如何承担侵权赔偿责任的约定,可以作为确定本案赔偿金额的依据。赛冠公司签订调解协议后,就将生产设备、商标转让给优升公司,其高级管理人员也转至优升公司任职,继续实施上述侵权行为,显然具有逃避调解协议约定的赔偿责任的目的。优升公司虽不是调解协议签订主体,但与赛冠公司有共同侵权的意思联络,以及逃避调解协议约定责任的共同目的,应连带承担赔偿责任。并且在 2018 年至 2020 年,市场上仍有部分被控侵权产品在销售,禧玛诺公司确因侵权行为遭受了实际损失。据此,上海高院判决驳回上诉,维持原判。

陈某东与可口可乐公司职务发明案

法院:上海市高级人民法院

案号:(2020)沪民终 568 号

上诉人(一审原告):陈某东

被上诉人(一审被告):可口可乐饮料(上海)有限公司

案由:职务发明创造发明人、设计人奖励、报酬纠纷

案情简介:陈某东系专利号为 ZL200630015063.0、名称为“瓶子”的外观设计专

利(以下简称涉案专利)的设计人,自 1994 年 9 月 19 日至 2017 年 4 月 19 日任职于可口可乐饮料(上海)有限公司(以下简称可口可乐上海公司)。涉案专利的专利权人为可口可乐公司,申请日为 2006 年 4 月 14 日,专利权终止日为 2015 年 4 月 14 日。可口可乐公司与可口可乐上海公司约定,可口可乐上海公司员工所做出的发明创造的专利申请权均转移至可口可乐公司。2015 年 8 月 5 日,可口可乐上海公司向陈某东告知,将向其支付包含涉案专利在内的两个专利的职务发明奖励和报酬共计 5000 元。2015 年 8 月 14 日,陈某东回复可口可乐上海公司,接受职务发明奖励,但对报酬数额不予接受。2015 年 8 月 25 日,可口可乐上海公司告知陈某东,已就涉案专利向其支付了奖金 1000 元、报酬 1500 元。2015 年 12 月 7 日,陈某东回复可口可乐上海公司,接受奖励,但不接受报酬并予以退回。陈某东认为,可口可乐上海公司实施了涉案专利,但未向其支付职务发明报酬,遂于 2019 年 1 月 2 日向上海市劳动人事争议仲裁委员会申请职务发明报酬的仲裁,于 2019 年 4 月 12 日起诉至上海知识产权法院(以下简称上海知产法院),请求判令可口可乐上海公司支付职务发明报酬 50,000 元及合理费用 1000 元。

上海知产法院经审理认为,陈某东的起诉之日为 2019 年 4 月 12 日,知道或者应当知道有权主张报酬之日为 2015 年 12 月 7 日,本案诉讼已经超过 3 年的诉讼时效。陈某东当庭提交的与涉案专利近似的包装瓶无任何标识、生产日期及出处,未能证明可口可乐上海公司实施了涉案专利,亦未证明可口可乐上海公司因此获得的经济利益。据此,上海知产法院判决驳回陈某东的全部诉讼请求。

陈某东不服一审判决,起诉至上海市高级人民法院(以下简称上海高院)。上海高院经审理认为,陈某东提交的包装瓶系可口可乐上海公司或其关联企业所制造使用的可能性较大,且可口可乐上海公司已向陈某东支付了涉案专利职务发明报酬 1500 元,可推定涉案专利已经实施且取得经济效益,故陈某东职务发明报酬请求权已经产生。同时,可口可乐上海公司与陈某东就涉案专利的职务发明报酬金额未达成一致,该职务发明报酬请求权并未因可口可乐上海公司的曾经给付而消灭。虽涉案专利实施期间无法确定,但陈某东至迟于 2015 年 12 月 7 日就知道或应当知道其有权主张职务发明报酬,其于 2019 年 1 月 2 日申请仲裁已超过 3 年,不能构成诉讼时效中断,故其于 2019 年 4 月 12 日提起本案诉讼已超过 3 年,陈某东职务发明报酬请求权已超过诉讼时效。据此,上海高院判决驳回上诉,维持原判。

裁判规则

发明创造实施且取得经济效益系被授予专利权的单位向发明人或设计人支付

职务发明报酬的要件。若涉案专利已经实施且取得经济效益,则可以认定发明人或设计人的职务发明报酬请求权已经产生。发明人或设计人主张职务发明报酬请求权的,其诉讼时效应与涉案专利实施期间有关,即从发明人或设计人知道或应当知道其职务发明报酬请求权被侵害之日起算,而不能以涉案专利终止之日作为诉讼时效期间起算之日。

德立公司与南充园林处等外观设计专利侵权案

法院:上海市高级人民法院

案号:(2021)沪民终 361 号

上诉人(一审原告):广州德立游艇码头工程有限公司

被上诉人(一审被告):南充市园林管理处、中建三局集团有限公司、中建投资基金管理(北京)有限公司、上海旗华水上工程建设股份有限公司

案由:侵害外观设计专利权纠纷

案情简介:广州德立游艇码头工程有限公司(以下简称德立公司)是专利名称为“浮桥护栏”的外观设计专利(以下简称涉案专利)的专利权人。涉案专利于2018 年 9 月 14 日申请,德立公司法定代表人刘某辉为涉案专利的设计人。2017 年12 月,南充市园林管理处(以下简称南充园林处)以政府采购人身份对“印象嘉陵江项目”发布了遴选社会投资人的公开招标公告,中建三局集团有限公司(以下简称中建三局公司)与中建投资基金管理(北京)有限公司(以下简称中建投资公司)联合竞标成功。2018 年 6 月至 8 月,中建三局公司、中建投资公司与案外人清远德普浮桥有限公司(以下简称德普公司)多次共同参加南充市政府组织的关于“印象嘉陵江”上中坝湿地保护工程浮桥建设的有关会议,德普公司的参会人员为刘某辉。2018 年 9 月至 11 月,案外人广州中土文旅规划设计有限公司(以下简称中土公司)与南充园林处、中建三局公司、中建投资公司交接浮桥工程图纸、施工设计图及设备清单等。其间,刘某辉代表中土公司与南充园林处签订承诺书,承诺书中约定若设计成果中包含专利技术等,南充园林处将无偿使用。2018 年 9 月 30 日及 11月 10 日,南充园林处员工张某胜向中土公司预付浮桥设计专项设计费共计 36 万元,中土公司均出具收据并于 11 月 10 日交付全套设计文件和施工文件。2018 年11 月 12 日,中建三局公司与上海旗华水上工程建设股份有限公司(以下简称旗华公司)签订《建设工程分包合同》,由旗华公司依照中建三局公司提供的工程图纸完成包含浮桥的工程。2019 年 7 月 24 日,德立公司以南充园林处等四被告未经许

可,擅自在“印象嘉陵江”项目实施涉案专利、侵害其专利权为由,向上海知识产权法院(以下简称上海知产法院)提起诉讼,请求判令四被告停止侵权、拆除浮桥、消除影响,并赔偿经济损失 300 万元。

上海知产法院经审理认为:刘某辉参与了“印象嘉陵江”浮桥项目从筹备讨论、规划设计直至最后确定方案招标的全过程,涉案专利的申请日恰好处于该项目从开始讨论到最终招标的过程中,而刘某辉作为涉案专利的唯一设计人应清楚知晓该项目中使用的浮桥设计与涉案专利设计实质是同一设计。德立公司、德普公司和中土公司具有一定程度的混同,刘某辉作为该三家公司的主要负责人,其行为可以视为同时代表三家公司的职务行为,故刘某辉所代表的德立公司亦明确知晓前述浮桥设计与涉案专利设计实质是同一设计。虽然德立公司未与四被告正式签订设计合同,但南充园林处支付设计费且刘某辉及中土公司确认收到并交付了全套设计文件和施工文件,上述事实足以证明双方就该项目设计的提供及价款达成了口头协议并履行完毕,南充园林处根据口头协议的约定支付了合理对价,得到德立公司及其关联公司的许可,其实施涉案专利不构成对涉案专利的侵害。因此,上海知产法院判决驳回原告全部诉讼请求。德立公司不服一审判决,上诉至上海高级人民法院(以下简称上海高院)。

上海高院经审理认为:德立公司通过关联公司(中土公司)收取设计费、交付设计图等行为构成默示许可,南充园林处已经基于刘某辉及其所代表的德立公司的相关行为获得了涉案外观设计的相关授权,并产生了合理信赖。四被告在涉案浮桥项目上使用与涉案外观设计专利一致的设计不构成侵权。据此,上海高院判决驳回上诉,维持原判。

上海知识产权法院

卡西欧与旋风公司等侵害外观设计专利权纠纷案

法院:上海知识产权法院

案号:(2019)沪 73 民初 302 号

原告:卡西欧计算机株式会社

被告:上海旋风贸易有限公司、广州斯麦尔表业有限公司、东莞市常平华信塑胶模具制品厂、东莞市威时电子科技有限公司

案由:侵害外观设计专利权纠纷

案情简介：卡西欧计算机株式会社（以下简称卡西欧公司）是第 201430463206.9 号外观设计专利（以下简称涉案专利）"手表"的专利权人。卡西欧公司于 2019 年 4 月 8 日在上海知识产权法院（以下简称上海知产法院）对上海旋风贸易有限公司（以下简称旋风公司）、广州斯麦尔表业有限公司（以下简称斯麦尔公司）、东莞市常平华信塑胶模具制品厂以及东莞市威时电子科技有限公司提起诉讼，诉称旋风公司等四公司制造、销售、许诺销售型号为 SL1545/1545、品牌为 SMAEL 的被控侵权产品落入涉案专利的保护范围，请求法院判令旋风公司等四公司停止侵权，并赔偿卡西欧公司经济损失 1000 万元及合理开支 20 万元。

上海知产法院依据卡西欧公司的调查取证申请，向阿里巴巴公司发送协助调查函，调取了斯麦尔公司在 1688 网站上的销售数据。其中，仅 SL1545 号产品的订单总销量已达 690,912 只，销售单价在 28 元至 37 元。上海知产法院另查明，旋风公司等四公司均由彭某华投资或独资设立且联系方式相同；卡西欧公司的专利产品销售单价为 1290 元至 4490 元。

上海知产法院经审理认为，旋风公司等四公司通过分工协作，共同完成了被控侵权产品的制造、销售、许诺销售的全部环节，客观上共同导致了侵权损害结果的发生，构成共同侵权。考虑到四被告侵权规模巨大、主观侵权恶意明显，涉案专利设计性强、对产品利润贡献率高，被控侵权产品销售量巨大且与专利产品价格悬殊，给卡西欧公司造成经济损失巨大，四被告拒不提供相关财务账册等因素，上海知产法院酌情确定损害赔偿金额，判令四被告共同赔偿卡西欧公司经济损失及合理开支共计人民币 700 万元。

翎腾公司与纸上绝知公司专利申请权权属案

法院：上海知识产权法院

案号：（2020）沪 73 知民初 406 号

原告：上海翎腾智能科技有限公司

被告：上海纸上绝知智能科技有限公司

案由：专利申请权权属纠纷

案情简介：上海翎腾智能科技有限公司（以下简称翎腾公司）成立于 2018 年 5 月 7 日，经营范围包括从事智能科技、机器人科技、信息技术、网络科技领域内的技术服务等，致力于指尖识别及翻译的产品开发。翎腾公司前员工张某于 2018 年 7 月 1 日至 2019 年 3 月 29 日，担任翎腾公司首席技术官，负责手指识别人工智能技术的研发,离职后于2019年5月21日成立了从事与翎腾公司相同业务的上海纸上绝知智能科技有限公司(以下简称纸上绝知公司),并担任法定代表人,也是公司的大股东。翎腾公司发现纸上绝知公司于2019年8月5日提出了201910728837.0、名称为“基于人工智能的桌面交互方法”、发明人为张某的发明专利申请(以下简称涉案专利申请)。翎腾公司认为涉案专利申请系与张某在翎腾公司处承担的本职工作以及单位分配的任务有关的发明创造,遂将纸上绝知公司起诉至上海知识产权法院(以下简称上海知产法院),请求法院确认涉案专利申请归翎腾公司所有。

上海知产法院经审理认为:首先,结合现有证据可以认定,涉案专利申请技术方案是张某在与翎腾公司劳动关系终止后1年内作出的,且张某曾任职于翎腾公司技术部门,手指识别人工智能技术研发属于其本职工作。其次,经比对涉案专利申请与翎腾公司研发的手指识别技术,两者均属人工智能领域,均属于利用人工智能技术识别动作和手势的交互方式并将这种交互方式应用于学习场景,具体技术方案均涉及对手位置的检测、对手姿势的判断、基于手的姿势识别相应的文本信息以及基于文本内容返回相应的服务。两者差异主要在于识别相应的文本信息仅是采用OCR技术,或是同时采用以图搜图和OCR技术,但该差别具有一定的传承性,属于对于文本信息识别技术的丰富,应当认定涉案专利申请技术与张某在翎腾公司处的本职工作具有较强的相关性。据此,上海知产法院认定,涉案专利申请技术方案系张某在与翎腾公司劳动、人事关系终止后1年内作出的,与其在原单位承担的本职工作有关的发明创造,应当认定为职务发明,遂判决确认涉案专利申请归翎腾公司所有。

裁判规则

在判断职务发明所涉发明创造与发明人在原单位本职工作是否具有相关性时,并不要求该发明创造的技术特征与发明人在原单位履行本职工作所接触的技术方案相同,只需要求两者间具有一定的关联性即可。对于该关联性的判断,可以综合考虑两者是否属于同一技术领域、解决的技术问题是否相同、技术手段是否具有传承性等因素。

达家迎公司与择槽公司外观设计专利侵权案

法院:上海知识产权法院

原告:苏州达家迎信息技术有限公司

被告:上海择槽网络科技有限公司

案由:侵害外观设计专利权纠纷

案情简介:苏州达家迎信息技术有限公司(以下简称达家迎公司)是申请号为ZL201930044419.0、名称为“用于手机的图形用户界面”的外观设计专利(以下简称涉案专利,见图1-3-1)的专利权人。达家迎公司向上海知识产权法院(以下简称上海知产法院)提起诉讼,诉称上海择槽网络科技有限公司(以下简称择槽公司)未经达家迎公司同意,在其拥有的小豹招聘App及小豹招聘微信公众号中,大量使用与涉案专利相同或者相似的图形用户界面(见图1-3-2),侵害了达家迎公司的外观设计专利权。上海知产法院经审理认为,被控侵权界面与涉案专利设计相比较,两者界面布局、设计和变化状态均存在较大差异。按照整体观察、综合判断的比对方法,被控侵权界面与涉案专利的整体视觉效果不同亦不近似,二者不构成相同,也不构成近似,被控侵权界面没有落入涉案专利的保护范围。上海知产法院据此判决驳回达家迎公司的全部诉讼请求。

图1-3-1　涉案专利

图1-3-2　被控侵权界面

(二)商标类

商标民事纠纷

上海市高级人民法院

芬迪公司与益朗公司商标侵权及不正当竞争案

法院:上海市高级人民法院

案号:(2019)沪民再 5 号

再审申请人(一审被告、二审被上诉人):上海益朗国际贸易有限公司

再审被申请人(一审原告、二审上诉人):芬迪爱得乐有限公司

一审被告、二审被上诉人:首创奥特莱斯(昆山)商业开发有限公司

案由:侵害注册商标专用权及不正当竞争纠纷

案情简介:芬迪爱得乐有限公司(以下简称芬迪公司)在第 18、25、35 类商品和服务上分别注册有第 261718 号"FENDI"商标、第 G561438 号"FENDI"商标、第 G906325 号"**FENDI**"商标、第 G1130243 号"**FENDI**"商标(前述商标统称涉案商标,见图 1-3-3)。芬迪公司认为,上海益朗国际贸易有限公司(以下简称益朗公司)未经许可,在奥特莱斯经营的店铺(以下简称涉案店铺)的招牌、外墙指示牌、折扣信息指示牌、销售票据、购物袋等处使用"FENDI"标识(以下简称被诉侵权标识,见图 1-3-4),侵害了芬迪公司对涉案商标享有的商标权,且益朗公司擅自使用芬迪公司英文企业名称构成不正当竞争,首创奥特莱斯(昆山)商业开发有限公司(以下简称首创公司)作为奥特莱斯的经营者构成帮助侵权。益朗公司与首创公司共同在宣传册、楼层指示牌及微信公众号中使用被诉侵权标识及"芬迪"字号,并在微信公众号中刊登题为"大牌驾到——FENDI"的文章(以下简称涉案文章),侵害了涉案商标权并构成不正当竞争。芬迪公司起诉至上海市浦东新区人民法院(以下简称浦东法院),请求判令益朗公司与首创公司停止侵权及不正当竞争行为并连带赔偿经济损失及合理支出 100 万元。浦东法院经审理认为,益朗公司销售的

是来自法国的正品,根据"商标权用尽"原则,再次转售时无须芬迪公司同意。而且,益朗公司在涉案店铺招牌、外墙指示牌、折扣信息指示牌、销售票据、购物袋上使用被诉侵权标识,用于指示商品的真实来源,便于消费者找到欲购买的品牌,不会造成相关公众的混淆、误认,属于商标合理使用范围,不构成商标侵权。首创公司在宣传册、楼层指示牌、微信公众号中使用被诉侵权标识是客观介绍其商场内出售产品的品牌,出于帮助益朗公司实现销售的目的,属于商标合理使用范围,不构成商标侵权。益朗公司及首创公司对芬迪公司中英文企业名称的使用同样构成合理使用,不构成不正当竞争。涉案文章并无误导益朗公司与芬迪公司专卖店之间存在关联关系的相关内容,不构成虚假宣传。浦东法院据此判决驳回芬迪公司的诉讼请求。

芬迪公司不服一审判决,上诉至上海知识产权法院(以下简称上海知产法院)。上海知产法院经审理认为,益朗公司在涉案店铺的店招中单独使用被诉侵权标识,其实质仍是指向涉案店铺的经营者是芬迪公司,或者与芬迪公司存在商标或字号许可使用等关联关系,超出了说明或者描述商品的必要范围,不属于合理使用,且已造成相关公众的混淆、误认。益朗公司未经许可,在与第 G1130243 号涉案商标核定使用的企业经营等服务相同的服务类别上使用被诉侵权标识,侵害了涉案商标权,同时构成不正当竞争。首创公司为该商标侵权及不正当竞争行为提供了帮助,应当与益朗公司共同承担侵权责任。上海知产法院综合考虑涉案商标的知名度、益朗公司的主观过错、侵权情节等因素,判决益朗公司停止商标侵权及不正当竞争行为,并与首创公司连带赔偿经济损失及合理支出 35 万元。

益朗公司不服二审判决,向上海高级人民法院(以下简称上海高院)申请再审。上海高院经审理认为,在内容和方式上,益朗公司的商品销售服务与第 35 类服务具有一定的关联。益朗公司在涉案店铺招牌上单独使用被诉侵权标识,构成在类似服务上使用与涉案商标相同的标识,足以导致相关公众误认其与芬迪公司存在关联关系,构成商标侵权。同时,益朗公司在店铺招牌上使用芬迪公司的字号,引人误认其店铺与芬迪公司具有关联关系,构成擅自使用他人企业名称的不正当竞争行为。虽然益朗公司的被诉行为既可以告知消费者其销售的商品源于芬迪公司,又能帮助消费者迅速找到店铺,具有一定的合理性和必要性,但该行为客观上产生了导致相关公众混淆的可能,直接损害了涉案商标的来源识别功能,故对奥特莱斯商场内合理使用商标的必要范围应当予以限缩。并且,益朗公司使用被诉侵权标识的方式模糊了直营店、授权专卖店与品牌集合店等的界限,不符合商业惯例,因此不构成对服务商标的合理使用。首创公司为益朗公司的商标侵权和不正当竞争行为提供了帮助,应当与益朗公司共同承担民事责任。上海高院对于上海知产法院确定的赔偿金额亦予认可,驳回了益朗公司的再审申请。

裁判规则

判断是否构成商标合理使用应当从“目的是否善意”“方式是否合理”“是否符合诚信的商业惯例”三个方面进行,基于善意的目的并通过合理的、符合商业惯例的方式使用相关标识,可以认定构成商标合理使用。

FENDI

图 1-3-3 涉案商标

图 1-3-4 被诉侵权标识

上海市闵行区人民法院

碧然德公司等与康点公司商标侵权及不正当竞争案

法院:上海市闵行区人民法院

案号:(2017)沪 0112 民初 26614 号

原告:碧然德有限公司、碧然德净水系统(上海)有限公司

被告:上海康点实业有限公司

案由:侵害注册商标专用权及不正当竞争纠纷

案情简介:碧然德有限公司(以下简称碧然德公司)于 1992 年 4 月 1 日申请注册第 631696 号“BRITA”商标,并于 1993 年 2 月 28 日核定使用在第 11 类家用和商用的水过滤器及其配件等商品上。此后,碧然德公司分别于 2005 年 3 月 2 日申请注册第 G840889 号“Maxtra”商标,核定使用在第 11 类家用或商用饮水过滤器等商品上;于 2005 年 8 月 23 日申请注册第 G853896 号“Elemaris”商标,核定使用在第 11 类家用或商用饮水过滤器等商品上;于 2005 年 12 月 14 日申请注册第 G867764 号“Marella”商标,核定使用在第 11 类家用或商用饮水过滤器等商品上;于 2007 年 9 月 30 日申请注册第 6306399 号“碧然德”商标,并于 2010 年 3 月 28 日核定使用在第 11 类水过滤器等商品上;于 2008 年 11 月 11 日申请注册第 G979006

号“ ”商标并核定使用在第 11 类水过滤设备等商品上(以下统称涉案商标,见图 1 - 3 - 5)。碧然德净水系统(上海)有限公司(以下简称上海碧然德公司)是涉案商标的普通被许可人,且有权就任何侵犯涉案商标的行为提起诉讼。碧然德公司及上海碧然德公司认为,上海康点实业有限公司(以下简称康点公司)在微信公众号及其他网络平台中使用“EuBrita”“碧然德”“德碧然德”“BRITA + 点阵图 + 扇形图”等标识销售滤水壶及滤芯等商品(以下简称被诉侵权商品),在被诉侵权商品的发票、委托检测的样品名称、包装盒及宣传册上使用“DEBRITA”“德碧然德”“碧然德”“MAXTRA”“Elemaris”“Marella”等标识(以下统称被诉侵权标识,见图 1 - 3 - 6),侵害了碧然德公司及上海碧然德公司对涉案商标享有的商标权;康点公司在微信公众号自称“碧然德官方旗舰店微官网”“BRITA 碧然德官方微平台”,大量宣传碧然德公司的品牌故事及广告资料,并通过网络平台宣称康点公司长期合作品牌包括“碧然德”等构成虚假宣传;康点公司大量抢注与涉案上近似的标识,滥用商标权无效宣告程序及商标异议程序等构成不正当竞争。碧然德公司及上海碧然德公司起诉至上海市闵行区人民法院(以下简称闵行法院),请求确认康点公司实施了商标侵权及不正当竞争行为、消除影响并赔偿经济损失及合理支出 300 万元。

闵行法院经审理认为,康点公司未经许可,在类似商品上使用与涉案商标近似的被诉侵权标识,容易导致相关公众的混淆、误认,构成商标侵权。康点公司通过微信公众号自称“碧然德官方旗舰店微官网”等宣传行为的意图在于向相关公众传递其本身即为碧然德公司及上海碧然德公司或者与碧然德公司、上海碧然德公司及其产品存在特定联系等虚假信息,构成虚假宣传。康点公司在相关类别上恶意抢注与涉案商标相同、近似的商标,并以此为基础利用商标异议、无效宣告等程序,干扰、阻碍碧然德公司及上海碧然德公司正常行使商标权利,其恶意抢注、滥用异议程序等行为是大规模、综合性侵权行为的一部分,服务于侵权的总体目的,违反了诚实信用原则和公认的商业道德,扰乱了市场竞争秩序,损害了碧然德公司及上海碧然德公司的合法权益,违反了《反不正当竞争法》第 2 条的规定,构成不正当竞争。闵行法院综合考虑涉案商标的知名度、康点公司侵权规模、主观恶意等因素,判决确认康点公司实施了侵害涉案商标权的行为、实施了虚假宣传及其他违反《不正当竞争法》第 2 条规定的不正当竞争行为,并判令康点公司消除影响并赔偿经济损失及合理支出 280 万元。

裁判规则

无论是自行申请商标注册,还是对他人申请注册的商标提出异议或是对他人已注册商标请求宣告无效,都是商标法律制度赋予商业主体取得和维护其商标权益的程序安排,但商业主体必须依法正当行使其相关权利,不得借助表面合法的形式以达成其实质违法的目的。商业主体恶意抢注、滥用商标异议、商标权无效宣告等程序,设置障碍配合其他侵权行为干扰其他商业主体正常经营活动的,违反了《反不正当竞争法》第 2 条的规定,应当认定构成不正当竞争。

BRITA
(a)
碧然德
(b)
Maxtra
(c)
Elemaris
(d)
Marella
(e)

图 1-3-5 涉案商标

DEBRITA
(a)
德碧然德、碧然德
(b)
MAXTRA
(c)
Elemaris
(d)
Marella
(e)

图 1-3-6 被诉侵权标识

上海知识产权法院

上海金茂公司与新疆金茂集团等商标侵权案

法院:上海知识产权法院

案号:(2021)沪 73 民终 26 号

上诉人(一审原告):上海金茂投资管理集团有限公司

上诉人(一审被告):新疆金茂企业集团有限公司、新疆金茂实业有限公司

案由:侵害注册商标专用权纠纷

案情简介:上海金茂投资管理集团有限公司(以下简称上海金茂公司)受让取得第 1507872 号"金茂 JIN MAO"及第 4886500 号"金茂"商标(以下统称涉案商标,见图 1-3-7)。涉案商标分别于 2001 年 1 月 14 日、2009 年 5 月 14 日核准注册,核定使用在第 36 类不动产出租、不动产管理等服务上。上海金茂公司认为,新疆金茂企业集团有限公司(以下简称新疆金茂集团)、新疆金茂实业有限公司(以下简称新疆金茂公司)使用"金茂 · 天马花园"作为其开发的房地产名称,在项目现场使用"金

茂·天马花园”“天马金茂花苑小区”;新疆金茂集团将 jinmaoqyjt. com(以下简称被诉侵权域名)作为其官网域名,在其官网中使用“哈密金茂·天马花园”;在安居客、房天下网站使用“天马金茂花园”“金茂花园”“哈密金茂花园”“金茂花园小区网”(以下统称被诉侵权标识,见图1-3-8),侵害了涉案商标权,遂起诉至上海市普陀区人民法院(以下简称普陀法院),请求判令新疆金茂集团、新疆金茂公司注销被诉侵权域名、停止使用被诉侵权标识并赔偿经济损失及合理支出。普陀法院经审理认为,新疆金茂集团、新疆金茂公司在商品房的开发、建设、销售、推广中使用被诉侵权标识,属于在类似服务上使用与涉案商标近似的标识,容易使相关公众产生“金茂·天马花园”商品房,或基于该商品房所提供的服务源于上海金茂公司,或与上海金茂公司有关的混淆、误认,构成商标侵权。新疆金茂集团、新疆金茂公司对被诉侵权域名不享有权益,亦无注册、使用该域名的正当理由,其为商业目的注册被诉侵权域名,将其作为官网域名使用,容易造成相关公众的混淆、误认,构成商标侵权。普陀法院综合考虑涉案商标的知名度、被控侵权商品的售价、新疆金茂集团、新疆金茂公司的主观过错程度、经营规模、侵权行为的性质等因素,并结合被诉房地产项目现场使用被诉侵权标识现状予以维持的情况,未支持停止使用被诉侵权标识的诉讼请求,判决新疆金茂集团注销被诉侵权域名、赔偿经济损失及合理支出50万元,新疆金茂公司对其中40万元承担连带责任,新疆金茂集团、新疆金茂公司刊登声明,消除影响。

上海金茂公司、新疆金茂集团、新疆金茂公司均不服一审判决,上诉至上海知识产权法院(以下简称上海知产法院)。上海知产法院经审理认为,新疆金茂集团、新疆金茂公司的被诉行为侵害了涉案商标权,本应承担停止侵权的民事责任,但是被诉房地产项目于2008年早已竣工、销售完毕、并交付使用,相关居民亦早已入住,并无证据证明小区业主在购买、入住该房产时已经知晓该房地产项目名称存在侵害涉案商标权的情形,被诉房地产项目名称亦沿用至今,已经成为当地日常生活的一部分,如果判令停止使用该项目名称,显然会导致商标权人与社会公共利益、小区业主权益的失衡。因此,普陀法院根据民法善意保护之基本原则,在商标权等知识产权与物权等其他财产权发生冲突时,以其他财产权是否善意作为权利界限以及是否容忍的标准,兼顾社会公共利益,维持被诉房地产项目现场使用被诉侵权标识的现状,并无不当。上海知产法院据此判决驳回上诉,维持原判。

金茂
JIN MAO
(a)
金茂
(b)

图 1－3－7 涉案商标

金茂·天马花园
(a)
金茂花园
(b)
哈密金茂花园
(c)
金茂花园小区网
(d)
天马金茂花苑小区
(e)
天马金茂花园
(f)

图 1－3－8 被诉侵权标识

龙井茶协会与韵品阁茶叶店商标侵权案

法院:上海知识产权法院

案号:(2021)沪 73 民终 193 号

上诉人(一审被告):莆田市秀屿区东峤韵品阁茶叶店

被上诉人(一审原告):杭州市西湖区龙井茶产业协会

案由:侵害注册商标专用权纠纷

案情简介:杭州市西湖区龙井茶产业协会(以下简称龙井茶协会)是核定使用在第 30 类茶叶商品上的第 9129815 号“西湖龙井”商标(以下简称涉案商标,见图 1－3－9)的商标权人。龙井茶协会认为,莆田市秀屿区东峤韵品阁茶叶店(以下简称韵品阁茶叶店)在“拼多多”网络交易平台开设的店铺销售名为“西湖龙井”的茶叶,侵害了其对涉案商标享有的商标权,遂起诉至上海市徐汇区人民法院(以下简称徐汇法院),请求判令韵品阁茶叶店赔偿经济损失及合理支出 40 万元。徐汇法院经审理认为,韵品阁茶叶店未经许可,在同一种商品上使用了与涉案商标相同的标识,构成商标侵权。徐汇法院综合考虑涉案商标知名度、韵品阁茶叶店的主观过错程度、侵权规模等因素判决韵品阁茶叶店赔偿经济损失及合理支出 16 万元。

韵品阁茶叶店不服一审判决,上诉至上海知识产权法院(以下简称上海知产法院)。本案二审中,韵品阁茶叶店提供证据证明其存在刷单情况,其中销售金额为 99 元的被诉侵权商品存在 900 余单刷单数量。上海知产法院经审理认为,刷单人为制造的虚假销量数量应在确定赔偿时剔除掉,韵品阁茶叶店销售的侵权商品数量及侵权获利也应相应地减少,但是该行为依然对商标权利人的利益造成了损害,使权利人商品的市场营销、商品商誉、市场份额受到不利影响和冲击,因此,刷单行为不能成为侵权人免除赔偿责任的正当理由。上海知产法院据此判决驳回上诉,维持原判。

裁判规则

商标侵权人的刷单行为虽然使侵权人实际侵权获利相对减少，但是该行为依然对商标权利人的利益造成了损害，使权利人商品的市场营销、商品商誉、市场份额受到不利影响和冲击，刷单行为不能成为侵权人免除赔偿责任的正当理由。

西湖龙井

图1－3－9　涉案商标

克鲁勃公司与信裕公司等商标侵权案

法院：上海知识产权法院

案号：(2021)沪73民终596号

上诉人(一审原告)：克鲁勃润滑剂(上海)有限公司

上诉人(一审被告)：上海信裕润滑技术有限公司

被上诉人(一审被告)：邹某

一审被告：袁某国

案由：侵害注册商标专用权纠纷

案情简介：克鲁勃润滑剂(上海)有限公司(以下简称克鲁勃公司)经许可拥有第9722186号“KLÜBER LUBRICATION”、第3193502号“BARRIERTA”、第14641830号“ISOFLEX”、第14641833号“ASONIC”、第18201483号“Klüberplex”、第G741110号“Klüberquiet”商标(以下统称涉案商标，见图1－3－10)的使用权。涉案商标核定使用在第4类工业用油、润滑油等商品上。克鲁勃公司认为，上海信裕润滑技术有限公司(以下简称信裕公司)、邹某、袁某国销售假冒涉案商标的润滑油以及将大罐涉案商标润滑油分装成小罐润滑油，并在小罐上贴附了与涉案商标相同标识(以下简称被诉侵权标识，见图1－3－11)的行为，侵害了涉案商标权，遂起诉至上海市浦东新区人民法院(以下简称浦东法院)，请求判令信裕公司、邹某、袁某国停止侵权，销毁被诉侵权商品、被诉侵权标识以及用于制造被诉侵权商品的工具等，并连带赔偿经济损失2500万元及合理支出25万元。

浦东法院经审理认为，对于被诉灌装行为，邹某作为信裕公司的法定代表人和实际控制人,组织包括袁某国等人在内的公司员工,将其他品牌的低价润滑油灌装入定制的容器内,贴附自行印制的被诉侵权标识,假冒克鲁勃公司的正品润滑油进行销售,属于未经许可,在同一种商品上使用与涉案商标相同的标识,侵害了克鲁勃公司的商标权。对于被诉分装行为,首先,虽然信裕公司等在分装润滑油罐上使用被诉侵权标识并没有改变商标的来源识别功能,但其目的是获取更多的销量和更高额的利润,并非为了说明、描述、指示商品而正当使用涉案商标,不构成合理使用。其次,分装行为破坏了商标的品质保证功能,尤其对于润滑油这种储存条件、内在精细度要求较高的产品来说,分装行为会导致正品包装抑或商品本身的改变,损害商标的品质保证功能。最后,信裕公司将来源于克鲁勃公司的润滑油再次销售时,为了获取更大的利益而破坏了润滑油的包装,或将低等级润滑油标识为高等级润滑油,损害了产品的质量和商标权利人的信誉,因此,分装行为不适用商标权利用尽原则,属于《商标法》第 57 条第 7 项规制的"给他人的注册商标专用权造成其他损害的"商标侵权行为。邹某与信裕公司共同故意实施侵权行为,应共同承担侵权的民事责任。袁某国是信裕公司员工,根据邹某安排实施相关行为,且其仅获得工资收益,并不参与利益分成,其行为的相关民事责任应由法人承担。浦东法院综合考虑信裕公司及邹某侵权恶意明显、侵权行为持续时间长、涉案金额高等因素,判决信裕公司、邹某连带赔偿经济损失 200 万元及合理支出 15 万元。

克鲁勃公司及信裕公司不服一审判决,上诉至上海知识产权法院。二审的争议焦点主要在于分装行为是否侵害了涉案注册商标专用权以及浦东法院判决的赔偿数额是否合理。上海知识产权法院认为,浦东法院对于分装行为的论证及结论具有事实和法律依据,确定的赔偿金额并无不当,据此判决驳回上诉,维持原判。

裁判规则

1. 商标权人对自己的商品享有控制品质的权利,商品品质的优劣不仅体现在商品本身,还体现在商品外包装的质量、设计感等方面。将商标权人正品商品分装后进行销售,会导致正品包装抑或产品本身的改变,使商标权人失去对商品品质的控制,损害了商标的品质保证功能及商标权人的商誉,构成《商标法》第 57 条第 7 项规制的"给他人的注册商标专用权造成其他损害的"商标侵权行为。

2. 商标权利用尽原则是指享有商标权的商品经由商标权人或被许可人以合法方式销售或转让后,商标权人对该特定商品上的商标权即告穷竭,其无权禁止合法取得该商品的所有权人在市场上再行销售或直接使用。但适用商标权利用尽原则时,使用人必须保证商品源于商标权利人,且销售中不能对商品进行任何形式的改变,不能影响商标的来源识别功能和品质保证功能。将商标权人正品商品分装后进行销售,损害了商标的品质保证功能及商标权人的商誉,不适用商标权利用尽原则。

3. 商标的合理使用包括叙述性使用、指示性使用、说明性使用等。指示性使用是指使用人善意、合理地使用商标权人的商标,并客观而无歧义地说明自己商品的性质。将商标权人正品商品分装后贴附假冒商标权人注册商标标识进行销售,该假冒标识的作用是为了向消费者表明分装后的商品源于商标权人,该行为虽然没有改变商标的来源识别功能,但也并非为了说明、描述、指示商品而正当使用该商标,该使用方式不属于商标的合理使用行为。

KLÜBER LUBRICATION (a)　BARRIERTA (b)
ISOFLEX (c)　ASONIC (d)
Klüberplex (e)　Klüberquiet (f)

图 1－3－10　涉案商标

KLÜBER LUBRICATION (a)　BARRIERTA (b)
ISOFLEX (c)　ASONIC (d)
Klüberplex (e)　Klüberquiet (f)

图 1－3－11　被诉侵权标识

华谊兄弟公司与时代华谊影城等商标侵权及不正当竞争案

法院:上海知识产权法院

案号:(2022)沪 73 民终 58 号

上诉人(一审被告):平山区时代华谊影城

被上诉人(一审原告):华谊兄弟传媒股份有限公司

一审被告:上海汉涛信息咨询有限公司

案情简介:华谊兄弟传媒股份有限公司(以下简称华谊兄弟公司)在电影放映等服务上享有“华谊”系列注册商标(以下简称涉案商标)的专用权。自 2010 年 6 月起,华谊兄弟公司陆续在全国各大城市开办影院(见图 1－3－12)。华谊兄弟公司认为,平山区时代华谊影城(以下简称时代华谊影城)在其经营场所及微信公众号中,大量使用“华谊”“华谊影城”等字样的标识(以下简称被诉侵权标识,见图 1－3－13)提供观影及餐饮服务,并以“本溪华谊国际影城”的名义,在上海汉涛信息咨询有限公司(以下简称汉涛公司)运营的“大众点评网”等多个平台进行宣传、销售,侵害了涉案商标权并构成不正当竞争,遂起诉至上海市浦东新区人民法院(以下简称浦东法院),请求判令时代华谊影城变更企业名称,时代华谊影城及汉涛公司停止商标侵权及不正当竞争行为并赔偿经济损失 400 万元及合理支出 3.5 万元。

浦东法院经审理认为,时代华谊影城在提供观影等服务上使用被诉侵权标识,可能导致相关公众在线浏览微信公众号、在线购票、进入影厅观影、餐饮消费时误认为其与华谊兄弟公司存在特定联系,进而导致相关公众产生混淆、误认,构成商标侵权,其在收到华谊兄弟公司的律师函后仍持续实施侵权行为,主观恶意明显。鉴于时代华谊影城认可"大众点评网"上的商户信息系由其上传,且汉涛公司已按华谊兄弟公司的通知及时删除相关信息,汉涛公司不对被诉行为承担责任。时代华谊影城擅自将涉案商标作为企业名称中的字号使用,具有明显攀附华谊兄弟公司商誉的主观恶意,且客观上造成了公众的混淆、误导,构成不正当竞争。浦东法院参照同类影城品牌特许经营的收费模式,确定涉案商标许可使用费为 30 万元,并认为时代华谊影城具有较大的主观恶意、客观上情节严重,故适用两倍惩罚性赔偿,最终确定损害赔偿金额为 90 万元。据此,浦东法院判决时代华谊影城停止商标侵权及不正当竞争行为、变更企业名称并赔偿华谊兄弟公司经济损失 90 万元及合理支出 3.5 万元。

时代华谊影城不服一审判决,上诉至上海市知识产权法院经审理认为一审法院的相关认定并无不当,遂驳回上诉,维持原判。

图 1-3-12 华谊兄弟公司影院

图 1-3-13 被诉侵权标识

上海市浦东新区人民法院

老城隍庙公司等与南翔餐饮公司等商标侵权及不正当竞争案

法院:上海市浦东新区人民法院

案号:(2019)沪 0115 民初 84502 号

原告:上海老城隍庙餐饮(集团)有限公司、上海豫园南翔馒头店有限公司

被告:上海南翔食品股份有限公司、上海南翔餐饮管理有限公司、上海市浦东

新区北蔡镇润泽小笼店、向某某

案由:侵害注册商标专用权及不正当竞争纠纷

案情简介:上海老城隍庙餐饮(集团)有限公司(以下简称老城隍庙公司)是第772405号“南翔”商标(以下简称涉案商标,见图1-3-14)的商标权人。涉案商标于1993年9月28日申请注册,并于1994年11月21日核定使用在第42类餐馆服务上。老城隍庙公司将涉案商标以普通许可授权给上海豫园南翔馒头店有限公司(以下简称豫园南翔馒头店公司)使用,在授权期内双方可就针对涉案商标的侵权行为共同提起维权诉讼。上海南翔食品股份有限公司(以下简称南翔食品公司)是第260205号“南翔”商标、第640055号“南翔”商标、第808760号“**南翔**”商标、第1023475号“南翔”商标及第11749973号“南翔”商标的商标权人,上述商标核定使用在第30类小笼包、云吞、春卷、汤圆、水饺、糕点等商品上(以下统称被诉侵权商标,见图1-3-15)。南翔食品公司将被诉侵权商标许可上海南翔餐饮管理有限公司(以下简称南翔餐饮公司)使用于直营及加盟餐饮门店,并与南翔餐饮公司签订协议,允许其在自营餐饮店铺及加盟餐饮店铺中使用“南翔”企业字号及公司荣誉、奖牌等。老城隍庙公司及豫园南翔馒头店公司认为,南翔食品公司及南翔餐饮公司在涉案特许经营项目的招商加盟中,上海市浦东新区北蔡镇润泽小笼店(以下简称润泽小笼店)、向某某在餐馆门店的经营中使用“南翔”“南翔小笼”标识(以下简称被诉侵权标识,见图1-3-16),侵害了老城隍庙公司及豫园南翔馒头店公司对涉案商标享有的商标权,并构成擅自使用有一定影响的服务名称;南翔食品公司、南翔餐饮公司在招商加盟宣传中使用“始创清朝同治十年”“百年南翔”“非物质文化遗产”“正宗南翔小笼”等文字及相关历史传承,以及南翔食品公司、南翔餐饮公司、润泽小笼店及向某某在餐馆门店的经营中使用“始创清朝同治十年”的行为构成虚假宣传。老城隍庙公司及豫园南翔馒头店公司起诉至上海市浦东新区人民法院(以下简称浦东法院),请求判令南翔食品公司、南翔餐饮公司、润泽小笼店及向某某停止商标侵权及不正当竞争行为,消除影响并赔偿经济损失及合理支出300万元。

浦东法院经审理认为,南翔食品公司、南翔餐饮公司、润泽小笼店及向某某将被诉侵权标识使用于店招、店内装潢、收银小票等,该些物品并非被诉侵权商标核定使用的商品或者用于指示商品来源所必须,而是用于提供餐饮服务的工具、用品等,被诉侵权标识也并非用于指示该物品的来源,而是用于指示餐饮经营者的服务来源;南翔食品公司、南翔餐饮公司、润泽小笼店及向某某将被诉侵权标识使用于餐饮服务特许加盟的招商展会等宣传中,同样产生标识服务来源的效果,因此,南翔食品公司、南翔餐饮公司、润泽小笼店及向某某逾越被诉侵权商标的权利边界,在与涉案商标核定使用的相同服务上使用了相同标识及近似标识,导致相关公众的混淆、误认,且该种使用方式也不是对地名“南翔”及字号“南翔”的正当性使用,侵害了老城隍庙公司及豫园南翔馒头店公司的商标权。在已经对老城隍庙公司及豫园南翔馒头店公司就“南翔”标识享有的合法权益予以保护的情况下,对其主张保护有一定影响的服务名称的诉讼请求,不予支持。老城隍庙公司、豫园南翔馒头店公司及南翔食品公司、南翔餐饮公司享有的“南翔”品牌处于长期共存的状态,双方对“南翔”品牌的商誉均作出贡献,并均获得“中华老字号”的荣誉。据此,综合考虑双方的历史和现状等因素,南翔食品公司、南翔餐饮公司、润泽小笼店及向某某使用“始创清朝同治十年”等文字进行宣传不构成虚假宣传。浦东法院综合考虑涉案商标的知名度、南翔食品公司及南翔餐饮公司的主观恶意、加盟店铺数量及利润等因素,判决南翔食品公司、南翔餐饮公司、润泽小笼店及向某某停止侵害商标权的行为,南翔食品公司、南翔餐饮公司消除影响并赔偿经济损失 200 万元及合理支出 342,000 元。

裁判规则

1. 服务商标与商品商标是两个不同的商标类别。商品商标通常直接标注于有形实物商品上,用于识别商品提供者;服务商标因服务的无形性特点往往附着于服务相关的场所招牌、工具等物品上,用于识别服务提供者。将核定使用在商品上的商标用于服务场所、服务招牌、服务工具、招商展会或网站宣传中,用于指示服务来源的,应当认定为超出核定商品的范围使用该商标。

2. 注册商标中含有地名的,注册商标专用权人无权禁止他人对该地名的正当使用。使用地名的行为是否正当,关键在于判断对该地名系作为对地理位置的描述性使用,还是作为识别商品或服务来源的商标性使用。若使用该地名仅是为了描述地理位置且不会对商品或服务来源产生混淆误认,则不宜仅因地名商标的存在而禁止他人正当使用该地名;反之,若将该地名作为指示商品或服务来源进行使用且导致相关公众产生混淆、误认,则不宜认定为正当使用。

南翔

图 1-3-14 涉案商标

南翔 南翔
(a) (b)

图 1-3-15 被诉侵权商标

南翔 南翔小笼
(a) (b)

图 1-3-16 被诉侵权标识

上海市徐汇区人民法院

班提公司等与卡思黛乐公司等商标侵权及不正当竞争纠纷案

法院:上海市徐汇区人民法院

案号:(2019)沪 0104 民初 13056 号

原告:李某之、上海班提酒业有限公司

被告:卡思黛乐酒业(中国)有限公司、北京百度网讯科技有限公司

案由:侵害注册商标专用权及不正当竞争纠纷

案情简介:李某之于 1998 年 9 月 7 日申请第 1372099 号“卡 斯 特”商标(以下简称涉案商标,图 1 – 3 – 17),该商标于 2000 年 3 月 7 日核准注册,核定使用在第 33 类葡萄酒等商品上。上海班提酒业有限公司(以下简称班提公司)是涉案商标的被许可人,并有权对侵害涉案商标的行为代为进行维权。李某之与班提公司认为,卡思黛乐酒业(中国)有限公司(以下简称卡思黛乐公司)将与涉案商标相同的“卡斯特”文字作为百度推广后台触发竞价排名机制的关键词,擅自控制、编辑自然搜索结果标题及描述内容,并通过技术手段人为干预自然搜索结果,构成商标侵权及不正当竞争。北京百度网讯科技有限公司(以下简称百度公司)在此过程中构成帮助侵权。李某之与班提公司起诉至上海市徐汇区人民法院(以下简称徐汇法院),请求判令卡思黛乐公司与百度公司停止侵权、消除影响并赔偿经济损失及合理支出 300 万元。徐汇法院经审理认为,卡思黛乐公司在百度推广后台所设置的关键词为“CASTEL”(见图 1 – 3 – 18)等,而非“卡斯特”。卡思黛乐公司设置“CASTEL”等关键词亦具有合理理由,而其为关键词选择“广泛匹配”的推广模式,是在商业网络推广背景下,以逐利最大化为目标之“经济人”再正常不过的宣传选择,并不违反诚实信用原则及商业道德。在百度自然搜索中,出现部分搜索结果标题中含有“卡斯特”文字均系由搜索引擎按照既定的程序路径自动对相关网页内容抓取与编辑所展现的,并非基于卡思黛乐公司的商标性使用产生。百度公司作为网络搜索技术服务提供者,在面对海量自然搜索信息的背景下,要求其实时侦知此类偏差并及时制止不具有现实可行性。百度公司在涉诉后即对自然搜索的结果进行了修正,已经及时、完整地履行了作为网络搜索技术服务提供者的管理义务,无须承担法律责任。因此,卡思黛乐公司不构成商标侵权及不正当竞争,百度公司亦未构成共同侵权。徐汇法院据此判决驳回李某之与班提公司的诉讼请求。

裁判规则

1.《商标法》作为专门规范特定商业标识市场运行规则的知识产权部门法,已为注册商标专用权勾勒出了相对清晰的权利边界,即注册商标专用权的范围应当以保障包括来源指示在内的诸多功能得以正常发挥为限。超出此边界的领域,可任由相关公众在竞争背景下自主利用并作出交易决策。

2.《商标法》与《反不正当竞争法》作为均具备商业竞争规制功能的独立单行法律,彼此间具有平行适用的关系。某一特定行为有可能同时纳入二者分别给予评价,相应的权利(权益)亦可分别依据二者获得保护,即便出现商标法层面的否定,只要某一权益(或权益载体)具有了竞争法上的独立意义,仍具备纳入反不正当竞争法保护的必要与可能。

3. 对于已超越注册商标专用权保护边界的商业利益,为避免因司法裁判权力的介入而不当获得“赢者通吃”的膨胀与扩张,侵蚀本属于自由竞争领域的公共空间,在适用《反不正当竞争法》第 2 条时应当把握较为严格的适用条件。判断某一行为是否构成不正当竞争,应当从行为本身是否违反诚实信用和商业道德,以及行为结果对于经营者利益、消费者权益及竞争秩序造成之影响角度,加以综合考察、评判。

卡 斯 特

图 1-3-17 涉案商标

CASTEL

图 1-3-18 被诉标识

商标刑事案件

上海市第三中级人民法院

刘某洋非法制造注册商标标识刑事案

法院:上海市第三中级人民法院

被告人:刘某洋

被害单位:费列罗有限公司

罪名:非法制造注册商标标识罪

案情简介：费列罗有限公司（以下简称费列罗公司）系“费列罗”“FERRERO ROCHER”等商标（以下简称涉案商标）的商标权人，上述商标核定使用商品包括第30类巧克力等商品。2019年起，刘某洋伙同其胞弟刘某（另案处理），由刘某洋负责采购“费列罗”T96（96粒装婚庆版）、T30（30粒装海外版）等低单价规格巧克力商品，由刘某委托他人非法制造带有“费列罗”相关注册商标的标签、底卡、塑料盒、底托、外包装纸箱、胶带等包装材料，两人将采购的巧克力单球用假冒包装材料分装成“费列罗”品牌T8（8粒心形包装）、T16（16粒方形包装）、T24（24粒长方形包装）、T32（32粒长方形包装）等高单价规格巧克力商品（以下简称涉案产品），对外销售赚取差价。

2020年7月至9月，公安机关先后查扣涉嫌假冒“费列罗”巧克力外包装等的涉案产品和涉及“费列罗”相关商标标识。经鉴定，查扣的涉案产品使用了与涉案商标相同的商标标识。经抽检，刘某洋采购的“费列罗”T96（96粒装婚庆版）系费列罗公司生产，采购的T30（30粒装海外版）巧克力单球呈现与费列罗公司产品一致的特性。经审计，2018年7月至2020年7月，刘某洋等委托他人伪造印有“费列罗”注册商标的包装材料，标识数量565万余个，实际支付标识货款170万余元。2020年7月13日，刘某洋被抓获，到案后如实供述了上述犯罪事实。此后，刘某洋因非法制造注册商标标识罪被提起公诉至上海市第三中级人民法院（以下简称上海三中院）。

上海三中院经审理认为，刘某洋未经权利人许可，委托他人伪造“费列罗”注册商标标识，数量达565万余个，实际支付标识货款170余万元，情节特别严重，构成非法制造注册商标标识罪。在共同犯罪中，刘某洋系主犯，应当按照其所参与的全部犯罪处罚。刘某洋到案后如实供述犯罪事实，可以从轻处罚；自愿认罪，通过家属向权利人进行赔偿得到谅解，且于庭前缴纳了罚金，可以酌情从轻处罚。据此，上海三中院以非法制造注册商标标识罪判处刘某洋有期徒刑3年，缓刑5年，并处罚金30万元。

裁判规则

违反商标管理法规，伪造、擅自制造他人的注册商标标识，以购入低单价规格产品、更换包装冒充高单价规格产品的方式牟取非法利益，且情节严重的，构成非法制造注册商标标识罪。

(三)著作权类

上海知识产权法院

华东设计院与都设公司等著作权侵权案

法院:上海知识产权法院

案号:(2020)沪 73 民终 187 号

上诉人(一审原告):华东建筑设计研究院有限公司

上诉人(一审被告):上海都设营造建筑设计事务所有限公司

被上诉人(一审被告):凌某戈

一审被告:徐某

一审第三人:武汉生态城碧桂园投资有限公司

案由:侵害作品信息网络传播权及虚假宣传纠纷

案情简介:武汉生态城碧桂园投资有限公司(以下简称碧桂园公司)与华东建筑设计研究院有限公司(以下简称华东设计院)签订了《建设工程设计合同(一)》,约定由华东设计院负责武汉光谷希尔顿酒店项目(以下简称涉案项目)的相关建筑设计工作,但该合同未对工程设计图等作品的著作权归属进行约定。凌某戈是涉案项目设计总负责人,徐某是涉案项目主创设计师。凌某戈与徐某于 2012 年 2 月从华东设计院离职后,于同月入职上海都设营造建筑设计事务所有限公司(以下简称都设公司)。华东设计院与都设公司就涉案项目签订《技术咨询合同》,约定都设公司为涉案项目提供技术咨询服务。华东设计院认为,都设公司、凌某戈在微信公众号“都设设计”的文章、微信公众号“材料在线”发布的直播音频中使用了武汉光谷希尔顿酒店工程设计图(以下简称涉案图纸),侵害了华东设计院对涉案图纸享有的信息网络传播权、署名权以及其中一张图纸的发表权;都设公司、凌某戈在都设公司网站、微信公众号“都设设计”的文章中使用了涉案建筑的照片、效果图,侵害了华东设计院对涉案建筑享有的信息网络传播权;都设公司、凌某戈在发布的文章中使用 SPA 区域手绘图(以下简称涉案手绘图),侵害了华东设计院对涉案手绘图享有的发表权、复制权及信息网络传播权。都设公司、凌某戈及徐某将涉案项目作为都设公司的过往业绩进行引人误解的宣传构成虚假宣传。华东设计院起诉至上海市杨浦区人民法院(以下简称杨浦法院),请求判令都设公司、凌某戈、徐某停止著作权侵权及不正当竞争行为,都设公司、凌某戈分别就侵害著作权行为赔礼道歉,都设公司、凌某戈、徐某分别就不正当竞争行为赔礼道歉、消除影响,都设公司、凌某戈、徐某连带赔偿经济损失300万元及合理支出214,500元。

杨浦法院经审理认为,在案证据未能证明涉案建筑整体外观和造型具有区别于其实用性的独特艺术美感,涉案建筑不构成《著作权法》规定的建筑作品。涉案图纸是点、线、面和各种几何图形组成的图纸,体现了严谨、精确、简洁、和谐与对称的科学之美,属于《著作权法》规定的图形作品。在《建设工程设计合同(一)》未对涉案图纸著作权归属进行约定的情况下,华东设计院作为受托人享有涉案图纸的著作权。同时,涉案图纸属于特殊职务作品,其上的署名权由制作该图纸的作者享有,华东设计院不享有署名权。都设公司、凌某戈使用的图纸均未再现涉案图纸的独创性表达,未侵害涉案图纸的著作权。华东设计院未提供涉案手绘图原稿及其绘制手绘图的证据,亦无法证明涉案图纸与涉案手绘图之间存在不可分割的联系,故不支持华东设计院关于涉案手绘图著作权的主张。都设公司在其官方网站的项目介绍及其微信公众号刊载的文章中多次将涉案项目与都设公司对酒店设计业务的水平进行挂钩,容易误导相关公众将都设公司作为涉案项目的设计单位,淡化华东设计院作为涉案项目设计单位的地位,构成不正当竞争。凌某戈在都设公司的微信公众号发布文章属于职务行为,由都设公司承担责任。徐某未作虚假的商业宣传,不构成虚假宣传。杨浦法院据此判决都设公司停止不正当竞争行为、消除影响并赔偿经济损失50万元及合理支出114,500元。

华东设计院、都设公司及凌某戈均不服一审判决,上诉至上海知识产权法院(以下简称上海知产法院)。上海知产法院经审理认为,涉案图纸由华东设计院接受业主委托设计完成,每份图纸上均由设计人、专业负责人、审核人、设计总负责人、审定人签字,构成工程设计图的署名方式,华东设计院盖章对外承担设计人责任,因此涉案图纸属于特殊职务作品。涉案建筑是以建筑物形式展现的,具有审美意义且具有独立于实用功能的艺术美感,属于《著作权法》规定的建筑作品。但对建筑物进行拍照、制作效果图属于合理使用行为。对于涉案图纸,上海知产法院认为被控侵权图纸在创作时并不受限于已有建筑物,即表达并未受限,故被控侵权图纸中有12幅与涉案图纸构成实质性相似,都设公司、凌某戈在官网及微信公众号中使用涉案图纸的行为构成对涉案图纸信息网络传播权的侵害。上海知产法院认可杨浦法院对于都设公司、凌某戈不正当竞争行为的认定,以及杨浦法院对于赔偿金额的确定,判决驳回上诉,维持原判。

裁判规则

1. 主要利用法人的物质技术条件创作,并由法人承担责任的工程设计图,属于特殊职务作品,其署名权由作者享有。

2. 建筑物具有审美意义且具有独立于其实用功能的艺术美感的,符合建筑作品的构成要件。在没有相反证据证明在先同类作品否定该建筑物独创性的情况下,应当认定该建筑物属于《著作权法》规定的建筑作品。

3. 工程设计图系由点、线、面和各种几何图形组成的图纸,对于其中体现了严谨、精确、简洁、和谐与对称的科学之美的,构成图形作品。判断被控侵权图纸与构成图形作品的工程设计图是否构成实质性相似,需要综合考虑前者是否使用了后者的独创性表达,以及该表达是否属于有限表达。

益趣公司与羽盟公司著作权侵权及不正当竞争案

法院:上海知识产权法院

案号:(2020)沪 73 民终 33 号

上诉人(一审原告):天津益趣科技有限公司

被上诉人(一审被告):上海羽盟网络科技有限公司

案由:侵害著作权及不正当竞争纠纷

案情简介:天津益趣科技有限公司(以下简称益趣公司)是《拳皇 98 终极之战 OL》游戏软件(以下简称涉案游戏)的著作权人。益趣公司认为,涉案游戏构成类电作品,上海羽盟网络科技有限公司(以下简称羽盟公司)开发的游戏《数码大冒险》(以下简称被诉侵权游戏)在游戏规则说明、规则界面、人物属性技能的数值设置等方面全面抄袭涉案游戏,侵害了益趣公司对涉案游戏享有的著作权,并构成不正当竞争,故起诉至上海市普陀区人民法院(以下简称普陀法院),请求判令羽盟公司停止侵权及不正当竞争行为、消除影响并赔偿经济损失及合理支出 1000 万元。普陀法院经审理认为,涉案游戏人物的活动及关卡行进情况不构成连续的画面,也缺乏电影情节的表达方式,不构成类电作品。涉案游戏界面、游戏规则说明性文章、游戏设计等均不具有独创性,不属于《著作权法》规定的作品,羽盟公司未侵害涉案游戏的著作权。涉案游戏的规则设计包括了游戏的人物技能、胜负规则、操作规则、奖惩规则、购买和交易规则、策略与战术规则等多方面要素，这一开发投入属于《反不正当竞争法》保护的法益。被诉侵权游戏与涉案游戏的规则设计存在相似性，即为羽盟公司抄袭涉案游戏核心游戏规则的必然结果，构成对益趣公司的不正当竞争。羽盟公司未侵害益趣公司的商誉，对于益趣公司消除影响的诉讼请求，不予支持。普陀法院综合考虑涉案游戏的知名度、传播范围、侵权恶意等因素，判决羽盟公司停止不正当竞争行为、赔偿经济损失及合理支出160万元。

益趣公司不服一审判决，上诉至上海知识产权法院（以下简称上海知产法院），理由包括涉案游戏构成类电作品，详细具体的游戏设计属于表达，应受著作权法保护等。上海知产法院认为，涉案游戏画面之间大多不具有连续性，亦不具备相应的剧情或故事情节，不构成类电作品。涉案游戏系统功能的游戏设计、游戏界面、规则文字等不具有独创性；游戏人物的设定数值等不属于《著作权法》保护范围，羽盟公司未侵害涉案游戏的著作权。此外，上海知产法院对于普陀法院确定的损害赔偿金额予以认可，最终判决驳回上诉，维持原判。

裁判规则

1. 网络游戏的整体画面是否属于类电作品至少应当符合两个条件：(1)具有连续动态的图像；(2)能够表达一定的故事情节。游戏元素或者游戏单幅画面具有独创性，不意味着整个游戏画面亦具有类电作品所要求的独创性。

2. 对于游戏设计本身是否构成《著作权法》规定的作品，应当以抽象概括的方式区分层次加以分析。一般而言，同类游戏的基本玩法属于基础规则，属于思想范畴，不属于《著作权法》的保护范围。当事人主张游戏设计构成作品的，应当证明其所主张的游戏设计属于具体规则，且属于独创性表达，是在基础规则的基础上指引玩家行为的一系列机制及机制的组合，并因此而使得整个游戏的玩法与其他游戏相比具有个性或特质。

腾讯公司与真彩公司著作权侵权及不正当竞争案

法院：上海知识产权法院

案号：(2018)沪73民终319号

上诉人（一审被告）：上海真彩多媒体有限公司

被上诉人（一审原告）：深圳市腾讯计算机系统有限公司

案由：侵害著作权及不正当竞争纠纷

案情简介:深圳市腾讯计算机系统有限公司(以下简称腾讯公司)通过向版权方支付授权费的方式获得影视作品《北京爱情故事》(以下简称涉案作品)的独占信息网络传播权。腾讯公司对在线视频播放链接采取了加密保护措施并在视频内容中设置了片前广告、暂停广告。腾讯公司认为,上海真彩多媒体有限公司(以下简称真彩公司)开发运营的"千寻影视"网络视频软件(以下简称被诉侵权软件)破坏腾讯公司视频播放地址加密保护措施,擅自盗链涉案影视作品在腾讯公司平台的视频正片播放地址,使用户不需要再访问腾讯公司视频网站或下载腾讯公司的播放器客户端即可观看涉案作品,侵害了腾讯公司享有的信息网络传播权。同时,真彩公司播放涉案作品时屏蔽了腾讯公司片前、暂停时出现的广告,破解了腾讯公司的会员验证机制,导致腾讯公司无法获得各类广告的收益和会员费收益,造成腾讯公司网站访问量的下降及腾讯公司播放器客户端下载安装量的下降,构成不正当竞争,遂起诉至上海市杨浦区人民法院(以下简称杨浦法院),请求判令真彩公司消除影响并赔偿经济损失及合理支出 50 万元。杨浦法院经审理认为,真彩公司故意避开或破坏腾讯公司为保护涉案作品信息网络传播权而采取的技术措施,违反《著作权法》第 48 条第 6 项的规定。鉴于法院已对真彩公司被诉行为违反《著作权法》进行了认定,不应再适用《反不正当竞争法》第 2 条给予腾讯公司额外的保护,故对于被诉行为构成不正当竞争的主张不予支持。腾讯公司未举证证明被诉行为对其声誉造成的实际影响,对于要求真彩公司消除影响的主张不予支持。杨浦法院综合考虑涉案作品的知名度及许可费用、真彩公司经营规模、主观过错程度等因素,判决真彩公司赔偿经济损失及合理支出 110,000 元。

真彩公司不服一审判决,上诉至上海知识产权法院(以下简称上海知产法院)。上海知产法院经审理认为,真彩公司向用户提供被诉侵权软件,虽然用户在该软件下可以实现对涉案作品的在线观看,但由于在涉案作品的播放中显示了腾讯网相应页面的地址,且腾讯网确实存在涉案作品,上述事实可以说明腾讯公司将涉案作品置于网络中传播,真彩公司仅提供了链接服务,并未实施将作品上传至网络的行为,杨浦法院未认定真彩公司侵害了腾讯公司的信息网络传播权,该认定正确。真彩公司破坏技术措施,客观上导致涉案作品传播范围的扩大,且屏蔽了页面广告、片前广告等内容,给腾讯公司造成巨大经济损失,应当承担相应的赔偿责任。上海知产法院判决驳回上诉,维持原判。

裁判规则

破坏技术措施的行为与侵害信息网络传播权的行为是两类不同性质的侵权行

为,即使存在通过破坏技术措施的方式设置链接的行为,该行为并不当然等同于侵害信息网络传播权的行为。仅实施破坏技术措施的行为,而未实施将他人作品置于向公众开放的服务器中,则不构成对他人作品信息网络传播权的侵害。

初某璐与包图公司著作权侵权案

法院:上海知识产权法院

案号:(2019)沪73民终312号

上诉人(一审被告):上海包图网络科技有限公司

被上诉人(一审原告):初某璐

案由:侵害著作权纠纷

案情简介:初某璐在北京的各个地点通过延时摄影的方式拍摄大量照片后,通过选择、剪辑、配音等后期制作,将其制作成视频(以下简称涉案视频),并将该视频中5段共10秒的视频素材授权给案外人在北京车展的预热宣传视频影片中作一次性使用。包图公司是包图网(www. ibaotu. com)的经营者,该网站提供与涉案视频内容相同的被诉侵权视频,供用户付费下载,并注明被诉侵权视频的著作权归包图公司所有。被诉侵权视频由名为"高青"的设计师上传,包图公司通过案外人向该设计师的银行账户支付2440元。初某璐认为,包图公司侵害了其对涉案视频享有的署名权及信息网络传播权,起诉至上海市浦东新区人民法院(以下简称浦东法院),请求判令包图公司登载致歉声明并赔偿经济损失20万元及合理支出8000元。

浦东法院经审理认为,涉案视频属于类电作品,初某璐提供了其在第三方平台发表涉案视频的信息,提交了制作该视频所使用的相应高清图片及制作形成的高清视频,并据此陈述了该视频的创作过程,内容能够相互印证,共同证明初某璐是涉案视频的作者。包图公司直接实施了向网络用户提供被诉侵权视频的行为,侵害了初某璐的署名权及信息网络传播权。浦东法院综合考虑涉案作品类型及独创性高度、包图公司侵权情节及经营规模等因素,判决包图公司登载致歉声明并赔偿初某璐经济损失10万元及合理支出7400元。

包图公司不服一审判决,上诉至上海知识产权法院(以下简称上海知产法院)。上海知产法院经审理认为,包图公司主张适用合法来源抗辩规定缺乏依据。原因在于,主张合法来源抗辩的主体是作品发行者及出租者,包图公司作为被诉侵权视频著作权的受让人,并不符合法律有关合法来源抗辩主体的规定。《著作权法》规定的"合法来源"并非指著作权权利具有合法来源,而是指有体复制件商品具有合法来源。一方面,对于复制品的销售者而言,其获利的主要方式是购进商品与出售商品间的差价,而非主要基于作品著作权所产生的价值,对于复制品的销售者施加著作权权属实质审查义务的负担会导致利益失衡,且复制品的销售者通常并无条件和能力对著作权的权属进行实质审查。另一方面,作品复制件上既承载着商品的物权,也承载着作品的著作权,为平衡物权所有人和著作权人间的利益,促进商品的市场流通,不应对复制品的销售者在著作权权属的审查上施加过高的注意义务,否则将会不适当地阻碍商品流通。但对于著作权的受让人或被许可人而言,其获利的主要方式系基于作品著作权所产生的价值,或者与作品著作权价值密切相关,其对受让作品著作权权属具有实质性的审查义务,在性质上不同于复制品发行者对于有体复制件合法来源的审查。包图公司对被诉侵权视频的著作权权属并未尽到合理的审查义务,支付给设计师“高青”的费用显然低于市场价格,包图公司理应知晓被诉侵权视频侵害他人著作权可能性程度较高,但未进一步采取有效的审查措施,主观具有过错,应该承担侵害初某璐署名权及信息网络传播权的民事责任。浦东法院判决并无不当,上海知产法院据此判决驳回上诉,维持原判。

裁判规则

《著作权法》规定的“合法来源”并非指著作权权利具有合法来源,而是指有体复制件商品具有合法来源,因此,主张合法来源抗辩的主体限于作品发行者及出租者,不应扩张解释至作品著作权的被许可人或受让人。

葫芦娃公司与美影厂著作权侵权及不正当竞争案

法院:上海知识产权法院

案号:(2021)沪 73 民终 62 号

上诉人(一审被告):石家庄葫芦娃食品有限公司

被上诉人(一审原告):上海美术电影制片厂有限公司

案由:侵害著作权及不正当竞争纠纷

案情简介:上海美术电影制片厂有限公司(以下简称美影厂)对“葫芦娃”美术作品(以下简称涉案作品)享有除署名权之外的其他著作权。石家庄葫芦娃食品有限公司(以下简称葫芦娃公司)的法定代表人是核定使用在第 32 类无酒精饮料上的第 631343 号“”商标(以下简称被诉侵权商标)的商标权人。葫芦娃公司在儿童成长核桃乳植物蛋白饮品、牛盼盼冰糖葫芦棒、服装、气球、遮阳伞/棚等商品上使用了被诉侵权商标,并在其运营的微信公众号"葫芦娃食品"上发布《知名动漫形象授权25年老品牌实力背书这款儿童饮品经销商千万不能错过》的文章(以下简称被诉侵权文章),文章内容包括:"葫芦娃是一部最优秀的动画片之一……石家庄葫芦娃食品有限公司同知名卡通形象葫芦娃签订了长期战略合作协议,成为相关类别国内唯一授权商"。美影厂认为葫芦娃公司前述行为侵害了其对涉案作品享有的信息网络传播权并构成虚假宣传的不正当竞争行为,遂将其起诉至上海市普陀区人民法院(以下简称普陀法院),请求判令葫芦娃公司停止侵权、消除影响并赔偿经济损失200万元及合理支出2500元。普陀法院经审理认为,涉案作品的创作完成及发表时间早于被诉侵权商标,且知名度极高,可认定构成在先权利,葫芦娃公司即便是在核定使用商品类别上的规范使用被诉侵权商标,也已侵犯美影厂对涉案作品享有的信息网络传播权。被诉侵权文章刻意建立葫芦娃公司与美影厂的联系,进一步增加了混淆误认的可能性,构成虚假宣传的不正当竞争。普陀法院综合考虑涉案作品知名度及商业价值、创作的难易程度、侵权行为的持续时间、性质和情节、葫芦娃公司的主观过错、涉案作品贡献度等因素,判决葫芦娃公司停止侵害涉案作品信息网络传播权的行为以及虚假宣传的不正当竞争行为、消除影响并赔偿经济损失20万元及合理支出2500元。

葫芦娃公司不服一审判决,上诉至上海知识产权法院(以下简称上海知产法院)。上海知产法院经审理认为,被诉侵权商标包含了涉案作品的全部主要特征,且文字部分为"葫芦娃",更具有指向性,两者构成实质性相似。葫芦娃公司在网站、微信公众号、微信朋友圈等网络宣传中使用被诉侵权商标,使公众得以在个人选定的时间和地点获得涉案作品,侵害了涉案作品的信息网络传播权。葫芦娃公司在宣传中虚构其与美影厂存在合作关系,构成虚假宣传。普陀法院认定事实清楚,适用法律正确。上海知产法院据此判决驳回上诉,维持原判。

裁判规则

商标专用权虽是由法律授予商标权利人在核定商品或服务上使用其注册商标的权利,但如果这种权利的取得实质上是违反诚实信用原则,违背了公认的商业道德,即便其形式具有合法性,仍不能阻却在先权利人的合法权益。将与他人在先美术作品构成实质性相似的标识作为商标申请注册并使用,构成对他人著作权侵害的,仍应承担停止侵权、赔偿损失的民事责任。

玄霆公司与阿里公司侵害作品信息网络传播权纠纷案

法院:上海知识产权法院

案号:(2021)沪 73 民终 451 号

上诉人(一审被告):杭州阿里科技有限公司

被上诉人(一审原告):上海玄霆娱乐信息科技有限公司

案由:侵害作品信息网络传播权纠纷

案情简介:上海玄霆娱乐信息科技有限公司(以下简称玄霆公司)是“起点中文网”及“起点读书”App 的运营商。玄霆公司依靠与作者签订《文学作品转让协议》《委托创作协议》《授权协议》《作者作品协议》并在起点中文网、“起点读书”App 等平台发表作者作品,网络用户付费阅读为其主要模式盈利。杭州阿里科技有限公司(以下简称阿里公司)是“一搜网”的经营主体,玄霆公司主张,在“一搜网”中输入涉案作品名称后,搜索结果中有转码阅读按钮,点击转码阅读按钮后可以直接在该网站中阅读小说内容。据此,玄霆公司认为阿里公司经营的“一搜网”直接提供了涉案 60 部作品,构成了对玄霆公司享有的涉案作品信息网络传播权的直接侵权。玄霆公司遂向上海市浦东新区人民法院(以下简称浦东法院)提起诉讼,请求判令阿里公司赔偿玄霆公司经济损失 480 万元以及合理费用 612,500 元。

浦东法院经审理认为:最高人民法院《关于审理侵害信息网络传播权民事纠纷案件适用法律若干问题的规定》第 6 条规定,原告有初步证据证明网络服务提供者提供了相关作品、表演、录音录像制品,但网络服务提供者能够证明其仅提供网络服务且无过错的,人民法院不应认定为构成侵权。本案中玄霆公司提交的证据表明,网络用户可以在阿里公司经营的“一搜网”上对涉案作品进行阅读,且页面未发生跳转,该证据可作为证明阿里公司提供涉案作品的初步证据。阿里公司所称“一搜网”仅提供搜索转码服务,并未直接提供侵权作品,但其并未提交相关证据予以证明。即使如阿里公司所言,其对涉案作品仅提供搜索转码服务,但现有证据显示,阿里公司在“一搜网”中针对小说专门设置了小说搜索频道,并编辑、整理了涉案小说的简介及章节目录,其应当注意到第三方网站存在提供侵权作品及其搜索结果会链接到侵权网站的可能性,但未采取合理措施预防侵权行为的发生,未尽到与其提供的服务相应的注意义务,对涉案被控侵权作品的传播具有过错,也应承担相应的侵权责任。综上所述,浦东法院认定阿里公司的行为侵害了玄霆公司对涉案作品享有的信息网络传播权。关于经济损失赔偿金额,鉴于玄霆公司未能举证证明其因被侵权所遭受的经济损失或阿里公司因侵权所获得的利益,故浦东法院综合考虑涉案小说的知名度、“一搜网”的经营规模等，酌定经济损失 85 万元。同时结合本案标的、律师收费的相关标准、本案案情的疑难程度等判决阿里公司支付合理费用 25 万元。

阿里公司不服一审判决，向上海知识产权法院（以下简称上海知产法院）提起上诉。上海知产法院经审理认为：“一搜网”中针对小说专门设置了小说搜索频道，阅读过程中阅读界面并不出现跳转，亦不涉及用户选择阅读来源问题，阿里公司为提升阅读体验亦专门设置了小说目录，对于转码的第三方网站内容在显示时亦去除了与文本无关的广告等内容，实质上系阿里公司主动、直接地整合不同网站内容，逐章提供给用户。另外，阿里公司设置专门小说搜索频道，应当注意到第三方网站存在提供侵权作品的可能性，亦应当知道其搜索结果链接至第三方侵权网站的可能性，对此却未采取任何措施预防侵权行为的发生。据此，阿里公司未尽到与其提供的服务相应的注意义务，帮助了第三方侵权网站侵权行为的传播。上海知产法院据此驳回阿里公司的上诉，维持原判。

上海市浦东新区人民法院

玄霆公司与先锋出版公司等著作权侵权案

法院：上海市浦东新区人民法院

案号：（2015）浦民三（知）初字第 838 号

原告：上海玄霆娱乐信息科技有限公司

被告：北京新华先锋文化传媒有限公司、北京新华先锋出版科技有限公司、上海新华传媒连锁有限公司、群言出版社、张某野（笔名天下霸唱）

第三人：万达影视传媒有限公司

案由：著作权侵权及不正当竞争纠纷

案情简介：上海玄霆娱乐信息科技有限公司（以下简称玄霆公司）受让取得小说《鬼吹灯Ⅱ》（以下简称涉案小说）的著作财产权。万达影视传媒有限公司（以下简称万达影视公司）经授权根据涉案小说改编拍摄了电影《鬼吹灯之寻龙诀》（以下简称《寻龙诀》）。张某野创作小说《摸金校尉之九幽将军》（以下简称被诉侵权图书），由北京新华先锋出版科技有限公司（以下简称先锋出版公司）、群言出版社出版发行。万达影视公司授权北京新华先锋文化传媒有限公司（以下简称先锋文化公司）使用《寻龙诀》的一张海报，用于被诉侵权图书的封面、图书海报及与图书相关的宣传。玄霆公司认为,被诉侵权图书大量使用了涉案小说的人物名称、人物形象、人物关系、盗墓方法、盗墓需遵循的禁忌规矩等要素,侵害了其对涉案小说享有的改编权;涉案小说作品名称及主要人物名称构成知名商品特有名称,被诉侵权图书在封面上、微博和微信文章中突出使用"鬼吹灯"字样,并将与涉案小说中"胡八一""Shirley 杨""王胖子"相同或相似的名称作为被诉侵权图书主要人物名称,构成不正当竞争;被诉侵权图书封面封底及宣传中使用《寻龙诀》海报、预告片台词、标注《寻龙诀》上映信息、监制、导演、主要演员的推荐语等构成虚假宣传。于是玄霆公司起诉至上海市浦东新区人民法院(以下简称浦东法院),请求判令先锋文化公司、先锋出版公司、群言出版社、张某野停止出版发行被诉侵权图书、消除影响并赔偿经济损失及合理支出 2000 万元,上海新华传媒连锁有限公司(以下简称新华传媒公司)停止销售被诉侵权图书。

浦东法院经审理认为,被诉侵权图书虽然使用了与涉案小说相同的人物名称、关系、盗墓规矩、禁忌等要素,但该图书有自己独立的情节和表达内容,其将这些要素和情节组合之后形成了一个全新的故事内容,与涉案小说在情节上并不相同或相似,也无任何延续关系,不构成侵害玄霆公司的著作权。玄霆公司主张的人物形象、盗墓规矩及禁忌等要素首先是由张某野创作,在这些要素不构成表达,不属于著作财产权保护范围的情况下,张某野利用自己创作的这些要素,创作出不同于涉案小说表达的新作品并无不当,不构成不正当竞争。被诉侵权图书对"鬼吹灯"的使用并非用于识别商品来源,并不存在突出使用"鬼吹灯"字样作为商业标识使用的情形,不构成不正当竞争。玄霆公司主张的涉案小说的人物名称并非商品名称,不能作为知名商品特有名称保护,因此,先锋文化公司、先锋出版公司、群言出版社使用"鬼吹灯"及与涉案小说人物名称近似的名称不构成不正当竞争。但先锋文化公司、先锋出版公司、群言出版社一系列的对外宣传推广行为,易使相关公众将被诉侵权图书误认为是《寻龙诀》的原著或与原著内容有关联。该行为可能会造成取代涉案小说地位的后果,会对玄霆公司利益造成重大的损害,构成虚假宣传。浦东法院综合考虑涉案小说知名度、损害结果、被诉侵权图书销售情况等因素,判决新华传媒公司停止销售带有被诉封面封底的侵权图书;先锋文化公司、先锋出版公司赔偿玄霆公司经济损失 90 万元,群言出版社对其中 60 万元承担连带赔偿责任;先锋文化公司、先锋出版公司、群言出版社停止虚假宣传、消除影响并赔偿合理费用 126,000 元。

裁判规则

1. 文字作品中的人物形象等要素不同于电影作品或美术作品中的人物形象等,

后者借助可视化手段能够获得更为充分的表达,更容易清晰地被人所感知。而文字作品中的人物形象等要素往往只是作品情节展开的媒介和作者叙述故事的工具,从而难以构成表达本身。只有当人物形象等要素在作品情节展开过程中获得充分而独特的描述,并由此成为作品故事内容本身时,才有可能获得《著作权法》保护。

2. 文字作品中人物形象等要素即使不受《著作权法》的保护,但在读者群体中,当该人物形象等要素与作品之间已经建立起了较为稳定的联系,具备了特定的指代和识别功能,其整体仍有可能受到《反不正当竞争法》的保护。

3. 知名商品特有名称在一定意义上起到未注册商标的商业标识作用,故在判断被诉侵权行为是否属于擅自使用知名商品特有名称的不正当竞争行为时,首先需要审查被诉侵权行为是否将相关标识作为商业标识使用。只有行为人实施了将相关标识作为商业标识使用的行为,才有将相关标识作为知名商品特有名称进行保护的必要。

(四)不正当竞争类

上海市浦东新区人民法院

鸿云公司与百度公司等不正当竞争纠纷案

法院:上海市浦东新区人民法院

案号:(2020)沪0115民初3814号

原告:上海鸿云软件科技有限公司

被告:同创蓝天投资管理(北京)有限公司、北京百度网讯科技有限公司

案由:不正当竞争纠纷

案情简介:上海鸿云软件科技有限公司(以下简称鸿云公司)主营VR全景制作及加盟服务,其官方网站的域名为"www.720think.com"(以下简称涉案URL)。同创蓝天投资管理(北京)有限公司(以下简称同创蓝天公司)主营业务为VR全景视频的拍摄等。北京百度网讯科技有限公司(以下简称百度公司)与同创蓝天公司签订合同约定百度公司为同创蓝天公司提供百度搜索推广服务,将涉案URL设置

为同创蓝天公司的关键词。鸿云公司认为,同创蓝天公司及百度公司将涉案 URL 作为关键词在百度搜索中进行推广的行为(以下简称涉案行为)构成不正当竞争。鸿云公司遂向上海市浦东新区人民法院(以下简称浦东法院)提起诉讼,请求判令二被告立即停止不正当竞争行为,赔偿经济损失 40 万元及合理支出 1 万余元。

浦东法院经审理认为:首先,虽然同创蓝天公司、百度公司在百度搜索中将涉案 URL 设置为关键词,但在前端即普通公众的搜索结果页面的推广链接的标题、下方的推广描述以及点击该链接进入同创蓝天公司的网站后展示的内容均不存在与涉案 URL 相关的信息,不会造成混淆,也不构成虚假宣传。涉案行为不属于《反不正当竞争法》明确列举的不正当竞争行为。其次,在上述搜索结果中鸿云公司官方网站依旧出现在首位,涉案行为不必然导致鸿云公司交易机会的丧失,鸿云公司的合法权益未遭受损害。消费者在上述搜索结果中将同创蓝天公司与鸿云公司产生混淆的可能极低,涉案行为未剥夺消费者信息选择的权益,也未扰乱正常的市场秩序。最后,涉案行为未违反诚实信用原则和公认的商业道德。综上所述,二被告的行为不构成不正当竞争。浦东法院据此作出判决,驳回鸿云公司全部诉讼请求。

裁判规则

1. 适用《反不正当竞争法》第 2 条认定某一行为是否属于不正当竞争行为时应具备以下条件:(1)法律对该种竞争行为未作出特别规定;(2)反不正当竞争法保护的法益因被诉行为受到实际损害;(3)该竞争行为确因违反诚实信用原则和公认的商业道德而具有不正当性和可责性。

2. 适用《反不正当竞争法》第 2 条判定某一行为的损害时,须就公共利益(市场秩序)、经营者利益和消费者利益的"三元叠加"法益进行综合考量。

支付宝公司与斑马软件公司不正当竞争案

法院:上海市浦东新区人民法院

原告:支付宝(中国)网络技术有限公司

被告:江苏斑马软件技术有限公司

案由:不正当竞争纠纷

案情简介:URL Scheme 系 iOS 系统内 App 开发者常用的技术开发协议,用于识别特定手机 App 或功能模块,并实现 App 之间的顺利跳转。支付宝(中国)网络技术有限公司(以下简称支付宝公司)系支付宝 App 的主要经营者,其在业内早已将"alipays://"或"alipay://"公示作为支付宝 App 的 URL Scheme,以便各类应用软件识别。江苏斑马软件技术有限公司(以下简称斑马软件公司)在其开发、运营的家政加 App 中设置了与支付宝 App 一致的 URL Scheme "alipay://",使得用户在使用支付宝 App 付款结算时,被强行跳转至家政加 App。支付宝公司于 2020 年 11 月 10 日向上海市浦东新区人民法院(以下简称浦东法院)提出诉前行为保全申请,浦东法院于 2020 年 11 月 11 日作出裁定,责令斑马软件公司立即停止对支付宝 App 正常跳转进行干扰的行为。

此后,浦东法院经审理认为,斑马软件公司的被诉行为直接导致了支付宝公司的流量利益和交易收益减损,用户评价降低,同时损害了用户选择权。支付宝公司已经通过公示对其他开发者进行了必要告知,斑马软件公司作为家政加 App 的开发者,与"alipay"标识之间并无关联,其选择"alipay"作为其 App 的 URL Scheme,既不具有合理理由,又造成了对支付宝 App 正常运行的实质性妨碍,明显具有不正当性,故应当给予反不正当竞争法上的否定评价。据此,浦东法院判决斑马软件公司刊登声明、消除影响,并综合考虑支付宝公司实际损失、斑马软件公司主观状态及被诉行为持续时间等因素,酌定斑马软件公司赔偿支付宝公司经济损失 30 万元及维权合理开支 18.5 万元。

上海知识产权法院

来电公司等与挚想公司等不正当竞争纠纷案

法院:上海知识产权法院

案号:(2020)沪 73 民终 22 号

上诉人(一审被告):深圳来电科技有限公司、王某唯

被上诉人(一审原告):上海挚想科技有限公司、挚享科技(上海)有限公司

被告:福建亚拉拉特网络科技服务股份有限公司

案由:不正当竞争纠纷

案情简介:上海挚想科技有限公司(以下简称挚想公司)、挚享科技(上海)有限公司(以下简称挚享公司)系"怪兽"共享充电宝的共同经营者。深圳来电科技有限公司(以下简称来电公司)系"来电"共享充电宝的经营者。王某唯系来电公司销售人员。王某唯在其微信朋友圈中发布"诺亚方舟酒吧集团对市场上各大充电宝品牌的检测,来电有足够的自信面对各种安全检测……怪兽充电宝不灵啊。为我们

广大消费者提供最安全有保障的服务,是我们来电人最自豪的事情”的信息,该信息附有“亚拉拉特公司”对充电宝的检测报告(以下简称被诉信息)。挚想公司和挚享公司以来电公司、王某唯以及福建亚拉拉特网络科技服务股份有限公司(以下简称亚拉拉特公司)的上述行为构成不正当竞争为由,向上海市浦东新区人民法院(以下简称浦东法院)提起诉讼,请求判令三被告立即停止不正当竞争行为、赔礼道歉、消除影响、赔偿经济损失 40 万元及合理支出 10 万元。

浦东法院经审理认为,王某唯发布被诉内容系代表来电公司的职务行为,应由来电公司承担责任。王某唯发布的被诉内容构成商业诋毁和虚假宣传。而现有证据难以证明涉案检测报告由亚拉拉特公司出具。浦东法院据此判决来电公司赔偿经济损失及合理支出 12 万元并消除影响。来电公司、王某唯不服一审判决,向上海知识产权法院(以下简称上海知产法院)提起上诉。

上海知产法院经审理认为:第一,王某唯的微信朋友圈中既有关于个人生活的内容,也有大量关于来电公司及其产品的推广信息,其朋友圈并非单纯的个人社交平台,而是兼具来电公司营销平台的性质;被诉信息主要涉及“来电”充电宝与“怪兽”充电宝的直接比对,与其本职工作直接相关;被诉行为直接及主要的受益人是来电公司;除王某唯外,来电公司的另一销售人员亦在其微信朋友圈发布了基本相同的信息,且二人均称“我们来电人”。被诉信息发布行为应与来电公司的意志相关。因此,王某唯的行为属于职务行为。第二,王某唯所发布的信息为虚假信息和误导性信息;两上诉人主观上具有损害竞争对手商誉的意图;被诉行为对被上诉人的产品产生负面评价,有损其商品信誉,构成商业诋毁和虚假宣传。上海知产法院据此作出判决,驳回上诉,维持原判。

裁判规则

当员工在其个人社交账号发布侵害他人合法权益的信息时,该行为是否构成职务行为,应综合审查行为发生场所的属性、被诉信息的具体内容、行为受益人及行为是否与单位意志相关等因素进行综合认定。构成职务行为的,由用人单位承担侵权责任。

小罐公司与小笋公司等不正当竞争案

法院:上海知识产权法院

案号:(2020)沪 73 民终 565 号

上诉人(一审被告):小笋(上海)实业有限公司、雷某华

被上诉人(一审原告):北京小罐茶业有限公司

一审被告:武夷山壹茗生态茶业有限公司、杭州观复茶业有限公司、横县长春茶厂

案由:不正当竞争纠纷

案情简介:北京小罐茶业有限公司(以下简称小罐公司)是"小罐茶"产品的生产商和销售商。小罐公司认为"小罐茶"属于知名商品,"小罐茶"商品包装(以下简称涉案包装、装潢)属于有一定影响的商品包装、装潢。小笋(上海)实业有限公司(以下简称小笋公司)及其法定代表人雷某华、武夷山壹茗生态茶业有限公司(以下简称壹茗公司)、杭州观复茶业有限公司(以下简称观复公司)、横县长春茶厂(以下简称长春茶厂)使用与涉案包装、装潢近似的"小茶匠"包装、装潢(以下简称被诉侵权包装、装潢)构成不正当竞争;小笋公司使用"小罐茶"作为付费搜索广告关键词的行为也构成不正当竞争,遂起诉至上海市浦东新区人民法院(以下简称浦东法院),请求判令小笋公司、壹茗公司、观复公司、长春茶厂、雷某华停止不正当竞争行为、消除影响并赔偿经济损失500万元及合理支出119,222元。

浦东法院经审理认为,小罐公司的"小罐茶"产品在小笋公司成立并销售"小茶匠"产品之前已在市场上取得了较高的知名度,为相关公众所知晓,属于有一定影响的商品。涉案包装、装潢的要素组合后形成的包装、装潢能与产品建立起明确、稳固的联系,成为相关公众区别小罐公司的产品与其他同类产品的重要依据,从而将产品来源指向小罐公司,因此涉案包装、装潢属于具有一定影响的包装、装潢。小笋公司擅自使用与涉案装潢构成近似的被诉侵权包装、装潢,容易导致相关公众的混淆、误认,构成不正当竞争。小笋公司在天猫、京东电商平台经营网店期间,将小罐公司的企业名称及商标"小罐茶"作为付费搜索广告关键词,不当攫取了小罐公司产品的交易机会,挤占了小罐公司的市场,使小罐公司的相关利益受损,同时增加了消费者选择小笋公司产品的可能性,进而提升其自身的竞争力,构成不正当竞争。被诉侵权商品由小笋公司销售,壹茗公司、观复公司仅实施了茶叶加工行为,未实施不正当竞争行为。现有证据尚不足以证明长春茶厂存在为小笋公司加工茶叶的行为,因此,壹茗公司、观复公司及长春茶厂与小笋公司不构成共同侵权,不承担民事责任。在案证据不能证明雷某华与小笋公司构成共同侵权,但其作为小笋公司的唯一股东,未能证明公司财产独立于其个人财产,依法应与小笋公司承担连带赔偿责任。浦东法院综合考虑"小罐茶"商品及涉案包装、装潢的知名度、小笋公司

侵权规模、主观恶意等因素,判决小笋公司停止不正当竞争行为、消除影响并赔偿经济损失 300 万元及合理开支 112,922 元,雷某华承担连带赔偿责任。

小笋公司及雷某华不服一审判决,上诉至上海知识产权法院(以下简称上海知产法院)。上海知产法院经审理认为,"小罐茶"商品属于有一定影响的商品,涉案包装、装潢属于具有区别于其他同类产品的、能识别商品来源的、有一定影响的包装、装潢。小笋公司使用的被诉侵权包装、装潢在整体和细节设计上与涉案包装、装潢近似,易使相关消费者对两者的来源产生混淆或误认,构成不正当竞争。"小罐茶"不但是小罐公司"小罐茶"商品的名称,还是小罐公司企业名称中的主要部分以及注册商标的中文部分,小笋公司购买"小罐茶"关键词的行为,具有攀附他人商誉的主观恶意,客观上加深了相关公众对于"小罐茶"商品与"小茶匠"商品来源以及商品提供者之间具有关联关系的混淆、误认,构成不正当竞争。浦东法院认定事实清楚,适用法律正确,上海知产法院据此判决驳回上诉,维持原判。

裁判规则

1. 在隔离比对的状态下,被诉包装、装潢与他人具有显著性和较高知名度的包装、装潢在整体和主要部分上构成近似,相关公众施以一般注意力容易产生混淆、误认的,构成不正当竞争。

2. 擅自使用与他人有一定影响的商品名称相同或近似的网络搜索关键词,进行有偿推广,容易导致相关公众产生混淆、误认的,构成不正当竞争。

(五)其　他

上海知识产权法院

冠中公司等与冠生园公司恶意诉讼案

法院:上海知识产权法院

案号:(2020)沪 73 民终 511 号

上诉人(一审原告):上海冠中食品有限公司、金华冠中食品有限公司

被上诉人(一审被告):上海冠生园食品有限公司

案由:恶意提起知识产权诉讼损害责任纠纷

案情简介:上海冠生园食品有限公司(以下简称冠生园公司)是第89906号注册商标(以下简称涉案商标)的商标权人。2014年7月16日,冠生园公司以上海冠中食品有限公司(以下简称冠中公司)侵害涉案商标为由,向浙江省永康市人民法院(以下简称永康法院)提起诉讼。永康法院经审理后认为冠中公司不构成侵权,于2015年1月8日驳回冠生园公司的诉讼请求(以下简称53号案件)。冠生园公司不服一审判决,向浙江省金华市中级人民法院(以下简称金华中院)提起上诉,同时冠生园公司分别以冠中公司的三家客户销售冠中公司生产的与涉案商标近似标识的产品、侵害商标权为由,在三地先后提起诉讼(以下简称关联一审案件)。2015年5月20日,金华中院作出判决,认为冠中公司的行为使相关公众可能对商品来源产生混淆,侵害了涉案商标权,并据此撤销53号案件判决(以下简称70号案件)。冠中公司不服二审判决,向浙江省高级人民法院(以下简称浙江中院)申请再审。而三件关联一审案件中的两件的审理法院持70号判决观点判定侵权,该两件案件对应的被告(冠中公司客户)均不服,均向金华中院提起上诉,并提供了由冠中公司出具的合法来源证明(以下简称关联上诉案件)。浙江高院再审认为冠中公司的行为不会引起混淆,不构成商标侵权,并据此撤销了70号案件判决,维持53号案件判决(以下简称113号案件)。金华中院在审理前述两件关联上诉案件时持113号案件观点,认定不侵权,并撤销了对应的一审判决,改判驳回冠生园公司的全部诉讼请求。冠生园公司也对最后一件关联一审案件申请撤诉,并获得准许。2020年,冠中公司以冠生园公司恶意提起知识产权诉讼对其正常生产经营造成了严重损失为由,向上海市徐汇区人民法院(以下简称徐汇法院)提起诉讼,请求判令冠生园公司赔偿经济损失5000万元并刊登声明消除影响。

徐汇法院经审理认为:对因恶意提起知识产权诉讼应持较高的认定标准,否则将不当地阻吓权利人依法正当维护知识产权。在案证据不能证明冠生园公司提起的相关知识产权诉讼具有超出诉讼本身的其他目的,或者在上述诉讼中存在明显不当、有违诚信的诉讼行为,故冠生园公司提起相关知识产权诉讼的目的在于正当维权,不属于恶意提起知识产权诉讼的侵权行为。徐汇法院据此判决驳回冠中公司的全部诉讼请求。冠中公司不服一审判决,向上海知识产权法院(以下简称上海知产法院)提起上诉。上海知产法院经审理认为:冠生园公司提起在先商标侵权诉讼具有法律和事实依据,综合所有关联案件来看,其不具备侵害冠中公司合法权益的目的,更不能因其未胜诉而推定权利人提起诉讼的行为具有恶意。上海知产法院据此驳回上诉、维持原判。

裁判规则

在因恶意提起知识产权诉讼损害责任纠纷案件中,对于被告过错的认定应当严格把握,恶意仅应包括直接故意,不包括过失。判断当事人是否具有恶意的关键在于,当事人是否明知自己的诉讼请求缺乏事实和法律依据而仍提起诉讼,以及是否具有侵害对方合法权益的不正当诉讼目的。

上海市浦东新区人民法院

特威茶公司与浦东新区政府等罚款及行政复议案

法院:上海市浦东新区人民法院

原告:特威茶餐饮管理(上海)有限公司

被告:上海市浦东新区知识产权局、浦东新区政府

案由:行政处罚复议行政诉讼纠纷

案情简介:特威茶餐饮管理(上海)有限公司(以下简称特威茶公司)将"龙井茶""盛玺龙井茶"字样的中文标签贴在从新加坡进口的茶叶(以下简称涉案商品)上进行销售。上海市浦东新区知识产权局(以下简称浦东知识产权局)认为,特威茶公司未经"龙井茶"商标权人许可,在茶叶外包装上贴附标有"龙井茶""盛玺龙井茶"字样的中文标签,起到了识别商品原产地及特定品质的作用,且特威茶公司无法证明涉案商品原料的原产地,该行为易使相关公众误认为涉案商品获得了商标权人的授权,容易造成相关公司的混淆、误认。浦东知识产权局据此向特威茶公司作出《行政处罚决定书》,对其作出没收涉案商品并处以 54.5 万余元的罚款。特威茶公司不服该决定,向浦东新区政府申请行政复议,浦东新区政府经审理后,作出《行政复议决定书》,维持了上述行政处罚决定。

特威茶公司将浦东知识产权局、浦东新区政府起诉至上海市浦东法院(以下简称浦东法院),请求撤销《行政处罚决定书》及《行政复议决定书》。浦东法院经审理认为,龙井茶作为我国传统名茶,具有较高的知名度,其特定的品质主要由其茶叶产区的自然因素、采摘条件和制作工艺等决定。特威茶公司将标有"盛玺龙井茶""龙井茶"字样的中文标签贴附于茶叶外包装盒上,将上述字样作为商品名称使用的行为,属于商标性使用。特威茶公司未获得"龙井茶"商标权人的授权,也无法证

明涉案商品确实来源于龙井茶种植地域范围并具有相应的特定品质，因此，特威茶公司并不具备使用“龙井茶”地理标志证明商标的条件，构成对第三人享有的“龙井茶”注册商标专用权的侵害。在自贸区内发生的商标侵权行为，不能排除我国《商标法》等法律的适用。而且，涉案商品已经进入我国境内并进行销售，原告的行为仍需受我国法律的规制。浦东知识产权局根据特威茶公司的违法经营数额，结合其违法行为性质、情节，对其作出没收涉案商品及处非法经营额两倍的处罚决定，符合法律规定。浦东新区政府提供的证据亦足以证明其具有作出被诉复议决定的职权，所作复议决定合法。浦东法院据此判决驳回特威茶公司的诉讼请求。

（本案判决尚未公开，相关内容系根据法院官方报道归纳）

上海市第一中级人民法院

李某文、李某武敲诈勒索案

法院：上海市第一中级人民法院

案号：(2019)沪01刑终2157号

上诉人(一审被告人)：李某文、李某武

抗诉机关(一审公诉机关)：上海市浦东新区人民检察院

案由：敲诈勒索罪案

案情简介：李某文系上海科斗电子科技有限公司(以下简称科斗公司)和上海本星电子科技有限公司(以下简称本星公司)负责人、上海步岛实业有限公司(以下简称步岛公司)实际控制人，李某武系步岛公司股东。2009年至案发，李某文利用科斗公司、本星公司等单位名义申请包括专利号为201010523284.4(以下简称涉案专利1)、专利号为201010523269.X(以下简称涉案专利2)等涉及多个技术领域的多篇专利。2017年3月至7月，李某文获悉掌阅科技股份有限公司(以下简称掌阅公司)正处于首次公开募股阶段，遂以科斗公司的名义，以掌阅公司侵害涉案专利1为由，向北京知识产权法院(以下简称北京知产法院)、上海知识产权法院提起民事诉讼。掌阅公司在认为不构成侵权的情况下，为避免影响上市进程，被迫和科斗公司签订专利实施许可合同，以专利实施许可费名义支付科斗公司80万元，后实际支付50万元。2017年7月底，李某文以倒签合同时间的方式，虚构科斗公司早已将涉案专利2独占许可给步岛公司，并以步岛公司的名义，向北京知产法院起诉掌阅公司侵权，该独占许可直至2017年9月20日才在国家知识产权局备案。李某文授

意步岛公司法定代表人高某向中国证券监督管理委员会实名举报,披露已向掌阅公司提起专利侵权诉讼,另伙同李某武与掌阅公司进行谈判。掌阅公司为避免影响上市进程,再次被迫和李某文、李某武代表的步岛公司等签订纠纷解决协议,以和解费名义支付步岛公司 80 万元,后实际支付 10 万元。此外,李某文在知晓厦门盈趣科技股份有限公司(以下简称盈趣公司)、杭州古北电子科技有限公司(以下简称古北公司)、杭州鸿雁智能科技有限公司(以下简称鸿雁公司)处于融资上市等关键阶段时,通过以科斗公司、本星公司名义提起专利侵权诉讼的方式,迫使盈趣公司、古北公司以及鸿雁公司与科斗公司或本星公司签订专利实施许可合同。2018 年 1 月 10 日,李某文被公安机关抓获;1 月 11 日,李某武被公安机关抓获。2018 年,上海市浦东新区人民检察院(以下简称浦东检察院)向上海市浦东新区人民法院(以下简称浦东法院)提起公诉。浦东法院经审理认为:李某文、李某武虚构专利独占许可并迫使掌阅公司和解的行为系以非法占有为目的,采用要挟手段,强行索取被害单位财物,其行为均已构成敲诈勒索罪。而对于浦东检察院指控的其他四种行为,因证据不足不予认定。浦东法院据此以敲诈勒索罪对李某文判处有期徒刑 4 年 6 个月,罚金 5 万元;以敲诈勒索罪对李某武判处有期徒刑 2 年,罚金 2 万元。

李某文、李某武不服一审判决向上海市第一中级人民法院(以下简称上海一中院)提起上诉,浦东检察院认为其指控的所有行为均构成敲诈勒索罪,一审判决适用法律错误导致量刑畸轻,亦向上海一中院提起抗诉。上海一中院经审理认为:李某文、李某武虚构专利独占许可并迫使掌阅公司和解的行为具有非法性和胁迫性,双方不存在专利侵权关系,且双方签订的协议不存在对价关系,该行为已超出民法调整的范围,应予以刑事规制,故认定该行为构成敲诈勒索罪。而对于浦东检察院指控的其他四种行为,由于李某文系依据合法授予的专利提起专利侵权诉讼,司法机关不宜对专利权人的合法诉权进行过度干预,也不宜从败诉结果倒推其起诉行为具有违法性。该四种行为存在符合恶意诉讼特征的情形的,被诉企业可依法提起民事诉讼,要求李某文承担相应的民事责任。上海一中院据此驳回抗诉、上诉,维持原判。

裁判规则

对于有滥用诉权之虞的行为,应当根据不同情形予以分类处理。首先,伪造专利及许可,损害他人利益,构成犯罪的,应依法追究刑事责任。其次,违背诚实信用原则,恶意申请专利、提起诉讼,损害他人利益的,先以恶意诉讼等民事手段予以规制,依法判令其承担民事责任;仅在民事手段确实不足以实现保护目的之时,才考虑刑法保护。最后,专利权人遵循诚实信用原则提起专利侵权诉讼的,即使挑选上市融资等敏感时间,抑或辅之以举报等其他手段,其诉权及专利权亦应依法予以保护。

四、广东法院

(一)专利类

广州知识产权法院

西姆莱斯公司等与美乐莲公司专利侵权案

法院:广州知识产权法院

案号:(2018)粤73民初3515号

原告:西姆莱斯有限公司、德之馨(上海)有限公司

被告:广州美乐莲生物科技有限公司

案由:侵害发明专利权纠纷

案情简介:西姆莱斯有限公司(以下简称西姆莱斯公司)是名称为“作为化妆品和药物活性化合物的邻氨基苯甲酰胺及其衍生物”的发明专利(以下简称涉案专利)的专利权人,并与德之馨(上海)有限公司(以下简称德之馨公司)签订《专利许可合同》,许可德之馨公司在中国区域内使用涉案专利。自2016年起,西姆莱斯公司与德之馨公司发现广州美乐莲生物科技有限公司(以下简称美乐莲公司)在网络平台及展会等多种渠道宣传的“燕麦生物碱”“肤敏舒”(以下简称被诉侵权产品)的化学结构式及用途与涉案专利保护的物质一致,涉嫌侵害涉案专利。西姆莱斯公司与德之馨公司向广州知识产权法院(以下简称广州知产法院)提起诉讼,请求判令美乐莲公司停止侵权并销毁全部侵权产品和专用工具设备,赔偿西姆莱斯公司和德之馨公司经济损失3,560,000元以及合理支出500,000元。美乐莲公司辩称被诉侵权产品没有落入涉案专利权保护范围,且被诉侵权产品属于现有技术。

广州知产法院经审理认为:首先,涉案专利权利要求1要求保护的是产品的用途,且西姆莱斯公司与德之馨公司在回应美乐莲公司的现有技术抗辩时,也强调了现有技术中不存在权利要求1所要求保护的“用于抑制由P物质诱导的、来自肥大细胞的组胺释放的化妆品试剂”的用途。虽然被诉侵权产品经鉴定可以实现上述用途,但该产品的作用并不仅限于此,且并无证据显示美乐莲公司在宣传销售被诉

侵权产品时,明确指出或写明上述用途,故被诉侵权技术方案未落入权利要求 1 及其从属权利要求的保护范围。涉案专利权利要求 5 同样属于保护产品用途的权利要求,其限定的用途“用于治疗或预防发痒(痒症)、皮肤发红、伤痕扩展或过敏性皮肤反应”与被诉侵权产品所宣传的功效相对应,且被诉侵权产品的主要成分符合权利要求 5 中的通式 1 并用于化妆品制剂,故被诉侵权技术方案落入权利要求 5 的保护范围,同时也落入权利要求 8、13 的保护范围。其次,本案中被诉落入权利要求 13 的全部技术特征与现有技术文件中所公开的化合物的具体结构式相同,故美乐莲公司针对权利要求 13 的现有技术抗辩成立。而权利要求 5 的保护范围还包括化合物的用途,该用途并未在现有技术文件中公开,故美乐莲公司针对权利要求 5 的现有技术抗辩不成立。据此,广州知产法院认定美乐莲公司实施了制造、销售、许诺销售被诉侵权产品的行为,判令美乐莲公司停止侵权,并赔偿西姆莱斯公司和德之馨公司经济损失 196,560 元以及合理支出 200,000 元。

裁判规则

如果现有技术仅公开了马库什通式化合物,不能当然地认为每一个符合该通式的化合物均已被公开。但是,如果现有技术中已经明确记载了符合马库什通式的具体化合物,则应当认为该具体化合物已经被现有技术公开。

深圳市中级人民法院

觅客公司系列外观设计专利侵权案

法院:深圳市中级人民法院

案号:(2020)粤 03 民初 1208 号、(2020)粤 03 民初 2472 号、(2020)粤 03 民初 2375 号、(2020)粤 03 民初 3789 号

原告:深圳市觅客科技有限公司

被告:某阿里巴巴店铺[(2020)粤 03 民初 1208 号]
某阿里巴巴网店[(2020)粤 03 民初 2472 号]
深圳市光明新区某百货商店[(2020)粤 03 民初 2375 号]
某日用百货商店[(2020)粤 03 民初 3789 号]

案由:侵害外观设计专利权纠纷

案情简介:深圳市觅客科技有限公司(以下简称觅客公司)系专利号为

ZL201630624375.5、名称为“风扇(N9－FAN)”的外观设计专利(以下简称涉案专利)的专利权人。觅客公司分别发现某阿里巴巴店铺作为制造商制造、销售、许诺销售了落入涉案专利保护范围的风扇(以下简称被诉侵权产品),某阿里巴巴网店、深圳市光明新区某百货商店以及某日用百货商店作为销售商销售、许诺销售了被诉侵权产品,觅客公司遂将上述制造商、销售商分别起诉至深圳市中级人民法院(以下简称深圳中院),请求法院判令上述各被告停止相应侵权行为并赔偿经济损失。

深圳中院经审理认为,被诉侵权产品落入涉案专利的保护范围,各被告实施被诉侵权行为均侵害了涉案专利权。对于作为制造商的某阿里巴巴店铺,深圳中院判令其停止侵权,且综合考虑被诉侵权行为的性质、侵权规模较大等情况,判决其赔偿觅客公司经济损失及合理开支共计 8 万元。对于作为销售商的某阿里巴巴网店,深圳中院判令其停止侵权,且综合考虑其销售侵权产品利润微薄、销售数量小、经营规模不大、经营时间短、维权费用合理分摊等因素,判决其赔偿觅客公司经济损失及合理维权费用共计 3000 元。对于作为销售商的深圳市光明新区某百货商店,深圳中院判令其停止侵权,且综合考虑其经营地点、经营规模、侵权性质、侵权产品的价值、维权费用合理分摊等因素,判决其赔偿觅客公司经济损失及合理维权费用共计 5000 元。对于作为销售商的某日用百货商店,深圳中院认为其合理来源抗辩主张成立,判令其停止侵权,且综合考虑维权费用合理分摊等因素,判决其赔偿觅客公司合理维权费用 1000 元。

(二)商标类

广东省高级人民法院

路易威登公司与锐王公司等商标侵权案

法院:广东省高级人民法院

案号:(2019)粤民终 1857 号

上诉人(一审原告):路易威登马利蒂

上诉人(一审被告):广州锐王皮具有限公司、王某

案由：侵害注册商标专用权纠纷

案情简介：路易威登马利蒂(以下简称路易威登公司)于1985年2月18日申请注册第241081号“”商标(以下简称涉案商标,见图1－4－1),并于1986年1月15日核准注册在第18类手提包等商品上。广州锐王皮具有限公司(以下简称锐王公司)的法定代表人王某于2012年11月9日申请注册第11724660号“”商标(以下简称被诉侵权标识,见图1－4－2),并于2014年4月14日核定使用在第18类手提包等商品上。商标评审委员会于2018年6月14日作出裁定,宣告第11724660号“”商标无效。路易威登公司认为锐王公司在其生产、销售的手提包等商品(以下简称被诉侵权商品)上使用被诉侵权标识,侵害了路易威登公司对涉案商标享有的商标权,起诉至广州知识产权法院(以下广州知产法院),请求认定涉案商标在被诉侵权标识申请注册时已经为驰名商标;判令锐王公司、王某停止生产和销售被诉侵权产品并连带赔偿经济损失50万元及合理开支125,000元。广州知产法院经审理认为,因被诉侵权标识已被商标评审委员会宣告无效,被诉侵权标识的商标专用权视为自始不存在,故本案不属于注册商标之间的争议。被诉侵权标识与涉案商标使用在相同或类似的商品上,不需要对涉案商标进行跨类保护,对涉案商标是否驰名不予审查和认定。锐王公司在相同或类似商品上使用与涉案商标近似的被诉侵权标识,容易导致相关公众的混淆、误认,构成商标侵权。锐王公司是一人有限责任公司,王某是其唯一自然人股东兼任法定代表人,王某以个人银行账户收取锐王公司货款,造成锐王公司财产与王某个人财产混同。且王某并未提交证据证实其个人财产与公司财产彼此独立,亦未举证证明其将收取的货款归还给锐王公司,故王某应当对锐王公司的侵权债务承担连带赔偿责任。广州知产法院综合考虑被诉侵权行为的性质、被诉侵权商品的价格及销售渠道、涉案商标知名度等因素,判决锐王公司停止侵权、锐王公司及王某连带赔偿经济损失及合理支出140,000元。

路易威登公司、锐王公司及王某均不服一审判决,上诉至广东省高级人民法院(以下简称广东高院)。广东高院经审理认为,由于王某对商标评审委员会宣告注册商标无效的裁定提起了行政诉讼,该裁定并未生效。路易威登公司依据最高人民法院《关于审理涉及驰名商标保护的民事纠纷案件应用法律若干问题的解释》第11条的规定请求保护其涉案驰名商标,属于法院应当处理的争议,且无须等待被诉侵权标识的无效宣告结果。广东高院认定涉案商标在被诉侵权标识申请注册前已达到驰名状态。锐王公司及王某在相同或类似商品上使用被诉侵权标识,构成对涉案驰名商标的模仿,容易导致相关公众的混淆、误认,侵害了路易威登公司的商标权。广东高院考虑涉案商标属于驰名商标、锐王公司和王某主观恶意程度较高、侵权情节较为严重以及路易威登公司支出的合理维权费用等因素,认为广州知产法院判决的赔偿金额明显过低,最终判决锐王公司、王某连带赔偿经济损失及合理支出 50 万元。

裁判规则

1. 原告以他人使用在核定商品上的注册商标与其在先的注册商标相同或者近似为由提起诉讼的,人民法院应当根据 2008 年修正《民事诉讼法》第 111 条第 3 项的规定,告知原告向有关行政主管机关申请解决。但如果原告系依据最高人民法院《关于审理涉及驰名商标保护的民事纠纷案件应用法律若干问题的解释》第 11 条的规定请求保护其涉案驰名商标的,人民法院应当对符合起诉条件的予以受理,无须等待被诉侵权注册商标的无效宣告程序结果。

2. 驰名商标保护的本质在于对驰名商标给予更强保护,既然《商标法》第 13 条第 3 款对在非相同、非类似商品上的侵害商标权行为都可以通过认定驰名商标予以保护,举重以明轻,在相同和类似商品上当然可以给予驰名商标更强的保护。

图 1-4-1　涉案商标

图 1-4-2　被诉侵权标识

景田公司与景百岁山公司不正当竞争案

法院:广东省高级人民法院

案号:(2019)粤民终 1691 号

上诉人(一审原告):深圳市景田食品饮料有限公司

被上诉人(一审被告):深圳市景百岁山泉水食品有限公司、焦作市云台山矿泉水厂

案由:不正当竞争纠纷

案情简介:深圳市景田食品饮料有限公司(以下简称景田公司)认为其生产的瓶装饮用水(以下简称涉案商品)是知名商品,“景田”“百岁山”“Ganten”属于知名商品特有名称,涉案商品的包装、装潢属于知名商品特有包装、装潢,深圳市景百岁

山泉水食品有限公司(以下简称景百岁山公司)与焦作市云台山矿泉水厂(以下简称云台山厂)擅自使用与涉案商品名称及包装、装潢近似的标识,构成不正当竞争,起诉至广东省深圳市中级人民法院(以下简称深圳中院),请求判令景百岁山公司及云台山厂停止不正当竞争行为并赔偿经济损失及合理支出500万元。涉案商品的瓶体外观设计曾被国家知识产权局专利局授予外观设计专利权,现已到期终止。深圳中院经审理认为,在案证据尚不足以证明涉案商品是知名商品,故无须对景田公司主张的“特有名称、包装、装潢”进行评判,判决驳回景田公司的诉讼请求。

景田公司不服一审判决,上诉至广东省高级人民法院(以下简称广东高院)。广东高院经审理认为,景田公司在一审及二审中提交的证据足以证明涉案商品在市场上享有较高的知名度并为相关消费者广为知晓,应当认定为知名商品。“景田”“百岁山”“Ganten”作为涉案商品独有的与通用名称具有显著区别的名称,已长期在市场流通过程中起到识别商品来源的作用,应当认定为知名商品特有名称。涉案商品瓶体整体形状、装潢设计与其他商品包装、装潢具有显著区别,且景田公司通过对该包装、装潢的长期宣传、使用,使得其已在市场流通过程中起到识别商品来源的作用,应当认定为知名商品特有包装、装潢。景百岁山公司在相同或类似商品上擅自使用与涉案商品特有名称及特有包装、装潢近似的名称及包装、装潢,容易造成相关公众的混淆、误认,构成不正当竞争。云台山厂应知涉案商品特有名称及包装、装潢,仍接受景百岁山公司的委托而生产被诉侵权商品,具有过错,应当与景百岁山公司承担连带赔偿责任。广东高院综合考虑侵权时间、侵权规模、主观过错、涉案商品知名度等因素,判决景百岁山公司与云台山厂停止不正当竞争行为并赔偿经济损失及合理支出15万元。

裁判规则

在涉案商品包装曾被授予外观设计专利权但到期终止,而该包装、装潢已构成知名商品特有包装、装潢的情况下,构成请求权的竞合,权利人有权依据《反不正当竞争法》对该包装、装潢主张保护。

乐高公司与美致公司等商标侵权及不正当竞争案

法院:广东省高级人民法院

案号:(2020)粤民终1642号

上诉人(一审原告):乐高博士有限公司

上诉人(一审被告):广东美致智教科技股份有限公司、广东美致智教科技股份有限公司第二分公司

被上诉人(一审被告):汕头市智乐拼玩具有限公司、广州智玩贸易有限公司

案由:侵害注册商标专用权及不正当竞争纠纷

案情简介:乐高博士有限公司(以下简称乐高公司)系第 10176429 号“LEGO”、第 135134 号“ ”、第 75682 号“LEGO”、第 206918 号“乐高 LEGO”、第 10176179 号“乐高”、第 G869258 号“ ”、第 14150258 号“NINJAGO”及第 G1157118 号“CHIMA”共计 8 个注册商标(以下简称“乐高”系列商标,见图 1 – 4 – 3)的权利人并长期生产、销售带有“乐高”系列商标的拼装玩具(以下简称乐高玩具)。2015 年起,广东美致智教科技股份有限公司(以下简称美致公司)、广东美致智教科技股份有限公司第二分公司(以下简称美致二分公司)、汕头市智乐拼玩具有限公司(以下简称智乐拼公司)及广州智玩贸易有限公司(以下简称智玩公司)复刻乐高玩具的设计、开模,大量生产、销售、宣传标识有“LEPIN、乐拼、 、 、NINJAG、 ”等标识(以下简称被诉侵权标识,见图 1 – 4 – 4)的拼装玩具(以下简称乐拼玩具)。乐高公司向广州知识产权法院(以下简称广州知产法院)起诉美致公司、美致二分公司、智乐拼公司及智玩公司,诉称四被告侵犯其“乐高”系列商标及商业名称“NEXO KNIGHTS”,构成商标侵权及不正当竞争。广州知产法院经审理认为,被诉侵权标识与“乐高”系列商标近似且造成混淆,构成商标侵权;被诉侵权标识“NEXU KNIGHTS”与乐高公司有一定影响力的商品名称“NEXO KNIGHTS”近似且造成混淆,构成不正当竞争。据此,广州知产法院判决四被告停止侵权,判令美致公司、美致二分公司、智乐拼公司连带赔偿乐高公司经济损失及合理开支共计 300 万元,智玩公司对其中 30 万元承担连带赔偿责任。

乐高公司、美致公司及美致二分公司不服一审判决,上诉至广东省高级人民法院(以下简称广东高院)。广东高院经审理认为,四被告使用被诉侵权标识的行为构成商标侵权及不正当竞争,美致公司、美致二分公司与智乐拼公司构成共同侵权。广东高院认为司法对知名商业标识的保护及救济应与其知名度相匹配,因此基于相关刑事裁定书以及淘宝公司提供的“乐拼”商品销售数据,参考相关行业利润率,同时考虑到侵权持续时间长、规模大、获利多,被诉侵权行为侵害乐高公司多个商业标识且该行为极富设计性和组织性,攀附和模仿乐高公司的恶意明显等因素,已经可以合理推算出被诉侵权行为带来的整体获利远超 1.6 亿元,故对乐高公

司提出的3000万元赔偿主张予以全额支持。据此，广东高院改判美致公司、美致二分公司、智乐拼公司连带赔偿乐高公司相关经济损失及合理开支3000万元，智玩公司对其中300万元承担连带赔偿责任。

裁判规则

1. 即使在不需要给予跨类保护而无须司法认定涉案商标为驰名商标的情况下，如果商标权人已提供大量证据证明涉案商标为相关公众所熟知，则仍应考虑对驰名商标的保护，即除从混淆角度考察是否影响涉案商标的识别功能外，还应适当考虑对涉案商标质量保证和表彰功能的影响。

2. 对于被诉侵权标识与涉案系列商标的近似性问题，应当充分考虑涉案商标的显著性及该系列商标之间的关联性、对应性，并结合考虑被诉侵权行为的整体性以及使用被诉侵权标识所可能引发的市场混淆后果等因素，予以综合认定。

3. 司法对知名商业标识的保护及救济应与其知名度相匹配，对于具有明显设计性和组织性的全方位、大规模、长链条的恶意侵权行为，应当予以严惩。

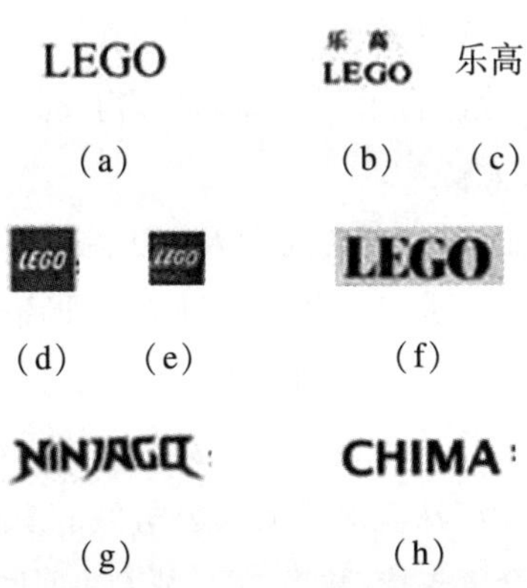

图1-4-3 “乐高”系列商标

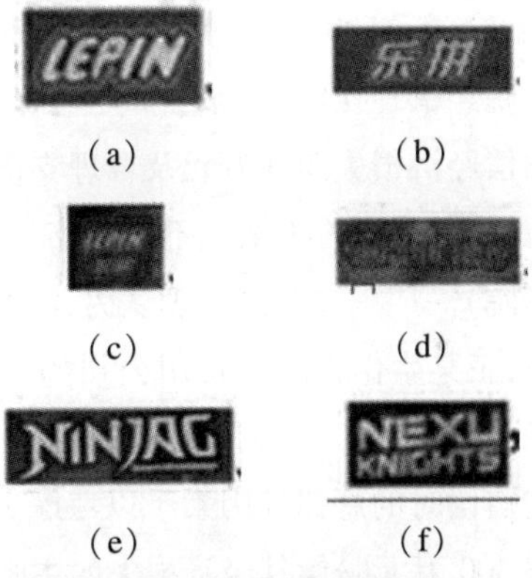

图1-4-4 被诉侵权标识

海天公司与海纳百川公司等商标侵权案

法院：广东省高级人民法院

原告：海天公司

被告：海纳百川公司、王某生等

案由：侵害注册商标专用权纠纷

案情简介：海天公司于1996年10月15日申请注册第1121295号“海天”商

标,该商标于 1997 年 10 月 21 日核定使用在第 30 类酱油等商品上;于 2003 年 1 月 27 日申请注册第 3448510 号“海天”商标,该商标于 2004 年 7 月 28 日核定使用在第 30 类咖啡、酱油等商品上;于 1996 年 12 月 16 日申请注册第 1149240 号“海天 HAI TIAN”商标,该商标于 1998 年 2 月 7 日核定使用在第 30 类咖啡、酱油等商品上,并于 2000 年、2012 年被认定为驰名商标(上述商标统称涉案商标,见图 1－4－5)。海纳百川公司申请注册“海天”“海天粗粮”“海天集团 HAITIAN GROUP”等大量包含“海天”字样的商标,并大量申请注册诸如“王老吉”“和其正”等与知名注册商标相同或相近似的商标。海纳百川公司曾于 2012 年被法院认定侵犯了杭州娃哈哈公司的“营养快线(苹果味)”等注册商标专用权。王某生于 2014 年 7 月 4 日因假冒“营养快线”注册商标被山东省枣庄市中级人民法院判处刑罚。海天公司认为,海纳百川公司、王某生等未经许可,在生产、销售的果汁饮料外包装上使用“海天”“海天®”“海天”“Hai Tian海天饮品”“海天”“海天”等标识(以下简称被诉侵权标识,见图 1－4－6),侵害了涉案商标权,起诉至广州知识产权法院(以下简称广州知产法院),请求判令海纳百川公司、王某生等停止侵权并赔偿经济损失 300 万元。广州知产法院经审理认为,海纳百川公司、王某生等侵害了涉案商标权,判决其停止侵权并赔偿经济损失 300 万元及合理支出 10 万元。

海纳百川公司、王某生不服一审判决,上诉至广东省高级人民法院(以下简称广东高院)。广东高院经审理认为,海纳百川公司是主要以仿冒他人注册商标为业的企业,王某生作为海纳百川公司的法定代表人,通过对海纳百川公司等的控制,大范围、大规模侵害海天公司的商标权,主观恶意明显,侵权情节严重,可以作为确定法定赔偿时的惩罚性因素予以考虑。广州知产法院对于海天公司关于按法定赔偿上限 300 万元赔偿其经济损失的主张予以全额支持,并无不当,故判决驳回上诉,维持原判。

裁判规则

多次因模仿、使用他人知名商标、知名字号而被司法机关认定构成商标侵权甚至刑事犯罪的,可以认定为以侵权为业的主体,属于故意侵权且情节严重的情形,并可在确定法定赔偿金额时作为惩罚性因素予以考虑,按照法定赔偿上限确定赔偿数额。

(本案判决尚未公开,相关规则系根据法院官方报道内容归纳)

海天 (a)　海天 (b)　海天 HAI TIAN (c)

图1-4-5　涉案商标

海天 (a)　海天® (b)　海天 (c)
Hai Tian海天饮品 (d)　海天 (e)　海天 (f)

图1-4-6　被诉侵权标识

广州知识产权法院

百威公司与东方科苑公司商标侵权案

法院:广州知识产权法院

案号:(2020)粤73民终1944号

上诉人(一审被告):广州市东方科苑进出口有限公司

被上诉人(一审原告):百威投资(中国)有限公司

案由:侵害注册商标专用权纠纷

案情简介:百威投资(中国)有限公司(以下简称百威公司)经许可享有第G807592号"Franziskaner"商标及第G1241072号"Franziskaner WEISSBIER"商标(以下统称涉案商标,见图1-4-7)的使用权及维权权利,涉案商标均核定使用在第32类啤酒等商品上。百威公司认为,广州市东方科苑进出口有限公司(以下简称东方科苑公司)进口的啤酒的罐身正面和背面使用了与涉案商标相同的标识(以下简称被诉侵权标识),侵害了百威公司的商标权,遂起诉至广州市越秀区人民法院(以下简称越秀法院),请求判令东方科苑公司停止侵权、销毁全部进口被诉侵权商品并赔偿经济损失50万元及合理支出55,300元。越秀法院经审理认为,被诉侵权商品是东方科苑公司依法办理进口的啤酒商品,但在案证据无法证实该商品是商标权人生产或授权生产的正品,因此,被诉侵权商品不属于正常贸易的商标平行进口的正品商品,东方科苑公司构成商标侵权。越秀法院综合考虑东方科苑公司的主观过错、侵权行为的性质等因素,判决东方科苑公司停止进口并销毁库存被诉侵权商品,赔偿经济损失及合理支出共计205,180元。

东方科苑公司不服一审判决,上诉至广州知识产权法院(以下简称广州知产法院)。广州知产法院认为,东方科苑公司在一审中提交的被诉侵权商品由制造商生产,由销售商进行销售并经比利时的政府职能部门以及国际商会认证的证据材料未履行公证认证手续,但其在二审中予以补强,制造商、销售商、进口商之间流转的销售合同、代理合同、货物清单、运输单证、比利时政府主管部门的文件、商会原产地证明、海运单、产品编码、合同编号单证等能够相互印证,可以证明被诉侵权商品属于平行进口的正品,与商标权人授权销售商品的质量不存在实质性差异,商标权人对两者均具有质量控制能力。被诉侵权商品是由商标权人在德国慕尼黑工厂生产的正品,与授权商品均受到商标权人的实际控制。被诉侵权商品输入中国不违反中国海关法律法规的规定。综上所述,被诉侵权商品属于平行进口的正品,且与商标权人授权在中国市场销售的商品相同或者不存在实质性差异,两者均受到商标权人的共同控制。由于被诉侵权商品上使用的被诉侵权标识与涉案商标完全相同,对于在中国市场的相关公众来说,被诉侵权标识不会割裂商标权人与贴附相同商标标识的平行进口商品之间的唯一指向关系,不会导致相关公众的混淆、误认。被诉侵权商品与授权商品均属于商标权人控制的产品质量体系,不会损害涉案商标的质量保证功能及商誉,因此,东方科苑公司不构成商标侵权。广州知产法院据此判决撤销一审判决,驳回百威公司诉讼请求。

裁判规则

1. 判定商标平行进口是否构成侵害商标权,应当坚持以商标基本功能是否遭受破坏、商标使用行为是否会导致混淆误认以及是否会使商标的质量保证功能受到损害进而影响商誉为标准,以实现对消费者利益的保护。

2. 被诉侵权商品系商标权人在境外生产、销售的正品,与商标权人同意在国内市场销售的授权商标品质相同,不会产生商誉价值的市场分割,故被诉侵权商品通过平行进口方式进入国内不会损害商标权人的商誉,除非存在特殊情形,平行进口商品与授权商品竞争不会损坏权利人的商标商誉,也不会损坏商标所具有的质量保证功能,不构成对商标权的侵害。

3. 平行进口这一跨境贸易方式能够促进全球商品流通,扩大消费者获得商品的渠道,符合商标法保护消费者利益的公益目的,也不会损坏商标权人的利益,有利于丰富市场供给,提升市场竞争水平,进一步提升消费者福利。

(a)　　　　　　(b)

图 1－4－7　涉案商标

广州市越秀区人民法院

腾讯公司与任我行电子游戏机商店商标侵权及不正当竞争案

法院:广州市越秀区人民法院

案号:(2020)粤 0104 民初 46217 号

原告:腾讯科技(深圳)有限公司、深圳市腾讯计算机系统有限公司

被告:广州市越秀区任我行电子游戏机商店

案由:侵害注册商标专用权及不正当竞争纠纷

案情简介:腾讯科技(深圳)有限公司(以下简称腾讯科技公司)是"Tencent""Tencent 腾讯""腾讯"等系列商标(以下简称涉案商标)的商标权人,上述商标核定使用的商品及服务包括第 9 类计算机软件等、第 28 类游戏机等、第 35 类商业信息等、第 41 类电子游戏厅服务等。深圳市腾讯计算机系统有限公司(以下简称腾讯计算机公司)经许可使用涉案商标。腾讯科技公司与腾讯计算机公司经日本任天堂有限公司的授权,销售 Nintendo Switch 游戏机(以下简称涉案游戏机)并提供游戏账号服务。广州市越秀区任我行电子游戏机商店(以下简称任我行电子游戏机商店)在其开设的店铺中销售名为"任天堂 NS SWITCH 全新国行"的商品(以下简称被诉侵权商品),该商品并非正品涉案游戏机,且包装上突出使用"腾讯""Tencent""腾讯 Tencent"等标识(以下简称被诉侵权标识)。腾讯科技公司与腾讯计算机公司认为,任我行电子游戏机商店侵害了其对涉案商标享有的商标权,且在明知被诉侵权商品并非正品的情况下,仍持续销售、宣传被诉侵权商品,构成不正当竞争,遂起诉至广州市越秀区人民法院(以下简称越秀法院),请求判令任我行电子游戏机商店停止商标侵权及不正当竞争行为、赔礼道歉、消除影响并赔偿经济损失及合理支出 100 万元。

越秀法院经审理认为,被诉侵权商品硬件设备来源于腾讯科技公司与腾讯计算机公司,但游戏操作系统已被改造,游戏玩家在不使用游戏机卡带的情况下可直接加载自带存储卡中的文件运行游戏。相关公众知道涉案游戏机硬件、原有操作系统来源于腾讯科技公司与腾讯计算机公司,也知道被改造的游戏操作系统并非腾讯科技公司与腾讯计算机公司提供,对涉案游戏机的硬件及软件来源不会发生混淆、误认。但是,被诉侵权商品使用了与涉案游戏机软件系统有实质性区别的操作系统,导致腾讯科技公司与腾讯计算机公司无法对游戏机质量进行管控,若游戏在运行过程中出现质量问题,游戏玩家很可能误认为是腾讯科技公司与腾讯计算机公司的商品本身品质上存在缺陷,破坏了涉案商标的品质保证功能,构成商标侵权。任我行电子游戏机商店销售改造的被诉侵权产品,扰乱市场竞争秩序,违反诚信原则及商业道德,构成不正当竞争。任我行电子游戏机商店具有明显的侵权故意且侵权情节严重,能够确定其部分侵权获利是 2802.5 元,越秀法院按照该部分金额的 4 倍确定惩罚性赔偿数额为 11,210 元;综合考虑涉案商标知名度、涉案游戏机销量、侵权情节、主观恶意等因素,越秀法院确定法定赔偿金额为 10 万元。前述惩罚性赔偿数额、法定赔偿数额及合理支出之和为 204,129 元。因被诉侵权行为未对腾讯科技公司与腾讯计算机公司的商誉造成损害,对于腾讯科技公司与腾讯计算机公司要求任我行电子游戏机商店赔礼道歉、消除影响的请求不予支持。越秀法院判决任我行电子游戏机商店停止商标侵权及不正当竞争行为并赔偿经济损失及合理支出 204,129 元。

裁判规则

1. 商标除具有识别商品来源的功能外,还具有品质保证功能,消费者对同一商标指示的商品品质存在同一性期待。即使没有损害商标的产源识别功能,但妨碍商标品质保证功能的,亦属于《商标法》第 57 条第 7 项规定的"给他人注册商标专用权造成其他损害的"情形,构成商标侵权。

2. 能够确定权利人部分损失或侵权人部分侵权获利的,应当先以该部分损失或部分侵权获利计算赔偿金额。对于符合适用惩罚性赔偿的情形,可以该部分损失或部分获利为基数确定惩罚性赔偿数额;对于不能确定损失或侵权获利的部分,仍应当适用法定赔偿,最后将两部分之和作为侵权赔偿数额。

(本案判决尚未公开,相关规则系根据法院官方报道内容归纳)

深圳市福田区人民法院

逸品公司与光奇公司商标侵权案

法院:深圳市福田区人民法院

案号:(2020)粤0304民初28083号

原告:昆明逸品科技有限公司

被告:深圳市光奇科技有限公司

案由:侵害注册商标专用权纠纷

案情简介:昆明逸品科技有限公司(以下简称逸品公司)是核定使用在第34类烟草、香烟、电子香烟等商品上的第18743916号“**香珠**”商标(以下简称涉案商标,见图1-4-8)的商标权人。逸品公司认为,深圳市光奇科技有限公司(以处简称光奇公司)在宣传其生产、销售的烟草胶囊的网页上使用了“香珠”及“爆香珠”标识(以下简称被诉侵权标识,见图1-4-9),构成商标侵权,遂起诉至深圳市福田区人民法院(以下简称福田法院),请求判令光奇公司停止侵权并赔偿经济损失及合理支出21.5万元。福田法院经审理认为,逸品公司使用涉案商标时间不长,涉案商标尚未与烟草胶囊商品建立稳定对应的实际联系。被诉侵权标识使用在烟草胶囊商品上,都是带有一定描述意义的词语,对相关公众来说,“爆香珠”使用在烟草胶囊的宣传上时,首先联想到的是商品的特点及使用方式,而不是商品的来源或者出处,因此,被诉行为不属于商标使用行为。光奇公司仅在网页宣传中使用了被诉侵权标识,同时也是使用了其注册商标及其他说明性词语,并无攀附逸品公司商誉的意图,客观上不会导致相关公众的混淆、误认,不构成侵害涉案商标权。据此,福田法院判决驳回逸品公司的全部诉讼请求。

图1-4-8　涉案商标

(a)　(b)

图1-4-9　被诉侵权标识

(三)著作权类

广东省高级人民法院

腾讯公司与畅游云端公司等著作权侵权案

法院:广东省高级人民法院

案号:(2020)粤民终 763 号

原告:深圳市腾讯计算机系统有限公司

被告:畅游云端(北京)科技有限公司、英雄互娱科技股份有限公司、天津英雄互娱科技有限公司、北京卓越晨星科技有限公司、天津卓越晨星科技有限公司、四三九九网络股份有限公司、深圳市奇乐无限软件开发有限公司

案由:侵害著作权纠纷

案情简介:深圳市腾讯计算机系统有限公司(以下简称腾讯公司)经授权享有网络游戏《穿越火线》(以下简称涉案游戏)的著作权及维权权利。腾讯公司认为,畅游云端(北京)科技有限公司(以下简称畅游云端公司)开发的网络游戏《全民枪战》(以下简称被诉侵权游戏)中的多个游戏地图、小地图及多个道具枪械与涉案游戏中的游戏地图、游戏地图缩略图及道具枪械在运行结构、布局设置、色彩搭配、造型设计等方面相同或者实质性相似,侵害了其对涉案游戏享有的著作权。畅游云端公司通过简单"换皮"复制等方式抄袭涉案游戏地图、小地图及道具枪械的美术形象,模仿使用涉案游戏地图、小地图和道具枪械的特有名称及游戏玩法设计,攀附涉案游戏所累积的积极体验及商誉,构成不正当竞争。英雄互娱科技股份有限公司(以下简称英雄互娱公司)、天津英雄互娱科技有限公司(以下简称天津英雄互娱公司)、北京卓越晨星科技有限公司(以下简称北京卓越晨星公司)、天津卓越晨星科技有限公司(以下简称天津卓越晨星公司)、四三九九网络股份有限公司(以下简称四三九九公司)、深圳市奇乐无限软件开发有限公司(以下简称奇乐无限公司)运营被诉侵权游戏,提供推广、下载、收款等服务,并称其为"掌上穿越火线",构成虚假宣传。腾讯公司遂起诉至广东省深圳市中级人民法院(以下简称深圳中院),请求判令畅游云端公司、英雄互娱公司、天津英雄互娱公司、北京卓越晨星公司、天

津卓越晨星公司、四三九九公司及奇乐无限公司停止著作权侵权及不正当竞争行为，赔礼道歉并赔偿经济损失9800万元及合理支出100万元。

深圳中院经审理认为，游戏地图创作者将抽象的游戏战斗环境通过线条、图形、光影等手法形象化、具体化，使玩家可以具体认知到游戏地图整体以及内在结构和布局，其独创性的整体构图、内部组合结构和布局安排，属于应受法律保护的图形作品具体表达，构成图形作品。深圳中院在剔除场景表面的美术绘图效果以及与玩法不可分的功能性要素与规则性要素后，重点比对涉案游戏地图与被诉侵权游戏地图由线条、几何图形绘制出的游戏地图空间的整体轮廓，空间中设计的可供玩家行走的通道等路路径、封闭式通道、游戏建筑物、障碍物、遮掩体等构成元素的形状造型、布局选择、组合结构造型等元素后，认定腾讯公司主张的6幅被诉侵权游戏地图与涉案游戏地图在整体构图、内部组合结构和布局安排等结构造型的具体表达构成实质性相似，侵害了涉案游戏地图的复制权及信息网络传播权。游戏地图缩略图对路线、掩体设计(包括掩体位置、大小和高度)、空间、距离、方位、区段等地图要素的表达和组合方式与游戏地图完全相同，不能独立于游戏场景地图成为另一类需要单独保护的作品，对于腾讯公司针对游戏地图缩略图的主张不予支持。涉案游戏地图及枪械名称均无法构成《反不正当竞争法》保护的有一定影响的名称，因此，畅游云端公司使用相同或近似名称不构成不正当竞争。畅游云端公司有意识地将被诉侵权游戏以"《穿越火线》游戏的手机版"进行宣传，足以引起相关公众误解其与涉案游戏存在特定联系，构成虚假宣传。深圳中院以被诉侵权游戏充值收入、财务报告等中披露的净利润数等相关数据作为计算基数，考虑游戏地图对于FPS游戏的贡献率以及涉案游戏地图对于整个游戏地图的贡献率确定赔偿金额为45,247,986元。因现有证据无法证明被诉行为有损腾讯公司的商誉，故对于赔礼道歉的主张，不予支持。畅游云端公司、英雄互娱公司全面参与被诉侵权游戏的运营并获利，对本案全部的侵权行为承担责任。深圳中院据此判决畅游云端公司、英雄互娱公司、天津英雄互娱公司、北京卓越晨星公司、天津卓越晨星公司、四三九九公司、奇乐无限公司停止侵害著作权及不正当竞争行为并共同赔偿合理支出95,394.12元，畅游云端公司、英雄互娱公司共同赔偿经济损失45,247,986元，天津英雄互娱公司、奇乐无限公司对其中的500万元承担连带赔偿责任，北京卓越晨星公司、天津卓越晨星公司对其中的300万元承担连带赔偿责任。

畅游云端公司等不服一审判决，上诉至广东省高级人民法院(以下简称广东高院)。广东高院经审理认为，游戏地图构建的虚拟空间在一定程度上是模拟现实世界的数字化表达,是实现虚拟与现实交互的重要平台,当游戏地图的空间布局结构足够具体,符合图形作品的特征,可以作为图形作品获得保护。射击类游戏地图开发过程分为若干阶段,包括主题创意策划、平面设计图、3D 建模、美术效果完善等阶段。其中,美术效果相当于游戏地图的"皮肤",可以根据游戏场景风格任意替换,而前几个阶段相当于为游戏地图搭建起"骨架"与"血肉"。对于射击类游戏而言,游戏场景地图处于美术表皮之下的空间布局结构才是其创作关键和核心表达,涉案游戏地图应认定为图形作品。广东高院同时认为,任何人只能就自己独创的内容主张著作权,任何处于公共领域内的要素以及无独创性的内容都将被排除在著作权法保护范围之外。广东高院最终认定 6 幅被诉侵权游戏地图中的 4 幅与涉案游戏地图构成实质性相似,另外两幅地图的不同点远远多于相同点,不构成实质性相似。广东高院按照"被诉侵权游戏获利 × 游戏地图对于游戏整体贡献率 × 侵权游戏地图在全部游戏地图中使用率"的方式计算,最终确定损害赔偿金额为 2507.53 万元以及合理维权费用 95,384.12 元。

裁判规则

判断作品类型的关键在于识别作品中表达的实质特征且不能脱离原告诉请保护的智力成果的特征。当游戏场景地图实质特征在于由点、线、面和各种几何图形组成的空间布局结构,而非最终的美术效果,其空间布局结构向玩家传递了虚拟战场环境信息,符合示意图"说明事物原理或者结构"的特征时,可以作为图形作品中的示意图予以保护。

广州知识产权法院

腾讯公司与运城阳光公司著作权侵权案

法院:广州知识产权法院

案号:(2020)粤 73 民终 574 - 589 号

上诉人(一审被告):运城市阳光文化传媒有限公司

被上诉人(一审原告):深圳市腾讯计算机系统有限公司

一审被告:广州优视网络科技有限公司

案由:侵害著作权及不正当竞争纠纷

案情简介:深圳市腾讯计算机系统有限公司(以下简称腾讯公司)经授权取得

《王者荣耀》游戏(以下简称涉案游戏)的著作权。腾讯公司认为,涉案游戏整体画面构成类电作品,运城市阳光文化传媒有限公司(以下简称运城阳光公司)运营的西瓜视频 App(以下简称被诉侵权 App)的首页游戏栏下设有涉案游戏专区,并在其 App 显著位置推荐涉案游戏短视频,鼓励、引诱用户大量上传涉案游戏短视频,且在腾讯公司向其通知投诉后仍未停止,侵害了腾讯公司对涉案游戏享有的信息网络传播权;广州优视网络科技有限公司(以下简称优视公司)运营的"PP 助手"提供了被诉侵权 App 的分发下载服务,与运城阳光公司构成共同侵权;运城阳光公司通过引诱用户违约上传短视频,侵害腾讯公司短视频市场预期利益,构成不正当竞争。腾讯公司遂起诉至广州互联网法院,请求判令运城阳光公司停止在被诉侵权平台上传播包含涉案游戏连续动态画面的视频;优视公司在运城阳光公司停止前述行为之前,停止提供"西瓜视频"的分发、下载服务;运城阳光公司及优视公司赔礼道歉,消除影响并赔偿经济损失 480 万元及合理支出 16 万元。

广州互联网法院经审理认为,涉案游戏整体画面符合一系列有伴音或者无伴音的画面组成的特征,并且可以由用户通过游戏引擎调动游戏资源库呈现相关画面,构成类电作品。运城阳光公司未经许可,将包含涉案游戏画面的短视频以公之于众的方式展示在开放性的、不特定任何人均可浏览的被诉侵权 App 上,使公众可以在其个人选定的时间和地点获得涉案游戏视频,侵害了腾讯公司的信息网络传播权。由于法院已认定运城阳光公司的被诉行为构成著作权侵权,腾讯公司要求其就同一侵权行为重复承担责任,不予支持。腾讯公司并未提供证据证明运城阳光公司的被诉行为侵害了其著作人身权,且运城阳光公司已在被诉侵权 App 发布用户停止传播上传涉案游戏视频的公告,足以消除影响,故对于腾讯公司要求运城阳光公司赔礼道歉、消除影响的请求不予支持。优视公司作为应用商店,是信息网络空间服务提供者,其仅是被动地提供分发服务,并非涉案侵权内容所在应用的开发者、运营者,在案证据不能证明其参与了涉案游戏视频的传播并因此直接获益,因此,优视公司未侵害腾讯公司的信息网络传播权,亦不构成不正当竞争。广州互联网法院综合考虑涉案游戏的类型、制作成本以及行业影响力、运城阳光公司的侵权情节等因素,判决运城阳光公司停止在被诉侵权 App 传播包含涉案游戏画面的视频并赔偿经济损失 480 万元及合理支出 16 万元。

运城阳光公司不服一审判决,上诉至广州知识产权法院(以下简称广州知产法院),广州知产法院经审理认为,运城阳光公司与游戏用户签订《游戏类视频节目合作协议》约定,一方负责制作视频,另一方负责商业运营,双方共享收益,属于以分工合作的方式共同提供涉案视频,构成直接侵权。同时,运城阳光公司作为网络服务提供者,明知涉案游戏是一款现象级的高热度游戏,仍然通过奖金、流量扶持等方式诱导、鼓励网络用户上传涉案游戏视频,并对用户上传的涉案游戏视频进行选择、编辑和推荐,其行为已经超出一般网络服务的范畴,亦构成教唆、帮助侵权。据此,广州知产法院判决驳回上诉、维持原判。

裁判规则

1. 游戏运行过程中形成的连续画面具有独创性,可借助技术设备复制,由有伴音或无伴音的连续动态画面构成,且人机互动而呈现在游戏画面中的视听表达属于游戏预设范围的,应当认定该连续画面符合以类似摄制电影的方法创作的作品构成要件。

2. 网络服务提供者与用户签订协议,约定由其用户制作并上传包含他人作品的视频,由网络服务提供者负责相关商业运营,双方共享收益的,二者属于以分工合作等方式共同提供作品。该作品构成侵权的,网络服务提供者与用户构成共同侵权,应当承担连带责任。

罗盒公司与玩友公司等计算机软件著作权侵权案

法院:广州知识产权法院

案号:(2019)粤 73 知民初 207 号

原告:济宁市罗盒网络科技有限公司

被告:广州市玩友网络科技有限公司、深圳冠准航科技有限公司、深圳奥斯坦科技有限公司、祥运实业(深圳)有限公司

案由:侵害计算机软件著作权纠纷

案情简介:济宁市罗盒网络科技有限公司(以下简称罗盒公司)系软著登字为第 2198812 号、软件名称为“罗盒(Virtual App)插件化框架虚拟引擎系统(简称 Virtual App)V1.0”的计算机软件(以下简称涉案软件)的著作权人。罗盒公司股东之一罗迪(Lody)于 2016 年 7 月 7 日在 Github 网站上传了涉案软件的初始源代码,于 2016 年 7 月 8 日加入 LGPL V3 协议,于 2016 年 9 月 10 日将授权许可协议更改为 GPL V3 协议,并加入任何人如需将涉案软件用于商业用途需联系购买的声明(以下简称商业使用限制保留条款),于 2017 年 10 月 29 日删除了 GPL V3 协议,于 2017 年 12 月 31 日停止更新并转为开发不开源的商业版本。罗盒公司发现,广州

市玩友网络科技有限公司(以下简称玩友公司)通过“应用宝”等多个平台提供收取会员费的“微信视频美颜相机版”等App(以下简称被诉侵权软件)的下载、安装和运营服务,深圳冠准航科技有限公司(以下简称冠准航公司)、深圳奥斯坦科技有限公司(以下简称奥斯坦公司)、祥运实业(深圳)有限公司(以下简称祥运公司)代玩友公司收取会员费并获取相应服务费。经广东鑫证司法鉴定所鉴定,被诉侵权软件的424个可比代码与涉案软件相比,165个代码具有高度相似性,17个代码具有一般相似性,239个代码具有实质相似性。罗盒公司认为,玩友公司、冠准航公司、奥斯坦公司和祥运公司提供下载、安装和运营服务的被诉侵权软件与涉案软件构成实质相似,侵害了罗盒公司就涉案软件享有的复制权、发行权、信息网络传播权,遂起诉至广州知识产权法院(以下简称广州知产法院),请求判令玩友公司、冠准航公司、奥斯坦公司和祥运公司立即停止侵权,连带赔偿经济损失及合理费用共计1515万元。

广州知产法院经审理认为,罗盒公司系涉案软件的著作权人,且作为提交了涉案软件绝大部分代码量的项目管理者,基于涉案软件适用的LGPL V3协议或GPL V3协议,无须经过其他贡献者的授权,有权单独起诉。GPL V3协议系具有合同性质的针对软件和其他作品的“著佐权”许可协议,罗盒公司在GPL V3协议中加入的商业使用限制保留条款与该协议的“著佐权”特性矛盾,罗盒公司无权将其加入涉案软件中,故玩友公司适用GPL V3协议开发时无须遵守该条款。GPL V3协议并不排斥软件开发者从软件中通过提供软件及信息服务获取利益,但其要求软件开发者依据GPL V3协议授权对源代码进行修改和再发布时应当提供其修改后的源代码。玩友公司就被诉侵权软件收取的会员费是用于软件运营维护和技术支持,该收取会员费的行为不违反GPL V3协议。玩友公司在被诉侵权软件的沙盒分身功能部分中使用了涉案软件的源代码,由于该沙盒分身功能部分并非独立于被诉侵权软件整体,基于GPL V3协议应开放被诉侵权软件整体源代码的下载,故玩友公司未提供被诉侵权软件源代码下载的行为违反GPL V3协议。玩友公司违反GPL V3协议,构成无权使用,其行为构成侵权,应承担侵权责任。广州知产法院认定,玩友公司将被诉侵权软件上传到“应用宝”等多个平台供用户在其选定的时间和地点下载,侵害罗盒公司就涉案软件享有的信息网络传播权;玩友公司向用户提供被诉侵权软件安装包的下载,同时向用户收取会员费,侵害了罗盒公司就涉案软件享有的复制权和发行权,且上述侵害信息网络传播权的行为吸收该侵害复制权的行为。关于损害赔偿,广州知产法院综合考虑涉案软件源代码的贡献度、被诉侵权软件的下载量、涉案软件对外许可收费情况、玩友公司侵权行为性质、侵权时间和拒不履行开源授权许可协议的情况以及合理开支,酌定赔偿数额为 50 万元。对于冠准航公司、奥斯坦公司和祥运公司的民事责任,广州知产法院认为该三公司仅代玩友公司收取会员费,不足以与玩友公司构成共同侵权。据此,广州知产法院判决玩友公司停止侵权,赔偿经济损失及合理开支共计 50 万元。

裁判规则

1. 对于开源软件项目,若项目管理者提交的代码占整个涉案软件代码量的绝大部分且系整个涉案软件的核心基础,其他贡献者提交的代码未对涉案软件著作权产生实质影响,则项目管理者有权就涉案软件单独提起计算机软件著作权侵权诉讼,而无须经过其他贡献者的授权。

2. 著佐权(Copyleft)是一种利用现有著作权体制来保护所有用户和二次开发者的自由的授权方式。在自由软件授权方式中增加著佐权条款之后,该自由软件除了允许用户自由使用、散布、修改之外,更要求用户修改后的衍生作品必须要以同等的授权方式向其他用户公开。项目管理者等权利人无权在具有著佐权条款的协议中加入限制用户范围的商业使用限制保留条款。

3. 对于在逻辑上与开源代码有关联性且整体发布的衍生作品,只要其中一部分适用了 GPL V3 协议发布,则整个衍生作品均应适用 GPL V3 协议而公开。

深圳市中级人民法院

腾讯公司与微播视界公司著作权侵权案

法院:深圳市中级人民法院

案号:(2019)粤 03 民初 2836 号

原告:深圳市腾讯计算机系统有限公司

被告:北京微播视界科技有限公司

案由:侵害著作权及不正当竞争纠纷

案情简介:深圳市腾讯计算机系统有限公司(以下简称腾讯公司)经授权享有《王者荣耀》游戏(以下简称涉案游戏)的著作权使用许可及维权权利。腾讯公司认为,网络用户在北京微播视界科技有限公司(以下简称微播视界公司)运营的"抖音"平台发布了大量含有涉案游戏连续画面的短视频(被诉侵权视频),微播视界公司在接到腾讯公司多次发函要求删除被诉侵权视频后一直未删除，侵害了涉案游戏的著作权并构成不正当竞争，遂起诉至深圳市中级人民法院（以下简称深圳中院），请求判令微播视界公司赔礼道歉并赔偿经济损失及合理支出 520 万元。

深圳中院经审理认为，涉案游戏在运行过程中所呈现出来的游戏连续动态画面构成《著作权法》规定的类电作品。游戏用户通过游戏引擎调动游戏资源库中的游戏元素，是在游戏创作者设定的整个逻辑框架内进行，其作用仅是使游戏内含的虚拟不可感知的连续活动画面变成了视觉可以感知的连续活动画面，本质上不过是将某些游戏画面由不可视到可视的再现。无论游戏用户再现出多少种连续活动画面，具有独创性的游戏引擎与游戏资源库相结合的涉案游戏始终具有同一性，游戏用户既未创作出任何具有独创性的新游戏元素，也未创作出可以单独从涉案游戏中分离的任何具有独创性的新的连续活动画面，因此，游戏用户对涉案游戏的整体画面不享有著作权。网络用户通过网络擅自传播被诉侵权视频，使公众可以在其个人选定的时间和地点获得该视频，侵害了涉案游戏的信息网络传播权。微播视界公司在接到腾讯公司删除被诉侵权视频的通知后，未在合理的时间内采取有效措施，未充分履行“通知—删除”义务，主观上具有过错，构成帮助侵权。由于已经认定被诉侵权行为构成侵害腾讯公司的著作权，故不再以《反不正当竞争法》对其进行额外的保护。腾讯公司未提交证据证明被诉侵权行为侵害其著作人身权，或造成其商誉的减损，故对其赔礼道歉、消除影响的主张不予支持。深圳中院综合考虑涉案游戏独创性较高，权利人为创作该游戏投入的资金和智力成本较高、侵权行为的性质为帮助侵权、微播视界公司主观过错明显等因素，判决微播视界公司赔偿经济损失 50 万元及合理支出 10 万元。

裁判规则

1. 网络游戏在运行过程中呈现出来的连续的动态画面，体现出故事情节、玩法规则、技能体系、装备数值、画面美工、配音配乐、界面布局等诸多设计元素的有机组合，蕴含了游戏开发设计者的大量智力成果，体现出游戏开发者富有个性的选择和安排，具备独创性，并可借助计算机等数字播放硬件设备予以传播，可以认定该游戏连续的动态画面构成类电作品。

2. 网络游戏连续动态画面是游戏客户端软件调用资源库中的素材，将这些素材有序展现并向用户展现出来的一系列连续的动态影像效果。该画面所呈现的场景表达、游戏角色设定、游戏角色间的互动、整体游戏的故事情节等内容设计，均未超过游戏开发设计者的设定范围的,因此,其著作权应当归属于游戏软件及游戏资源库的创作者。

广州互联网法院

林某南与科特公司著作权侵权案

法院:广州互联网法院

案号:(2020)粤 0192 民初 46551 号

原告:林某南

被告:广州科特教育发展有限公司

案由:侵害著作权纠纷

案情简介:林某南是书籍《高中英语单词串记法》(以下简称涉案作品)的著作权人。2018 年 3 月 6 日,广州科特教育发展有限公司(以下简称科特公司)在其运营的微信公众号上发布被诉侵权文章。2018 年 3 月 22 日,林某南通过公证机关固定了科特公司的侵权证据,但未以任何方式通知科特公司停止侵权行为。2020 年 10 月 13 日,林某南向广州互联网法院提起诉讼,请求判令科特公司删除被诉侵权文章、赔礼道歉并赔偿经济损失及合理支出 4 万元。广州互联网法院经审理认为,涉案作品具有较高独创性,对其创造性的劳动成果,应当予以充分的保护。科特公司未经许可,在其运营的微信公众号上发表了与涉案作品构成实质性相似的文章,且未标明作者信息,侵害了林某南对涉案作品享有的署名权和信息网络传播权。但林某南在发现侵权行为并进行公证后的两年多时间里,怠于采取必要措施,以防止损失的进一步扩大,其自身对扩大的损失亦存在过错,故应减轻科特公司的赔偿责任。科特公司虽然侵害了林某南的署名权,但林某南未举证证明科特公司的侵权行为对其人格利益造成了明显损害,且科特公司的赔偿已足以弥补林某南因侵权受到的损失,故广州互联网法院对林某南赔礼道歉的诉讼请求不予支持。据此,广州互联网法院判决科特公司停止侵权并赔偿经济损失及合理支出 1 万元。

裁判规则

权利人怠于行使权利,使得因侵权行为所造成的损失进一步扩大的,权利人对该损失扩大部分亦有过错,并应相应减轻侵权人的赔偿责任。

娱美德公司等与三七互娱公司等著作权侵权纠纷案

法院:广州互联网法院

案号:(2019)粤 0192 民初 38509 号

原告:娱美德有限公司、株式会社传奇 IP、亚拓士软件有限公司

被告:广州三七互娱科技有限公司、上海冠航网络科技有限公司

案由:侵害著作权及不正当竞争纠纷

案情简介:娱美德有限公司(以下简称娱美德公司)、株式会社传奇 IP(以下简称传奇公司)、拓士软件有限公司(以下简称拓士公司)是《热血传奇》网络游戏(以下简称涉案游戏)的著作权人。娱美德公司、传奇公司及拓士公司认为,广州三七互娱科技有限公司(以下简称三七互娱公司)、上海冠航网络科技有限公司(以下简称冠航公司)运营和推广的《王城英雄》游戏(以下简称被诉侵权游戏)在人物角色、技能、游戏特殊功能设计等方面与涉案游戏整体实质近似,侵害了涉案游戏的改编权和信息网络传播权;三七互娱公司与冠航公司采用与涉案游戏相同或高度相似的游戏素材及其组合吸引玩家,故意攀附涉案游戏的知名度进行推广,构成不正当竞争,遂起诉至广州互联网法院,请求判令三七互娱公司与冠航公司停止侵害涉案游戏著作权及不正当竞争行为,消除影响并赔偿经济损失及合理支出 1000 万元。

广州互联网法院经审理认为,涉案游戏符合一系列有伴音或者无伴音的画面组成的特征,并且可以由用户通过游戏引擎调动游戏资源库呈现出相关画面,构成类电作品。涉案游戏与被诉侵权游戏虽然存在部分相似场景,但均属于常规设计和通用表达,不能为任何人所垄断。涉案游戏与被诉侵权游戏对于角色职业的设置在思想与表达上均存在区别,而娱美德公司、传奇公司及拓士公司主张的角色属性不具有独创性,不能获得《著作权法》的保护。涉案游戏的特殊设计均属于游戏的常规设计,不具有独创性,不能获得《著作权法》的保护。因此,涉案游戏与被诉侵权游戏不构成实质性相似,被诉侵权游戏未侵害娱美德公司、传奇公司及拓士公司对涉案游戏享有的改编权和信息网络传播权。娱美德公司、传奇公司及拓士公司主张三七互娱公司与冠航公司实施的不正当竞争行为与被诉侵害著作权的行为具有同一性,不应再针对同一行为进行重复判断。三七互娱公司与冠航公司使用的“传承游戏经典设置”等宣传语并不具有不正当性,因此三七互娱公司与冠航公司不构成不正当竞争。广州互联网法院据此判决驳回娱美德公司、传奇公司及拓士公司的诉讼请求。

裁判规则

1. 玩家的交互行为会使游戏画面难以穷尽,但是游戏的具体玩法设计是恒定的,不同游戏之间是否会给玩家带来相似的操作体验,关键在于玩法的具体设计是否相似。因此,在对游戏画面难以逐帧进行比对的情况下,可以将游戏玩法具体设计作为游戏的基本表达和是否构成实质性相似的判断方法进行比对。

2. 知识产权专门法和《反不正当竞争法》的基本政策是,自由竞争、模仿自由和公有领域是原则,纳入著作权等专有权及反不正当竞争保护的属于例外。通过《反不正当竞争法》进行保护不能抵触知识产权专门法的立法政策,在知识产权专门法之外通过《反不正当竞争法》进行补充保护必须有不足以正常保护的其他因素与依据。

虎牙公司与斗鱼公司著作权侵权及不正当竞争案

法院:广州互联网法院

案号:(2020)粤 0192 民初 20339 号

原告:广州虎牙信息科技有限公司

被告:武汉斗鱼网络科技有限公司

案由:侵害著作权及不正当竞争纠纷

案情简介:广州虎牙信息科技有限公司(以下简称虎牙公司)经授权取得 IEM、EPL 赛事(以下简称涉案赛事)的直播、转播及通过视频点播方式向公众传播的权利。虎牙公司认为,武汉斗鱼网络科技有限公司(以下简称斗鱼公司)运营的斗鱼直播平台擅自直播涉案赛事(以下简称被诉侵权视频),同时使用涉案赛事的名称和标识,侵害了其对涉案赛事享有的著作权并构成不正当竞争,遂起诉至广州互联网法院,请求判令斗鱼公司停止侵害涉案赛事著作权及不正当竞争行为,赔礼道歉、消除影响并赔偿经济损失 300 万元及合理支出 10 万元。

广州互联网法院经审理认为,涉案赛事直播节目的制作包括角色切换、画面选择、解说和文字编排等,可以体现作者的个性选择与智力成果,具有独创性。涉案赛事直播节目的画面表现为有伴音的连续画面,符合以类似摄制电影的方法创作的作品的客观表现形式及传播利用方式,构成类电作品。斗鱼公司未经许可,通过信息网络提供涉案赛事节目的直播,侵害了应当由著作权人享有的其他权利。被诉侵权视频是斗鱼公司与主播合作的营利活动的直接成果,且各项权益亦部分归属于斗鱼公司,斗鱼公司并非仅提供信息存储空间服务,且默许并鼓励了被诉侵权视频的传播,应当对被诉侵权视频侵害虎牙公司著作权承担责任。使用涉案赛事标识和名称的权利并非虎牙公司独享,斗鱼公司在直播间或直播画面中使用涉案赛事标识不足以导致相关公众误认为其与虎牙公司存在特定联系,不构成不正当竞争。斗鱼公司未经许可直播涉案赛事已认定构成著作权侵权,故对于虎牙公司主张斗鱼公司构成不正当竞争不予支持。虎牙公司未举证证明侵权行为对其人格利益造成损害,对于虎牙公司赔礼道歉的主张不予支持。广州互联网法院综合考虑涉案赛事授权费用、侵权情形、过错程度等因素,判决斗鱼公司赔偿经济损失 100 万元及合理支出 60,178.4 元

裁判规则

1. 电子竞技直播节目的制作能够反映制作者独特构思,体现游戏个性选择和安排,具有独创性,且该节目的画面由一系列有伴音的连续画面组成,可以通过多种途径予以保存,具备有形复制的属性,构成《著作权法》规定的以类似摄制电影的方法创作的作品。

2. 未经著作权人许可,通过信息网络直播电子竞技节目的行为虽然无法纳入《著作权法》第 10 条第 1 款第 1 项至第 16 项规定的权项所规制的范围,但该行为明显具备可非难性,应当适用《著作权法》第 10 条第 1 款第 17 项规定的“应当由著作权人享有的其他权利”,对该行为进行规制。

3. 直播平台经营者与主播深入合作,且从成果中直接获取各项权益,对于主播上传及传播侵权视频持默许与鼓励态度的,应当对侵权行为承担责任。

虎牙公司与华纳公司确认不侵害著作权及不正当竞争纠纷案

法院:广州互联网法院

案号:(2021)粤 0192 民初 21482 号

申请人:广州虎牙信息科技有限公司

被申请人:华纳盛世音乐版权代理(北京)有限公司

案由:确认不侵害著作权及不正当竞争纠纷

案情简介:广州虎牙信息科技有限公司(以下简称虎牙公司)是“虎牙直播 - 游戏互动直播平台”App(以下简称涉案 App)的经营主体,苹果应用商店提供了涉案 App 的下载服务。华纳盛世音乐版权代理(北京)有限公司(以下简称华纳公司)自

2021 年 4 月 8 日起多次向苹果应用商店投诉,称涉案 App 中累计有 215 条短视频侵犯其音乐作品著作权,要求苹果应用商店对涉案 App 进行下架处理。虎牙公司在收到苹果应用商店发出的转通知后对涉嫌侵权的视频进行了删除处理,但华纳公司仍持续进行投诉,要求苹果应用商店下架涉案 App。2021 年 7 月 15 日,苹果公司向虎牙公司发送邮件称:"若短期内本投诉未解决,苹果应用商店可能会被迫下载你们的应用程序"。虎牙公司遂向广州互联网法院(以下简称广互法院)提起确认不侵害著作权及不正当竞争纠纷之诉,并提出行为保全申请,请求广互法院裁定华纳公司立即停止针对虎牙公司的涉案 App 向苹果应用商店进行投诉的行为。

广互法院经审理认为:在华纳公司仅提交查询指引并未提交初步权属证据的情况下,虎牙公司已经删除了被投诉的具体侵权内容,该行为已达到了必要程度。上传虎牙直播平台的视频数量日均过万,华纳公司取证的 215 条侵权视频占平台内容比例极小,如下架整个涉案 App 既会损害其他平台用户的合法权益,也会使虎牙公司承担与其过错不相一致的责任。因此,华纳公司持续向苹果公司投诉并坚持要求下架涉案 App 的行为属于权利滥用。另外,华纳公司的持续性投诉行为可能会导致涉案 App 被下架,这会在一定程度上对虎牙公司的商誉及行业地位产生负面影响,从而导致虎牙公司的合法权益受到难以弥补的损害。而如果采取行为保全措施,则华纳公司不得再就涉案投诉事项要求苹果公司下架,使虎牙公司涉案程序能够正常提供给苹果用户下载使用,不会造成双方之间的利益失衡。综上,广互法院裁定华纳公司立即停止针对涉案 App 向苹果应用商店进行投诉的行为。

(四)不正当竞争类

广东省高级人民法院

仟游公司等与徐某等侵害技术秘密纠纷案

法院:广东省高级人民法院

案号:(2019)粤知民终 457 号

上诉人(一审原告):珠海仟游科技有限公司、珠海鹏游网络科技有限公司

上诉人(一审被告):徐某、肖某、深圳策略一二三网络有限公司、上海南湃网络科技有限公司

案由:侵害技术秘密纠纷

案情简介:珠海仟游科技有限公司(以下简称仟游公司)、珠海鹏游网络科技有限公司(以下简称鹏游公司)共同开发了"帝王霸业"游戏软件(以下简称涉案游戏),并将涉案游戏源程序及相关文档作为技术秘密予以保护。仟游公司、鹏游公司于2016年起诉至广州知识产权法院(以下简称广州知产法院),诉称徐某和肖某窃取涉案游戏源代码,成立深圳策略一二三网络有限公司(以下简称策略公司)开发游戏"页游三国"和"三国逐鹿"(以下简称被诉侵权游戏),并与上海南湃网络科技有限公司(以下简称南湃公司)共同运营,徐某、肖某、策略公司、南湃公司共同侵犯其商业秘密,请求法院判令四被告停止侵权,连带赔偿经济损失2550万元。其中,徐某系仟游公司前股东、前运营总监,肖某系仟游公司前股东、前策划总监,二人离职后成立策略公司,且均系策略公司股东。

广州知产法院经审理认为,涉案游戏的源代码及相关文档不为公众所知悉,具有商业价值,且由鹏游公司采取了保密措施,故构成商业秘密。仟游公司提交的证据不足以证明其为涉案商业秘密的权利人,并非本案适格原告。因双方当事人对对方提交的游戏软件源代码的真实性均不予确认,广州知产法院认为不能对涉案游戏和被诉侵权游戏的源代码进行比对或鉴定,故无法判断二者是否具有同一性,且鹏游公司提交的证据亦不足以证明四被告的侵权行为。据此,广州知产法院判决驳回仟游公司、鹏游公司的全部诉讼请求。

仟游公司、鹏游公司不服一审判决,遂上诉至广东省高级人民法院(以下简称广东高院)。广东高院经审理认为,涉案游戏的源代码构成商业秘密,仟游公司具备本案原告主体资格。两原告已穷尽其方法提供证据,初步证明了其主张的待证事实具有一定可能性,而四被告持有直接证据但无正当理由拒不提供,故推定被诉侵权游戏源代码与涉案商业秘密构成实质相同;并且,在四被告未提出足够理据反驳的情况下,可以认定四被告共同以不正当手段获取、使用了涉案商业秘密,故四被告构成侵害涉案商业秘密。综合考虑到被告主观恶意明显、有违诉讼诚信、侵权行为持续时间长、侵权获利大、权利人市场份额受严重挤占以及应当施予被告适当威慑等因素,酌定损害赔偿数额及合理支出费用共500万元。综上,广东高院判决撤销一审判决,改判徐某、肖某、策略公司、南湃公司立即停止侵权,并赔偿仟游公司、鹏游公司500万元。

裁判规则

1. 在商业秘密权利人客观上无能力收集到证明其主张的待证事实的证据,但已经穷尽方法提供证据,初步证明了待证事实具有一定可能性的情形下,若被诉侵权人持有证明该待证事实的直接证据,但无正当理由拒不提供的,构成举证妨碍,法院可以据此推定权利人主张的待证事实成立。

2. 游戏服务器源代码类商业秘密易于复制,即使判令销毁仍难以阻止再次侵害商业秘密的,同时结合考虑被诉侵权人存在主观恶意、不正当行为蓄谋已久等事实,应当在酌定赔偿金额时考量施予被诉侵权人适当威慑这一因素。

暴雪公司等与动景公司等不正当竞争案

法院:广东省高级人民法院

案号:(2016)粤民终 1775 号

上诉人(一审被告):北京分播时代网络科技有限公司、广州市动景计算机科技有限公司

被上诉人(一审原告):暴雪娱乐有限公司、上海网之易网络科技发展有限公司

一审被告:成都七游科技有限公司

案由:不正当竞争纠纷

案情简介:暴雪娱乐有限公司(以下简称暴雪公司)是《魔兽世界》《魔兽世界:德拉诺之王》等游戏(以下简称涉案游戏,见图 1 - 4 - 10)的著作权人。上海网之易网络科技发展有限公司(以下简称网之易公司)经授权在国内独家运营涉案游戏。暴雪公司与网之易公司认为,成都七游科技有限公司(以下简称七游公司)开发、北京分播时代网络科技有限公司(以下简称分播时代公司)运营、广州市动景计算机科技有限公司(以下简称动景公司)传播的《全民魔兽:决战德拉诺》手游(以下简称被诉侵权游戏,见图 1 - 4 - 11)未经许可,使用了涉案游戏的特有名称、知名角色特有名称并使用了与涉案游戏相似的标题界面、登录界面和人物创建界面,构成不正当竞争,遂起诉至广州知识产权法院(以下简称广州知产法院),请求判令七游公司及分播时代公司连带赔偿经济损失 500 万元,动景公司对其中的 25 万元承担连带赔偿责任;分播时代公司刊登声明,消除影响。广州知产法院经审理认为,涉案游戏是知名服务,“魔兽世界德拉诺之王”构成知名服务的特有名称。涉案游戏的标题界面、登录界面和人物构建界面能够产生区分服务来源的作用,故构成知名服务特

有的装潢。被诉侵权游戏擅自使用了暴雪公司知名服务特有名称和装潢,构成不正当竞争。七游公司与分播时代公司擅自使用与六个涉案游戏知名角色名称相同或近似的角色名称,主观上具有攀附涉案游戏知名度的故意,客观上容易导致玩家的混淆、误认,违反了诚实信用原则和公认的商业道德,构成不正当竞争。动景公司未尽合理注意义务,主观上存在过错,构成帮助侵权。分播时代公司采用美女登门陪玩等营销方式损害了暴雪公司及网之易公司的商誉。广州知产法院着重考虑了被诉侵权游戏在安卓和苹果两大平台总的销售收入超过1500万元,分播时代公司无正当理由拒绝提供被诉侵权游戏相关财务账册资料,并综合考虑了涉案游戏知名度、侵权情节、主观恶意、手游行业一般利润率等因素,判决分播时代公司刊登声明,消除影响;七游公司与分播时代公司连带赔偿经济损失及合理支出200万元,动景公司对其中的10万元承担连带赔偿责任。

分播时代公司与动景公司不服一审判决,上诉至广东省高级人民法院(以下简称广东高院)。广东高院经审理认为,《反不正当竞争法》第2条规定经营者包括"从事商品经营或者营利性服务"的主体,因此"知名商品"还应包括知名服务。涉案游戏的标题界面、登录界面、人物创建界面与涉案游戏中的特定游戏元素紧密结合,通过色彩、线条、图案及构图形成独特风格,相关公众接触到该界面时能够建立起与涉案游戏的联系,因此构成知名服务特有的装潢。暴雪公司、网之易公司就六个游戏角色在马克杯、手机壳、T恤衫等商品上进行商业使用,但并无证据证明七游公司、分播时代公司、动景公司在周边商品进行了游戏角色的商业使用,因此暴雪公司、网之易公司虽提出商品化权(益)主张,但客观上并无直接对应的侵害行为。并且,该游戏角色已在相关著作权纠纷案件中作为美术作品获得保护,无再依照《反不正当竞争法》予以补充保护的必要。据此,广州知产法院关于与游戏角色名称相关的不正当竞争行为的认定欠妥,广东高院在予以纠正后判决驳回上诉,维持原判。

裁判规则

知名网络游戏的名称具备足以区别商品来源的显著性的,可以认定该游戏名称构成知名商品的特有名称。游戏界面构成与游戏元素紧密结合,通过色彩、线条、图案及构图形成独特风格,相关公众接触到该界面时能够建立起与该游戏的联系,具备足以区别商品来源的显著性的,可以认定该游戏界面构成知名商品的特有装潢。

图 1-4-10 涉案游戏

图 1-4-11 被诉侵权游戏

吕某等与影儿公司商业诋毁案

法院:广东省高级人民法院

案号:(2021)粤民终 382 号

上诉人(一审被告):吕某、上海是你商贸有限公司

被上诉人(一审原告):深圳影儿时尚集团有限公司

案由:商业诋毁纠纷

案情简介:吕某为国内知名女装模特,与案外人共同设立上海是你商贸有限公司(以下简称是你公司),经营 COMMEMOI 女装时尚品牌。深圳影儿时尚集团有限公司(以下简称影儿公司)以时尚女装设计、生产、销售为主营业务,旗下拥有多个女装品牌。2019 年 3 月 27 日,吕某在新浪微博连续发布 2 条内容,声称影儿公司抄袭,并使用“赤裸裸的抄”“抄抄集团”“没有底线”等字眼。影儿公司于当日发表声明否认。2019 年 4 月 27 日,吕某再次在新浪微博上连续发布 2 条内容,再次声称被抄袭,并声称已于当日向影儿公司发送律师函,要求影儿公司停止抄袭,其发布内容还配有律师函截图,指控影儿公司构成侵权。该微博被大量微博名人用户转发。2019 年 4 月 30 日,影儿公司再次发表声明,否认抄袭,并声称并未收到律师函。后查吕某及是你公司的律师函于 4 月 28 日首次寄出,但并未妥投,影儿公司直至 5 月 7 日才收到该律师函。影儿公司向深圳市中级人民法院(以下简称深圳中院)提起诉讼,请求判令吕某及是你公司停止传播误导性信息、赔礼道歉、消除影响、恢复名誉,并赔偿影儿公司经济损失及合理开支 1000 万元。深圳中院经审理认为,吕某发布的被诉微博的内容笼统模糊,且在正式寄送律师函之前就给出了抄袭的结论性言论,其目的已经超出了向特定被指控侵权方发送侵权警告的范围,而是向被指控侵权方的用户及广大公众传播对其商业声誉不利的信息,不具有正当性与合理性,不构成维权行为。该行为构成传播误导性信息,损害了影儿公司的商业

信誉和商品声誉,构成商业诋毁的不正当竞争行为。该误导性信息的传播致使对影儿公司商业信誉造成的损害相当广泛,且至一审庭审辩论终结时被诉微博仍未删除,商业诋毁行为的持续必然会加大影儿公司恢复其商业信誉的难度。据此,深圳中院判令吕某和是你公司连带赔偿影儿公司经济损失及合理开支500万元。

吕某及是你公司不服一审判决,向广东省高级人民法院(以下简称广东高院)提起上诉。广东高院经审理认为,被诉微博以吕某的个人评价为标准,借助个人影响力对未有司法裁判或行政裁决定的知识产权侵权指控信息广泛传播,同时未全面披露有效信息帮助受众进行客观判断,容易导致不特定公众产生影儿公司有关女装已经构成抄袭或普遍抄袭的印象,侵害一般消费者知情权并影响其消费选择,应认定为误导性信息。该误导性信息的传播已经引起了对影儿公司的负面评价,造成损害影儿公司商誉的后果。而在确定具体赔偿数额时应当遵循比例协调原则,适当考虑类案判赔尺度,在没有充分证据证明影儿公司的实际损失或侵权人获利的具体数额明显超过法定赔偿上限数额,且无其他情节严重情形的,不宜按照法定赔偿上限直接确定赔偿数额。广东高院据此改判吕某和是你公司连带赔偿影儿公司经济损失及合理开支300万元。

裁判规则

1. 判断是否构成商业诋毁的关键在于经营者是否通过虚假信息或者误导性信息使消费者产生认知偏差,侵害其知情权并影响其消费选择,扰乱正常的市场竞争秩序。

2. 误导性信息不侧重于言论在客观事实上真实与否,而侧重于其表述的内容和方式是否足以导致相关受众的误解,并应当以一般消费者的认知为认定标准。对于一般消费者的认知,可基于信息的内容、表述的方式以及传播的特点等客观因素综合分析确定。

3. 商业言论因受经济利益驱动,难免带有贬低竞争对手以抬高自身从而追求更大的商业利益的倾向。对于商业言论,应赋予经营者更高程度的注意义务。例如,对于在公众平台上发表尚无定论的内容贬低竞争对手、使得相关公众产生认知偏差、损害竞争对手商业信誉的商业言论,构成商业诋毁。

广州知识产权法院

李某强与海呐百村公司等不正当竞争案

法院:广州知识产权法院

上诉人(一审被告):广州海呐百村饮食管理服务有限公司

被上诉人(一审原告):李某强

一审被告:广东大塘烧鹅饮食有限公司、广州市番禺区沙湾源翰饮食店

案由:不正当竞争纠纷

案情简介:李某强之父李某培于 1981 年创建了广州市大塘食品烧腊加工场,并推出传统烧腊食品——大塘烧鹅,随后开办了数家专营大塘烧鹅(以下简称涉案字号)的专营店。2005 年 8 月 5 日,曾在涉案连锁店工作过的案外人王某于第 43 类餐厅等服务上申请注册第 4820151 号"大塘烧鹅"商标(以下简称被诉侵权商标),用于经营餐饮业务。2010 年 11 月 2 日,王某将被诉侵权商标转让给广州海呐百村饮食管理服务有限公司(以下简称海呐百村公司),随后海呐百村公司将该商标授权给其关联公司广东大塘烧鹅饮食有限公司(以下简称大塘烧鹅公司)使用,大塘烧鹅公司再将被诉侵权商标授权给广州市番禺区沙湾源瀚饮食店(以下简称源瀚饮食店)使用,源瀚饮食店在多个外卖平台及店铺招牌上使用被诉侵权商标。李某强认为,海呐百村公司、大塘烧鹅公司及源瀚饮食店构成不正当竞争,遂起诉至广州市南沙区人民法院(以下简称南沙法院),请求判令源翰饮食店、海呐百村公司、大塘烧鹅公司停止在中餐服务、小吃服务等经营活动之中使用被诉侵权商标的不正当竞争行为,且变更之后的服务名称中不得包含与被诉侵权商标相同或相近似的字样;大塘烧鹅公司立即使用并变更企业名称,且变更后的企业名称中不得包含与被诉侵权商标相同或近似的字样;源翰饮食店、海呐百村公司、大塘烧鹅公司赔偿经济损失及合理支出 20 万元。南沙法院经审理认为,涉案字号具有一定的市场知名度。李某强于 2011 年 1 月 4 日对被诉侵权商标提起商标权无效宣告,并历经商标评审委员会评审、法院审理等多个阶段,商标评审委员会作出对被诉侵权商标无效宣告的裁定后,海呐百村公司对被诉侵权商标与涉案字号相混淆的可能性应具有一个较为明确的认识与预期,但仍对外授权使用被诉侵权商标。海呐百村公司、大塘烧鹅公司主观上有攀附涉案字号的故意,客观上通过授权他人实际使用

了涉案字号，属于擅自使用有一定影响的企业名称，容易造成消费者混淆的情形，构成不正当竞争。南沙法院综合考虑涉案字号知名度、侵权行为的持续时间、主观过错等因素，判决海呐百村公司、大塘烧鹅公司、源翰饮食店停止在经营活动中使用涉案字号；大塘烧鹅公司停止使用含有涉案字号的企业名称，变更后的企业名称中不得含有涉案字号字样；海呐百村公司、大塘烧鹅公司赔偿经济损失及合理支出15万元。

海呐百村公司不服一审判决，上诉至广州知识产权法院（以下简称广州知产法院）。广州知产法院经审理认为，商标评审委员会于2016年3月7日裁定被诉侵权商标无效，虽然海呐百村公司提起了行政诉讼，该裁定并未发生法律效力，但海呐百村公司使用该商标也应当善意、克制，不应继续扩大原使用范围。但海呐百村公司仍授权大塘烧鹅公司等负责被诉侵权商标的品牌推广及运营管理工作，并于2017年5月16日作为股东设立大塘烧鹅公司从事餐饮管理等服务。大塘烧鹅公司又于2017年11月3日授权源翰饮食店在经营活动中使用被诉侵权商标。上述企业名称注册和商标授权使用行为均难谓善意、合理。据此，广州知产法院判决驳回上诉，维持原判。

（本案判决尚未公开，相关内容系根据法院官方报道内容整理）

星辉公司与正凯公司等不正当竞争纠纷案

法院：广州知识产权法院

案号：（2020）粤73民终2289号

上诉人（一审被告）：广州正凯文化传播有限公司、李某持

被上诉人（一审原告）：星辉海外有限公司

案由：不正当竞争纠纷

案情简介：星辉海外有限公司（以下简称星辉公司）是电影《喜剧之王》（以下简称涉案电影）的出品人及著作权人并聘用李某持作为该电影导演。星辉公司认为，涉案电影名称“喜剧之王”构成有一定影响的商品名称，广州正凯文化传播有限公司（以下简称正凯公司）、李某持为宣传电视剧《喜剧之王2018》（以下简称被诉侵权电视剧），擅自使用涉案电影名称，并进行虚假宣传，构成不正当竞争，遂起诉至天河区人民法院（以下简称天河法院），请求判令正凯公司和李某持赔礼道歉、清除影响并赔偿经济损失1元及合理支出182,941.72元。天河法院经审理认为，涉案电影名称通过大量使用、宣传，已具有区别商品来源的作用，并在国内具有较高的

知名度,应认定为有一定影响的商品名称。涉案电影上映后,其情节、演员演绎、台词、镜头表达、配乐等受到相关公众喜爱,多年来通过媒体宣传、相关公众口碑等多种方式获得持续关注,凝结在该电影名称上的知名度和市场价值理应由电影出品人及著作权人星辉公司享有。正凯公司、李某持明知星辉公司在先使用的涉案电影名称具有较高的市场知名度,仍将被诉侵权电视剧定名为《喜剧之王 2018》并在微博中多次将两部电影进行比较,主观上具有攀附涉案电影知名度的故意,客观上容易使相关公众产生混淆、误认,构成擅自使用有一定影响的商品名称的不正当竞争行为。正凯公司、李某持在媒体宣传中称"《喜剧之王 2018》电视连续剧改编自1999年周星驰、李某持导演的喜剧电影《喜剧之王》,时隔20年再续香港无厘头喜剧风格"等虚构了被诉侵权电视剧与涉案电影的关系,足以使相关公众误认为被诉侵权电视剧与涉案电影之间存在某种情节上的延续性或其他关联,构成虚假宣传。天河法院综合考虑正凯公司和李某持的侵权性质和情节、主观恶意等因素,判决正凯公司、李某持刊登声明、消除影响并赔偿经济损失1元及合理支出12万元。

正凯公司、李某持不服一审判决,上诉至广州知识产权法院(以下简称广州知产法院)。广州知产法院经审理认为,涉案电影及其名称在国内具有相当高的知名度,已具有区别商品来源的作用,应认定为有一定影响的商品名称,且电影作品名称权利人应为电影作品的著作权人星辉公司。被诉侵权电视剧与电影之间属于类似商品,被诉行为易使相关公众产生混淆、误认,李某持对于实施被诉侵权行为具有明知的主观过错,正凯公司及李某持构成擅自使用有一定影响的商品名称的不正当竞争行为。正凯公司、李某持对于被诉侵权电视剧以"连续剧版#喜剧之王#"等内容进行宣传,误导相关公众别诉侵权电视剧与涉案电影之间存在延续性及关联性,构成虚假宣传。广州知产法院据此判决驳回上诉,维持原判。

裁判规则

1. 在依据《反不正当竞争法》第6条审查商品名称是否"有一定影响"时,应当参照《商标法》关于商标显著性审查因素的规定,结合商品使用该名称的持续时间,商品销售的区域和数额,该商品名称宣传的持续时间、程度和地理范围,相关公众对于商品名称的知晓程度以及商品名称的受保护记录等因素进行综合考量。

2. 符合电影上映区域范围广,票房收入高;该电影上映前及上映期间宣传力度大;电影从电影院下架后,授权视频网站的播放量高以及通过实体光盘等方式销售的销量高;相关媒体对于该电影的报道、推介等持续时间久;相关公众在与电影相关各种平台例如豆瓣、知乎、微博等平台上对于电影评价、讨论的热烈程度高等情形的，可以将该电影名称认定为构成“有一定影响的商品名称”。

深圳前海合作区人民法院

亚洲电视公司与刘某等行为保全案

法院：深圳前海合作区人民法院

原告：香港亚洲电视有限公司

被告：刘某、前海某星娱乐公司、前海某柏公司

案由：不正当竞争纠纷

案情简介：香港亚洲电视有限公司（以下简称亚洲电视公司）自1985年开始举办亚洲小姐选美赛事，“亚洲小姐”“MISS ASIA”作为亚洲小姐选美赛事名称，在中国乃至世界范围内都具有一定知名度和影响力。刘某、前海某星娱乐公司、前海某柏公司使用“亚洲小姐”“MISS ASIA”的名义进行选美赛事宣传。亚洲电视公司认为，刘某、前海某星娱乐公司、前海某柏公司未经许可擅自使用“亚洲小姐”“MISS ASIA”名称，构成不正当竞争，遂向深圳前海合作区人民法院（以下简称前海法院）提起诉讼。立案后，亚洲电视公司立即提出行为保全申请，并以保函提供1000万元担保。

前海法院经审理认为：首先，亚洲电视公司为亚洲小姐选美赛事投入大量劳动和资本，从而使得“亚洲小姐”“MISS ASIA”作为选美赛事名称在中国范围内具有一定影响。被告在选美赛事中使用“亚洲小姐”“MISS ASIA”作为赛事名称，易引起混淆，引人误认为是亚洲电视公司举办的赛事或者与亚洲电视公司存在特定联系。其次，原告、被告双方举办的选美竞赛活动均正在持续进行中，均在使用“亚洲小姐”“MISS ASIA”名称。选美竞赛生命周期短、传播速度快、传播范围广，如不及时制止被告行为可能给原告的合法权益造成无法弥补的损害。最后，亚洲电视公司的担保金额和担保形式符合法定要求。前海法院据此作出裁定，责令刘某、前海某星娱乐公司、前海某柏公司立即停止在选美竞赛及相应的宣传活动中使用“亚洲小姐”“MISS ASIA”以及与其近似的名称。

（本裁定尚未公开，相关内容系根据法院官方报道内容整理）

广东省广州市天河区人民法院

腾讯公司与登堂公司等不正当竞争纠纷案

法院:广东省广州市天河区人民法院

案号:(2019)粤 0106 民初 38290 号

原告:腾讯科技(深圳)有限公司、深圳市腾讯计算机系统有限公司

被告:广州登堂通信科技有限公司、厦门联络易科技有限公司

案由:不正当竞争纠纷

案情简介:腾讯科技(深圳)有限公司(以下简称腾讯科技公司)开发并与深圳市腾讯计算机系统有限公司(以下简称腾讯计算机公司)共同运营微信软件。广州登堂通信科技有限公司(以下简称登堂公司)运营 OK 微信管家网站(www. okweixin. com)(以下简称 OK 微信网站)。厦门联络易科技有限公司(以下简称联络易公司)开发并与登堂公司共同销售、运营联络易微信管理系统软件(以下简称联络易软件)。腾讯计算机公司、腾讯科技公司认为,登堂公司运营 OK 微信网站以及联络易公司开发并与登堂公司共同销售、运营联络易软件的行为构成不正当竞争,故向广东省广州市天河区人民法院(以下简称天河法院)提起诉讼,请求判令两被告停止侵权并赔偿经济损失 1000 万元及合理开支 45 万元。

天河法院经审理认为:首先,OK 微信网站在网站名称及网站域名中擅自使用与原告有一定影响的商品名称相同或近似的标识,构成不正当竞争。其次,联络易软件采用技术手段,对微信软件网页端及 PC 端不兼容,登录联络易软件会强制已登录的微信软件网页端或 PC 端下线,严重损害微信软件及其服务的安全性及完整性,减少了用户对微信软件网页端及 PC 端软件的使用及下载量,妨碍了软件的正常运行秩序。再次,联络易软件伪造微信 iPad 客户端实现多个微信账号的登录,干扰了微信软件的正常运行,增加了微信软件运营的压力和困难。最后,联络易软件利用技术手段,在微信软件中增加群发信息、机器人快捷回复等自动化、批量化商业营销功能,异化微信软件的社交平台属性,增加微信软件的运行负担,破坏了微信平台的正常运行秩序,且微信用户通过联络易软件登录微信时未出现任何告知和提醒信息,破坏了微信的数据安全保护制度,威胁了微信平台的安全运行。天河法院据此作出判决,责令两被告停止不正当竞争行为、赔礼道歉,并判决登堂公司赔偿经济损失及合理开支 10 万元,联络易公司赔偿经济损失及合计开支 350 万元,

登堂公司就其中的200万元承担连带赔偿责任。

（五）隐私权和个人信息保护

广东省深圳市南山区人民法院

王某涛与腾讯公司网络侵权责任纠纷案

法院：广东省深圳市南山区人民法院

案号：（2020）粤0305民初825号

原告：王某涛

被告：深圳市腾讯计算机系统有限公司

案由：网络侵权责任纠纷

案情简介：深圳市腾讯计算机系统有限公司（以下简称腾讯公司）经营微视App。王某涛以腾讯公司未经许可在微视App中收集并使用其在微信App中的性别、地区以及微信好友关系，侵害其隐私权以及知情权和选择权为由，向广东省深圳市南山区人民法院（以下简称南山法院）提起诉讼，请求判令被告停止侵权、赔礼道歉并赔偿经济损失及合理支出1万元。

南山法院经审理认为，关于侵害隐私权问题，原告主张的性别、地区信息由原告在注册微信账号时选择填写，其使用微信软件的过程中，在一定范围内已公开，该两类信息通常不具有私密性，不属于原告的隐私。原告所主张的微信好友关系在特定情况下具有合理的隐私期待，但从本案查明的情况来看，原告所主张的微信好友关系既未包含其不愿为他人所知晓的私密关系，他人也无法通过其微信好友关系对其人格作出判断从而导致其遭受负面或不当评价，故南山法院在本案中认定原告所主张的微信好友关系不属于原告的隐私。此外，微视App收集、使用用户性别、地区信息是为了实现软件的基本功能，具有一定合理性，微视App收集、使用微信好友关系的行为也不会对原告私人生活安宁造成非法侵扰。综上所述，被告行为不构成对原告隐私权的侵害。

关于侵害个人信息权益问题，原告所主张的三类信息均构成个人信息，但从本案查明的情况来看，原告所主张的个人信息不属于敏感信息，被告可将微信App中所积累的用户关系信息在关联产品中合理使用,微视 App 收集、使用上述个人信息用于社交分享,符合其产品定位。而且,微视 App 只有基于用户的明确授权,才会收集、使用用户的微信好友关系,用户也可以在微信中关闭"微视的朋友关系"来撤销微视 App 对微信好友关系的使用。因此,微视 App 收集、使用用户所提供的个人信息符合必要性、合法性、正当性的原则,使用范围限于必要范围,且向用户明示了收集、使用信息的规则,同时取得了用户同意。保障了用户的知情权、选择权和删除权,故不构成对个人信息权益的侵害。南山法院遂作出判决,驳回原告王某涛的全部诉讼请求。

(六)商业秘密刑事案件

广东省惠州市中级人民法院

林某翔等侵犯商业秘密罪刑事案

法院:广东省惠州市中级人民法院

案号:(2018)粤 13 刑终 361 号

公诉机关:广东省惠州市惠城区人民检察院

上诉人(一审被告人):林某翔、叶某呈、郑某鸿

被害单位:深圳市华星光电技术有限公司

罪名:侵犯商业秘密罪

案情简介:林某翔于 2014 年 2 月 17 日入职深圳市华星光电技术有限公司(以下简称华星公司),于 2015 年 10 月离职并入职重庆市惠科金渝光电科技有限公司(以下简称惠科公司)。叶某呈于 2014 年 9 月 22 日入职华星公司,于 2016 年 4 月离职并入职惠科公司。王某(另案处理)于 2013 年 7 月 9 日入职华星公司,于 2016 年离职并入职惠科公司。林某翔、叶某呈、王某三人与华星公司均签订了保密协议,负有保密义务。2015 年 10 月 24 日,叶某呈在明知林某翔入职惠科公司的情况下,将包含华星公司"2016 预算评估报告(对比 2015 年) – TEST 部 – Ver. 08"等文件的邮件发至林某翔邮箱,以供林某翔和郑某鸿使用。2015 年 10 月至 11 月,华星公司员工林某呈将与不良跟踪报告技术有关的名为"200"的文件,发送给林某翔供其使

用。另外，林某翔将包含华星公司“TBNAN 新建厂设备评估报告 20140506”等文件的邮件，发送给惠科公司多位员工以供使用。2017 年 3 月 24 日，王某将华星公司“PI 不沾 - CFITO 改善报告”文件中包含的 PI 不沾生产工艺技术信息，以名为“PI 不沾经验”的文件在郑某鸿所在部门的微信群内共享，以供郑某鸿使用。

经西南政法大学司法鉴定中心鉴定，文件“2016 预算评估报告（对比 2015）- TEST 部 - Ver. 08”“TBNAN 新建厂设备评估报告 20140506”以及“200”均不为公众所知悉；经广东省知识产权研究与发展中心司法鉴定所鉴定，文件“PI 不沾 - CFITO 改善报告”不为公众所知悉。经广东龙源司法会计鉴定所鉴定，文件“2016 预算评估报告（对比 2015）- TEST 部 - Ver. 08”“TBNAN 新建厂设备评估报告 20140506”“200”“PI 不沾 - CFITO 改善报告”的泄露对华星公司造成的经济损失分别为 33,516,792.73 元、10,575,725.6 元、1,749,925.48 元、24,688,664.81 元。

惠州市惠城区人民检察院将林某翔、叶某呈、郑某鸿以涉嫌侵犯商业秘密罪为由，提起公诉至惠州市惠城区人民法院（以下简称惠城法院）。惠城法院经审理认定林某翔、叶某呈、郑某鸿以不正当手段获取并使用权利人的商业秘密，且侵犯商业秘密造成损失分别为 45,842,443.81 元、33,516,792.73 元、26,438,590.29 元，给商业秘密的权利人造成特别严重后果，均已构成侵犯商业秘密罪。据此，惠城法院判处林某翔有期徒刑 4 年 6 个月，并处罚金 5 万元；判处叶某呈有期徒刑 4 年 4 个月，并处罚金 4 万元；判处郑某鸿有期徒刑 4 年 4 个月，并处罚金 4 万元。

林某翔、叶某呈、郑某鸿不服一审判决，上诉至惠州市中级人民法院（以下简称惠州中院）。惠州中院经审理认为，关于文件“2016 年预算评估报告（对比 2015）- TEST 部 - ver. 08”，西南政法大学司法鉴定中心鉴定意见中的液晶面板中阵列玻璃基板的像素设计相关图片及数据与广东龙源司法会计鉴定所依据的 COST-MT4851D01 项目研发成本之间缺乏关联性，故该项中的 32,930,026.23 元无法认定为经济损失。关于文件“200”，公诉机关提供的侦查卷中的相关邮件证据与西南政法大学司法鉴定中心鉴定报告中的检材邮件存在多处数据不对应的情况，故对于该项的 1,749,925.48 元经济损失不予认定。据此，惠州中院认定林某翔、叶某呈、郑某鸿侵犯商业秘密所造成的经济损失分别为 11,162,492.1 元、586,766.50 元、24,688,664.81 元，改判林某翔有期徒刑 3 年 6 个月，并处罚金 3 万元；改判叶某呈有期徒刑 3 年，并处罚金 1 万元；改判郑某鸿有期徒刑 3 年，并处罚金 2 万元。

裁判规则

在认定侵犯商业秘密罪中权利人的经济损失时，应审查商业秘密的非公知性司法鉴定意见与佐证权利人经济损失的司法会计鉴定意见之间的关联性,以及该两项鉴定意见与案件待证事实之间的关联性。对于上述缺乏关联性的部分,不应在经济损失的计算中予以考虑。

(七)集成电路布图设计专有权

广州知识产权法院

天源公司与国芯公司等集成电路布图设计专有权侵权案

法院:广州知识产权法院

原告:深圳天源中芯半导体有限公司

被告:上海国芯集成电路设计有限公司、佛山市蓝箭电子股份有限公司

案由:侵害集成电路布图设计专有权纠纷

案情简介:深圳天源中芯半导体有限公司(以下简称天源公司)系登记号为 BS.165007060、名称为“线性锂电池充电器”的集成电路布图设计(以下简称涉案布图设计)的专有权人。天源公司认为,上海国芯集成电路设计有限公司(以下简称国芯公司)、佛山市蓝箭电子股份有限公司(以下简称蓝箭公司)生产、销售的芯片(以下简称被诉侵权芯片)落入涉案布图设计专有权的保护范围,构成侵权,遂将国芯公司、蓝箭公司起诉至广州知识产权法院(以下简称广州知产法院),请求判令国芯公司、蓝箭公司停止侵权并赔偿经济损失 300 万元。诉讼过程中,天源公司为避免损失扩大,请求法院判令蓝箭公司、国芯公司先行停止被诉侵权行为。

广州知产法院经审理认为,天源公司所主张的涉案布图设计的三个独创点中,独创点一和独创点二不具有独创性,独创点三具有独创性。经比对,被诉侵权芯片与涉案布图设计的独创点三实质相同,且被诉侵权芯片与涉案布图设计的非独创性部分亦实质相同,故两者存在复制关系。涉案布图设计投产制造后流入市场进行商业利用,国芯公司、蓝箭公司与天源公司同属同一行业且处在相同地域范围内,基于行业习惯会密切关注,故国芯公司、蓝箭公司存在接触使用涉案布图设计产品的可能。国芯公司复制了涉案布图设计独创性部分并将被诉侵权芯片封装后对外销售,足以认定其实施了复制和商业利用行为,构成侵权。由于集成电路布图

设计复制件并非可由社会公众直接获知，作为封装企业的蓝箭公司无法获知被诉芯片是否侵权，且天源公司对此举证不足，故蓝箭公司封装被诉侵权芯片的行为不视为侵权。据此，广州知产法院先行判决国芯公司立即停止侵权，驳回天源公司对蓝箭公司的诉讼请求。

（本案判决尚未公开，相关内容系根据法院官方报道内容整理）

（八）其　他

广州知识产权法院

广东混凝土企业与广东市场监管局反垄断行政案

法院：广州知识产权法院

原告：广东13家混凝土企业

被告：广东省市场监督管理局

案由：不服行政处罚决定纠纷

案情简介：广东省市场监督管理局（以下简称广东市场监管局）于2018年10月25日，对茂名市及高州市多家预拌混凝土企业联合涨价涉嫌垄断一事立案调查。广东市场监管局经行政处罚告知及听证程序后，认定具有竞争关系的广东某力混凝土有限公司、茂名市某科混凝土有限公司等19家混凝土企业（以下简称涉案企业）通过聚会、微信群等形式就统一上调混凝土销售价格事宜进行商议和信息交流，达成并实施了"固定或者变更商品价格"的口头垄断协议，据此于2020年6月1日作出行政处罚决定（以下简称被诉决定），对涉案企业分别罚款3万元至120万元不等。

涉案企业中的13家企业（以下简称涉诉企业）不服被诉决定，向广州知识产权法院（以下简称广州知产法院）提起行政诉讼。广州知产法院经审理认为，涉诉企业自发组成的"茂名混凝土交流会"多次组织会员进行研究、讨论统一涨价事宜，促使具有竞争关系的会员达成固定和变更不同标号水泥价格的协议，使得本应存在的价格差别趋于一致，该行为明显具有反竞争的目的且已经造成反竞争的后果，故涉诉企业达成并实施了固定和变更价格的垄断协议。据此，广州知产法院判决驳回涉诉企业的诉讼请求。

一审判决后,涉诉企业不服,现已提起上诉。

(本案判决尚未公开,相关内容系根据法院官方报道内容整理)

五、浙江法院

（一）专利类

宁波市中级人民法院

奥克斯公司与格力公司专利侵权案

法院：宁波市中级人民法院

案号：（2019）浙02民初165号

原告：奥克斯空调股份有限公司

被告：珠海格力电器股份有限公司、宁波甬格信息科技有限公司

案由：侵害发明专利权纠纷

案情简介：奥克斯空调股份有限公司（以下简称奥克斯公司）系专利号为ZL00811303.3、名称为“压缩机”的发明专利（以下简称涉案专利）的专利权人。案外人东芝开利株式会社于2018年12月4日将涉案专利转让给奥克斯公司，并将发生在转让前的第三方侵权行为的追究责任和获取损害赔偿的权利一并转让，涉案专利权已于2020年8月11日终止。奥克斯公司发现珠海格力电器股份有限公司（以下简称格力公司）制造和销售型号为晶圆（KFR－35GW）的空调（以下简称被控侵权产品）、宁波甬格信息科技有限公司（以下简称甬格公司）未经许可销售被控侵权产品侵犯了涉案专利的专利权，遂于2019年1月29日将格力公司以及甬格公司起诉至宁波市中级人民法院（以下简称宁波中院），请求判令确认格力公司、甬格公司侵权，并判令格力公司赔礼道歉、消除影响，赔偿原告经济损失9600万元以及合理开支20万元。为支持经济损失的主张以及证明格力公司的侵权行为一直在持续，奥克斯公司先后提交了2018年5月18日、2018年11月27日以及2021年6月8日格力公司在苏宁易购、京东等电子商务平台上销售被控侵权产品的证据，并提交了北京奥维云网大数据科技股份有限公司关于被控侵权产品在2016年1月到2020年8月的线上销量数据统计（以下简称奥维云网数据）。本案受理后，格力公司多次向国家知识产权局申请对涉案专利无效宣告，并向宁波中院提交了销售时

间在涉案专利申请日前的空调(以下简称现有技术产品)作为现有技术抗辩。国家知识产权局于2021年9月2日作出第51688号无效决定(以下简称无效决定),宣告在权利要求1-2、4-9、10-13基础上维持涉案专利有效。

在本案审理过程中,根据当事人申请及查明案件实施需要,宁波中院委托国家工业信息安全发展研究中心司法鉴定所分别对被控侵权产品和现有技术产品与涉案专利对应的数值及比值等相关数据进行鉴定。奥克斯公司以及格力公司均申请专家辅助人出庭,对司法鉴定、权利要求的解释和理解进行了说明。针对损害赔偿的计算,奥克斯公司提交了专家辅助人报告并申请专家辅助人出庭,对被控侵权产品合理利润率、专利技术贡献率等的计算进行了详细说明。

宁波中院经审理认为:关于侵权判定,根据涉案专利的发明目的、参考无效决定中对权利要求技术特征的含义的理解,可以确定权利要求的保护范围。结合权利要求保护范围以及司法鉴定结果,认定被控侵权产品落入权利要求1和权利要求10的保护范围。关于现有技术抗辩,根据涉案专利说明书以及无效决定的认定,可以确定涉案专利的发明点在于对集中式卷绕型电动机的改进,而根据鉴定结果可以确认现有技术产品为分布式卷绕型电动机,现有技术产品不具有集中式卷绕型电动机的技术特征,因此现有技术抗辩不成立。关于侵权产品销售额,奥维云网数据来源于京东等多个主流B2B平台,且格力公司在另案中作为原告也曾经提交奥维云网相关数据作为证据,故可推定奥维云网数据的可靠性和真实性。奥维云网数据仅包括线上销售量,而格力公司还有大量线下实体门店,故奥维云网数据保守可信,宜认定为本案侵权产品销售额。关于专利贡献率,应综合考虑专利的技术价值、市场价值,酌定涉案专利在侵权产品中的贡献率为20%。结合奥维云网数据、格力公司官网历年营业利润率以及专利贡献率,计算格力公司制造、销售被控侵权产品所获利益为9886万元,故对奥克斯公司主张的9600万元经济赔偿予以支持。宁波中院据此确认格力公司、甬格公司侵犯涉案专利的专利权,判令格力公司赔偿经济损失9600万元及合理开支20万元。

裁判规则

确定专利对具体产品的专利贡献率,应在具体市场经济背景下对专利技术的技术价值和专利应用的市场价值进行考量。关于专利技术的技术价值,应当从专利性质、专利权有效期限、权利要求数量、简单同族数量、简单同族被引用数量、专利可替代程度等方面综合考虑;关于专利应用的市场价值,应当从专利解决技术问题对产品竞争力的影响程度和对消费者的吸引长度、该专利是否在产品销售环节用于宣传、专利产品的使用范围、专利在整机产品中的技术比重、专利产品部件在产品总体构成中的成本比例及利润比例等方面综合考虑。

塔玛公司与亚嘉公司行为保全案

法院:宁波市中级人民法院

案号:(2020)浙02知民初80号之一

申请人:塔玛塑料工业公司

被申请人:浙江亚嘉采棉机配件有限公司

案由:侵害发明专利权纠纷

案情简介:塔玛塑料工业公司(以下简称塔玛公司)系名称为"一种包装材料的卷筒及包装方法"的发明专利(以下简称涉案专利)的专利权人。塔玛公司认为,浙江亚嘉采棉机配件有限公司(以下简称亚嘉公司)制造、销售的棉花打包膜产品(以下简称被诉侵权产品)涉嫌侵害涉案专利,遂起诉至宁波市中级人民法院(以下简称宁波中院)。2020年7月,在案件审理过程中,塔玛公司向宁波中院提出行为保全申请,请求法院裁定禁止亚嘉公司制造、销售被诉侵权产品,直至本案作出判决为止,并提供了相应担保。宁波中院经审查认为,如果亚嘉公司继续生产、销售被诉侵权产品,将有可能给塔玛公司造成较大损害。但打包膜产品系季节性农用产品,中国棉花种植区域主要位于新疆维吾尔自治区,该区域每年9月至11月为大规模棉花采摘季,如果在该大规模采摘季作出禁令,亚嘉公司将退出该市场供应链,直接导致打包膜产品的市场供应减少,在缺乏同类替代品的情况下,供给侧的减少极有可能引起涉案棉花打包膜产品价格暴涨,最终仍由棉制品的广大消费者来承担。宁波中院综合考虑上述因素,在裁定禁止亚嘉公司在本案作出判决前制造、销售被诉侵权产品的同时,也要求塔玛公司自愿作出在行为保全期间不会恶意抬高专利产品价格的承诺。

(二)商标类

浙江省高级人民法院

联安公司与小米通讯公司等商标侵权案

法院:浙江省高级人民法院

案号:(2020)浙民终 264 号

上诉人(一审被告):小米通讯技术有限公司、小米科技有限责任公司

被上诉人(一审原告):杭州联安安防工程有限公司

一审被告:北京京东叁佰陆拾度电子商务有限公司、杭州京东惠景贸易有限公司、昆山京东尚信贸易有限公司、北京京东世纪贸易有限公司、上海圆迈贸易有限公司

案由:侵害注册商标专用权纠纷

案情简介:杭州联安安防工程有限公司(以下简称联安公司)于 2012 年 12 月 7 日核准注册第 10054096 号"MIKA 米家"商标(以下简称涉案商标,见图 1 - 5 - 1),核定使用在第 9 类报警器、摄像机、网络通信设备等商品上。联安公司认为,小米通讯技术有限公司(以下简称小米通讯公司)、小米科技有限责任公司(以下简称小米科技公司)在摄像机、智能摄像机云台版烟雾报警器等商品上使用"米家"标识(以下简称被诉侵权标识),侵害了联安公司对涉案商标享有的商标权。北京京东世纪贸易有限公司(以下简称京东世纪贸易公司)、杭州京东惠景贸易有限公司(以下简称杭州京东公司)、昆山京东尚信贸易有限公司(以下简称昆山京东公司)、上海圆迈贸易有限公司(以下简称上海圆迈公司)在北京京东叁佰陆拾度电子商务有限公司(以下简称京东电子商务公司)运营的网站上销售侵权商品,侵害了涉案商标权。联安公司向浙江省杭州市中级人民法院(以下简称杭州中院)提起诉讼,请求判令七被告停止侵权;小米通讯公司、小米科技公司及京东电子商务公司刊登致歉声明,消除影响;小米通讯公司、小米科技公司连带赔偿经济损失 7780 万元,京东电子商务公司、杭州京东公司、昆山京东公司、上海圆迈公司、京东世纪贸易公司就其中的 2500 万元承担连带赔偿责任;七被告连带赔偿合理支出 20 万元。杭州中院

经审理认为，小米通讯公司在其制造、销售的相同或类似商品上使用与涉案商标近似的标识，容易导致相关公众产生混淆、误认，侵害了涉案商标权。京东世纪贸易公司、杭州京东公司、昆山京东公司、上海圆迈公司销售侵权商品侵害了涉案商标权，但该四公司的合法来源抗辩成立，只承担停止侵权的责任。在案证据无法证明京东电子商务公司作为网络服务提供者，主观上明知或应知平台上存在侵权商品而未采取必要措施，因此，京东电子商务公司不构成侵害商标权。杭州中院参考小米通讯公司及小米科技公司的侵权商品销售额、30%利润率及被诉侵权标识对侵权获利的贡献率，确定损害赔偿额为1200万元。联安公司未举证证明其法人人格权受到损害，因此对于其要求致歉的诉讼请求不予支持。杭州中院据此判决小米通讯公司、小米科技公司、京东世纪贸易公司、杭州京东公司、昆山京东公司、上海圆迈公司停止侵权；小米通讯公司、小米科技公司刊登声明，消除影响；小米通讯公司赔偿经济损失1200万元及合理支出103,767元，小米科技公司对其中的6,803,767元承担连带赔偿责任。

小米通讯公司、小米科技公司不服一审判决，上诉至浙江省高级人民法院（以下简称浙江高院）。浙江高院经审理认为，被诉侵权的米家多功能网关、米家无线开关、米家门窗传感器与涉案商标核定使用的“网络通讯设备”构成相同或类似商品，被诉侵权标识“米家”与涉案商标构成近似商标，二者并存容易使相关公众对商品来源产生混淆误认，构成对涉案商标的侵害，小米通讯公司、小米科技公司构成共同侵权。关于赔偿数额，浙江高院认为杭州中院采用了不同计价标准的销售价（含税）和进货价（不含税），使计算出的毛利润率明显偏高。侵权人因侵权所获得的利益一般应按照侵权人的营业利润计算，对于完全以侵权为业的侵权人，可以按照销售利润计算。小米通讯公司、小米科技公司显然不属于以侵权为业的情形，因此杭州中院以毛利润率计算侵权获利缺乏依据。小米通讯公司、小米科技公司的侵权商品的销售利润源于多种因素，包括自身的企业声誉、技术力量、销售渠道等，尤其是侵权商品上同时还使用了小米科技公司的注册商标，该部分商品利润与被诉侵权行为之间欠缺直接因果关系。浙江高院综合考虑涉案商标的显著性和知名度、侵权情节、侵权人主观恶意等因素，适用法定赔偿确定本案赔偿金额为300万元。浙江高院据此改判小米通讯公司赔偿经济损失300万元及合理开支103,767元，小米科技公司对全部赔偿金额承担连带责任。

裁判规则

1. 商标法意义上的混淆包括正向混淆与反向混淆。正向混淆是指在后被诉标识的使用使得相关公众误认为该标识使用人的商品或服务源于在先商标权人;反向混淆是指由于在后被诉标识的使用,使得相关公众误认为在先商标权人的商品或服务源于在后被诉标识的使用者,或两者之间存在某种特定的联系。在认定混淆可能性时应秉承基本相同的裁量标准,考虑涉案商标的显著性与知名度、被诉侵权标识的使用强度等因素,给予其相匹配的保护强度。

2. 以侵权人的获利计算赔偿数额时,应当注意被诉侵权商品销售利润与侵权行为之间的因果关系。在反向混淆的情况下,侵权人的经营能力、品牌知名度、营销推广能力明显强于商标权人,特别在商标权人对注册商标的使用和宣传有限的情况下,侵权人的销售利润往往远高于商标权人的损失,但对于侵权人基于自身的商标商誉或者商品固有价值获得的利润,由于其与被诉侵权行为之间欠缺直接因果关系,故商标权人无权对此部分利润主张赔偿。

MIKA 米家

图 1－5－1　涉案商标

世贸协会公司与东森公司商标侵权及不正当竞争纠纷案

法院:浙江省高级人民法院

案号:(2020)浙民终 652 号

上诉人(一审原告):世界贸易中心协会有限公司

上诉人(一审被告):东森控股集团有限公司、浙江东森房地产开发有限公司、台州世界贸易中心有限公司

案由:侵害注册商标专用权及不正当竞争纠纷

案情简介:世界贸易中心协会有限公司(以下简称世贸协会公司)于 2001 年 7 月 2 日申请注册第 1983918 号“**WTC**”商标、第 1985436 号“ ”商标及第 1985438 号“**WORLD TRADE CENTER**”商标(以下统称涉案商标,见图 1－5－2)。涉案商标分别于 2002 年 12 月 21 日及 2005 年 2 月 28 日核准注册,核定使用在第 41 类安排和举办学术讨论会、为商业或广告目的组织会议等服务上。东森控股集团有限公司(以下简称东森控股公司)投资、浙江东森房地产开发有限公司(以下简称东森房地产公司)开发、台州世界贸易中心有限公司(以下简称台州世贸公司)经营的大楼(以下简称被诉楼宇)以“台州世界贸易中心”命名,并在“台州世界贸易中心”

下方配有“TAIZHOU WORLD TRADE CENTER”标识；被诉楼宇外墙使用了涉案商标标识；东森控股公司及东森房地产公司经营的网站（以下简称被诉网站）使用“tzwtc. com”域名（以下简称被诉域名），被诉网站的所有人为台州世贸公司，被诉网站中也多处使用包含涉案商标的标识，并出现“世界贸易中心协会，英文简称WTCA，非官方国际经贸组织……”等关于原告信息的详细介绍，并配有原告全球合作伙伴、原告唯一准入标准的详细描述。世贸协会公司认为，东森控股公司、东森房地产公司及台州世贸公司的上述行为构成商标侵权及不正当竞争，起诉至浙江省宁波市中级人民法院（以下简称宁波中院），请求认定涉案商标为驰名商标，并请求判令三被告停止侵权、转移被诉域名、消除影响并赔偿经济损失及合理支出300万元。宁波中院经审理认为，被诉侵权标识使用的服务与涉案商标核定使用的服务既不相同也不类似，因此，东森控股公司、东森房地产公司及台州世贸公司不构成商标侵权。被诉行为的认定无须以认定驰名商标作为事实依据，宁波中院对涉案商标是否驰名不予审查。台州世贸公司擅自使用世贸协会公司的企业名称；东森控股公司、东森房地产公司及台州世贸公司多处使用包含涉案商标的标识及宣传语，向公众传递的信息与客观事实并不相符，属于虚假宣传，主观具有恶意，客观容易导致相关公众混淆，构成不正当竞争。东森控股公司、东森房地产公司及台州世贸公司在实施相关不正当竞争行为时互相分工、通力合作，主观上具有意图联络，构成共同侵权。被诉域名现已无法访问，对于原告转移被诉域名的请求不予支持。宁波中院据此判决台州世贸公司停止在企业名称中使用“世界贸易中心”；东森控股公司、东森房地产公司及台州世贸公司停止不正当竞争行为并连带赔偿经济损失及合理支出200万元。

世贸协会公司、东森控股公司、东森房地产公司及台州世贸公司均不服一审判决，上诉至浙江省高级人民法院（以下简称浙江高院）。浙江高院经审理认为，涉案商标核定使用的服务与被诉标识使用的服务在服务目的、内容、方式、对象等方面存在较大关联，涉案商标具有显著性及较高知名度，台州世贸公司使用与涉案商标相同或近似的标识会导致相关公众的混淆、误认，因此，以相关公众的一般认识标准进行判断，涉案商标核定使用的服务与被诉标识使用的服务构成类似，在此情况下，无须就涉案商标是否驰名作出认定。台州世贸公司在被诉楼宇及广告宣传中使用与涉案商标相同或近似的标识以及注册、使用被诉域名，容易导致相关公众混淆、误认，构成商标侵权；台州世贸公司使用带有“世界贸易中心”文字的企业名称构成不正当竞争，在宣传中传递了虚假或误导性信息，构成虚假宣传。东森控股公司、东森房地产公司及台州世贸公司主观上具有商标侵权和不正当竞争的主观意思联络,客观上又分工合作,构成共同侵权。浙江高院综合考虑涉案商标和世贸协会公司企业名称的显著性和知名度,东森控股公司、东森房地产公司及台州世贸公司的侵权持续时间及规模、主观恶意等情节,确定 300 万元赔偿数额。浙江高院据此改判东森控股公司、东森房地产公司及台州世贸公司停止商标侵权行为、消除影响并赔偿经济损失及合理支出 300 万元。

裁判规则

《商标注册用商品和服务国际分类表》《类似商品和服务区分表》作为商标申请时指定商品或服务的依据,其作用主要在于方便商标检索、查询和行政管理。具体到商标侵权民事案件中,判断两种服务是否类似,仍应从相关公众对两种服务的一般认识出发,综合考虑两种服务的使用目的、内容、方式、对象等进行判断,《商标注册用商品和服务国际分类表》《类似商品和服务区分表》仅是作出上述判断的参考。

(a)　　(b)　　(c)

图 1－5－2　涉案商标

谭某飞与一招鲜酒家商标侵权案

法院:浙江省高级人民法院

案号:(2021)浙民再 34 号

再审申请人(一审被告、二审上诉人):杭州市下城区一招鲜酒家

被申请人(一审原告、二审被上诉人):谭某飞

案由:侵害注册商标专用权及不正当竞争纠纷

案情简介:谭某飞受让取得核定使用在第 42 类餐厅等服务上的第 1445942 号“一招鲜 YIZHAOXIAN”商标(以下简称涉案商标,见图 1－5－3)。谭某飞认为,杭州市下城区一招鲜酒家(以下简称一招鲜酒家)擅自在其开设的实体店的店内装饰、餐具、订餐单、众多网络订餐平台等多处使用“一招鲜”标识(以下简称被诉侵权标识,见图 1－5－4),侵害了涉案商标权;一招鲜酒家将涉案商标核心部分“一招鲜”三个文字作为字号使用,构成不正当竞争,遂起诉至杭州市下城区人民法院(以下简称下城法院),请求判令一招鲜酒家停止侵害涉案商标权行为,停止使用“一招鲜”字号,变

更后的企业名称不得含有“一招鲜”三个文字并赔偿经济损失100万元及合理支出42,000元。下城法院经审理认为,一招鲜酒家在餐饮服务中使用被诉侵权标识,属于未经许可,在同一种服务上使用与涉案商标近似的标识,容易造成相关公众的混淆、误认,侵害了谭某飞的商标权。一招鲜酒家使用“一招鲜”作为字号,是其经营者对多年经营字号的维系和承续,并无攀附涉案商标商誉的意图,不构成不正当竞争。下城法院综合考虑涉案商标的使用情况、知名度、侵权情节等因素,判决一招鲜酒家停止侵害涉案商标权并赔偿经济损失及合理支出7万元。

一招鲜酒家不服一审判决,上诉至杭州市中级人民法院(以下简称杭州中院)。杭州中院判决驳回上诉,维持原判。一招鲜酒家不服二审判决,向浙江省高级人民法院(以下简称浙江高院)申请再审。

浙江高院再审认为,涉案商标固有显著性较弱,虽注册在先,但各加盟店在实际使用时均非对涉案商标的规范性使用,无证据证明涉案商标通过其后续使用获得了较强的显著性和知名度。一招鲜酒家登记注册企业名称不具有主观恶意,已经形成了较为稳定的客户群体,其字号具有一定的知名度和影响力,相关公众一般不会产生混淆、误认,因此,一招鲜酒家不构成侵害涉案商标权。同时,一招鲜酒家在之后的经营活动中时,应当以使用其企业名称全称为原则,在店招及网络平台的店铺名称上可适当简化以“一招鲜酒家”的方式使用,不得作其他扩张性使用。谭某飞应严格按照核准注册的涉案商标完整使用商标,不得简化或不规范使用,以此明晰各自的权利边界。浙江高院据此判决撤销一审及二审判决,驳回谭某飞的诉讼请求。

裁判规则

判断经营者突出使用其字号是否侵害他人注册商标专用权,应当考虑注册商标显著性、知名度、两者实际使用状况、使用历史、相关公众的认知状态以及使用者的主观状态等因素予以综合判定,给予与注册商标显著性和知名度相匹配的保护强度,并尊重已经客观形成的市场格局。

一招鲜 YIZHAOXIAN

图1-5-3　涉案商标

一招鲜

图1-5-4　被诉侵权标识

章节四公司与皎奢公司等商标侵权案

法院:浙江省高级人民法院

案号:(2021)浙民终 291 号

上诉人(一审原告):章节四公司

上诉人(一审被告):上海皎奢国际贸易有限公司

被上诉人(一审被告):复品实业(上海)有限公司、浙江奥特莱斯广场有限公司

案由:侵害注册商标专用权及不正当竞争纠纷

案情简介:章节四公司是注册在第 25 类服装、帽子等商品上的第 14108746 号“Supreme”商标(以下简称涉案商标,见图 1 – 5 – 5)的商标权人,其认为复品实业(上海)有限公司(以下简称复品公司)、上海皎奢国际贸易有限公司(以下简称皎奢公司)在其生产、销售的服装等商品(以下简称被诉侵权商品)上使用“Supreme”“Supreme Italfigo”“Supreme GRIP”等标识(以下简称被诉侵权标识,见图 1 – 5 – 6),以及浙江奥特莱斯广场有限公司(以下简称奥特莱斯公司)销售被诉侵权商品并且在销售场所单独突出使用被诉侵权标识,侵害了涉案商标权并构成不正当竞争,遂起诉至杭州市中级人民法院(以下简称杭州中院),请求判令复品公司、皎奢公司、奥特莱斯公司停止侵权;皎奢公司、复品公司共同赔偿经济损失 800 万元及合理支出 50 万元,奥特莱斯公司就经济损失中的 100 万元及合理支出中的 10 万元承担连带责任;皎奢公司、复品公司刊登声明以消除影响。

杭州中院经审理认为,涉案商标标识在服装商品上属于《反不正当竞争法》所规定的“有一定影响的商业标识”。在章节四公司取得涉案商标注册前,皎奢公司在服装等商品上使用被诉侵权标识缺乏正当理由,构成不正当竞争。在章节四公司取得涉案商标注册后,皎奢公司在被诉侵权商品上使用被诉侵权标识,与涉案商标构成使用在相同商品上的相同或近似标识,容易引起相关公众的混淆、误认,构成商标侵权。因本案裁判时,章节四公司已经取得涉案商标的注册,且皎奢公司使用被诉侵权标识的行为已被认定构成商标侵权,将依据《商标法》予以处理,不再适用《反不正当竞争法》处理。在案证据尚不足以证明复品公司与皎奢公司共同实施了包括制造、进口、销售等所有的经营行为,对章节四公司关于复品公司与皎奢公司就全部侵权行为构成共同侵权的主张不予支持,但复品公司销售被诉侵权商品构成商标侵权。在奥特莱斯公司提供合法来源证据,且无证据证明其主观具有故意的情况下,对奥特莱斯公司合法来源抗辩予以采信,其仅承担停止侵权的责任,不承担赔偿责任。综合考虑被诉侵权商品的销售额、侵权规模及持续时间、利润率

等因素确定的皎奢公司因侵权行为获利超出了章节四公司的诉讼请求金额，杭州中院据此判决皎奢公司、复品公司、奥特莱斯公司停止商标侵权行为；皎奢公司消除影响并赔偿经济损失 800 万元及合理支出 50 万元。

章节四公司与皎奢公司不服一审判决，上诉至浙江省高级人民法院（以下简称浙江高院）。在二审中另查明，奥特莱斯公司与案外人翼秀公司签订联销合同，其中约定销售商品品牌、类别、价格等均由奥特莱斯公司确定，销售款全部输入奥特莱斯公司收银系统，并委派专柜销售人员与翼秀公司人员共同销售；专柜装修施工由奥特莱斯公司验收等。后将经营模式由联营销售变更为租赁。浙江高院经审理认为，涉案商标获准注册前已通过章节四公司的持续宣传，与章节四公司提供的服装类商品建立了特定联系，具有了识别商品来源的显著性，构成“有一定影响的商品名称”。皎奢公司的被诉侵权行为构成擅自使用他人有一定影响的商品名称的不正当竞争行为。皎奢公司与复品公司存在严重的经营场所和高管人员混同；复品公司开设的专卖店的招牌、装潢及服装商品上均使用被诉侵权标识，服装吊牌上显示公司名称为皎奢公司；复品公司在多个类别上申请注册的商标与其中一个被诉侵权标识相同，因此，可以认定皎奢公司与复品公司构成共同侵权。奥特莱斯公司深度参与了被诉侵权商品的销售、收银、装修及品牌更换等经销行为，因此，奥特莱斯公司与案外人共同销售了被诉侵权商品，容易引起相关公众的混淆、误认，构成不正当竞争。奥特莱斯公司在涉案商标核准注册后且在收到章节四公司涉案商标注册相关证据及起诉状后仍续签租赁合同，相关店铺仍继续销售被诉侵权商品，主观恶意明显，属于帮助他人实施侵害商标权的行为，构成商标侵权。浙江高院对杭州中院确定的赔偿金额予以认可，改判皎奢公司、复品公司消除影响并连带赔偿章节四公司经济损失 750 万元及合理支出 45 万元，其中，皎奢公司承担经济损失 500 万元及合理支出 30 万元的赔偿责任，复品公司承担 250 万元及 15 万元的赔偿责任；奥特莱斯公司赔偿经济损失 50 万元及合理支出 5 万元。

裁判规则

1.《反不正当竞争法》第 6 条第 1 项对于仿冒混淆行为的规制对象并无明确限定，不应将该条文中的“使用”与《商标法》第 57 条第 1 项及第 2 项规定中“使用”行为作等同理解，否则将无法规制经营者销售仿冒商业标识商品的行为。因此，销售擅自使用与他人有一定影响的商品名称、包装、装潢等相同或者近似标识商品的，仍然属于《反不正当竞争法》第 6 条第 1 项所规制的不正当竞争行为。

2. 各侵权人间存在经营场所和高管人员混同的情况，主观上对于实施侵权行为具有意思联络,客观上分工合作实施侵权行为,构成共同侵权。

图1-5-5　涉案商标	图1-5-6　被诉侵权标识
Supreme	Supreme Supreme Italfigo Supreme GRIP

图1-5-5　涉案商标　　图1-5-6　被诉侵权标识

杭州市中级人民法院

山特公司与菱冠公司商标侵权案

法院:杭州市中级人民法院

案号:(2021)浙01民终1364号

上诉人(一审原告):山特电子(深圳)有限公司

被上诉人(一审被告):杭州菱冠电子有限公司

案由:侵害注册商标专用权纠纷

案情简介:山特电子(深圳)有限公司(以下简称山特公司)是第512382号""、第7892420号"STK"、第512383号"山特"商标(以下统称涉案商标,见图1-5-7)的商标权人,涉案商标核定使用在第9类稳压电源装置等商品上。杭州菱冠电子有限公司(以下简称菱冠公司)曾与山特公司经销商合作,购买和销售山特公司UPS不间断电源产品。2018年9月,杭州市拱墅区市场监督管理局认定菱冠公司销售带有"CSTK""美国山特UPS电源""山特UPS电源"字样(以下统称被诉侵权标识,见图1-5-8)的商品(以下简称被诉侵权商品)侵害了涉案商标权,责令菱冠公司立即停止侵权行为,并作出没收被诉侵权商品和违法所得及并处罚款的决定。山特公司认为,菱冠公司在受到行政处罚后仍然销售被诉侵权商品,侵害了其对涉案商标享有的商标权,起诉至杭州市拱墅区人民法院(以下简称拱墅法院),请求判令菱冠公司停止侵权、赔礼道歉、消除影响并赔偿经济损失100万元。山特公司在一审中明确提出了惩罚性赔偿的主张。拱墅法院经审理认为,菱冠公司在相同商品上使用与涉案商标近似的标识,容易导致相关公众混淆、误认,侵害了涉案商标权。拱墅法院据此判决菱冠公司停止侵权并赔偿经济损失及合理支出15万元。

山特公司不服一审判决,上诉至杭州市中级人民法院(以下简称杭州中院)。杭州中院经审理认为,菱冠公司明知山特公司享有涉案商标权,具有侵权故意;菱冠公司在受到行政处罚后，仍在网络上实施相同的侵权行为，属于情节严重，可适用惩罚性赔偿。经过对区市场监督管理局调取的菱冠公司销售情况进行核算，通过销售价格减去进货价格乘以销量的方式，杭州中院最终确定菱冠公司的侵权获利为487,760元。再综合考量菱冠公司侵权的主观恶意程度、侵权情节、涉案商标的显著性和知名度等因素，最终确定适用惩罚性赔偿的倍数为2倍，计算方法为487,760×(1+2)=1,463,280，超过山特公司主张的100万元赔偿金额。杭州中院据此改判全额支持山特公司赔偿金额的诉讼请求。

STK　山特

(a)　(b)　(c)

图1－5－7　涉案商标

CSTK　美国山特UPS电源　山特UPS电源

(a)　(b)　(c)

图1－5－8　被诉侵权标识

字节跳动公司等与微赢公司等商标侵权及不正当竞争案

法院：浙江省杭州市中级人民法院

案号：(2019)浙0103民初6040号

上诉人(一审被告)：杭州微赢电子商务有限公司、张某轩

被上诉人(一审原告)：北京字节跳动科技有限公司、北京微播视界科技有限公司

案由：侵害注册商标专用权及不正当竞争纠纷

案情简介：北京字节跳动科技有限公司(以下简称字节跳动公司)是核定使用在第41类提供在线音乐、安排和组织大会等服务上的“抖音”及“”注册商标(以下统称涉案商标，见图1－5－9)的商标权人。北京微播视界科技有限公司(以下简称微播视界公司)是抖音App和抖音官网的运营者，经许可使用涉案商标。字节跳动公司及微播视界公司认为，杭州微赢电子商务有限公司(以下简称微赢公司)、张某轩在微信公众号等平台提供线上及线下的抖音培训课程，多处使用“抖音”文字及“抖音logo”(以下统称被诉侵权标识，见图1－5－10)，侵害了涉案商标权；微赢公司、张某轩使用字节跳动公司、微播视界公司培训视频的行为构成不正当竞争，遂起诉至杭州市下城区人民法院(以下简称下城法院)，请求判令微赢公司、张某轩停止商标侵权及不正当竞争行为并赔偿经济损失及合理支出300万元。下城法院经审理认为，微赢公司、张某轩在抖音线上线下培训活动中使用的被诉侵权标识能

够起到识别服务来源的作用,属于商标性使用。被诉侵权标识与涉案商标构成使用在同一种服务上的相同标识,侵害了涉案商标权。微赢公司、张某轩擅自使用“抖音商学院”“抖商学院”“抖音星教官”“抖商训练营”“抖音达人课”“抖音引流课”等引人误解的宣传用语,欺骗、误导相关公众,容易导致相关公众产生混淆、误认,构成不正当竞争。张某轩作为微赢公司大股东、实际控制人,在线上线下培训活动中使用其个人微信号开展活动进行收款,以个人意志实施了被诉侵权行为,与微赢公司构成共同侵权。下城法院考虑侵权行为持续时间较长、侵权主观恶意明显、涉案商标知名度较高等因素,按照法定赔偿标准同时考虑惩罚性因素,判决微赢公司、张某轩停止商标侵权及不正当竞争行为并赔偿经济损失及合理支出 180 万元。

微赢公司、张某轩不服一审判决,上诉至杭州市中级人民法院(以下简称杭州中院)。杭州中院经审理认为,微赢公司、张某轩不仅在其提供的培训课程名称中使用了被诉侵权标识,并且在其海报、广告宣传、课程介绍等线上线下活动中均大量使用了被诉侵权标识,属于将被诉侵权标识用于广告宣传等商业活动,起到识别其服务来源的作用,其使用行为并未限定在确有必要的情况下,也未在适度范围内,应当认定为商标性使用,构成商标侵权。微赢公司、张某轩使用“抖音商学院”等包含“抖音”“抖”字的课程名称,并且在“抖音短视频”平台的“电商小助手”发布的培训视频中擅自添加“抖老大抖音训练营”等画面,足以使相关公众对微赢公司、张某轩提供的服务产生误解,误导相关公众认为该培训为抖音官方培训,构成虚假宣传。微赢公司、张某轩有共同的意思联络、共同实施了被诉侵权行为,构成共同侵权。下城法院确定的赔偿金额并无不当,杭州中院据此判决驳回上诉,维持原判。

裁判规则

商标法中的指示性使用,是指使用者在经营活动中善意合理地使用他人的商标,客观地说明自己商品用途、服务范围以及其他特性与他人的商品或服务有关。该种使用应当坚持必要性和适度性原则,即只有在确有必要使用权利人商标且在适度范围内使用,才属于正当的指示性使用。

抖音 (a)　(b)

图 1-5-9　涉案商标

“抖音商学院” (a)　“抖商学院” (b)　“抖音星教官” (c)

“抖商训练营” (d)　“抖音达人课” (e)　“抖音引流课” (f)　“ ” (g)

图 1-5-10　被诉侵权标识

惠氏公司等与广州惠氏公司等商标侵权案

法院：浙江省杭州市中级人民法院

案号：(2019)浙01民初412号

原告：惠氏有限责任公司、惠氏(上海)贸易有限公司

被告：广州惠氏宝贝母婴用品有限公司、广州正爱日用品有限公司、杭州单恒母婴用品有限公司、青岛惠氏宝贝母婴用品有限公司、陈某英、管某坤

案由：侵害注册商标专用权及不正当竞争纠纷

案情简介：惠氏有限责任公司(以下简称惠氏公司)自1979年起，申请注册了多个"WYETH"及"惠 氏"商标(以下统称惠氏系列商标，见图1－5－11)，核定使用在第5类药剂、医用药物、婴儿食品、婴儿奶粉等商品上。惠氏(上海)贸易有限公司(以下简称惠氏上海公司)经许可享有惠氏系列商标的非独占使用权。惠氏公司与惠氏上海公司认为，广州惠氏宝贝母婴用品有限公司(以下简称广州惠氏公司)、广州正爱日用品有限公司(以下简称正爱公司)、杭州单恒母婴用品有限公司(以下简称单恒公司)、青岛惠氏宝贝母婴用品有限公司(以下简称青岛惠氏公司)、陈某英及管某坤在生产、销售的沐浴露、湿巾、护唇膏、纸尿裤、洗衣液等商品上使用"Wyeth""惠氏""惠氏小狮子"标识；广州惠氏公司、陈某英及管某坤在宣传活动中使用"Wyeth""惠氏""惠氏小狮子"标识，侵害了惠氏公司对惠氏系列商标享有的商标权；青岛惠氏公司在企业名称中使用"惠氏"字样，构成不正当竞争。惠氏公司与惠氏上海公司起诉至浙江省杭州市中级人民法院(以下简称杭州中院)，请求判令青岛惠氏公司停止使用含有"惠氏"字样的企业名称、六被告停止侵害商标权并连带赔偿经济损失3000万元及合理支出55万元。杭州中院经审理认为，广州惠氏公司、正爱公司、单恒公司、青岛惠氏公司在类似商品上使用与惠氏系列商标相同或近似的标识，容易使相关公众对商品来源产生混淆，侵害了惠氏公司的商标权。陈某英及管某坤与前述四被告存在攀附惠氏公司商誉的意思联络，有计划、有目的地共同实施侵权行为，与前述四被告构成共同侵权。青岛惠氏公司在企业名称中使用"惠氏"字样，违反了诚实信用原则及公认的商业道德，容易引起相关公众的混淆，损害了惠氏公司与惠氏上海公司的竞争利益，构成不正当竞争。惠氏公司与惠氏上海公司主张按广州惠氏公司侵权获利的3倍计算惩罚性赔偿金额。杭州中院经审理认为，六被告侵权主观恶意明显、侵权情节严重，对赔偿金额采用惩罚性赔偿的方式进行计算，以广州惠氏公司至少1000万元的侵权获利作为惩罚性赔偿的基数，并在此基础上以3倍计算赔偿金额。杭州中院据此判决六被告停止侵害惠氏

公司的商标权;青岛惠氏公司停止在企业名称中使用“惠氏”字样并变更企业名称,变更后的企业名称不得包含“惠氏”字样;广州惠氏公司、陈某英及管某坤赔偿经济损失 3000 万元及合理支出 55 万元,单恒公司、正爱公司、青岛惠氏公司分别就其中的1500 万元、10 万元、60 万元承担连带赔偿责任。

裁判规则

1. 明知他人注册商标具有较高知名度,仍将他人注册商标作为企业字号使用,从事与他人相同或类似的商品或服务经营,容易导致相关公众对商品或服务来源产生混淆、误认,或误认为二者存在特定联系的,构成不正当竞争,并可就此判决变更企业名称。

2. 对于主观恶意明显、侵权情节严重的侵害商标权行为,可以适用惩罚性赔偿予以规制,并在确定惩罚性赔偿基数的基础上,在《商标法》规定的合理倍数范围内确定赔偿数额。

WYETH	惠 氏	WYETH	惠氏
(a)	(b)	(c)	(d)

图 1-5-11 惠氏系列商标

章节四公司与皎奢公司等商标侵权及不正当竞争纠纷案

法院:浙江省杭州市中级人民法院

案号:(2019)浙 01 民初 4193 号

原告:章节四公司

被告:上海皎奢国际贸易有限公司、复品实业(上海)有限公司、浙江奥特莱斯广场有限公司

案由:侵害注册商标专用权及不正当竞争纠纷

案情简介:章节四公司认为,其使用在服装、帽子等商品上的“Supreme”“Supreme”标识(以下简称涉案标识)经过长期持续的使用和宣传,在中国的相关公众中已经具有较高的知名度和影响力。章节四公司于 2014 年 3 月 4 日申请注册第 14108746 号“Supreme”商标(以下简称涉案商标,见图 1-5-12),涉案商标于 2020 年 3 月 10 日核准注册,核定使用在服装、帽子等商品上。章节四公司认为,上海皎奢国际贸易有限公司(以下简称皎奢公司)、复品实业(上海)有限公司(以下简称复品公司)、浙江奥特莱斯广场有限公司(以下简称奥特莱斯公司)在服装、帽子等商品上使用与

涉案商标相同或近似的标识（以下简称被诉侵权标识，见图 1－5－13），侵害了章节四公司对涉案商标享有的商标权，并构成不正当竞争。章节四公司起诉至浙江省杭州市中级人民法院（以下简称杭州中院），请求判令三被告停止侵权、消除影响并赔偿经济损失及合理支出 850 万元。杭州中院经审理认为，在被诉行为发生前，涉案标识已构成《反不正当竞争法》规定的“有一定影响的商业标识”。皎奢公司在相同商品上使用与涉案标识及涉案商标相同或近似的标识，容易引起相关公众的混淆、误认，构成商标侵权及不正当竞争。在案证据尚不足以证明皎奢公司及复品公司构成共同侵权。复品公司及奥特莱斯公司销售侵权商品构成商标侵权，但奥特莱斯公司的合法来源抗辩成立，只承担停止侵权的责任。杭州中院据此判决复品公司及奥特莱斯公司停止侵害涉案商标权；皎奢公司停止在服装、帽子商品上使用被诉标识，并就其不正当竞争及商标侵权行为消除影响并赔偿经济损失 800 万元及合理支出 50 万元。

裁判规则

1. 判断是否构成《反不正当竞争法》中有一定影响的商业标识，关键在于判断在相关公众中，该商业标识与其权益主张者之间是否已经产生稳定联系，是否以该商业标识作为识别相应商品或服务来源于其权益主张者的依据。在经济和信息全球化、资讯和互通极为发达、不同商业模式层出不穷的今天，判断此种联系是否已经建立，不能固守传统市场环境中的考量要素，机械地要求以主动进入某一地域市场、在该地域市场内持续经营或宣传达一定时间、经营规模达一定量级为衡量标准，相反，“地毯式铺店”与“饥饿营销”、独立经营与联名经营、线下销售与网络销售等商业模式均可能产生此种联系，各类媒体主动通过纸质、网络等媒介所作的报道、宣传均可作为此种联系已经形成的证据。

2. 同一标识在不同国家可能有不同权利主体，各该权利主体对该标识在国际上或第三国的知名度与影响力可能均有贡献。对于该标识在第三国的权益归属，需要考虑不同主体所使用商业标识为该第三国相关公众所知的时间早晚、在第三国对该品牌知名度与影响力的贡献大小、对该标识的使用本身合法与否等因素，以判断在该第三国相关公众将该商业标识与哪一方主体形成稳定联系。一方已经在先建立稳定联系的应享有相应权益，在后进入市场者理应避让。

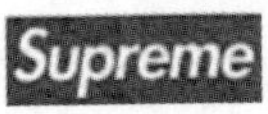

图 1－5－12　涉案商标

图 1－5－13　被诉侵权标识

杭州市萧山区人民法院

亚组委与龙都公司等特殊标志专有权侵权案

法院:杭州市萧山区人民法院

案号:(2021)浙 0109 民初 12877 号

原告:2022 年第 19 届亚运会组委会

被告:杭州龙都置业有限公司、杭州百房网络科技有限公司

案由:侵害特殊标志专有权及不正当竞争纠纷

案情简介:2022 年第 19 届亚运会组委会(以下简称亚组委)向国家知识产权局提出对"杭州亚运会""2022 年第 19 届亚运会"等 12 件特殊标志(以下简称涉案特殊标志,见图 1 - 5 - 14)的登记申请,并于 2020 年 4 月 17 日被予以核准。亚组委认为,杭州龙都置业有限公司(以下简称龙都公司)在杭州百房网络科技有限公司(以下简称百房公司)经营的网络平台上发布"杭州亚运会_旁山水时代丨与全国第三座 SKP 面对面_热席……"等楼盘营销信息,侵害了其对涉案特殊标志享有的专有权。并且,龙都公司此前也曾发布类似广告,事后承诺不再发生此类情况,其行为构成重复侵权,遂起诉至杭州市萧山区人民法院(以下简称萧山法院),请求判令龙都公司、百房公司停止侵权并赔偿经济损失 150 万元。

萧山法院经审理认为,涉案特殊标志已经亚组委提交国家知识产权局核准登记,并据此取得特殊标志专有权。龙都公司未经亚组委许可,擅自在其发布的互联网广告中将"杭州亚运会"(以下简称被诉侵权标识,见图 1 - 5 - 15)设置为搜索关键词,构成对亚组委特殊标志专有权的侵害。其将搜索"杭州亚运会"关键词的公众引流至其房产广告链接,该行为客观上使得相关公众误认为龙都公司所开发房产与"杭州亚运会"存在关联,构成不正当竞争。龙都公司作为广告的使用者和受益者存在重复侵权,百房公司作为软件和信息技术服务企业,其对通过互联网发布广告的合法性审查,相对于普通商事主体而言应具有更专业的判断。现百房公司未尽合理审查义务,致使龙都公司发布的广告侵害亚组委的民事权利,依法应承担相应责任。萧山法院判决龙都公司赔偿亚组委经济损失及合理支出 90 万元,百房公司在 60 万元范围内承担连带责任。

裁判规则

未经特殊标志所有人许可，将特殊标志用于搜索关键词等商业活动，容易导致相关公众产生混淆、误认的，构成侵害特殊标志专有权及不正当竞争。

杭州亚运会

图1-5-14　涉案特殊标志　　图1-5-15　被诉侵权标识

杭州互联网法院

字节跳动公司等与深圳故事公司商标权侵权及不正当竞争案

法院：杭州铁路运输法院*

案号：(2020)浙8601民初1624号

原告：北京字节跳动科技有限公司、浙江今日头条科技有限公司

被告：深圳故事文化传媒有限公司

案由：侵害注册商标专用权及不正当竞争纠纷

案情简介：北京字节跳动科技有限公司（以下简称字节跳动公司）与浙江今日头条科技有限公司（以下简称今日头条公司）共同享有“头条”“今日头条”系列注册商标（以下简称涉案商标，见图1-5-16）的专用权。深圳故事文化传媒有限公司（以下简称深圳故事公司）使用www.toutiaobaike.com域名，并将其网站（以下简称被诉侵权网站）命名为“头条百科”（以下简称被诉侵权标识）。被诉侵权网站首页多处使用“头条”标识（以下简称被诉侵权标识）。被诉侵权网站在百度、360、必应等搜索引擎的相关搜索结果中均排列前三位。当网络用户在使用“头条”作为关键词进行搜索时，可以从众多网站中迅速检索到被诉侵权网站。被诉侵权网站的客服人员在沟通创建词条服务时，就其运营主体是否与字节跳动公司及今日头条公司具有关联性，亦给予模糊回应。字节跳动公司及今日头条公司认为深圳故事公司的行为构成商标侵权及不正当竞争，起诉至杭州铁路运输法院，请求判令深圳

* 杭州互联网法院与杭州铁路运输法院是“一套班子，两块牌子”的关系，此处以判决书落款为准，但仍归于“杭州互联网法院”类目下。全书同。

故事公司消除影响、赔偿损失等。

杭州铁路运输法院经审理认为,深圳故事公司在相同服务上使用与涉案商标相同或近似的标识,极易使相关公众对服务的来源产生混淆、误认,构成商标侵权。深圳故事公司在经营被诉侵权网站时,其客服人员在与客户接洽、商谈过程中,暗示被诉侵权网站属于“今日头条”,借助字节跳动公司及今日头条公司的商誉引起消费者对被诉侵权网站运营主体的混淆、误认,易使相关网络用户对其网站服务来源、服务信息质量、内容等与原告字节跳动公司旗下的“今日头条”及“头条百科”具有某种关联性,并已经引起网络用户对字节跳动公司及今日头条公司网络服务的负面评价。虽然深圳故事公司的上述行为使普通网络用户施以一般注意力对带有“头条”字样的网站名称难以区分,深化了产生混淆的程度或可能性,但上述混淆以及损害结果的发生依然系由侵害商标权行为导致,深圳故事公司不存在其他仿冒行为或虚假宣传行为,故不构成不正当竞争。杭州互联网法院综合考虑涉案商标的知名度、“今日头条”网络服务产品的知名度、深圳故事公司的经营规模、侵权恶意、侵权情节等,在适用法定赔偿确定赔偿数额时亦体现一定的惩罚性,判决深圳故事公司赔偿经济损失及合理支出共计300万元。

头条	**头条**	今日头条	**今日头条**
(a)	(b)	(c)	(d)

图1-5-16 涉案商标

蚂蚁科技公司与海南庆德公司商标侵权及不正当竞争案

法院:杭州互联网法院

案号:(2020)浙8601民初489号

原告:蚂蚁科技集团股份有限公司

被告:海南庆德大信息科技有限公司

案由:侵害注册商标专用权及不正当竞争纠纷

案情简介:阿里巴巴集团公司于2015年6月19日申请注册第17251846号“**蚂蚁借呗**”商标,该商标于2016年8月28日核定使用在第36类金融贷款等服务上;于2013年11月25日申请注册第13602490号“**蚂蚁金服**”商标,该商标于2016年3月7日核定使用在第36类金融管理等服务上;于2015年5月11日申请注册第16919180号“**蚂蚁花呗**”商标,该商标于2016年7月7日核定使用在第36类金融贷款、金融咨询等服务上(以下统称涉案商标,见图1-5-17)。蚂蚁科技集团股份有限公司(以下简称蚂蚁科技公司)是涉案商标的被许可人,并经授权取得以自己的名义针对侵害涉案商标的行为提起诉讼的权利。蚂蚁科技公司认为,海南庆德大信息科技有限公司(以下简称海南庆德公司)在金融借贷产品上使用“蚂蚁贷款借呗”“蚂蚁贷款”“蚂蚁借呗贷款花呗”等标识(以下简称被诉侵权标识,见图1-5-18)侵害了蚂蚁科技公司对涉案商标享有的商标权,同时构成不正当竞争,遂起诉至杭州互联网法院,请求判令海南庆德公司停止商标侵权及不正当竞争行为,消除影响并赔偿经济损失及合理支出499万元。蚂蚁科技公司为证明被诉侵权事实,使用数字版权服务平台和“人民法院司法区块链统一平台”(以下简称司法链平台)的录屏取证功能进行侵权证据的取证和存证。杭州互联网法院经审理认为,海南庆德公司将被诉侵权标识作为其开发的App名称,并使用在宣传介绍的明显位置,足以起到识别服务来源的作用,构成商标法意义上的使用。海南庆德公司在同一种服务上使用与涉案商标近似的标识,易使相关公众产生混淆、误认,构成商标侵权,但对蚂蚁科技公司针对同一被诉侵权行为构成不正当竞争的主张不予支持。杭州互联网法院综合考虑涉案商标知名度、侵权规模、主观恶意等因素,判决海南庆德公司停止侵权、消除影响并赔偿经济损失及合理支出100万元。

裁判规则

通过数字版权服务平台取得的电子数据通过哈希算法转化为存证码上传至司法链,并通过安全传输层协议加密进一步确保数据的真实性和不可篡改性,且储存至司法链平台的数据的区块高度、上传时间等信息亦能够与电子数据内容、操作日志内容相互印证,即在相关电子数据的生成、存储、传输、存证所依赖的计算机系统环境(包括区块链存证环境)完整可靠、运行正常且安全稳定,存证方法具有可靠性的情况下,该电子数据符合对证据真实性的要求。

蚂蚁借呗

(a)

蚂蚁金服

(b)

蚂蚁花呗

(c)

图1-5-17　涉案商标

蚂蚁贷款借呗

(a)

蚂蚁贷款

(b)

蚂蚁借呗贷款花呗

(c)

图1-5-18　被诉侵权标识

王星记公司与王星记扇厂等商标侵权案

法院:杭州铁路运输法院

案号:(2020)浙 8601 民初 1746 号

原告:杭州王星记扇业有限公司

被告:绍兴王星记扇厂、杭州保和堂医药有限公司、周某

案由:侵害注册商标专用权纠纷

案情简介:杭州王星记扇业有限公司(以下简称王星记公司)于 1990 年 5 月 4 日申请注册第 549924 号“王星記”商标(以下简称涉案商标,见图 1－5－19),该商标于 1991 年 4 月 20 日核定使用在第 20 类个人用扇子等商品上,后被认定为中国驰名商标。王星记公司认为,绍兴王星记扇厂(以下简称王星记扇厂)等在扇子类商品、包装、店铺招牌、官网、网店等突出使用“王星记”“王星記扇”等标识(以下简称被诉侵权标识),侵害了其对涉案商标享有的商标权,起诉至杭州铁路运输法院,请求判令赔偿经济损失 300 万元。王星记扇厂辩称其对被诉侵权标识的使用属于在先使用,“王星记”是其企业名称中的字号,“王星記扇”是其非物质文化遗产传统技艺类代表项目名称,其作为该企业名称的权利人和该非遗项目传承人有权使用被诉侵权标识。

杭州铁路运输法院经审理认为,在案证据无法证明王星记扇厂在涉案商标申请日前,在扇子类商品上使用被诉侵权标识并具有一定影响,因此,对于王星记扇厂的在先使用抗辩不予支持。王星记扇厂先于涉案商标核准日取得企业名称,故其可以在涉案商标核准后继续使用企业名称。但涉案商标核准后具有了禁止他人在相同或者类似商品上使用与该注册商标相同或相近似标识的强势效力,王星记扇厂作为同业经营者理应在使用“王星记”字号时予以合理避让,规范使用企业名称。王星记扇厂在扇子类商品上突出使用被诉侵权标识,容易导致相关公众的混淆、误认,构成商标侵权。王星记扇厂传承了制作王星记扇子的传统技艺,但未提供证据证明其突出使用被诉侵权标识是为了介绍其产品采用了“王星記扇”传统技艺制作,而非识别商品来源,因此,王星记扇厂虽然具有标注采用传统技艺的扇子制作工艺的权利,但其标注的方式不完整不规范,仍然构成商标侵权。杭州互联网法院据此判决王星记扇厂等停止侵害涉案商标权并赔偿经济损失 30 万元。

裁判规则

1. 企业名称的取得先于涉案注册商标核准日的，该企业享有合法使用字号的在先权利，但应规范对字号的使用。如果突出使用与涉案注册商标相近似的企业字号且易导致相关公众混淆、误认的，构成商标侵权。

2. 非物质文化遗产是指各族人民世代相传并视为其文化遗产组成部分的各种传统文化表现形式，其中包括了传统技艺类文化遗产，由政府主管部门等从人类文明传承的角度进行保护，但被纳入非物质文化遗产项目名录并非获得知识产权保护的前提。非物质文化遗产传承人有权在商品、商品包装及宣传中标注其商品系采用相关传统技艺制作，但标注的内容应周详完整。将与他人注册商标相同或近似的标识抽象化、概括性地标示于相同或类似商品上，起到识别商品来源作用，容易导致相关公众混淆、误认的，构成商标侵权。

3.《商标法》规定的在先使用抗辩制度旨在保护在申请日前已经在市场上存在并具有一定影响但未注册的商标标识所有人的权益。但对未注册商标的保护仍应以确保商标注册制度不被动摇为基本原则，故其适用应符合严格的法定条件。先使用抗辩人需举证证明在先使用的标识早于注册商标申请日，并早于注册商标权人对该注册商标的实际使用，且在先使用的标识已具有了一定影响力。

图 1-5-19　涉案商标

新百伦贸易公司与新百伦体育公司等商标侵权及不正当竞争案

法院：杭州铁路运输法院

案号：(2016)浙 8601 民初 296 号

原告：新百伦贸易(中国)有限公司

被告：新百伦(中国)体育用品有限公司、琪尔特股份有限公司、韩某意

案由：侵害注册商标专用权及不正当竞争纠纷

案情简介：新百伦贸易(中国)有限公司(以下简称新百伦贸易公司)经授权享

有第 175152 号“B”、第 175153 号“NEW BALANCE”和第 5942394 号“N”商标(以下统称涉案商标,见图 1-5-20)的使用权。新百伦贸易公司认为,“New Balance”运动鞋两侧使用的“N”字母装潢(以下简称涉案装潢,见图 1-5-21)构成使用在知名商品上的特有装潢,新百伦(中国)体育用品有限公司(以下简称新百伦体育公司)在其官网展示的“New Bunren”运动鞋(以下简称被诉侵权商品)使用了与涉案装潢近似的标识(以下简称被诉侵权装潢),构成商标侵权及不正当竞争;韩某意销售了琪尔特股份有限公司(以下简称琪尔特公司)制造的被诉侵权商品。新百伦贸易公司遂将新百伦体育公司、琪尔特公司及韩某意起诉至杭州铁路运输法院,请求判令新百伦体育公司和琪尔特公司停止生产、销售被诉侵权商品、销毁宣传材料并连带赔偿经济损失及合理支出 480 万元;韩某意停止销售被诉侵权商品并赔偿经济损失及合理支出 10 万元。

杭州铁路运输法院经审理认为,“New Balance”运动鞋商品在中国境内销售时间长、销售区域和销售对象广、销售金额大且持续宣传的时间长、范围广、程度深,并多次获得相应的司法和行政保护,属于知名商品。涉案装潢已经具有较强识别商品来源的显著性特征,属于使用在知名商品上的特有装潢。新百伦体育公司在同一种商品上使用了与涉案装潢近似的装潢,主观上具有攀附涉案商标及涉案装潢商誉的故意,客观上容易导致相关公众的混淆、误认,构成不正当竞争。新百伦体育公司和琪尔特公司主观上有共同侵权的意思联络,客观上对被诉侵权商品的制造、销售进行了具体的分工和合作,两公司构成共同侵权。韩某意销售被诉侵权商品,且未提交任何证据证明其销售的侵权商品具有合法来源,应当承担相应的赔偿责任。

被诉侵权装潢与第 5942394 号“N”商标构成使用在同一种商品上的近似标识,容易导致相关公众的混淆、误认,构成商标侵权。虽然“N”商标取得商标专用权的时间为 2010 年 11 月 7 日,但异议裁定生效的日期为 2016 年 8 月 17 日,故该商标禁止他人在同一种或类似商品上使用与其相同或近似标识的起算时间为 2016 年 8 月 17 日而非 2010 年 11 月 7 日。新百伦贸易公司针对发生在 2016 年 8 月 17 日之前的被诉侵权行为主张知名商品特有装潢权,符合相关法律规定,但由于本案被诉侵权行为及侵权事实相同,故针对新百伦贸易公司就新百伦体育公司、琪尔特公司于 2016 年 8 月 17 日后至今实施的被诉侵权行为(同一事实)既主张商标侵权又主张不正当竞争,不予支持。

杭州铁路运输法院综合考虑涉案装潢的市场价值较高,以及琪尔特公司、新百伦体育公司侵权主观恶意明显、侵权规模较大、时间较长且抗拒证据保全和证据调查等因素，判决新百伦体育公司、琪尔特公司停止销售被诉侵权商品、销毁宣传材料并赔偿经济损失及合理支出330万元；韩某意停止销售被诉侵权商品并赔偿经济损失5000元。

裁判规则

1. 人民法院认定知名商品，应当考虑该商品的销售时间、销售区域、销售额和销售对象，进行任何宣传的持续时间、程度和地域范围，作为知名商品受保护的情况等因素，进行综合判断。知名商品并不要求在所有的市场内或者全部社会公众中都达到知名的程度，而只要求在该商品的相关公众中具有知名度。知名商品亦不要求已经获得过驰名商标或经过其他知名商品的认定，而是应根据在案现有证据，判断相关公众对其是否知悉。

2. 通常而言，商标专用权和禁用权应当同时形成。但经过商标异议程序获准注册的商标的专用权起算时间为该商标初审公告3个月期满之日，而对他人在同一种或者类似商品上使用与该商标相同或近似的标识的禁用权的起算时间则为异议裁定生效日。

3. 知识产权损害赔偿数额的确定既要以知识产权的市场价值为指引，力求准确反映被侵害知识产权的市场价值，又要充分顾及市场环境下侵权主体及侵权行为的各类对应因素，全方位、多层次地评估分析权利信息（包括权利主体、权利客体考量因素）和侵权信息（包括侵权主体、侵权行为考量因素）。对于上述因素均属很高层级的，可以按照法定最高赔偿数额给予权利人充分的司法救济。

4. 注册商标专用权以核准注册的商标和核定使用的商品为限，超出核准注册范围的不规范使用行为，本质上是滥用注册商标专用权的行为，不是正当行使商标专用权的行为，故不能阻却商标侵权行为或不正当竞争行为的构成。

(a)　(b)　(c)

图1-5-20　涉案商标

图1-5-21　涉案装潢

(三)著作权类

浙江省高级人民法院

恺英公司等与仙峰公司著作权侵权案

法院:浙江省高级人民法院

案号:(2020)浙民终 1014 号

上诉人(一审被告):苏州仙峰网络科技股份有限公司

被上诉人(一审原告):上海恺英网络科技有限公司、浙江盛和网络科技有限公司

案由:侵害著作权纠纷

案情简介:浙江盛和网络科技有限公司(以下简称盛和公司)是《蓝月传奇》(以下简称涉案游戏)的著作权人,上海恺英网络科技有限公司(以下简称恺英公司)经授权取得涉案游戏的复制权及信息网络传播权。盛和公司和恺英公司认为,苏州仙峰网络科技股份有限公司(以下简称仙峰公司)运营的《烈焰武尊》(以下简称被诉游戏)侵害了其对涉案游戏享有的著作权,起诉至杭州市中级人民法院(以下简称杭州中院),请求判令仙峰公司赔偿经济损失 3000 万元及合理支出 65 万元。杭州中院经审理认为,被诉游戏侵害了涉案游戏的改编权、复制权及信息网络传播权,并判决仙峰公司赔偿经济损失及合理开支 11,148,739.5 元。(一审案件相关内容可参见《隆诺视界》2020 年第 14 期)

仙峰公司不服一审判决,上诉至浙江省高级人民法院(以下简称浙江高院)。浙江高院综合仙峰公司的上诉请求和理由以及恺英公司、盛和公司的答辩意见,确定争议焦点为:一审判决确定的赔偿金额及所确定的合理费用是否合理。浙江高院认为,恺英公司和盛和公司明确主张以仙峰公司的违法所得作为赔偿数额计算方法,仙峰公司亦予以确认,且根据各方当事人在一审、二审中提交的证据,可以计算仙峰公司违法所得,故本案应当以此作为计算赔偿数额的方式,杭州中院采用裁量性赔偿方式确定赔偿金额的做法不当,应予纠正。浙江高院确定仙峰公司违法所得计算公式为:违法所得 = 总流水收入 × 利润率 × 综合贡献率。被诉游戏在侵

权损害赔偿计算期间的总流水收入为93,488,845.22元,利润率为20%,被认定侵权的内容对被诉侵权游戏收益的综合贡献率约为17.32%,故仙峰公司违法所得为3,239,388.48元。浙江高院在综合考虑本案复杂难易程度、诉讼请求数额与最终确定的赔偿数额的基础上对合理限度内的律师代理费和公证费予以支持,并结合游戏充值时间和金额、相关资料费用的对应性和合理性等因素,确定合理支出550,000元。浙江高院据此判决撤销一审判决,改判仙峰公司赔偿经济损失3,239,388.48元及合理支出550,000元。

裁判规则

1. 裁量性赔偿是在当事人无法举证证明权利人损失或侵权人违法所得数额,但有证据证明上述数额明显超出法定赔偿限额的情况下,根据案件具体情况在法定赔偿额之外确定赔偿数额的一种方法。因此,适用裁量性赔偿方法应当遵循一定的适用顺序,在无法计算权利人实际损失或侵权人违法所得的情况下,可以裁量确定赔偿数额。

2. 在确定侵权人因侵害他人作品著作权的违法所得时,通常可以采取“违法所得=总流水收入×利润率×综合贡献率”的公式计算。在确定综合贡献率时,应当考虑侵权内容在被诉侵权作品整体收益中所占的比例,以及侵权内容与权利作品相似程度的比例。当权利作品是演绎作品时,由于演绎作品的权利人仅有权在演绎作品独创性范围内禁止他人未经授权使用其作品并要求赔偿,故在计算损害赔偿时,应当剔除演绎作品中包含的原创作品的独创性部分,仅就演绎作品中具有独创性贡献的部分占全部作品的比例进行计算。

杭州市中级人民法院

娱美德公司等与盛和公司等著作权侵权及不正当竞争案

法院:浙江省杭州市中级人民法院

案号:(2019)浙01民初1874号

原告:娱美德娱乐有限公司、株式会社传奇IP

被告:浙江盛和网络科技有限公司、上海恺英网络科技有限公司、杭州九玩网络科技有限公司

案由:侵害著作权及不正当竞争纠纷

案情简介:娱美德娱乐有限公司(以下简称娱美德公司)与株式会社传奇IP(以下简称传奇株式会社)享有《热血传奇》游戏(以下简称涉案游戏)的著作权。娱美德公司、传奇株式会社认为,浙江盛和网络科技有限公司(以下简称盛和公司)开发制作、由上海恺英网络科技有限公司(以下简称恺英公司)及杭州九玩网络科技有限公司(以下简称九玩公司)推广和运营的《蓝月传奇》页游(以下简称被诉侵权游戏)侵害了涉案游戏的改编权和信息网络传播权,且以"正版授权"等进行宣传构成虚假宣传,遂起诉至杭州市中级人民法院(以下简称杭州中院),请求判令盛和公司、恺英公司、九玩公司停止侵害著作权权及不正当竞争行为,消除影响并赔偿经济损失及合理支出1000万元。

杭州中院经审理认为,涉案游戏运行时所形成的连续动态画面构成类电作品,被诉侵权游戏使用了涉案游戏对特定游戏形象设计的独创性表达。在整体情节上,二者在游戏虚拟的时空环境、NPC与怪物、角色及角色属性、角色的技能、设定的装备以及上述各项之间的相互关系上存在共性。鉴于前述静态形象设计上的近似性,使得参与游戏或观看游戏过程中可感知到的游戏情节相近。而这些情节是涉案游戏对于不同创作元素的选择与安排所决定的,是涉案游戏的独创性表达。被诉侵权游戏在使用涉案游戏独创性表达的基础上新增了新的独创性表达并融为一体,构成权利游戏的演绎作品,即构成对涉案游戏的改编,因此,盛和公司侵害了涉案游戏的改编权。盛和公司、九玩公司授权腾讯公司通过信息网络向公众提供被诉侵权游戏,构成对传奇株式会社信息网络传播权的侵害。在案证据不足以证明恺英公司实施了侵权行为,亦不足以证明盛和公司、恺英公司、九玩公司针对被诉侵权游戏实施了虚假宣传行为,故对于娱美德公司和传奇株式会社有关虚假宣传的主张不予支持。娱美德公司和传奇株式会社要求盛和公司、恺英公司、九玩公司消除影响缺乏相应法律和事实依据,不予支持。杭州中院综合考虑了源于涉案游戏的独创性表达在被诉侵权游戏中的比例及其对被诉侵权游戏获利的贡献等因素,判决盛和公司、九玩公司停止侵害涉案游戏著作权并赔偿经济损失50万元及合理支出50万元。

裁判规则

1.《著作权法》对作品的保护核心在于作品中的独创性表达。作品类型的分类是基于不同类型作品所包含独创性表达的不同,是为了更便于保护独创性表达,而非在于为独创性表达的保护设置障碍。当某一种独创性表达可以为多种不同类型的作品所包含时,在判断是否可予著作权法保护时,关键在于判断主张权利者是否为该独创性表达的贡献者,而不在于界定包含该独创性表达的作品属于何种类型。

2. 游戏元素不受《著作权法》保护并不意味着角色形象或装备外观的整体均不符合独创性表达的标准,对于游戏中体现出独创性表达的对各设计元素的选择、组合与安排,可以受到《著作权法》的保护。

3. 类电作品的独创性表达可以表现在情节上。对于网络游戏而言,创作者在创作过程中会选择并安排各种不同的元素,一旦玩家进入游戏,这些选择与安排将决定游戏呈现出已设定的情节,进而被玩家或观看游戏者感知。当这些选择与安排即由其决定的情节达到独创性的标准时,便可构成独创性表达,应受《著作权法》的保护。

4. 认定是否构成著作权侵权的关键在于,被控侵权作品是否以受专有权利控制的形式使用了权利作品的独创性表达。但如果被控侵权作品中不包含或者去除了权利作品的独创性表达,即使两作品给用户(读者、玩家、欣赏者等)所带来的感观和体验上存在一定共性,仍不构成对权利作品著作权的侵害。

西藏乐视公司与电信杭州分公司著作权侵权案

法院:杭州市中级人民法院

案号:(2019)浙01民终10859号

上诉人(一审原告):西藏乐视网信息技术有限公司

被上诉人(一审被告):中国电信股份有限公司杭州分公司

案由:侵害著作权纠纷

案情简介:西藏乐视网信息技术有限公司(以下简称西藏乐视公司)经独占许可取得电视剧《芈月传》(以下简称涉案电视剧)的信息网络传播权,其认为中国电信股份有限公司杭州分公司(以下简称电信杭州分公司)通过“IPTV 回看”模式提供涉案电视剧的回看服务,侵害了其对涉案电视剧享有的信息网络传播权,遂起诉至杭州互联网法院,请求判令电信杭州分公司停止侵权并赔偿经济损失及合理支出20万元。杭州互联网法院经审理认为:首先,“IPTV 回看”模式既有时间限制,又有地点选择限定,并不符合严格意义上的信息网络传播的“选定”特点,而该模式仅限于IPTV专网的用户,其播放的信号仅限于相应电视台限定时间内播放的信号,特定用户仅能在限定回放时间内,在特定环境下通过特定入口按需求观看电视节目,并且“IPTV 回看”模式并没有对涉案电视剧的信息网络传播方式、传播范围和传播条件等进行破坏或改变,二者不会构成实质性的替代竞争关系,不会对西藏乐视公司的经济利益造成损失。其次,从IPTV提供的服务来讲,电信杭州分公司属于信号分发方,对信号发出方的版权内容是无法审查的,也无权干涉。广播权有一次利用和二次利用,"IPTV 回看"服务通过专网专送提供的信号束实现,同传统的广播权的二次利用之间没有本质区别。最后,基于我国广播电视行业的公共属性,将"IPTV 回看"模式从广播电视的产业角度进行调整和规制,与当前的司法政策和司法价值导向相符。综上,"IPTV 回看"不属于信息网络传播行为,因此,电信杭州分公司未实施侵害西藏乐视公司信息网络传播权的行为,杭州互联网法院据此判决驳回西藏乐视公司的诉讼请求。

西藏乐视公司不服一审判决,上诉至杭州市中级人民法院(以下简称杭州中院)。杭州中院经审理认为,电信杭州分公司以"IPTV 回看"模式播放的涉案电视剧来源于宁夏广播电视台的传播内容,一方面,在 IPTV 专网中传播"宁夏卫视"电视频道的直播节目,公众只能在宁夏广播电视台及电信杭州分公司确定的时间获得涉案电视剧,并非在人选定的时间获得该作品。IPTV 用户虽然在回看菜单中可以看到节目播出表,但该播出表仅是宁夏广播电视台预先设定并公布的播出计划,并不等同于 IPTV 用户可就此选定的时间获得作品。另一方面,公众只能在同时可以接收广播电视信号的 IPTV 专网及终端中获得涉案电视剧,地点受限于可接收广播电视信号的范围。电信杭州分公司实施的"IPTV 回看"既有时间限制,又有地点限定,不符合信息网络传播的"选定"特点。电信杭州分公司实施的仍是从广播组织处获得单向播放、传送电视信号的行为,公众被动接收上述信号,电信杭州分公司自动、完整传输直播节目并滚动保留 72 小时的传播行为与其同步转播"宁夏卫视"电视频道直播密不可分,仍属广播行为,因此,电信杭州分公司未侵害西藏乐视公司对涉案电视剧享有的信息网络传播权。杭州中院据此判决驳回上诉,维持原判。

裁判规则

IPTV 经营者通过"IPTV 回看"模式在 IPTV 专网中传播电视频道直播节目,公众只能在电视台及 IPTV 经营者确定的时间获得上述作品,并非在个人选定的时间获得作品;公众也只能在同时可以接收广播电视信号的 IPTV 专网及终端中获得该作品,地点受限于可接收广播电视信号的范围,并非在个人选定的地点获得作品。因此,通过"IPTV 回看"模式传播电视台的直播作品,不受信息网络传播权的控制。

杭州互联网法院

光线影业公司与瓦力公司等著作权侵权及不正当竞争案

法院:杭州互联网法院

案号:(2020)浙0192民初9817号

原告:北京光线影业有限公司

被告:杭州电魂网络科技股份有限公司、北京瓦力网络科技有限公司、小米科技有限责任公司

案由:侵害著作权及不正当竞争纠纷

案情简介:北京光线影业有限公司(以下简称光线影业公司)享有电影作品《哪吒之魔童降世》(以下简称涉案电影)及电影中"哪吒""敖丙"等(以下简称涉案角色)美术作品的著作权。光线影业公司认为,杭州电魂网络科技股份有限公司(以下简称电魂公司)、北京瓦力网络科技有限公司(以下简称瓦力公司)、小米科技有限责任公司(以下简称小米公司)在涉案电影公映下档后不久,在游戏《梦塔防》(以下简称被诉侵权游戏)中使用涉案角色皮肤,侵害了光线影业公司对涉案电影的改编权,并侵害了对涉案角色享有的复制权、发行权、信息网络传播权、改编权等著作权;电魂公司、瓦力公司、小米公司使用电影剧情设定宣传该皮肤,构成不正当竞争。光线影业公司起诉至杭州互联网法院,请求判令三被告停止侵权、消除影响并赔偿损失。杭州互联网法院经审理认为,涉案角色形象构成美术作品,被诉侵权游戏皮肤中使用的美术形象与涉案角色形象构成实质性相似,电魂公司未经授权或许可,在其所运营的被诉侵权游戏中使用涉案角色美术作品并置于网络环境中供社会公众下载,提供网络游戏服务及在线文案宣传,使相关公众可以在其选定的时间或地点浏览、获取光线影业公司的涉案角色美术作品,侵害了光线影业公司的信息网络传播权对电影作品的保护,是保护其在连续图像形成中的独创性表达,电影作品的独创性表达是体现在连续画面摄制上,而不是体现在电影剧情上。因此电魂公司使用的宣传文案及游戏角色介绍不构成对涉案电影改编权的侵害。涉案角色形象与涉案电影之间已经建立了稳定的联系,具备了特定的指代与识别功能。涉案角色设定与涉案电影情节也具有极高知名度。电魂公司使用的宣传文案及游戏角色介绍易使相关公众产生混淆、误认,特别是容易对被诉侵权游戏的版权来源产生误认,构成不正当竞争。瓦力公司与电魂公司具有紧密联合运营关系,两公司分工合

作,具有共同的意思联络,因此构成共同侵权。杭州互联网法院认为,小米公司作为网络服务提供者,根据其提供服务的性质、方式、引发侵权的可能性大小、采取预防侵权的合理措施及设置便捷程序接收侵权通知并对侵权通知的合理反应程度等方面判断其并不明知或应知上述侵权事实,故小米公司对被诉行为不承担责任。杭州互联网法院综合考虑涉案电影的制作周期、上映反响、引发话题范围、IP 授权收益、被诉侵权游戏下载量等因素,判决瓦力公司与电魂公司停止对涉案角色著作权的侵害及不正当竞争行为并赔偿经济损失 100 万元,判决杭州某网络公司公开刊登道歉声明、消除影响。

裁判规则

对电影作品的保护是保护其在连续图像形成中的独创性表达,对电影情节的保护应该从电影画面中剥离出来,还原为对文字作品的保护。仅在宣传文案中使用他人电影作品的情节,不构成对该电影作品改编权的侵害。

(四)不正当竞争类

浙江省高级人民法院

苏泊尔公司与巴赫公司等不正当竞争纠纷案

法院:浙江省高级人民法院

案号:(2021)浙民终 250 号

上诉人(一审原告):浙江苏泊尔股份有限公司

上诉人(一审被告):浙江巴赫厨具有限公司

被上诉人(一审被告):浙江中康厨具有限公司

案由:不正当竞争纠纷

案情简介:浙江苏泊尔股份有限公司(以下简称苏泊尔公司)成立于 1998 年,经营范围为厨房用具等。浙江巴赫厨具有限公司(以下简称巴赫公司)成立于 2012 年,经营范围为金属制厨用器皿等。浙江中康厨具有限公司(以下简称中康公司)成立于 2009 年,经营范围为金属制厨用器皿等。苏泊尔公司认为,巴赫公司发布

“苏白尔:感谢你,要不是你的模仿,无人知晓蜂窝不粘锅原创发明者是我”广告、发表“苏泊尔盗用康巴赫专利技术并仿造、销售侵权产品”《声明》、雇佣微博账号参与“#感谢你苏先生#”“#康巴赫的反击#”等微博话题讨论等行为(以下简称涉案行为)构成商业诋毁,且巴赫公司与中康公司构成人格混同,遂向浙江省杭州市中级人民法院(以下简称杭州中院)提起诉讼,请求判令二被告立即停止不正当竞争行为、消除影响、赔偿经济损失及合理支出1500万元。

杭州中院经审理认为,巴赫公司涉案行为构成对苏泊尔公司的商业诋毁。本案诉前行为保全已裁定巴赫公司停止不正当竞争行为,不再处理苏泊尔公司停止不正当竞争行为请求。中康公司与巴赫公司财务、经营行为、交易方式等独立,不构成人格混同。杭州中院据此判决巴赫公司赔偿经济损失及合理支出300万元并消除影响。苏泊尔公司、巴赫公司不服一审判决,向浙江省高级人民法院(以下简称浙江高院)提起上诉。

浙江高院经审理认为:首先,巴赫公司在没有相关证据支持的情况下,宣传苏泊尔公司模仿其专利,误导公众对苏泊尔公司产品品质产生误解,造成苏泊尔公司商誉贬损,属于捏造、散布虚假事实,构成商业诋毁。其次,巴赫公司尚未完全停止涉案行为。最后,浙江高院综合考虑了涉案行为的规模和影响力、巴赫公司主观恶意明显、涉案行为具有设计性和组织性、苏泊尔公司预期需要支出恢复商誉的成本、苏泊尔公司的影响力和知名度、对苏泊尔公司股价的不良影响等因素,支持了杭州中院采用的裁量性赔偿的方式,从而确定了赔偿数额。浙江高院据此作出判决,维持杭州中院责令巴赫公司赔偿经济损失及合理支出300万元并消除影响的判项,同时增加责令巴赫公司立即停止不正当竞争行为的判项。

裁判规则

基于客观存在的事实可分为真实、虚假和未定论三种状态。如果经营者对于未定论的事实,没有客观公允地表述其“未定论”的状态,而是故意将未定论的状态作为已经定论的事实进行宣传散布,误导公众产生误解,造成竞争对手商誉贬损的,属于捏造、散布虚假事实的行为,构成商业诋毁。

杭州市中级人民法院

腾讯公司与百豪公司等不正当竞争案

法院:杭州市中级人民法院

上诉人(一审被告):杭州百豪科技有限公司

被上诉人(一审原告):深圳市腾讯计算机系统有限公司、腾讯科技(深圳)有限公司

被上诉人(一审被告):杭州古馨文化艺术有限公司

案由:不正当竞争纠纷

案情简介:深圳市腾讯计算机系统有限公司、腾讯科技(深圳)有限公司(以下统称腾讯公司)系 QQ 软件及产品的开发和运营主体。杭州百豪科技有限公司(以下简称百豪公司)是两款自动抢红包软件(以下简称被诉侵权软件)的开发者和运营主体,其通过自身运营的两个网站以及多个安卓手机应用市场提供上述软件的下载服务。上述软件在免费试用次数结束后转为提供会员收费服务。腾讯公司认为,百豪公司通过技术手段干扰原本公正公平的 QQ 抢红包功能模块,破坏 QQ 平台生态,而且导致发红包用户财产权益受到损害,杭州古馨文化艺术有限公司(以下简称古馨公司)发布被诉侵权软件,构成不正当竞争。故起诉至杭州铁路运输法院,要求百豪公司停止不正当竞争行为、登报消除影响并赔偿损失 495 万元。

杭州铁路运输法院经审理认为:腾讯公司通过 QQ 软件形成的用户黏性、获取的流量以及流量变现的获益等,系其享有的竞争优势。A 公司提供的被诉侵权软件通过其批量化、自动化的操作方式超过了腾讯公司对 QQ 产品进行技术甄别、干预甚至屏蔽被诉侵权软件的可控范畴,直接冲击 QQ 以真实社交为依托的运营基础,并且有可能导致未使用被诉侵权软件的 QQ 用户丧失公平参与抢红包的机会,遭受财产权益的不合理损失,损害消费者合法权益。被诉侵权软件“寄生”于 QQ 软件才能达到“自动抢红包”的效果,损害真实诚信的互动生态系统,妨碍 QQ 产品或者服务的正常运行,扰乱市场竞争秩序,属于不正当竞争行为。

杭州铁路运输法院综合考虑被诉行为的性质、持续时间、主观过错程度及侵权后果、范围等因素,并着重考虑 QQ 软件的市场价值、竞争秩序损害、百豪公司侵权的主观故意、被诉侵权软件的累计下载量和运营持续时间等因素,判决百豪公司、古馨公司停止不正当竞争行为、消除影响并赔偿经济损失及合理费用 10 万元。百

豪公司赔偿经济损失及合理费用60万元。

百豪公司不服一审判决,上诉至杭州市中级人民法院(以下简称杭州中院)。杭州中院经审理认为,百豪公司提供下载、宣传、运营包含自动抢QQ红包服务的被诉侵权软件的根本目的在于利用QQ软件强大的用户群体,吸引用户下载被诉侵权软件获得经济收益,属于不当利用他人的运营资源和竞争优势来增加自身的交易机会并获得竞争优势,且该软件所传播出的负面价值取向,不利于社会诚信风尚的养成,此种非善意的经营行为势必损害健康的竞争秩序。此外,被诉侵权软件还可能导致未使用该软件的用户丧失公平参与抢红包的机会,破坏用户抢红包的社交真实性和互动性,损害了消费者合法权益,构成不正当竞争。一审判决认定事实清楚,适用法律正确,杭州中院据此判决驳回上诉,维持原判。

杭州互联网法院

腾讯公司与杭州某公司行为保全裁定案

法院:杭州互联网法院

原告:深圳市腾讯计算机系统有限公司、腾讯科技(深圳)有限公司

被告:杭州某科技公司

案由:不正当竞争纠纷

案情简介:深圳市腾讯计算机系统有限公司(以下简称腾讯计算机公司)、腾讯科技(深圳)有限公司(以下简称腾讯科技公司)是QQ产品的权利人。杭州某科技公司是“红包猎手”“多多抢红包”两款软件(以下简称被诉侵权软件)的开发、运营者。腾讯计算机公司、腾讯科技公司认为,杭州某科技公司开发运营的被诉侵权软件系自动抢红包软件,构成不正当竞争,向杭州互联网法院提起诉讼,请求判令杭州某科技公司停止侵权并赔偿经济损失及合理开支共计495万元。案件审理过程中,两原告提出行为保全申请,并提供495万元担保。杭州互联网法院经审理认为:首先,被诉侵权软件利用技术手段干扰用户对QQ产品动态的人为关注,妨碍用户对QQ产品的手动点击、手动领取红包、手动作出消息回应,构造非真实的用户点击指令,妨碍QQ产品或红包功能的正常运行,对两原告合法权益及用户整体利益造成损害,扰乱市场竞争秩序,被告构成不正当竞争的可能性大。其次,鉴于春节将近,被诉侵权软件的下载使用极有可能达到高峰期,损害结果也将被放大,且未有

证据证明行为保全措施将会损害社会公共利益,如不及时制止被诉侵权行为可能对两原告造成难以弥补的损害,停止被诉侵权行为具有必要性和紧迫性。最后,相对于不采取行为保全措施给两原告带来的损害,采取行为保全措施给被告带来的损害明显较小,且两原告已提供足额担保。2021 年 2 月 3 日,杭州互联网法院作出裁定,责令杭州某科技公司立即停止在网站和安卓端平台应用市场上提供“红包猎手”“多多抢红包”软件及进行相关宣传运营活动。

(本案判决尚未公开,相关内容系根据法院官方报道内容整理)

中国移动与济南某公司不正当竞争纠纷案

法院:杭州互联网法院

原告:中国移动通信集团浙江有限公司

被告:济南某测速公司

案由:不正当竞争纠纷

案情简介:中国移动通信集团浙江有限公司(以下简称移动浙江公司)主营业务为网络宽带服务。济南某测速公司为中国电信浙江区域网络服务代理商,推广、经营网络宽带服务,并在其网站上发布中国电信宽带服务与移动浙江公司宽带服务的对比结论广告(以下简称涉案广告)。移动浙江公司以济南某测速公司发布的涉案广告构成商业诋毁和虚假宣传为由,向杭州互联网法院提起诉讼,请求判令济南某测速公司立即停止不正当竞争行为、消除影响、赔偿经济损失及合理支出共计 100 万元。

杭州互联网法院经审理认为:首先,济南某测速公司与移动浙江公司具有竞争关系。其次,被告在网络宽带数据样本采集及统计分析方式上存在瑕疵,而涉案广告以此数值进行比对得出结论,采用以偏概全的宣传方式误导消费者,且涉案广告以文字的形式突出强调电信网速更快、更稳定、玩游戏不卡顿等有利于自己产品的结论,或者直接建议更换网络,内容评述具有不正当性,属于误导性信息。最后,被告通过发布涉案广告进行的误导性宣传,对移动浙江公司的网速作出负面评价,减损了消费者对于原告网络服务质量的信赖程度,进而会影响到消费者的选择,损害了移动浙江公司的商业信誉和商品声誉,扰乱市场竞争秩序。杭州互联网法院据此认定被诉侵权行为属于商业诋毁,构成不正当竞争。

(本判决尚未公开,相关内容系根据法院官方报道内容整理)

腾讯公司与斯式公司不正当竞争案

法院:杭州铁路运输法院

案号:(2021)浙 8601 民初 309 号

原告:深圳市腾讯计算机系统有限公司、腾讯科技(深圳)有限公司

被告:斯式(杭州)新媒体科技有限公司

案由:不正当竞争纠纷

案情简介:深圳市腾讯计算机系统有限公司、腾讯科技(深圳)有限公司(以下统称腾讯公司)系微信公众平台的经营者和管理者。斯式(杭州)新媒体科技有限公司(以下简称斯式公司)系某网站经营者,该公司利用爬虫技术抓取腾讯公司微信公众平台信息内容及数据,并通过网站对外提供公众号搜索、导航及排行等数据服务。腾讯公司认为斯式公司突破微信公众平台的数据防护措施进行数据抓取,并进行商业化利用的行为,妨碍了平台正常运行,构成不正当竞争,遂起诉至杭州铁路运输法院,请求判令斯式公司停止抓取并对外提供微信公众号信息消除影响并赔偿经济损失 300 万元。

杭州铁路运输法院经审理认为:鉴于涉案数据具有商业价值、腾讯公司处理数据的行为具有合法性,以及相关文章数据与阅读数、点赞数、文章评论等其他数据共同构成整体数据资源,故腾讯公司对于涉案数据享有竞争性利益。斯式公司绕开或破坏腾讯公司技术保护措施的行为,不仅给腾讯公司服务器带来额外的负担,而且改变了腾讯公司平台部分数据的呈现方式,妨碍了微信产品正常运行。另外,通过斯式公司提供的服务,用户无须登录、订阅即可搜索公众号文章、查看阅读数、点赞数等内容,能够实质性替代腾讯公司平台提供的部分数据内容服务,导致部分微信用户分流至斯式公司网站,损害了腾讯公司的商业利益。综上,斯式公司违背诚实信用原则,擅自使用腾讯公司征得用户同意、依法汇集且具有商业价值的数据,并足以实质性替代腾讯公司提供的部分产品或服务,损害公平竞争的市场秩序,属于《反不正当竞争法》第 12 条第 2 款第 4 项所规定的妨碍、破坏其他经营者合法提供的网络产品或者服务正常运行的行为,构成不正当竞争。杭州铁路运输法院综合考虑微信的市场占有率,侵权性质及主观恶意等因素,判决斯氏公司停止非法抓取并对外提供微信数据,并删除已经存储的前述数据;消除影响并赔偿经济损失及合理费用 60 万元。

A 公司与高某等侵害商业秘密案

法院:杭州互联网法院

原告:A 公司

被告:高某、B 公司

案由:侵害商业秘密纠纷

案情简介:A 公司系代理记账公司,高某于 2014 年至 2019 年任该公司业务部门负责人。高某出资设立包括 B 公司在内的三家公司,并担任法定代表人、监事等职务。A 公司认为,高某将在 A 公司任职期间掌握的客户名单(以下简称涉案客户名单)泄露给上述三家公司,B 公司使用涉案客户名单获取非法利益,两者侵害了 A 公司的商业秘密,遂起诉至杭州互联网法院,请求判令高某、B 公司立即停止侵权并赔偿损失。杭州互联网法院经审理认为,涉案客户名单包括的客户名称、联系方式、收费等均属于通常交易应具备的基本信息,且大多数为公知信息或相关从业人员容易获得的信息。涉案客户名单中部分客户单位已注销,且 A 公司未举证证明其与相关客户存在长期稳定的交易关系。此外,A 公司对涉案客户名单未采取充分保密措施,不具有保密性。据此,杭州互联网法院认定涉案客户名单不属于商业秘密,遂驳回 A 公司的诉讼请求。

裁判规则

商业秘密中的客户名单,除了包含客户名称、联系方式、收费、服务时间等浅层次、一般罗列性的信息外,还应包括客户特殊需求、交易习惯、价格承受能力等深层次信息,或保持长期稳定交易关系的特定客户信息。若权利人主张的涉案客户名单不具有深层次信息,且亦未证明其与涉案客户名单中的客户单位存在长期稳定的交易关系的,则涉案客户名单不属于商业秘密。

(本案判决尚未公开,相关规则系根据法院官方报道内容归纳)

杭州市余杭区人民法院

微播视界公司与六界公司行为保全裁定案

法院:浙江省杭州市余杭区人民法院

案号:(2021)浙 0110 民初 2914 号

原告:北京微博视界科技有限公司

被告:上海六界信息技术有限公司

案由:不正当竞争纠纷

案情简介:北京微播视界科技有限公司(以下简称微播视界公司)是抖音平台的运营者。上海六界信息技术有限公司(以下简称六界公司)是“小葫芦”网站运营者。微播视界公司认为,六界公司运营的“小葫芦”网站非法抓取、展示抖音直播数据,构成不正当竞争,向浙江省杭州市余杭区人民法院(以下简称余杭法院)提起诉讼。案件审理过程中,微播视界公司提出行为保全申请,并以保函提供50万元担保。

余杭法院经审理认为:首先,微播视界公司为抖音平台直播数据投入大量运营成本,搜集、存储、积累的数据是抖音平台提供公共服务及开发衍生产品的基础。直播数据整体能够为微播视界公司带来竞争优势,微播视界公司对直播数据整体享有竞争法上的合法利益。其次,在未经许可的情况下,六界公司利用技术手段获取抖音非公开数据,构成不正当竞争行为的可能性较大。再次,“小葫芦”网站提供的数据覆盖整个抖音平台的用户打赏及主播直播数据,体量极大,如不及时制止涉案行为可能使其规模和损害后果进一步扩大。最后,微播视界公司申请的保全措施仅要求“小葫芦”网站停止获取并展示部分数据,并未要求整个网站停止运行,也没有禁止“小葫芦”网站在合法正当的前提下运营。余杭法院据此作出裁定,责令六界公司立即停止获取抖音平台用户打赏及主播收益数据,并删除存储于服务器中的上述数据。

金华市中级人民法院

拉扎斯公司与三快公司不正当竞争纠纷案

法院:金华市中级人民法院

案号:(2019)浙07民初402号

原告:上海拉扎斯信息科技有限公司

被告:北京三快科技有限公司、北京三快科技有限公司金华分公司

案由:不正当竞争纠纷

案情简介:上海拉扎斯信息科技有限公司(以下简称拉扎斯公司)系饿了么平台开发者和运营者。北京三快科技有限公司(以下简称三快公司)系美团平台开发者和运营者。三快公司金华分公司负责金华区域美团平台经营业务。拉扎斯公司

以被告迫使商户与美团平台独家开展经营活动,排除商户与原告等同行业竞争者的合作,构成不正当竞争为由,向浙江省金华市中级人民法院(以下简称金华中院)提起诉讼,请求判令被告赔礼道歉并赔偿经济损失及合理支出 100 万元。

金华中院经审理认为:首先,三快公司金华分公司利用对合作商户收取优惠利率的方式,诱导商户与其达成排他性交易,用差别待遇歧视未与其达成排他性交易的商户。这种差别待遇系美团平台用于锁定商户,排挤其他平台的竞争手段,有违公平竞争的基本原则。其次,三快公司金华分公司通过不允许附加美团外卖服务和不签协议等方式,迫使商户签署只与美团平台合作的协议,排除商户与原告等同行业竞争者的合作;通过强制关停与饿了么平台有合作关系的商户在美团外卖上的网店并停止客户端账户使用,迫使商户终止与原告等同行业竞争方合作。被告利用优势地位,为排挤同行业竞争对手,严重违背商户的真实意愿,迫使商户在美团平台、饿了么平台等其他平台之间“二选一”“三选一”,有违诚信原则,行为难谓正当。最后,被诉行为破坏了互联网竞争秩序,损害了拉扎斯公司、商户以及消费者的合法权益。金华中院据此作出判决,酌定三快公司赔偿原告经济损失及合理开支 100 万元。

(五)垄断类

宁波市中级人民法院

科田公司与日立金属垄断案

法院:宁波市中级人民法院

案号:(2014)浙甬知初字第 579 号

原告:宁波科田磁业有限公司

被告:日立金属株式会社

案由:滥用市场支配地位纠纷

案情简介:日立金属株式会社(以下简称日立金属)在全球拥有 600 余项烧结钕铁硼专利,广泛覆盖了全球烧结钕铁硼的产品、工艺和主要市场。烧结钕铁硼市场的绝大多数下游客户均认可日立金属专利系烧结钕铁硼产品所必需。日立金属采取许可的方式，在其专利覆盖区域授权被许可人生产、销售烧结钕铁硼产品，其中日立金属在中国仅许可给了八家日资企业。宁波科田磁业有限公司（以下简称科田公司）自2014年3月14日起向日立金属表示希望获得烧结钕铁硼专利授权许可，日立金属表示不打算许可。在经过多次主动协商无果后，科田公司于2014年12月11日向宁波市中级人民法院（以下简称宁波中院）起诉，诉请判令日立金属停止滥用市场支配地位实施的侵权行为并赔偿科田公司经济损失700万元。科田公司在2015年3月18日最后一次向日立金属发送电子邮件，并提出了明确的关于许可费的交易价格条件。日立金属与2015年3月20日回复认为科田公司提及相关诉讼违背诚实信用和商业惯例，暂时已无必要继续沟通许可事宜。

宁波中院经审理认为，本案被告行使专利权的行为包括许可的契约自由，本身具有专利法上合法的出发点，需要在相关市场内考察日立金属是否具有市场支配地位，进而分析竞争行为是否滥用知识产权排除了竞争。首先，本案的相关市场应当界定为2013年7月至一审法庭辩论结束终结日期间，在全球范围内，日立金属所拥有的烧结钕铁硼必需专利的专利许可相关市场，相关下游市场是同时期全球烧结钕铁硼商品市场。其次，日立金属在相关上游市场具有控制价格以及其他交易条件的能力和排除他人进入上游相关市场的能力，并通过专利许可行使的协议关系强力影响下游市场，故认定日立金属在本案相关市场中具有市场支配地位。最后，日立金属作为具有市场支配地位的经营者，没有正当理由拒绝许可，产生了排除、限制科田公司进入相关下游市场的竞争效果，依法构成滥用市场支配地位的行为。宁波中院据此作出判决，判令日立金属立即停止针对科田公司实施的拒绝交易的垄断民事侵权行为，并赔偿经济损失490万元。

裁判规则

1. 反垄断与保护知识产权二者相互协调，又一定程度存在冲突，即《反垄断法》保护经营者就其知识产权享有的独占权利，经营者依照有关知识产权的法律、行政法规规定行使知识产权的行为，不属于《反垄断法》的规制对象。但对知识产权的行使不能突破《反垄断法》的边界和底线，经营者滥用知识产权排除、限制竞争的行为应受到《反垄断法》的规制。

2. 在界定相关市场时，下游产品市场消费者选择产品的市场传导，将直接影响上游技术市场的供需关系。假如下游产品易被其他竞争产品替代，则技术上需求者可以放弃该产品的产销而进行其他替代竞争产品的产销，以满足同一类消费者需求。故下游产品易被其他竞争产品替代时，不仅应把该竞争性产品纳入下游相关商品市场考量范围,还应把相应竞争产品应用技术纳入上游相关技术市场考量范围。

3. 拥有知识产权并不必然产生反垄断法意义上的市场支配地位。在行使知识产权过程中,对市场支配地位的判断核心仍是经营者在相关市场内是否获得了控制商品价格等交易条件,从而排除、限制竞争的能力,并附加考虑知识产权的特点。

4. 当经营者的知识产权占据技术的核心结点,拒绝许可将实质性排除其他经营者进入上游技术市场,从而可能在上游技术市场产生反竞争后果,不利于创新。当知识产权成为进入下游商品市场的必需设施,该拒绝许可还将有可能实质性地限制或者排除了下游市场的竞争,并进而有可能损害消费者利益或者社会公共利益。

5. 涉及知识产权的拒绝交易行为受反垄断法规制应同时具备以下要件:(1)被诉经营者因拥有特定知识产权而在相关市场上具有支配地位,其他经营者进入下游市场必须获得知识产权权利人的许可;(2)被诉经营者在适当的市场交易条件下,能够进行许可却仍然拒绝许可;(3)拒绝许可相关知识产权实质性地限制或者排除了下游市场的竞争,并可能损害消费者利益或者社会公共利益;(4)拒绝许可相关知识产权不具有合理理由。

6."必需设施"原则类似于"相关市场"的界定,均是反垄断分析判定中的一种可选手段而非目的,均需在个案中具体判定是否引入该手段。通常,必需设施须具备下列五个要件:(1)该设施对于其他经营者参与竞争是必不可少的;(2)独占者控制了该必需设施;(3)竞争者不能在合理努力的范围内再复制同样的设施;(4)独占者不合理地拒绝竞争者利用该必需设施;(5)独占者提供该必需设施是可能的。但在知识产权领域应非常审慎适用"必需设施"原则,除上述五要件外,还应考量拒绝许可是否会将导致相关市场的竞争或者创新受到不利影响,并损害消费者利益或公共利益。

(六)商业秘密刑事案件

宁波市中级人民法院

郑某等侵犯商业秘密刑事案

法院:宁波市中级人民法院

公诉机关:宁波市人民检察院

被告人:郑某、丘某、文某、贺某

被害单位:音王电声股份有限公司

罪名:侵犯商业秘密罪

案情简介:2015年,音王电声股份有限公司(以下简称音王公司)委托德国某公司研发小型数字调音台项目,利用"最佳的压缩器"核心技术成功研发出全球首台紧凑型数字调音台,该研发成果依约定归音王公司所有。2016年年底,时任音王公司研发部门负责人的郑某在参与上述项目期间,为了利用"最佳的压缩器"技术自行生产调音台牟利,先后拉拢丘某、文某及贺某入伙。此后,郑某、丘某利用音王公司技术设备暗地里试产样机,丘某从德国工程师电脑中非法复制了"最佳的压缩器"技术源代码。2018年4月至5月,郑某骗取音王公司享有排他许可使用权、存储于专门服务器的卡迪克调音台"三项技术信息",指使丘某备份于移动硬盘中以备使用。2018年8月、10月,郑某、丘某先后离职,随后利用郑某离职时带走的"最佳的压缩器"技术等相关资料,生产侵权调音台。2019年3月,郑某指使贺某在广东惠州成立公司,继续生产、销售侵权调音台,并对其外观、标识等非核心功能进行了修改。

2019年8月,音王公司在市场上发现上述侵权调音台后报案。至案发时,郑某等人利用"最佳的压缩器"技术资料共生产、销售侵权调音台1205台,给音王公司造成损失91.43万元。经鉴定,音王公司所主张的"最佳的压缩器"以及"三项技术信息"均系不为公众知悉的技术信息,且与现场查扣的存储设备中或侵权产品使用的相关技术信息具有同一性。其中,"三项技术信息"许可使用价值为182万元。2021年3月19日,宁波市人民检察院以郑某、丘某、文某、贺某四人犯侵犯商业秘密罪为由,向宁波市中级人民法院(以下简称宁波中院)提起公诉。

宁波中院经审理认为,被告人郑某、丘某违反保密义务及涉案商业秘密权利人有关保守商业秘密的要求,使用权利人商业秘密,以不正当手段获取权利人商业秘密,给权利人造成损失分别达273.43万元、91.43万元,分别属于造成特别严重后果、造成重大损失;被告人文某、贺某违反保密义务及权利人有关保守商业秘密的要求,使用权利人商业秘密,给权利人造成损失达91.43万元,属造成重大损失。四被告人的行为均已构成侵犯商业秘密罪。据此,宁波中院以侵犯商业秘密罪,判处郑某有期徒刑4年,并处罚金200万元,判处丘某、文某、贺某有期徒刑2年、缓刑2年6个月至有期徒刑1年,缓刑1年6个月不等,各处罚金10万元至5万元不等。

浙江省宁波市鄞州区人民法院

翁某等侵犯商业秘密刑事案

法院:浙江省宁波市鄞州区人民法院

被告人:翁某、王某、苏某、黄某、刘某、廖某

被害单位:宁波博威合金材料股份有限公司

案由:侵犯商业秘密罪

案情简介:宁波博威合金材料股份有限公司(以下简称博威公司)主营有色合金材料等产品的设计、开发、制造、加工、销售,自主研发了共计 11 项铜合金技术(以下简称涉案技术信息),并通过保密协议、企业管理规章制度等方式对涉案技术信息采取了保密措施。浙江某材料有限公司(另案处理)的法定代表人(另案处理)为减少研发成本投入、快速投产高产能的铜合金项目,自 2019 年 4 月起,通过高薪利诱的方式,先后招募博威公司的核心管理人员翁某、技术人员王某、苏某、黄某、刘某、廖某等六人入职其公司,组建铜合金高强项目组,借此利用博威公司的技术资料复制铜合金生产线。其中,翁某担任总裁,负责项目组总体工作,王某担任项目组组长,组织领导廖某等四人开展相关工作,翁某等六人分工协作,利用擅自从博威公司带出的涉案技术信息,启动铜合金项目的论证、可行性研究报告的拟定、生产线布局规划、设备考察等筹备工作,并完成了可行性报告。经评估,博威公司所主张的涉案技术信息虚拟许可价值合计 1.69 亿余元。翁某等六人因侵犯商业秘密罪被提起公诉至宁波市鄞州区人民法院(以下简称鄞州法院)。

鄞州法院经审理后认定,翁某等六被告人以不正当手段获取权利人的商业秘密,造成特别严重后果,其行为均已构成侵犯商业秘密罪。其中,翁某、王某在共同犯罪中起主要作用,系主犯;苏某等四人在共同犯罪中起次要、辅助作用,系从犯。据此,鄞州法院判处翁某有期徒刑 4 年 2 个月,并处罚金人民币 30 万元;判处王某有期徒刑 3 年 6 个月,并处罚金人民币 20 万元;判处其余四被告人有期徒刑 2 年 3 个月至 2 年 6 个月不等,并处罚金人民币 8 万元至 15 万元不等。

(本案判决尚未公开,相关内容系根据法院官方报道内容整理)

（七）其　他

浙江省杭州市中级人民法院

巴赫公司不履行生效判决罚款案

执行法院：浙江省杭州市中级人民法院

申请执行人：浙江苏泊尔股份有限公司

被执行人：浙江巴赫厨具有限公司

案情简介：浙江苏泊尔股份有限公司（以下简称苏泊尔公司）于 2019 年 11 月 21 日向浙江省杭州市中级人民法院（以下简称杭州中院）起诉，主张浙江巴赫厨具有限公司（以下简称巴赫公司）构成商业诋毁，请求判令巴赫公司立即停止不正当竞争行为、消除影响、赔偿经济损失及合理支出 1500 万元。杭州中院经审理，判决巴赫公司赔偿经济损失及合理支出 300 万元并消除影响。苏泊尔公司、巴赫公司不服一审判决，向浙江省高级人民法院（以下简称浙江高院）提起上诉。浙江高院经审理，于 2021 年 6 月 2 日判决巴赫公司赔偿经济损失及合理支出 300 万元，立即停止传播、编造虚假信息或误导性信息的行为，并于判决送达之日起 15 日内在《羊城晚报》、康巴赫官网、康巴赫官方微博、康巴赫微信公众号刊登声明，为苏泊尔公司消除影响。

浙江高院二审判决确定的履行期限届满，巴赫公司未履行该生效判决，为苏泊尔公司消除影响，苏泊尔公司遂向杭州中院申请强制执行。杭州中院于 2021 年 7 月 4 日向巴赫公司送达执行裁定书。巴赫公司于 2021 年 7 月 23 日在其官网、微博、微信公众号上刊登声明，于 2021 年 7 月 24 日在《羊城晚报》上刊登声明。杭州中院经审查，发现巴赫公司在线上刊登声明时，亦在微博上短时间内刊登了其他广告内容及品牌宣传信息，且微信公众号用户不通过链接无法查阅声明。苏泊尔公司认为，巴赫公司所刊登声明无法达到为苏泊尔公司消除影响的效果，故向杭州中院申请对巴赫公司采取罚款措施。

杭州中院经审理认为，巴赫公司存在不主动履行生效判决，采取变通方式推诿执行、消极执行等行为，应依法予以惩戒。鉴于巴赫公司已赔偿苏泊尔公司 300 万元,且已在《羊城晚报》刊登声明并删除了相关微博内容,故酌情对巴赫公司罚款 50 万元。巴赫公司向浙江高院提出复议。浙江高院经审理认为,巴赫公司通过发布其他广告、仅通过链接可查阅声明、将声明发布在不显著位置等方式,妨碍消除负面影响的判决目的实现,变相不积极履行生效判决、漠视司法权威,结合其履行情况及发布声明的整改情况,酌情变更罚款金额为 30 万元。巴赫公司现已按照生效判决全部履行完毕,并缴纳罚款 30 万元。

(本案相关内容系根据法院官方报道内容整理)

杭州市中级人民法院

陈某与某软件服务公司网络服务合同纠纷案

法院:杭州市中级人民法院

原告:陈某

被告:杭州某软件服务公司

案由:网络服务合同纠纷

案情简介:陈某于 2017 年 4 月 27 日在杭州某软件服务有限公司(以下简称某软件服务公司)运营的“阿里妈妈”网站申请注册了淘宝客,并且利用自己注册的 www. qnxxx. com 域名搭建了内含多个页面的导航平台网站用以进行淘宝客的推广业务。网络用户通过该导航平台网站的不同页面可进入相应的“淘宝”“天猫”等购物平台进行浏览和购买,陈某在此过程中可基于该些订单的金额提取一定比例的佣金。2017 年 6 月,某软件服务公司通知陈某,因陈某运营的导航平台网站内流量异常,遂冻结了陈某的淘宝客账户。陈某按照某软件服务公司规定的程序提交申诉,某软件服务公司认为其有责任对不正当推广行为采取处罚措施,并且处罚的依据因涉及商业秘密可以不予披露,因此驳回了陈某的申诉。陈某遂起诉至杭州互联网法院(以下简称杭互法院),主张某软件服务公司构成合同违约,以及通过 cookie 收集个人信息的行为侵犯其隐私权。

杭互法院经审理认为:陈某与某软件服务公司签订的是平等主体之间的网络服务合同,在某软件服务公司判定陈某违约冻结账户的情况下,排除了陈某起诉后通过举证可能胜诉的权利,有违合同目的的实现,显失公平,故该合同条款无效。另外,某软件服务有限公司作为服务提供商,负有管理职责,需要根据 cookie 记录对陈某等淘宝客进行流量监管和结算费用。陈某等在内的用户点击确认《法律声明等隐私权政策》,同意某软件服务公司收集其 cookie 记录,故某软件服务公司收集 cookie 记录是在陈某同意授权的情况下进行的。用户可以根据自己的偏好管理或删除 cookie,也可以清除计算机上保存的所有 cookie,所以某软件服务有限公司在本案中使用 cookie 有合理性,陈某认为某软件服务公司搜集其 cookie 记录侵犯其隐私权的主张,不能成立。综上,杭互法院判决某软件服务有限公司支付陈某佣金 23,611.69 元,赔偿陈某差旅费、餐饮费损失 755 元,并驳回陈某的其他诉讼请求。

某软件服务有限公司不服一审判决,向杭州市中级人民法院提出上诉,杭州市中级人民法院经审理认为一审判决并无不当,故驳回上诉,维持原判。

(本案判决尚未公开,相关内容系根据报道内容整理)

宁波市中级人民法院

三泉公司与余姚市监局等侵害商业秘密行政处罚案

法院:浙江省宁波市中级人民法院

案号:(2020)浙 02 行终 293 号

上诉人(一审原告):浙江三泉智能科技有限公司

被上诉人(一审被告):余姚市市场监督管理局

被上诉人(一审第三人):宁波展鹰智能卫浴科技有限公司

案由:工商行政处罚纠纷

案情简介:张某于 2017 年 4 月入职宁波展鹰智能卫浴科技有限公司(以下简称展鹰公司),并与展鹰公司签订了保密协议。张某于 2017 年 11 月离职后,以资金加技术的形式,与展鹰公司原销售经理位某伟共同投资设立浙江三泉智能科技有限公司(以下简称三泉公司),由张某之妻担任法定代表人并代持张某股份,由位某伟之妻担任监事并代持位某伟股份。2018 年 5 月 8 日,余姚市市场监督管理局(以下简称余姚市监局)接到展鹰公司举报,对三泉公司是否侵犯展鹰公司商业秘密进行调查处理。上海硅知识产权交易中心有限公司司法鉴定所经余姚市监局委托,出具鉴定意见认为,展鹰公司的图纸、《B08 – JTA – XH2.54 阀头通用标准作业指导书》和《ZY – F62B08BCJ(5 – 10V)双稳态电磁阀工艺作业指导书》(以下简称涉案技术秘密)在 2018 年 5 月 8 日前不为公众所知悉,三泉公司的 12 个零件的技术图纸、《三泉 B02 – XH2.54 阀头通用标准作业指导书》中的 12 页、《F68 电磁阀标准作业指导书》中的 7 页包含与涉案技术秘密相同或实质相同的技术内容。此外,张某在三泉公司制作的《F68 电磁阀标准作业指导书》《三泉 B02 - XH2.54 阀头通用标准作业指导书》中残留有展鹰公司的商业标识。据此,余姚市监局于 2018 年 12 月 20 日作出行政处罚决定(以下简称涉案决定),认定张某违反保密协议约定,使用展鹰公司的涉案技术秘密,三泉公司应知张某的侵权行为,仍使用涉案技术秘密,应视为侵犯商业秘密,遂责令三泉公司立即停止侵权行为,并处罚款 15 万元。

三泉公司不服涉案决定,起诉至余姚市人民法院(以下简称余姚法院)。余姚法院经审理认为,余姚市监局委托的鉴定程序符合法定程序,鉴定意见可以采信。张某作为隐名股东,获取、披露、使用涉案技术秘密的行为是为公司利益和公司股东利益而为的经营、管理行为,其行为后果应由公司来承担,故三泉公司视为侵犯商业秘密。据此,余姚法院判决驳回三泉公司的诉讼请求。三泉公司不服一审判决,上诉至宁波市中级人民法院(以下简称宁波中院)。宁波中院经审理认为,张某作为三泉公司的实际出资设立人和技术总监,其为三泉公司所做技术开发行为是职务行为,应由三泉公司承担责任。同时,三泉公司的法定代表人系张某之妻,监事系位某伟之妻,二人应知张某和位某伟均与展鹰公司签订了保密协议及相应的工作内容,故三泉公司应知张某使用涉案技术秘密用于产品研发仍予以使用,视为侵犯商业秘密。据此,宁波中院判决驳回上诉,维持原判。

裁判规则

1. 公司员工为公司利益和公司股东利益所做的经营、管理行为系职务行为,相应法律后果应由公司承担。

2. 公司明知或应知其隐名股东的商业秘密违法行为,仍获取、使用或者披露该商业秘密的,视为侵犯商业秘密。

六、江苏法院

（一）商标类

南京市中级人民法院

要玩公司与菏泽秋生公司等商标侵权及不正当竞争案

法院:南京市中级人民法院

案号:(2019)苏01民初2672号

申请人:上海邀玩网络技术有限公司、上海要玩网络技术有限公司

被申请人:菏泽秋生网络科技有限公司、张某儿

案由:侵害注册商标专用权及不正当竞争纠纷

案情简介:上海邀玩网络技术有限公司、上海要玩网络技术有限公司(以下合称要玩公司)运营一款名为“全民大富豪”的手机移动端付费游戏,要玩公司对此进行了计算机软件著作权登记,在第9类计算机游戏软件商品上获准注册了第17638285号大富豪及图注册商标。2019年6月,张某儿独资成立菏泽秋生网络科技有限公司(以下简称菏泽秋生公司),之后伪造游戏版权声明、游戏版权授权书、国家版权局的《计算机软件著作权登记证书》、国家广播电视总局的《网络游戏出版物号(ISBN)核发单》,盗用要玩公司企业名称和“全民大富豪”游戏版权信息,提交华为“应用市场”平台审核,使用户误认为是要玩公司出版运营的“全民大富豪”游戏(以下简称被诉侵权软件),违法向用户收取充值费用。被诉侵权软件上架后,通过“热更新”及“切支付”的方式,被更新为可以进行“反水”“代理”的“大唐娱乐”赌博游戏软件,通过欺骗、误导消费者违法获利。被诉侵权软件2019年4月22日至12月8日的总下载量为1,286,482次,注册人数为14,358人次,在华为“应用市场”平台的总充值金额为3997.1元。要玩公司认为张某儿、菏泽秋生公司侵害了其注册商标权并构成不正当竞争,遂起诉至南京中级人民法院(以下简称南京中院),请求法院判令其停止侵权并赔偿经济损失300万元。

南京中院经审理认为,菏泽秋生公司未经权利人许可假冒要玩公司品牌的游

戏商品,侵犯了要玩公司享有的注册商标专用权。该公司通过伪造要玩公司公章、伪造国家公文、伪造授权书、作出虚假声明等违法行为,盗用要玩公司企业名称、游戏名称、版号实施侵权行为并获利,构成对要玩公司的不正当竞争行为。关于损害赔偿数额,南京中院综合考量被告侵权主观恶性、侵权游戏总下载量、被诉侵权行为恶劣程度、被诉侵权行为类型及时间、被诉侵权行为损害原告商誉等因素,为了净化互联网收费游戏的市场竞争秩序,严厉打击游戏市场的商标侵权及不正当竞争行为,充分维护游戏版权人的合法利益,全额支持了要玩公司的300万元赔偿请求。据此,南京中院判决菏泽秋生公司、张某儿停止侵权,赔偿要玩公司经济损失300万元。

本案依法判决后,南京中院还将被告涉嫌犯伪造、变造国家机关公文罪、开设赌场罪的案件线索依法移送公安机关。同时,南京中院向软件平台运营方华为软件公司发送司法建议,建议其依法规范手机游戏软件的上架流程,严格审核手机游戏软件的上架材料。

苏州市中级人民法院

博柏利公司与新帛利公司等诉中行为保全案

法院:江苏省苏州市中级人民法院

案号:(2020)苏05民初1545号之一

申请人:博柏利有限公司

被申请人:新帛利商贸(上海)有限公司、绅途服饰(上海)有限公司、昆山开发区彭某忠服装店、彭某忠

案由:侵害注册商标专用权及不正当竞争纠纷

案情简介:博柏利有限公司(以下简称博柏利公司)于1993年12月30日申请注册第781602号“”商标,并于1995年10月7日核准注册。此外,博柏利公司的第G732879号“”商标及第G733385号“BURBERRY”商标于2000年4月25日核准注册,第G987322号“”商标于2011年4月1日核准注册。上述商标(以下简称涉案商标,见图1-6-1)均核定使用在第25类服装等商品上。新帛利商贸(上海)有限公司是第5735060号“BANEBERRY”商标及第7199528号

“”商标(以下简称被诉商标,见图 1 – 6 – 2)的被许可人。被诉商标分别于2006 年 11 月 20 日及 2009 年 2 月 16 日申请注册,并于 2009 年 12 月 14 日及 2011 年 8 月 7 日核定使用在第 25 类服装等商品上。博柏利公司认为,新帛利商贸(上海)有限公司(以下简称新帛利公司)及绅途服饰(上海)有限公司(以下简称绅途公司)在服装等商品上使用被诉商标,并使用与涉案商标近似的“”“”标识(以下简称被诉标识,见图 1 – 6 – 3);昆山开发区彭某忠服装店(以下简称彭某忠服装店)销售带有被诉商标及被诉标识的侵权商品,均构成商标侵权。新帛利公司在被诉侵权商品吊牌上使用英国皇家标识、宣称其品牌起源于英国等行为构成不正当竞争。博柏利公司起诉至苏州市中级人民法院(以下简称苏州中院),并在诉讼中提出行为保全申请,请求判令新帛利公司、绅途公司及彭某忠服装店立即停止侵害商标权及不正当竞争行为,并为此提供了担保。

苏州中院经审理认为,第 G733385 号“BURBERRY”商标及第 781602 号“”商标具备被认定为驰名商标的可能性,被诉侵权行为存在被认定为属于对涉案驰名商标的恶意复制和模仿并构成商标侵权的较大可能性。综合考虑被诉商标申请注册、流转及实际使用状态,能够认定被诉商标是恶意注册,因此,博柏利公司应不受 2001 年《商标法》第 41 条第 2 款所规定的 5 年的时间限制。新帛利公司全方位地使用与博柏利公司高度近似的吊牌、包装袋,并对其品牌历史进行虚假宣传等,主观上具有搭乘博柏利公司市场声誉和竞争优势的故意,客观容易导致相关公众的混淆、误认,构成不正当竞争的可能性极大。被诉侵权行为规模巨大且增幅明显,不立即采取措施将导致博柏利公司的市场份额被大幅抢占,经济损失难以计算,且极易导致消费者的混淆误认,严重贬损博柏利公司的商誉,削弱博柏利公司驰名商标的显著性和识别性,无法以金钱救济。同时,还考虑到即将进入服装销售黄金期的春节假期,若不停止被诉侵权行为,将可能对博柏利公司的权益造成难以弥补的损害。另外,保全行为对被申请人造成的损害是有限且可控的,亦不会损害公共利益,且博柏利公司还提供了 600 万元保函担保。据此,苏州中院裁定新帛利公司立即停止使用被诉商标,停止生产、销售带有被诉标识的产品并停止不正当竞争行为;绅途公司及彭某忠服装店停止销售带有被诉商标及被诉标识的产品。

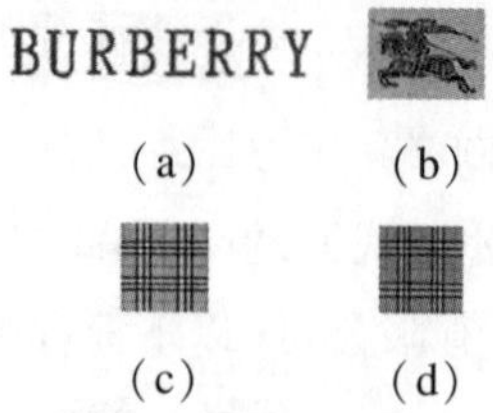

图 1-6-1　涉案商标

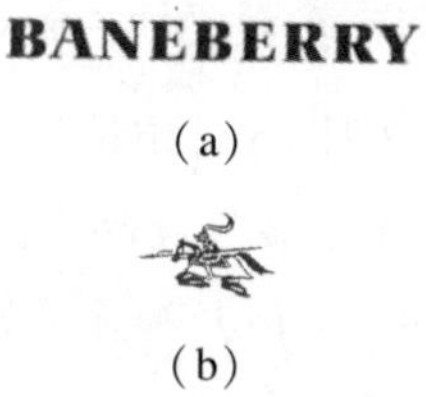

图 1-6-2　被诉商标

图 1-6-3　被诉标识

字节跳动公司等与亿达公司等商标侵权案

法院:江苏省苏州市中级人民法院

案号:(2018)苏 05 民初 1268 号

原告:北京字节跳动科技有限公司、北京微播视界科技有限公司

被告:周口市亿达食品有限公司、姑苏区大小白零食店

案由:侵害注册商标专用权及不正当竞争纠纷

案情简介:北京字节跳动科技有限公司(以下简称字节跳动公司)在第 9 类、第 38 类、第 41 类、第 45 类涉及计算机软件产品、信息传送、提供在线录像(非下载)及在线社交网络等商品及服务上注册了“抖音”系列商标(以下简称涉案商标,见图 1-6-4)。北京微播视界科技有限公司(以下简称微播视界公司)是“抖音短视频”App 产品的运营方,经许可使用涉案商标。字节跳动公司与微播视界公司认为,涉案商标构成驰名商标,周口市亿达食品有限公司(以下简称亿达公司)在其生产、销售的干脆面商品上(以下简称被诉侵权商品)突出使用“爱抖音”标识(以下简称被诉侵权标识)及“抖音短视频”App 的音符标志(以下简称涉案标识,见图 1-6-5),并使用“正式加入组织全国抖友走起”“一入抖音深似海全国抖友贺电来”等与“抖音短视频”App 产品密切相关的宣传语,构成商标侵权及不正当竞争,姑苏区大小白零食店(以下简称大小白零食店)销售被诉侵权商品构成商标侵权及不正当竞争。字节跳动公司与微播视界公司起诉至苏州市中级人民法院(以下简称苏州中院),请求判令亿达公司及大小白零食店停止侵害涉案商标权及不正当竞争行为、消除影响并赔偿经济损失 300 万元。

苏州中院经审理认为,“抖音短视频”作为一款 App 产品,其形式上属于计算机软件或程序类产品,但无论从商业运营模式或者是消费者认知角度来看,该产品本质上提供的是网络社交服务,并且也主要是通过后续的网络社交服务进行营利,

"抖音短视频"App 产品的成功不仅依托于强大的技术背景,也有赖于后续成功的商业运营,软件产品本身和后续提供网络服务两者不可分割,共同推动了该产品在短期内快速获得市场知名度和公众认同,因此,字节跳动公司在第 9 类计算机软件等商品上注册的涉案商标,以及在第 45 类在线社交网络服务上注册的涉案商标构成驰名商标,可以获得与其知名度相对应的跨类保护。亿达公司在被诉侵权商品上使用被诉侵权标识,属于复制、模仿涉案商标,误导公众,侵害了字节跳动公司及微播视界公司对涉案商标享有的商标权;其使用涉案标识,并使用与"抖音短视频"App 密切相关的宣传语,客观上容易导致相关公众产生混淆、误认,构成不正当竞争。大小白零食店销售被诉侵权商品构成商标侵权及不正当竞争。苏州中院综合考虑涉案商标为驰名商标、亿达公司经营规模、侵权情节等因素,判决亿达公司及大小白零食店停止商标侵权及不正当竞争行为,亿达公司消除影响并赔偿字节跳动公司及微播视界公司经济损失及合理支出 65 万元,大小白零食店在 15,000 元范围内承担连带赔偿责任。

抖音

图 1-6-4　涉案商标

图 1-6-5　涉案标识

大自然公司与因尔心安公司等商标侵权案

法院:江苏省苏州市中级人民法院

案号:(2020)苏 05 民初 60 号

原告:大自然家居(中国)有限公司

被告:福建因尔心安木业有限公司、周某良、张家港市杨舍镇塘市东兴苑地板经营部、常州凯宴木业有限公司、湖州南浔喜尔欣地板厂

案由:侵害注册商标专用权及不正当竞争纠纷

案情简介:大自然家居(中国)有限公司(以下简称大自然公司)经许可,对第 4587176 号"大自然"、第 5326609 号"Nature"、第 4587249 号""、第 6857586 号"大自然地板 Nature"商标(以下统称涉案商标,见图 1-6-6)依法享有使用权。涉案商标最早于 2005 年 4 月 6 日申请注册,于 2008 年 8 月 7 日核准注册,均核定使用在第 19 类木地板等商品上。周某良于 2012 年 10 月 17 日申请注册第 11612776

号"大自然美学家"商标,该商标于 2015 年 10 月 28 日核定使用在第 19 类木地板等商品上,后被宣告无效。大自然公司认为,福建因尔心安木业有限公司(以下简称因尔心安公司)、周某良、张家港市杨舍镇塘市东兴苑地板经营部(以下简称东兴苑经营部)、常州凯宴木业有限公司(以下简称凯宴公司)、湖州南浔喜尔欣地板厂(以下简称喜尔欣地板厂)在生产、销售的地板商品上使用"大自然美学家"标识,在踢脚线、地膜等商品上使用"大自然美学家地板 Nature Mxj"标识;因尔心安公司使用""""大自然美学家""大自然美学家 Nature Mxj"等标识(以下统称被诉侵权标识,见图 1 - 6 - 7)进行宣传及招商加盟、使用"大自然美学家地板"作为微信公众号名称,并将"naturemxj"作为其官网域名主体部分;东兴苑经营部在店铺装潢中使用被诉侵权标识,侵害了涉案商标权并构成不正当竞争,遂起诉至苏州市中级人民法院(以下简称苏州中院),请求判令因尔心安公司注销域名"naturemxj. com";因尔心安公司、周某良、东兴苑经营部、凯宴公司及喜尔欣地板厂停止商标侵权行为,销毁侵权商品并赔偿经济损失 1500 万元及合理支出 62, 924 元。因尔心安公司曾用名为福建大自然美学家家居有限公司,其在诉讼中变更企业名称,大自然公司撤回要求其变更企业名称,企业名称中不得含有"大自然"字样的诉讼请求。

苏州中院经审理认为,因尔心安公司、周某良、东兴苑经营部、凯宴公司及喜尔欣地板厂在相同及类似商品上使用了与涉案商标近似的被诉侵权标识,容易使相关公众对商品来源产生混淆、误认,构成商标侵权。因尔心安公司作为同行业者,理应知道涉案商标在行业内具有很高的知名度与影响力,不仅不履行避让义务,反而注册与涉案商标近似的域名,推广被诉侵权商品,足以导致相关公众产生混淆、误认,违反了诚实信用原则,构成不正当竞争。周某良、因尔心安公司统一策划、主导、实施并由其代工商、经销商一并参与了被诉侵权行为,构成共同侵权。周某良在地板商品上注册了大量与涉案商标近似的商标,恶意十分明显,在其商标无效宣告期间及行政诉讼一审判决后,周某良、因尔心安公司不仅未减少对"大自然美学家"标识的使用,反而进行全国范围的大规模扩张、侵权门店数量呈倍数增长。周某良为逃避责任,从因尔心安公司撤资并变更法定代表人为他人,具有明显规避法律责任的故意,周某良、因尔心安公司属于恶意侵权且侵权情节严重,符合惩罚性赔偿的适用条件。苏州中院综合考虑侵权商品经销商数量、侵权持续时间、侵权商品销量、行业利润率等因素确定经济损失赔偿基数为 805 万元,并确定了一倍的惩罚性赔偿比例。苏州中院据此判决因尔心安公司、周某良、东兴苑经营部、凯宴公司及喜尔欣地板厂停止商标侵权行为并赔偿合理支出 60,520 元;因尔心安公司注销"naturemxj. com”域名；因尔心安公司、周某良赔偿大自然公司经济损失 1500 万元，东兴苑经营部在 30 万元范围内承担连带责任，凯宴公司及喜尔欣地板厂分别在 6 万元范围内承担连带责任。

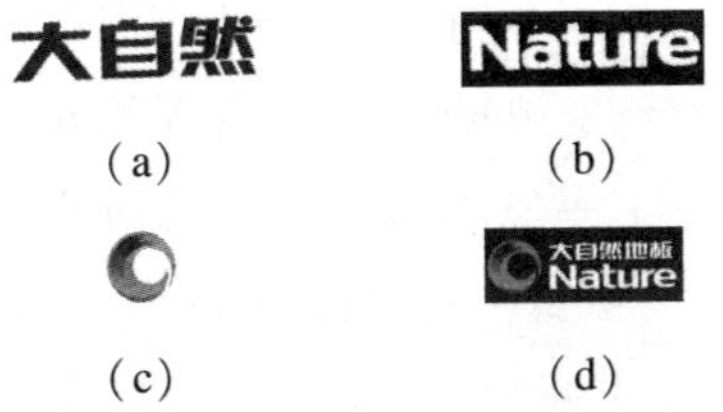

图 1－6－6　涉案商标

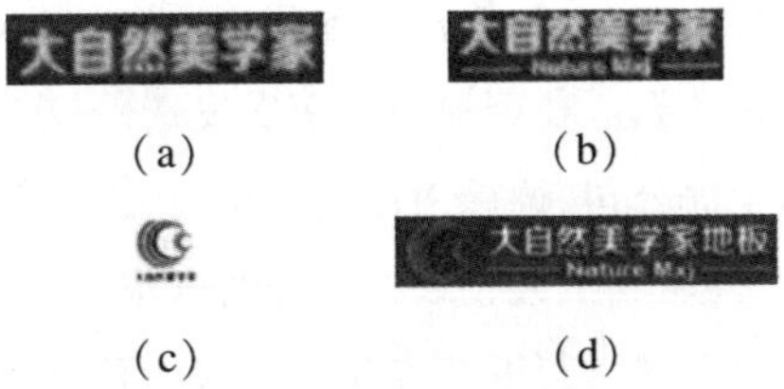

图 1－6－7　被诉侵权标识

德禄公司等与德禄上海公司等商标侵权案

法院：苏州市中级人民法院

案号：(2020)苏 05 民初 271 号

原告：德禄产业与发展有限责任两合公司、德禄国际有限公司、德禄(太仓)家具科技有限公司

被告：德禄家具(上海)有限公司、德禄家具(南通)有限公司、朱某军

案由：侵害商标权及不正当竞争纠纷

案情简介：德禄产业与发展有限责任两合公司(以下简称德禄公司)是核定使用在第 20 类办公家具、非金属门装置，尤其是家具用的折叶门和滑动门等商品上的第 6331407 号“德禄”、第 6406997 号“raumplus”、第 26032144 号“德禄”及第 G741757 号“raumplus”商标(以下统称涉案商标，见图 1－6－8)的商标权人。德禄国际有限公司(德禄国际公司)、德禄(太仓)家具科技有限公司(以下简称德禄家具公司)经授权取得涉案商标的使用权。德禄家具(上海)有限公司(以下简称德禄上海公司)、德禄家具(南通)有限公司(以下简称德禄南通公司)曾是德禄国际公司与朱某军担任法定代表人的案外人上海雷狄尼家具有限公司(以下简称上海雷狄尼公司)设立的合资公司。双方曾约定在合作期间内，德禄上海公司、德禄南通公司在中国境内享有涉案商标的使用权；合作结束后，德禄上海公司、德禄南通公司不得再使用涉案商标，同时更改公司名称，其中不得包含“raumplus”“德禄”字样。

德禄公司、德禄国际公司、德禄家具公司认为，在合作结束后，德禄上海公司、德禄南通公司没有停止使用涉案商标，在其开设的门店招牌等多处突出使用

“Raumplus”“德禄”字样(以下统称被诉侵权标识,见图1-6-9)并且还在其微信公众号、宣传册等多处大肆宣传其自制品牌“雷狄尼”是“德禄家具旗下高端定制品牌”,误导公众。德禄南通公司抢注“德禄.com”域名(以下简称被诉侵权域名)。德禄上海公司、德禄南通公司还通过互联网推广关键词“德禄”,实施不正当竞争及商标侵权。在德禄公司多次发送侵权警告后,仍继续实施侵权行为。朱某军作为德禄上海公司、德禄南通公司的法定代表人,与德禄上海公司、德禄南通公司共同经营,并由其个人收取相关经营款项,构成共同侵权。德禄公司、德禄国际公司、德禄家具公司遂起诉至苏州市中级人民法院(以下简称苏州中院),请求判令德禄上海公司、德禄南通公司及朱某军停止商标侵权及不正当竞争行为;变更企业名称,变更后的企业名称不得含有与“德禄”相同或近似的字样;停止将“德禄”或德禄相关词汇作为关键词,在互联网上进行推广排名;赔礼道歉,消除影响;德禄南通公司将被诉侵权域名无偿转让给德禄家具公司;德禄上海公司、德禄南通公司及朱某军连带赔偿经济损失及合理支出5000万元。

苏州中院经审理认为,德禄上海公司、德禄南通公司未经许可,在家具发货单、宣传册、设计图纸、微信公众号、店铺装潢、店铺门头、展会展厅、投标文件等处大量使用被诉侵权标识,构成在相同商品上使用与涉案商标相同的标识,构成商标侵权。德禄公司、德禄国际公司、德禄家具公司因未提供证据证明德禄上海公司、德禄南通公司及朱某军将“德禄”或相关词汇作为搜索关键词在互联网上进行推广排名,因此对于该主张不予支持。德禄南通公司、德禄上海公司在缺乏法律依据及合同依据的情况下使用“德禄”字号,无论其是否突出使用均难以避免产生市场混淆,构成不正当竞争,苏州中院对于主张德禄上海公司、德禄南通公司变更企业名称中字号的诉讼请求予以支持。德禄南通公司、德禄上海公司以“雷狄尼(LEDINI)作为德禄旗下高端定制品牌”进行宣传,使相关公众误认为其与德禄公司等存在特定的关联关系,属于引人误解的虚假宣传行为,构成不正当竞争。德禄南通公司明知涉案商标及字号的知名度,仍注册、使用主要部分与德禄公司“德禄”商标及企业字号相同的被诉侵权域名,足以导致相关公众产生混淆、误认,构成不正当竞争。朱某军作为德禄上海公司、德禄南通公司的法定代表人,不仅主观上明知涉案商标的知名度,实际亦参与开设门店、以个人账户接收被诉侵权商品的销售收入等,并以上海雷狄尼公司的名义抢注了多件与涉案商标相同或近似的商标,个人对全案侵权行为起到了策划、组织、实施的重要作用,与德禄上海公司、德禄南通公司构成共同侵权。苏州中院经计算确定实施被控侵权行为的获利=销售收入×利润率=2亿元×14.05% =2810万元。德禄南通公司、德禄上海公司作为德禄国际公司与上海雷狄尼公司等成立的合资公司,主观上明知涉案商标的知名度,在德禄公司等多次向其发出侵权警告后仍继续实施侵权行为,不仅未减少对被诉侵权标识的使用,反而进行全国范围的大规模招商,侵权时间长、规模大、行为多样。进入本案诉讼程序后仍抢注与涉案商标主要部分相同的域名,针对涉案商标恶意提起无效宣告,并申请注册大量与涉案商标相同或近似的商标。综上,德禄南通公司、德禄上海公司、朱某军属于恶意侵权且情节严重,适用一倍惩罚性赔偿后超过原告诉请的5000万元,苏州中院据此判决德禄南通公司、德禄上海公司、朱某军停止商标侵权及不正当竞争行为;刊登声明、消除影响;连带赔偿经济损失及合理支出5000万元;德禄南通公司、德禄上海公司变更企业名称,变更后的企业名称中不得含有"德禄"字样;德禄南通公司将被诉侵权域名转移至德禄家具公司。

裁判规则

侵权人与权利人之间在先具有合作关系,明知权利人注册商标及企业字号的知名度,在结束合作后理应具有相较于一般公众更高的注意义务与避让义务。在此情况下如果对权利人仍实施商标侵权或不正当竞争行为的,属于恶意侵权,情节严重的,应当适用惩罚性赔偿。

德禄　raumplus　raumplus
(a)　(b)　(c)

图1-6-8　涉案商标

德禄　Raumplus
(a)　(b)

图1-6-9　被诉侵权标识

(二)著作权类

著作权民事纠纷

江苏省高级人民法院

曹某华与濮某娟著作权侵权案

法院:江苏省高级人民法院

案号:(2019)苏民终 1410 号

上诉人(一审被告):濮某娟

被上诉人(一审原告):曹某华

一审第三人:王某贺

案由:侵害著作权纠纷

案情简介:曹某华系工笔画《华清浴妃图》(以下简称涉案作品)的著作权人,其认为濮某娟依据涉案作品制作的苏绣作品《华清浴妃图》(以下简称被诉侵权作品)侵害了其对涉案作品享有的复制权,遂起诉至苏州市中级人民法院(以下简称苏州中院),请求判令濮某娟停止侵权行为并销毁被诉侵权作品、赔礼道歉并赔偿经济损失 256 万元及合理支出 45,165 元。苏州中院经审理认为,苏绣和绘画是两种不同领域、不同载体的不同表达方式,尽管有些苏绣以画作作为底稿,但经过绣线、绣层的改编,已经形成新的表达。因此,濮某娟依据涉案作品制作的被诉侵权作品并非简单复制,而是属于艺术再创作行为,其实质是对涉案作品的改编。濮某娟未经许可,将涉案作品改编为被诉侵权作品,侵害了曹某华的改编权。法律没有规定侵害改编权的侵权人承担销毁侵权作品的责任,故对曹某华的销毁被诉侵权作品的诉讼请求不予支持。苏州中院综合考虑曹某华在绘画界的知名度、濮某娟在刺绣行业的知名度、涉案作品的艺术造诣及市场欢迎度、被诉侵权作品的独创性程度、刺绣创作演绎所付出的艺术加工以及非物质文化遗产生产性保护等因素,判决濮某娟停止侵权、赔礼道歉并赔偿经济损失及合理支出 22 万元。

濮某娟不服一审判决,上诉至江苏省高级人民法院(以下简称江苏高院)。江苏高院经审理认为,濮某娟在涉案作品的基础上,结合苏绣制品特点和工艺要求,在造型、针法、绣工、色彩、技艺、装裱等方面融入智力活动,采用多套不同颜色丝线,采取灵活多样的针法,在表达介质、表达方式、表达效果上形成了与涉案作品有着显著区分的、具有独创性的被诉侵权作品,应属形成新作品的艺术再创作行为,亦是对涉案作品的改编行为。濮某娟未经许可,对涉案作品实施改编行为,侵害了曹某华对涉案作品享有的改编权。苏州中院认定事实清楚、适用法律正确。江苏高院据此判决驳回上诉,维持原判。

裁判规则

改编权是指行为人在依托、借用和保留在先作品已有的基本表达的基础上,通过一定的智力劳动后所形成的具有新的独创性表达的权利。行为人添加了一定程度的、有别于在先作品的、具有独创性的特有表达要素、表达方式、表达效果后,即便改编作品和在先作品之间仍然存在"实质性相似"的情形,但若改编作品给予普通受众所呈现出的欣赏体验和感受并不完全等同于在先作品,则应认定前述行为属于受改编权控制的改编行为,而非复制行为。

南京市中级人民法院

优图公司与南京大学著作权侵权案

法院:江苏省南京市中级人民法院

案号:(2019)苏01民终6316号

上诉人(一审被告):南京大学

被上诉人(一审原告):北京优图佳视影像网络科技有限公司

案由:侵权著作权纠纷

案情简介:北京优图佳视影像网络科技有限公司(以下简称优图影像公司)是涉案摄影作品的著作权人。南京大学在其主办的网站中刊登了一篇文章,该文章配用了涉案摄影作品。优图影像公司认为南京大学侵害了其对涉案摄影作品享有的著作权,起诉至南京市鼓楼区人民法院(以下简称鼓楼法院),请求判令南京大学赔礼道歉并赔偿经济损失10,000元。鼓楼法院经审理认为,南京大学虽然出于教学科研目的使用涉案摄影作品,但将该作品发表于其开办的网站并向社会公开,社会公众均可以自由登录网站查阅相关文章,该行为不属于合理使用行为,侵害了优图影像公司对涉案摄影作品享有的信息网络传播权。优图影像公司未提供证据证明该侵权行为对其商誉造成损害,故对于优图影像公司要求南京大学赔礼道歉的诉讼请求不予支持。鼓楼法院综合考虑涉案摄影作品的独创性、南京大学的使用目的、侵权情节等因素,判决南京大学赔偿优图影像公司经济损失1500元。

南京大学不服一审判决,上诉至南京市中级人民法院(以下简称南京中院)。南京中院经审理认为,南京大学将涉案摄影作品发表于其开办的网站并向社会公开,面向的对象为不特定的社会公众,并不属于合理使用行为。鼓楼法院的判决并无不当。南京中院据此判决驳回上诉,维持原判。

裁判规则

教育机构在其开办的网站上面向不特定社会公众使用被控侵权图片,不属于《著作权法》第22条第6项所规定的"为学校课堂教学或者科学研究"目的且"供教学或者科研人员使用”的合理使用他人作品的情形,构成对著作权人信息网络传播权的侵害。

著作权刑事案件

南京市中级人民法院

沁恒公司与国芯公司等侵犯著作权刑事案

法院:南京市中级人民法院

案号:(2021)苏 01 刑终 716 号

上诉单位(一审被告单位):上海国芯集成电路设计有限公司

上诉人:许某、陶某

被害单位:南京沁恒微电子股份有限公司

原公诉机关:南京市雨花台区人民检察院

案由:侵犯著作权罪

案情简介:南京沁恒微电子股份有限公司(以下简称沁恒公司)自 2011 年生产销售 CH340 芯片。2016 年,上海国芯集成电路设计有限公司(以下简称国芯公司)销售人员陶某与总经理许某决定反向破解 CH340 芯片,通过国芯公司以 GC9034 型号芯片的名义对外销售。2016 年 9 月至 2019 年 12 月,国芯公司共销售 GC9034 芯片 830 余万个,销售金额 730 余万元。国芯公司、许某、陶某被南京市雨花台区人民检察院提起公诉,诉至南京市雨花台区人民法院(以下简称雨花台法院)。经抽样鉴定,GC9034 芯片相关软件代码、工艺类型、芯片顶层布图布局等与沁恒公司的 CH340 芯片相似度为 100% 或 90% 以上。雨花台法院经审理认为,许某、陶某系专业的芯片从业人员,明知 CH340 芯片中包含的计算机软件系包含他人知识产权的产品,未作任何改动即直接制版,并以低价销售的方式实现营利目的,侵犯了 CH340 芯片的计算机软件著作权。涉案侵权行为均以国芯公司名义实施,由多个部门参与,且所得销售款项均归国芯公司所有,故国芯公司构成了单位犯罪。据此,雨花台法院判决,国芯公司、许某、陶某未经著作权人许可,复制发行计算机软件作品的非法经营数额及复制发行侵犯计算机软件作品的数量特别巨大,构成侵犯著作权罪,判处国芯公司罚金人民币400万元,判处许某有期徒刑4年,并处罚金人民币36万元,判处陶某有期徒刑3年2个月,并处罚金人民币10万元,并扣押在案侵权产品。

国芯公司、许某、陶某不服,上诉至南京市中级人民法院(以下简称南京中院)。

南京中院经审理认为:国芯公司、原审被告人许林、陶伟未经著作权人许可,复制发行计算机软件作品的非法经营数额及复制发行侵犯计算机软件作品的数量特别巨大,已构成侵犯著作权罪,一审判决认定事实清楚、证据确实充分、法律适用基本正确、量刑适当、审判程序合法、依法应予以维持。南京中央据此驳回上诉,维持原判。

(三)不正当竞争类

南京市中级人民法院

南京同仁堂药业公司与南京同仁堂生物科技公司等不正当竞争案

法院:江苏省南京市中级人民法院

案号:(2021)苏01民终434号

上诉人(一审原告):南京同仁堂药业有限责任公司

上诉人(一审被告):南京同仁堂生物科技有限公司

案由:不正当竞争纠纷

案情简介:南京同仁堂药业有限责任公司(以下简称南京同仁堂药业公司)在企业宣传、产品推广等经营活动中使用“南京同仁堂”作为企业简称,其认为南京同仁堂生物科技有限公司(以下简称南京同仁堂生物科技公司)在其网页、产品宣传、包装及产品交易会等商业活动中突出使用“南京同仁堂”构成不正当竞争;荆州信谊医药有限公司埠河药店(以下简称埠河药店)销售带有“南京同仁堂”字样的保健品构成不正当竞争,遂起诉至江苏省南京江北新区人民法院(以下简称江北新区法院),请求判令南京同仁堂生物科技公司及埠河药店停止不正当竞争行为并共同赔偿合理支出23,516元;南京同仁堂生物科技公司变更企业名称,禁止其在变更后的名称中使用“南京同仁堂”字号,消除影响并赔偿经济损失226,484元;埠河药店赔偿经济损失 15 万元，南京同仁堂生物科技公司承担连带责任。江北新区法院经审理认为，南京同仁堂生物科技公司授权广州鑫倍和生物科技有限公司（以下简称鑫倍和公司）突出使用“南京同仁堂”，鑫倍和公司又授权多家公司在产品包装图文上突出使用“南京同仁堂”，主观上具有攀附南京同仁堂药业公司知名度的故意，客观上容易引起相关公众误认为两者间存在特定联系，构成不正当竞争。埠河药店销售涉案商品，亦构成不正当竞争，但该涉案商品具有合法来源，在案证据无法证明其具有侵权故意，不应当承担赔偿责任。南京同仁堂药业公司是南京同仁堂生物科技公司的股东，南京同仁堂生物科技公司在企业名称中使用“南京同仁堂”字号符合《“南京同仁堂”使用管理办法》的约定，南京同仁堂生物科技公司规范使用企业名称亦不会导致相关公众的混淆、误认，且南京同仁堂药业公司未提供证据证明其商誉收到贬损，因此，对于南京同仁堂药业公司要求南京同仁堂生物科技公司变更企业名称，禁止其在变更后的名称中使用“南京同仁堂”字号以及消除影响的诉讼请求，不予支持。江北新区法院据此判决南京同仁堂生物科技公司、埠河药店停止不正当竞争行为；南京同仁堂生物科技公司赔偿经济损失 20 万元及合理支出 2 万元。

南京同仁堂药业公司、南京同仁堂生物科技公司均不服一审判决，上诉至南京市中级人民法院（以下简称南京中院）。南京中院经审理认为，南京同仁堂生物科技公司注册并使用其企业名称并不违法，但其将“南京同仁堂”作为企业简称突出使用构成不正当竞争，江北新区法院认定事实清楚，适用法律正确。一审被告埠河药店在一审判决作出后已注销，判令其停止不正当竞争行为已无必要，故南京中院仅就此部分予以改判。

裁判规则

企业在注册成立时将其股东字号作为企业名称的一部分并获得该股东认可的，则该企业对企业名称的注册及使用为善意。但如果在企业宣传、产品销售及推广等经营活动中擅自将该字号突出使用，容易导致相关公众混淆、误认的，违反《反不正当竞争法》第 6 条第 2 项的规定，构成不正当竞争。

（四）植物新品种

江苏省高级人民法院

明天种业公司与金满仓公司植物新品种侵权案

法院：江苏省高级人民法院

案号：（2018）苏民终 1492 号

上诉人（一审被告）：响水金满仓种业有限公司（原江苏金满仓种业有限公司）

被上诉人（一审原告）：江苏明天种业科技股份有限公司

案由：侵害植物新品种权纠纷

案情简介：江苏徐淮地区淮阴农业科学研究所（以下简称淮阴农科所）系小麦品种“淮麦 33”（以下简称涉案品种）的品种权人，授权日为 2016 年 1 月 1 日，品种权号为 CNA20120336.7。江苏明天种业科技股份有限公司（以下简称明天种业公司）与淮阴农科所签订独占实施许可合同，取得“淮麦 33”的独占使用权及诉讼维权等相关权利。明天种业公司认为，响水金满仓种业有限公司（以下简称金满仓公司）销售“淮麦 33”种子（以下简称被诉侵权种子）的行为侵害了其“淮麦 33”的植物新品种权，遂起诉至江苏省南京市中级人民法院（以下简称南京中院），请求法院判令金满仓公司立即停止侵权行为、赔偿经济损失 300 万元。南京中院经审理认为，金满仓公司生产、销售被诉侵权种子的行为，侵犯了明天种业公司涉案品种的植物新品种权。审理过程中，金满仓公司抗辩其销售的是商品粮并非种子。南京中院综合考虑金满仓公司的公司名称、经营范围、销售过程、交易意愿、销售价格、产品质量等因素，认定金满仓公司销售商品粮的抗辩主张不能成立。南京中院综合考虑涉案品种的品种权使用费高、金满仓公司的经济实力强、侵权规模大、侵权情节恶劣、诚信理念缺失以及明天种业公司的维权合理开支等因素，酌情确定赔偿数额为 100 万元。据此，南京中院判决金满仓公司立即停止生产、销售侵权种子，并赔偿明天种业公司经济损失 100 万元。

金满仓公司不服一审判决，上诉至江苏省高级人民法院（以下简称江苏高院）。江苏高院经审理认为，金满仓公司实施了侵害涉案品种权的行为，且一审判决确定的赔偿数额并无不当,据此判决驳回上诉,维持原判。

裁判规则

1. 在基于许可使用费确定侵害植物新品种权的损害赔偿数额时,鉴于植物新品种的价值和效用主要在前期,故针对前期确定的品种权使用费应当高于品种权使用费平均数。

2. 被诉侵权人在侵害植物新品种权案件中以其销售的是商品粮进行抗辩的,应当审查被诉侵权人的具体销售过程是否符合诚信原则及交易惯例、被诉侵权种子的销售价格是否明显高于商品粮价格等因素,进行综合判断。如果存在销售被诉侵权种子的方式不符合商业惯例、销售单价远高于当年商品粮的挂牌收购价格等情形,则可合理推定被诉侵权人销售的是种子而并非商品粮。

七、其他法院

（一）专利类

福建省高级人民法院

宁德时代公司与江苏塔菲尔公司等实用新型专利侵权案

法院：福建省高级人民法院

案号：（2020）闽民初1号

原告：宁德时代新能源科技股份有限公司

被告：江苏塔菲尔新能源科技股份有限公司、东莞塔菲尔新能源科技有限公司、万国（福州）汽车贸易有限公司

案由：侵害实用新型专利权纠纷

案情简介：宁德时代新能源科技股份有限公司（以下简称宁德时代公司）系专利号为ZL201521112402.7、名称为"防爆装置"的实用新型专利（以下简称涉案专利）的专利权人。宁德时代公司认为，江苏塔菲尔新能源科技股份有限公司（以下简称江苏塔菲尔公司）、东莞塔菲尔新能源科技有限公司（以下简称东莞塔菲尔公司）为生产经营目的共同制造、销售和许诺销售的规格为NCM100Ah、NCM120Ah和NCM135Ah的动力电池（以下简称被诉侵权电池）侵害了涉案专利，万国（福州）汽车贸易有限公司（以下简称万国公司）为生产经营目的销售以被诉侵权电池为零部件的长城欧拉牌电动汽车，亦侵害了涉案专利，遂起诉至福建省高级人民法院（以下简称福建高院），请求判令江苏塔菲尔公司、东莞塔菲尔公司、万国公司立即停止侵权，江苏塔菲尔公司、东莞塔菲尔公司连带赔偿经济损失1.2亿元及合理费用50万元。

本案答辩及审理期间，江苏塔菲尔公司、东莞塔菲尔公司分别向国家知识产权局请求宣告涉案专利无效，宁德时代公司在无效宣告程序中将原权利要求2、4的特征并入权利要求1中，删除原权利要求2、4。国家知识产权局经审查，维持修改后的涉案专利有效。

福建高院经审理认为,被诉侵权电池使用的技术方案落入了修改后的涉案专利的保护范围。江苏塔菲尔公司、东莞塔菲尔公司分工合作,以江苏塔菲尔公司的意志为主导,共同制造、销售了被诉侵权产品,构成共同侵权;万国公司销售了装配有被诉侵权产品的电动汽车,亦构成侵权。关于损害赔偿数额,福建高院以权利人损失作为计算赔偿额的依据,根据被诉侵权电池的总储电量736,515.6388度、产品单价1300元/度、宁德时代公司的平均营业利润率24%以及涉案专利贡献率10%之积,计算得出宁德时代公司因侵权行为遭受的损失为22,979,287元。综合其他关联诉讼的合理支出,确定得出本案合理费用为326,769元。据此,福建高院判决江苏塔菲尔公司、东莞塔菲尔公司、万国公司停止侵权,江苏塔菲尔公司、东莞塔菲尔公司连带赔偿经济损失22,979,287元及合理费用326,769元。

裁判规则

1. 在电池类产品专利侵权案件的损害赔偿计算中,可以被诉侵权人销售的被诉侵权电池产品的总储电量、单位储电量的合理价格、专利产品的平均营业利润率及涉案专利贡献度之积,确定权利人因被侵权所受到的实际损失。

2. 若侵害涉案专利的部件产品须与其他部件组合后形成完整的最小单位的可销售单元才具有相应作用,且涉案专利的技术方案及其技术效果须在其他部件和技术方案的配合下才能实现,则该部件产品构成该可销售单元的零部件,在损害赔偿的计算中应以该可销售单元作为计算依据。关于涉案专利在部件产品与其他部件组合后的可销售单元中的贡献度,可综合考虑涉案专利的种类、专利稳定程度、专利所涉及的产品性能对销售量的影响及其在实现成品利润中的作用、其他关联侵权诉讼的情形等因素予以确定。

四川省成都市中级人民法院

杨某阁与中永发公司等专利权权属案

法院:四川省成都市中级人民法院

案号:(2021)川01知民初14号

原告:杨某阁

被告:中永发有限责任公司、成都环泰专利代理事务所(特殊普通合伙)

案由:专利权权属、财产损害赔偿纠纷

案情简介：2017 年 10 月 13 日，国家知识产权局授予杨某阁专利号为 ZL201720074939.1、名称为“一种稀土永磁磁悬浮电机”的实用新型专利（以下简称涉案专利）。2019 年 7 月，中永发有限责任公司（以下简称中永发公司）以其与杨某阁签订的《公司股权分配协议书》约定了在合作期间杨某阁专利技术入股的专利使用权归中永发公司为由，冒用杨某阁签名，伪造《转让协议》，委托成都环泰专利代理事务所（特殊普通合伙）（以下简称环泰专利所）将涉案专利的专利权人变更为中永发公司。2020 年 1 月 19 日，涉案专利因中永发公司未按时缴年费而终止。杨某阁认为涉案专利应归其所有，遂将中永发公司及环泰专利所起诉至成都市中级人民法院（以下简称成都中院），请求确认涉案专利归杨某阁所有，并请求判令中永发公司、环泰专利所赔偿经济损失 50 万元、合理开支 5 万元以及如涉案专利权不能恢复所产生的相应损失。

成都中院经审理认为，涉案专利能否恢复，既关乎杨某阁的诉权行使，亦实质影响其获得专利权的可能。涉案专利于 2020 年 1 月 19 日因未按规定缴纳被终止，目前未经过《专利法实施细则》第 6 条规定的自期限届满之日起 2 年内主张恢复权利的期间。恢复专利权程序的启动需要登记权利人向专利行政部门申请启动，在中永发公司未主动申请恢复权利的情况下，法院可以责令其作出申请恢复权利的行为，且环泰专利所具有协助申请恢复权利的义务。此外，责令中永发公司启动申请恢复权利的程序不会对其生产经营造成阻碍，亦不会对任何一方造成损失，故无须责令杨某阁提供担保。据此，成都中院裁定中永发公司自收到该裁定之日起 7 日内，向国家知识产权局申请恢复涉案专利，环泰专利所协助办理申请恢复涉案专利。

（二）著作权类

福建省高级人民法院

希海公司与威妮欣公司著作权侵权及不正当竞争案

法院：福建省高级人民法院

案号：（2020）闽民终 1104 号

上诉人(一审原告):广州希海生物科技有限公司

被上诉人(一审被告):厦门威妮欣日用品有限公司

案由:侵害著作权及不正当竞争纠纷

案情简介:广州希海生物科技有限公司(以下简称希海公司)为米蓝晞死海硫磺皂设计了"米蓝晞"外包装盒(以下简称涉案包装,见图 1-7-1)。希海公司认为,厦门威妮欣日用品有限公司(以下简称威妮欣公司)未经许可,在其生产、销售的硫磺皂商品上使用与涉案包装近似的商品包装(以下简称被诉侵权包装,见图 1-7-2),侵害了希海公司对涉案包装享有的著作权并构成不正当竞争,故起诉至福建省厦门市中级人民法院(以下简称厦门中院),请求判令威妮欣公司停止侵权及不正当竞争行为并赔偿经济损失及合理支出 100 万元。厦门中院经审理认为,涉案包装的正面图案具有一定的审美意义和独创性,构成《著作权法》规定的美术作品。但被诉侵权包装的图案与该美术作品不构成近似,未侵害希海公司的著作权。在案证据不足以证明涉案包装具有一定影响,亦不足以证明其经希海公司使用,具有了识别商品来源的作用,因此,涉案包装不属于受法律保护的商业标识,威妮欣公司不构成不正当竞争。厦门中院据此判决驳回希海公司的全部诉讼请求。

希海公司不服一审判决,上诉至福建省高级人民法院(以下简称福建高院)。福建高院经审理认为,涉案包装的图案构成美术作品,被诉侵权包装的图案与该美术作品具有显著区别,未侵害希海公司的著作权。涉案包装在颜色、图案及文字的整体组合上具有独创性和显著性,经过希海公司的持续使用和宣传推广,在相关消费者中已经具有了一定的知名度,已经具备识别商品来源的功能,属于有一定影响的商品包装装潢。被诉侵权包装与涉案包装在图案、颜色及文字的组合上基本相同,二者在整体视觉效果上已经构成近似,容易导致相关公众的混淆、误认,威妮欣公司构成不正当竞争。福建高院综合考虑涉案包装的知名度、侵权情节、主观恶意等因素,判决威妮欣公司停止不正当竞争行为并赔偿希海公司经济损失及合理支出 20 万元。

裁判规则

著作权侵权诉讼中美术作品的比对思路应区别于不正当竞争诉讼中包装装潢标识的比对思路。美术作品体现的是作者的独创性,而包装装潢则是通过持续性使用和宣传,发挥区别服务和商品来源的功能。对于美术作品,应当重点关注整体画面所体现的独创性及美感;对于包装装潢,应当重点关注画面、色彩搭配组合而形成的产源识别性,并基于其使用情况判断相近似的包装装潢是否会导致相关公众的混淆误认。

图1－7－1　涉案包装

图1－7－2　被诉侵权包装

重庆自由贸易试验区人民法院

云创公司与卡诗兰公司著作权侵权案

法院：重庆自由贸易试验区人民法院

案号：（2021）渝0192民初994号

原告：云创设计（深圳）集团有限公司

被告：重庆卡诗兰服饰有限公司

案由：侵害著作权纠纷

案情简介：云创设计（深圳）集团有限公司（以下简称云创公司）是《圆梦舞曲MC8922680044DR0》作品的著作权人，该作品为女装太阳裙的三个图片，包含设计手稿图、效果图、成衣图。云创公司按照前述作品制成了《圆梦舞曲MC8922680044DR0》服装（以下简称涉案服装）。云创公司认为，重庆卡诗兰服饰有限公司（以下简称卡诗兰公司）在其经营的店铺销售的服装产品（以下简称被诉侵权商品）侵害了云创公司对涉案服装享有的著作权，遂起诉至重庆自由贸易试验区人民法院（以下简称重庆自贸区法院），请求判令卡诗兰公司停止侵权并赔偿经济损失15万元。

重庆自贸区法院经审理认为，涉案服装体现出作者个性化的选择、设计、布局等独创性劳动，体现了一定的设计理念和美感，具有审美意义。涉案服装的实用功能主要在保护身体、调节体温、适应身体活动，而艺术美感主要体现在黑白波点图案、太阳裙版型、直线型拼接等设计上，通过黑白波点图案结合太阳裙版型，产生时尚与复古双重审美效果。改动涉案服装的黑白波点图案、太阳裙版型、直线型拼接等设计,其作为保护身体、调节体温、适应身体活动的实用功能并不会受到影响,涉案服装的实用功能与艺术美感能够进行分离并独立存在。因此,涉案服装属于受《著作权法》保护的美术作品。卡诗兰公司生产、销售的被诉侵权商品最早的订单创建日期为 2020 年 5 月 30 日,晚于涉案服装的发布时间,并与涉案服装构成实质性相似。卡诗兰公司未经许可,对涉案服装实施复制行为,侵害了云创公司的著作权。重庆自贸区法院综合考虑涉案服装作品类型及知名度、侵权规模、违法所得金额等因素,判决卡诗兰公司停止侵权并赔偿经济损失及合理支出 15,000 元。

裁判规则

若实用艺术品满足作品的一般构成要件及美术作品的特殊构成要件,并且其实用性与艺术性在物理上或观念上可以相互分离的,可以作为美术作品受《著作权法》保护。

(三)商标类

商标民事纠纷

山东省高级人民法院

鸭灵号公司与利讯集团等商标侵权案

法院:山东省高级人民法院

案号:(2020)鲁民终 3127 号

上诉人(一审原告):鸭灵号服饰(福建)有限公司

被上诉人(一审被告):利讯集团有限公司、济南闽琨商贸有限公司、黄某华

案由:侵害注册商标专用权纠纷

案情简介:鸭灵号服饰(福建)有限公司(以下简称鸭灵号公司)是第 38044262 号“”商标(以下简称涉案商标,见图 1－7－3)的普通被许可人,且有权以自己的名义就涉案商标提起诉讼。涉案商标于 2019 年 5 月 8 日申请注册,并于 2020 年 1 月 14 日核定使用在第 25 类 T 恤衫、运动衫、鞋等商品上。鸭灵号公司认为,利讯

集团有限公司（以下简称利讯集团）未经许可在其生产、销售的T恤等服装上使用“”标识（以下简称被诉侵权标识，见图1－7－4）；济南闽琨商贸有限公司（以下简称闽琨公司）、黄某华未经许可在其销售的T恤等服装上使用被诉侵权标识，侵害了鸭灵号公司的商标权，起诉至山东省济南市中级人民法院（以下简称济南中院），请求判令利讯集团、闽琨公司及黄某华停止侵权、消除影响并赔偿经济损失及合理开支500万元。济南中院经审理认为，涉案商标显著性较低，且在案证据不足以证明其具有较高知名度，被诉侵权标识与涉案商标具有明显区别，使用在相同商品上导致相关公众的混淆、误认的可能性较低，利讯集团、闽琨公司及黄某华不构成商标侵权。济南中院据此判决驳回鸭灵号公司的诉讼请求。

鸭灵号公司不服一审判决，上诉至山东省高级人民法院（以下简称山东高院）。山东高院经审理认为，涉案商标的鸭子形象与鞋服商品并无关联性，具有独创性和显著性。涉案商标小黄鸭形象的原型作品（以下简称涉案作品）于1948年设计完成，经过宣传，已经具有了较高的知名度。鸭灵号公司至晚于2019年将涉案商标使用在鞋服商品上，涉案商标与涉案作品基本相同，涉案作品的知名度可以辐射影响到涉案商标的知名度，因此可以认定涉案商标已具有较高知名度。被诉侵权标识与涉案商标的差别不足以将两者区别开来，两者构成近似。利讯集团、闽琨公司及黄某华在相同商品上使用与涉案商标近似的标识，容易使相关公众对商品来源产生混淆、误认或误认为利讯集团、闽琨公司及黄某华与鸭灵号公司存在某种联系，构成商标侵权。山东高院综合考虑涉案商标的知名度、侵权情节等因素，判决利讯集团及闽琨公司停止侵权，利讯公司赔偿经济损失200万元及合理开支212，244元，闽琨公司、黄某华连带赔偿经济损失20万元。

裁判规则

在权利人享有著作权的作品与其注册商标基本相同，且该作品已具有较高知名度的情况下，该作品的知名度可以辐射影响至该注册商标，并可据此认定该注册商标也具有较高知名度。

图1－7－3　涉案商标

图1－7－4　被诉侵权标识

天津市滨海新区人民法院

中国重汽与吕山公司商标侵权案

法院:天津市滨海新区人民法院

案号:(2020)津 0116 民初 3814 号

原告:中国重型汽车集团有限公司

被告:长沙吕山进出口贸易有限公司

案由:侵害注册商标专用权纠纷

案情简介:中国重型汽车集团有限公司(以下简称中国重汽)于 2003 年 5 月 20 日申请注册第 3562195 号“”商标,该商标于 2004 年 12 月 21 日核定使用在第 12 类汽车等商品上(以下简称涉案商标)。中国重汽于 2009 年 7 月 17 日在尼日利亚注册“CNHTC & DEVICE”商标,核定使用在第 12 类商品上。中国重汽认为,长沙吕山进出口贸易有限公司(以下简称吕山公司)未经许可,擅自更换车辆发动机、变速箱等核心部件,并将带有涉案商标的非法拼装的牵引车(以下简称涉案车辆)在天津新港海关申报出口至尼日利亚,侵害了中国重汽对涉案商标享有的商标权,起诉至天津市滨海新区人民法院(以下简称滨海新区法院),请求判令吕山公司停止侵权并赔偿经济损失及合理支出 30 万元。

滨海新区法院经审理认为,涉案车辆未经法定程序更换了核心部件,不属于正常维修的范围,而是对原产品的重新组装、翻修,属于再造车辆,但仍使用涉案商标,显然会导致相关公众对商品来源产生混淆,误认涉案车辆系原告生产并合法投放市场的二手整车,从而破坏了涉案商标的识别功能。而且,此种没有质量和安全保证的二手车辆流入市场,会严重损害中国重汽的商誉以及相关公众对中国重汽产品质量的信赖利益。虽然涉案车辆出口至尼日利亚,但仍然会对涉案商标造成损害,因为误认并非仅仅发生在域外,相关公众也不仅包括国内消费者或者可能实际接触的其他经营者,还包括在域外的中国消费者和中国进口商等可能实际接触的经营者,对于侵权行为导致的海外损失,中国重汽有权依据我国商标法主张保护。此外,本案情形不适用权利用竭原则。因此,吕山公司的被诉行为侵害了中国重汽对涉案商标享有的商标权。滨海新区法院综合考虑涉案商标知名度、吕山公司的侵权行为性质及后果、主观过错、经营规模等因素,判决吕山公司停止侵权并赔偿经济损失及合理支出 15 万元。

裁判规则

一般而言，标有注册商标的商品经商标权人同意投入市场后，商标权人对该商品的权利已经穷竭。但如果再次销售带有商标权人商标的商品在核心部件或外观上发生变化，或者降低了原有商品的品质，影响商标权人商誉的，则商标权权利用竭原则不再适用，商标权人有权予以禁止。

天津市第三中级人民法院

腾讯公司与隆耀公司商标侵权及不正当竞争案

法院：天津市第三中级人民法院

案号：（2019）津03知民初652号

原告：深圳市腾讯计算机系统有限公司、腾讯科技（深圳）有限公司、腾讯数码（天津）有限公司

被告：隆耀（天津）电子商务有限公司

案由：侵害注册商标专用权及不正当竞争纠纷

案情简介：腾讯科技（深圳）有限公司（以下简称腾讯科技公司）在第41类通过视频点播传输提供电影（不可下载）等服务上注册有第22485868号“腾讯视频”、第30268355号“腾讯视频VIP”、第13891992号“腾讯视频 V.QQ.COM”商标（以下统称涉案商标，见图1－7－5）。腾讯科技公司许可深圳市腾讯计算机系统有限公司（以下简称腾讯计算机公司）与腾讯数码（天津）有限公司（以下简称腾讯数码公司）使用涉案商标，腾讯科技公司、腾讯计算机公司与腾讯数码公司共同运营腾讯视频并认为，隆耀（天津）电子商务有限公司（以下简称隆耀公司）在其开发、运营的“链上小镇”App（以下简称被诉侵权App）的在线视频播放服务中使用被诉侵权标识，侵害了涉案商标权；被诉侵权App去除腾讯视频的广告，并提供其中的全部视频内容，包括提供给腾讯视频VIP会员的特定内容、全网独播内容等，使用户无须向腾讯科技公司、腾讯计算机公司与腾讯数码公司注册或付费，并且被诉侵权App播放页面还包含内容低俗的广告，容易使相关用户误认为是腾讯视频发布的广告，从而对腾讯科技公司、腾讯计算机公司与腾讯数码公司产生不良影响，构成不正当竞争。腾讯科技公司、腾讯计算机公司与腾讯数码公司遂起诉至天津市第三中级人民法院（以下简称天津三中院），请求判令隆耀公司停止侵害涉案商标权及不正当竞争行为、消

除影响并赔偿经济损失及合理支出 5000 万元。

天津三中院经审理认为,隆耀公司在同一种服务上使用了与涉案商标相同的标识,侵害了腾讯科技公司、腾讯计算机公司与腾讯数码公司的商标权。被诉侵权 App 通过低廉的年费和大量盗播热播剧的手段,“劫持”腾讯视频用户和流量,依靠这些用户来进一步发展下线用户,进而赚取用户的“津贴”实现非法的营利目的,不仅直接造成腾讯科技公司、腾讯计算机公司与腾讯数码公司的用户和流量的大量流失与下滑,还将严重破坏市场竞争秩序,损害消费者的合法利益。隆耀公司在被诉侵权 App 页面插入低俗广告,使其用户认为该低俗广告是腾讯科技公司、腾讯计算机公司与腾讯数码公司提供,对腾讯科技公司、腾讯计算机公司与腾讯数码公司的名誉造成不良影响。隆耀公司的前述行为违反了《反不正当竞争法》第 2 条的规定,构成不正当竞争。天津三中院综合考虑腾讯科技公司、腾讯计算机公司与腾讯数码公司购买被盗播影视剧的成本,隆耀公司盗播的影视剧在腾讯视频和被诉侵权 App 的播放点击量以及涉案商标知名度等因素,判决隆耀公司停止侵害涉案商标权及不正当竞争行为、消除影响并赔偿经济损失及合理支出 5000 万元。

裁判规则

应用软件通过盗播热门影视剧的非法手段,大量吸引用户并发展具有上下线关系的用户群,抽取用户“津贴”赚取非法利益,不仅损害了权利人的合法权益,还违反了互联网行业公认的商业道德,破坏了互联网行业健康、绿色、有序的市场秩序,构成不正当竞争。

腾讯视频 (a)　　腾讯视频VIP (b)　　腾讯视频 V.QQ.COM (c)

图 1-7-5　涉案商标

湖南省长沙市中级人民法院

中联重科公司与青岛青科公司商标权侵权及不正当竞争案

法院:湖南省长沙市中级人民法院

案号:(2019)湘 01 民初 2626 号

原告:中联重科股份有限公司

被告:青岛青科重工有限公司、长沙国际会展中心管理有限责任公司

案由:侵害注册商标专用权及不正当竞争纠纷

案情简介:中联重科股份有限公司(以下简称中联重科公司)于2015年11月16日申请注册第18338886号“”颜色组合商标(以下简称涉案商标,见图1-7-6),并于2016年12月21日核定使用在第12类起重车、卡车、货车翻斗等商品上。中联重科公司认为,青岛青科重工有限公司(以下简称青岛青科公司)在其生产的混凝土湿喷车(以下简称被诉侵权商品)上使用与涉案商标相近似的颜色组合标识,侵害了中联重科公司的商标权;青岛青科公司在被诉侵权商品上使用近似的涂装装潢,构成不正当竞争。长沙国际会展中心管理有限责任公司(以下简称长沙国际会展中心)作为涉案展会场地提供方,与青岛青科公司构成共同侵权。联重科公司起诉至湖南省长沙市中级人民法院(以下简称长沙中院),请求判令青岛青科公司与长沙国际会展中心停止商标侵权及不正当竞争行为,并赔偿经济损失300万元及合理支出47,500元。长沙中院经审理认为,青岛青科公司在类似商品上使用了与涉案商标近似的颜色组合标识,容易导致相关公众的混淆、误认,侵害了中联重科公司的商标权。中联重科公司在混凝土搅拌车等商品上长期持续使用的绿色、冷灰色、暖灰色结合的涂装装潢,使该涂装装潢的显著性和识别性随之增强,已构成知名商品的特有包装装潢。青岛青科公司在类似商品上使用与知名商品近似的包装装潢,容易引起相关公众的混淆、误认,构成不正当竞争。长沙国际会展中心并非涉案展会主办方,不构成共同侵权。长沙中院综合考虑涉案商标知名度、侵权情节、青岛青科公司主观恶意等因素,判决青岛青科公司停止侵权并赔偿经济损失200万元及合理支出55,000元。

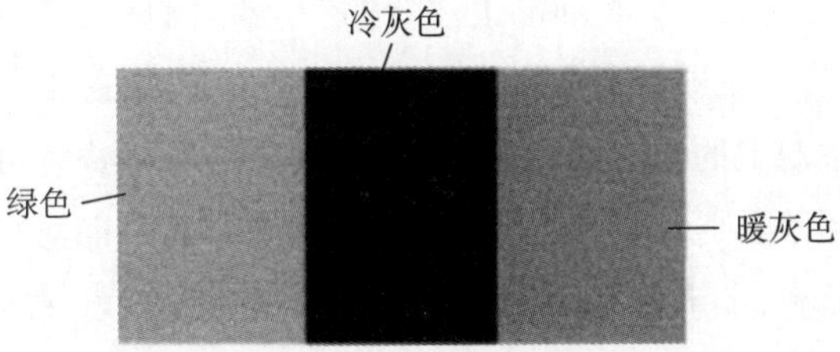

图1-7-6　涉案商标

福州市中级人民法院

小米科技公司与小米卫浴公司行为保全案

法院:福州市中级人民法院

案号:(2020)闽 01 民初 2578 号之一

申请人:小米科技有限责任公司

被申请人:小米卫浴有限公司

案由:侵害商标权及不正当竞争纠纷

案情简介:小米科技有限责任公司(以下简称小米科技公司)系“小米”商标的商标权人,该商标核定使用在第 9 类商品(电子计算机及其外部设备、测量仪器等)上。小米科技公司发现,小米卫浴有限公司(以下简称小米卫浴公司)在生产、销售的商品上突出使用“小米”商标,在经营场所突出使用“小米”标识,将“小米”注册为域名,且在网站、微信公众号、微信小程序、产品展示、广告宣传中突出使用“小米”字样。小米科技公司认为,小米卫浴公司在经营活动中突出使用“小米”标识的行为,侵害了其对“小米”商标享有的注册商标专用权并构成不正当竞争,遂起诉至福州市中级人民法院(以下简称福州中院)。此外,小米卫浴公司因产品半年两次抽检不合格,被列入“2019－2020 中国家居十大质量黑榜”。在案件审理过程中,小米科技公司向福州中院提出行为保全申请。福州中院经审理认为,小米卫浴公司的工商登记时间晚于小米科技公司“小米”商标的注册日期,且在小米卫浴公司注册之时,小米科技公司在第 9 类商品上注册的“小米”商标已具有较高知名度和市场价值,小米卫浴公司在进行商业宣传推广中突出标注其企业名称,并使用“小米卫浴”作为简称,主观上的攀附意图明显,客观上会引起消费者对商品来源产生混淆。福州中院综合考虑小米卫浴公司被诉侵权行为及其可能对小米科技公司商誉造成不可挽回的影响、小米科技公司提供了足额担保等因素,作出行为保全裁定,禁止小米卫浴公司使用包含“小米”字样的企业名称并停止使用“小米卫浴”标识开展经营活动。

海宁市人民法院

阿克苏协会等与某水果店商标侵权案

法院：海宁市人民法院

原告：阿克苏地区苹果协会、巴音郭楞蒙古自治州库尔勒香梨协会

被告：海宁某水果店

案由：侵害注册商标专用权纠纷

案情简介：阿克苏地区苹果协会（以下简称阿克苏苹果协会）是核定使用在第31类苹果商品上的第5918994号“”商标［以下简称涉案商标，见图1－7－7（a）］的商标权人。巴音郭楞蒙古自治州库尔勒香梨协会（以下简称库尔勒香梨协会）是核定使用在第31类香梨商品上的第892019号“”商标［以下简称涉案商标，见图1－7－7（b）］的商标权人。阿克苏苹果协会、库尔勒香梨协会认为，海宁某水果店（以下简称某水果店）未经合法授权，在其销售的苹果和香梨包装上分别使用了“阿克苏苹果”与“库尔勒香梨”标识（以下简称被诉侵权标识，见图1－7－8），侵害了涉案商标权，遂起诉至海宁市人民法院（以下简称海宁法院），请求判令某水果店停止侵权并赔偿经济损失。海宁法院经审理认为，涉案商标是原产地地理标志证明商标，使用原产地地理标志证明商标的商品，不仅需产自特定区域，还需要符合协会制定的质量标准。某水果店未提交证据证明其获得阿克苏苹果协会及库尔勒香梨协会的授权，也未证明其销售的商品符合地理标志证明商标使用的标准，构成商标侵权。海宁法院据此判决某水果店停止侵权并赔偿经济损失14,000元。

（本案判决尚未公开，相关内容系根据法院官方报道内容整理）

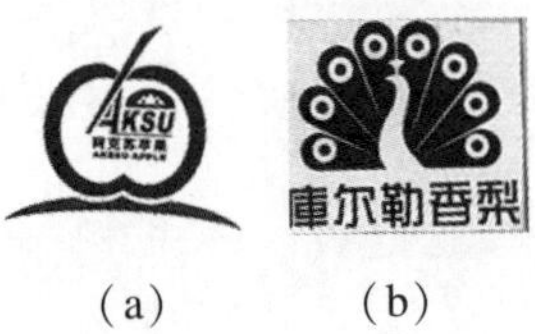

（a）　（b）

图1－7－7　涉案商标

图1－7－8　被诉侵权标识

福州市鼓楼区人民法院

福建某公司与上海某公司等商标侵权案

法院:福州市鼓楼区人民法院

原告:福建某食品有限责任公司

被告:上海某品牌管理有限公司、某食品加工厂

案由:侵害注册商标专用权纠纷

案情简介:福建某食品有限责任公司(以下简称福建某公司)是涉案商标的商标权人,其曾向上海某品牌管理有限公司(以下简称上海某公司)出具授权上海某公司寄售带有涉案商标的商品的《授权书》。福建某公司发现,上海某公司、某食品加工厂未经许可,在其生产、销售的同一种商品上使用了与涉案商标相同的标识(以下简称被诉侵权标识),并将该标识用于搜索关键词,侵害了福建某公司的涉案商标权,遂起诉至福州市鼓楼区人民法院(以下简称鼓楼法院)。鼓楼法院经审理认为,上海某公司明知福建某公司为涉案商标权人,仍在同一种商品上使用与涉案商标相同的被诉侵权标识,构成商标侵权。上海某公司明知福建某公司出具的《授权书》为寄售使用,且不包含被诉侵权商品,仍然向网络销售平台提供该《授权书》,以该欺骗手段使该平台审核通过,侵权手段恶劣,主观故意明显,应当适用惩罚性赔偿。上海某公司、某食品加工厂作为被诉侵权商品的委托商、制造商,构成共同侵权。上海某公司因侵权行为共计获利 94,252.28 元,适用 1.5 倍惩罚性赔偿即 144,378.41 元。鼓楼法院据此判决上海某公司、某食品加工厂连带赔偿经济损失 144,378.41 元及合理支出 3000 元。

(本案判决尚未公开,相关内容系根据法院官方报道内容整理)

商标刑事纠纷

南京市中级人民法院

林某鑫等商标刑事案

法院:南京市中级人民法院

案号:(2020)苏01刑终413号

上诉人(一审被告人):林某鑫、邓某林、梁某霞

一审公诉机关:南京市玄武区人民检察院

一审被告单位:广州时客贸易有限公司

一审被告人:杨某娟、陈某岸、吴某文、林某杰、刘某燕、杨某锴、林某伟、李某、杨某鸿、崔某眉、刘某坤

案由:销售假冒注册商标的商品罪

案情简介:广州时客贸易有限公司(以下简称时客公司)于2015年1月注册成立,林某鑫系实际控制人,负责公司的决策、管理、运营等各项工作。邓某林任运营总监,负责公司人员招聘和管理、日常运营管理等。杨某娟系采购部主管,梁某霞系客服部主管,林某杰系市场部主管,吴某文系仓库部主管,陈某岸系仓库部副主管,杨某锴负责仓库部工作,刘某燕、林某伟、李某、杨某鸿系运营助理。自2017年9月起,时客公司通过“京东”“苏宁易购”等电商平台网店对外销售假冒香奈儿、迪奥、纪梵希、圣罗兰、魅可等品牌的口红、润唇膏、面霜等化妆品,销售金额合计人民币1380余万元。崔某眉、刘某坤在广东省广州市白云区兴发广场经营化妆品店,自2018年1月起,向时客公司销售假冒的魅可口红、迪奥口红、祖马龙香水等化妆品,销售金额共计人民币70余万元。南京市玄武区人民检察院(以下简称玄武区检察院)向南京市玄武区人民法院(以下简称玄武法院)提起公诉,指控时客公司、林某鑫、邓某林、杨某娟、梁某霞、陈某岸、吴某文、林某杰、刘某燕、杨某锴、林某伟、李某、杨某鸿、崔某眉、刘某坤涉嫌销售假冒注册商标的商品罪。

玄武法院经审理认为,被告单位时客公司销售明知是假冒注册商标的商品,被告人林某鑫、邓某林系直接负责的主管人员,被告人杨某娟、梁某霞、陈某岸、吴某

文、林某杰、刘某燕、杨某锴、林某伟、李某、杨某鸿系其他直接责任人员,销售金额数额巨大,均应以销售假冒注册商标的商品罪追究其刑事责任。被告人崔某眉、刘某坤销售明知是假冒注册商标的商品,销售金额数额巨大,其行为亦均构成销售假冒注册商标的商品罪。上述各被告人共同或分别共同故意实施销售假冒注册商标的商品犯罪行为,系共同犯罪。林某鑫、邓某林、崔某眉在共同犯罪中起主要作用,系主犯;其他被告人在共同犯罪中起次要作用,系从犯。据此,玄武法院认为玄武区检察院指控事实清楚,证据确实充分,指控罪名成立,根据本案犯罪事实、性质、情节和社会危害程度,结合各被告人的认罪悔罪态度、退赃情况等,判决被告单位及各被告人构成销售假冒注册商标的商品罪,各判处有期徒刑及罚金不等。一审判决宣判后,林某鑫、邓某林、梁某霞不服,上诉至南京市中级人民法院(以下简称南京中院)。

南京中院经审理认为,时客公司构成销售假冒注册商标的商品罪,林某鑫系时客公司的实际控制人,邓某林担任时客公司运营总监,在犯罪行为中的作用仅次于林某鑫,二人均起主要作用;梁某霞及其他被告人各自负责时客公司的相应部门或具体业务,在犯罪行为中起次要作用。被告人崔某眉、刘某坤亦构成销售假冒注册商标的商品罪,且二人系共同犯罪,崔某眉起主要作用,刘某坤起次要作用。南京中院认为一审判决认定的事实清楚,证据确实、充分,定罪量刑适当,故判决驳回上诉,维持原判。

(四)不正当竞争类

成都高新技术产业开发区人民法院

龙商公司与看得见生物公司不正当竞争案

法院:成都高新技术产业开发区人民法院

案号:(2020)川 0191 民初 5102 号

原告:成都龙商兴华科技有限公司

被告:宁波看得见生物科技有限公司

第三人:浙江淘宝网络有限公司

案由:不正当竞争纠纷

案情简介:宁波看得见生物科技有限公司(以下简称看得见公司)是“阳光”系列文字商标及图形商标(以下简称涉案商标)的商标权人,是“阳光”牌护眼眼罩的经销商。看得见公司于2020年4月至5月,以龙商公司经营的淘宝店铺销售“阳光”牌护眼眼罩(以下简称被投诉商品)侵害涉案商标权、是假冒商品为由,向浙江淘宝网络有限公司(以下简称淘宝公司)发起三次侵权投诉,并在线提交了商标注册证及《鉴定报告》等佐证材料。淘宝公司于2020年5月14日审核认定看得见公司投诉成立,随即以“出售假冒商品”为由删除了被投诉商品的链接并对龙商公司淘宝店铺施以搜索屏蔽等处罚措施。龙商公司于2020年8月以看得见公司提供虚假《鉴定报告》,恶意投诉给其造成损失为由起诉至成都高新技术产业开发区人民法院(以下简称成都高新法院),请求判令看得见公司赔偿经济损失及合理开支7万元。成都高新法院经审理认为,看得见公司变造正品图片,据此提供不实的鉴定报告,以所购被投诉商品是“假货”为由进行多次投诉,主观恶意明显,客观上导致相应被投诉商品无法上架交易,直接剥夺了龙商公司正当交易的机会,妨害其正常经营活动,违反了《不正当竞争法》第2条的规定,构成不正当竞争。成都高新法院据此判决看得见公司赔偿龙商公司经济损失及合理开支5万元。

湖南省长沙市天心区人民法院

茶悦公司与洛旗公司等不正当竞争案

法院:湖南省长沙市天心区人民法院

案号:(2020)湘0103民初8252号

原告:湖南茶悦文化产业发展集团有限公司

被告:广州洛旗餐饮管理有限公司、广州凯郡昇品餐饮管理有限公司、长沙市天心区刘琼饮品店

第三人:吕某

案由:不正当竞争纠纷

案情简介:吕某创作了“茶颜悦色”品牌相关商标标识、品牌宣传文案、饮品名称、门店装潢(见图1-7-9)等作品,并于2013年开设了第一家“茶颜悦色”门店,公开使用相关装潢标识。自2017年至今,吕某将上述商标标识、装潢等知识产权排他许可给湖南茶悦文化产业发展集团有限公司(以下简称茶悦公司)使用。广州洛

旗餐饮管理有限公司(以下简称洛旗公司)、广州凯郡昇品餐饮管理有限公司(以下简称凯郡昇品公司)共同经营“茶颜观色”品牌,使用与茶悦公司的商品装潢相同或近似的装潢(见图 1-7-10)进行宣传,并授权长沙市天心区刘琼饮品店(以下简称刘琼饮品店)使用上述装潢进行经营。茶悦公司以洛旗公司、凯郡昇品公司使用与其相同或相近似装潢以及进行虚假宣传、刘琼饮品店使用与其相同或相近似装潢的行为构成不正当竞争为由,向湖南省长沙市天心区人民法院(以下简称天心法院)提起诉讼,请求判令三被告立即停止不正当竞争行为,洛旗公司、凯郡昇品公司消除影响并赔偿经济损失 180 万元,刘琼饮品店赔偿经济损失 70 万元,三被告共同赔偿合理支出 28 万元。

天心法院经审理认为:首先,茶悦公司的“茶颜悦色”茶饮料是有一定影响的商品,“茶颜悦色”茶饮装潢是有一定影响的商品装潢。其次,被告在广告宣传和加盟许可招商宣传时使用的装潢与“茶颜悦色”茶饮装潢相同或者近似,构成不正当竞争。再次,刘琼饮品店虽然已经停业,但其使用与茶悦公司相同或者近似装潢进行经营的行为与洛旗公司构成不正当竞争共同侵权。最后,洛旗公司、凯郡昇品公司在其官网上将原告店铺图片进行 PS 处理后作为其店铺图片进行宣传以及在官网、微信公众号、小红书上捏造“茶颜观色”品牌虚假历史进行宣传的行为属于虚假宣传,构成不正当竞争。天心法院据此作出判决,责令洛旗公司、凯郡昇品公司立即停止不正当竞争行为,赔偿经济损失及合理开支 150 万元;洛旗公司、刘琼饮品店赔偿经济损失及合理开支 20 万元;洛旗公司、凯郡昇品公司刊发声明消除影响。

裁判规则

1. 对于注重现场选购、等待生产、一次消费完,又体现一定文化元素的实物商品,一般包装已无法起到传递商品信息、表现商品特色,进而宣传商品、美化商品、促进销售的作用,唯有具有美化和识别商品的文字、图案、色彩及其排列组合而形成的整体营业形象,才能起到表现商品特色,达到宣传商品、美化商品和促进销售的作用。这些能促成整体营业形象的元素组合以及经营场所的独特整体形象属于《反不正当竞争法》第 6 条第 1 项规定的“装潢”。

2. 对有一定影响商品的认定,应当考虑该商品的销售时间、销售区域、销售额和销售对象,以及进行任何宣传的持续时间、程度和地域范围,作为有一定影响商品受保护的情况等因素,进行综合判断。而且,商品只需在一定地区有一定影响即可受到《反不正当竞争法》的保护。

(a)　　　　　　　　　　(b)

图1－7－9　原告商品装潢

(a)　　　　　　　　　　(b)

图1－7－10　被告商品装潢

武汉市中级人民法院

腾讯公司与武汉某科技公司不正当竞争纠纷案

法院:武汉市中级人民法院

原告:腾讯公司

被告:武汉某科技公司

案由:不正当竞争纠纷

案情简介:腾讯公司运营微信软件。武汉某科技公司销售定制商业手机及定制手机后台管理系统。腾讯公司认为,该定制手机向微信软件的进程空间内注入控制模块,篡改和监听微信软件对应的函数、功能,包括发文本消息、语音视频消息、抢红包、朋友圈点赞、好友列表展示等。购买者购买到该定制手机后,通过特定账号登录后台管理系统,可以抓取、保存和使用微信关系链、微信聊天记录,明显侵犯了腾讯公司的经营利益及广大微信用户隐私。腾讯公司遂以武汉某科技公司的上述行为构成不正当竞争为由,向武汉市中级人民法院(以下简称武汉中院)提起诉讼。

武汉中院经审理认为,涉案定制商业手机及定制手机后台管理系统以技术手段对微信软件功能和界面进行限制、修改,不仅妨碍、破坏了微信软件正常运行,而且通过监控、存储微信数据,降低了用户对微信安全性的信赖,特别是通过对微信软件发送远程控制指令,实现微信不具备也不允许的批量自动化营销操作,降低了用户对微信产品的体验感,属于以其他手段影响他人网络产品或服务正常运行的行为,构成不正当竞争。武汉法院据此作出判决,责令武汉某科技公司立即停止不正当竞争,消除影响并赔偿经济损失 500 万元。

(本判决尚未公开,相关内容系根据法院官方报道内容整理)

陕西省高级人民法院

东莞兆生公司与陕西兆意公司等不正当竞争纠纷案

法院:陕西省高级人民法院

案号:(2021)陕知民终 4 号

上诉人(一审原告):东莞市兆生家具实业有限公司

上诉人(一审被告):陕西兆意帷幄实业有限公司

被上诉人(一审被告):马某

案由:不正当竞争纠纷

案情简介:东莞市兆生家具实业有限公司(以下简称东莞兆生公司)自 1996 年注册成立以来,在长期经营活动中使用其企业名称以及“兆生家具”“saosen”“atwork”注册商标。陕西兆意帷幄实业有限公司(以下简称陕西兆意公司)为从事家具的生产、销售、设计、安装等相关业务的经营者。马某为陕西兆意公司的副经理。陕西兆意公司在参加中国人寿陕西分公司、中国人寿西安分公司办公家具采购招投标过程中,向招标单位提供东莞兆生公司授权其全权办理招投标事宜的授权书。在上述招投标活动中,陕西兆意公司为中标人,东莞兆生公司均未直接参加竞标。东莞兆生公司认为,陕西兆意公司伪造其授权书参加上述招投标活动的行为构成不正当竞争,遂向陕西省西安市中级人民法院(以下简称西安中院)提起诉讼。西安中院经审理认为,陕西兆意公司实施了擅自使用他人企业名称的不正当竞争行为,判决陕西兆意公司赔偿经济损失 35 万元、律师费 2 万元。东莞兆生公司、陕西兆意公司不服一审判决，向陕西省高级人民法院（以下简称陕西高院）提起上诉。

陕西高院法院经审理认为：首先，陕西兆意公司与东莞兆生公司之间存在竞争关系。其次，陕西兆意公司没有证据证明其在使用涉案授权书参与招投标活动时主观上存在善意且无过失，不构成表见代理。最后，陕西兆意公司的上述行为，使招标单位产生对陕西兆意公司与东莞兆生公司之间存在较强关联关系的误认，违反了《反不正当竞争法》第 6 条第 4 项的规定，构成不正当竞争。此外，马某系陕西兆意公司的工作人员，本案中不构成竞争法上的经营者。陕西高院据此作出判决，维持一审判决中陕西兆意公司赔偿经济损失 35 万元、律师费 2 万元的判项，增加判决陕西兆意公司赔偿合理支出 5000 元。

裁判规则

经营者在招投标活动中，伪造其他经营者的授权书，使招标单位产生两者之间存在较强关联关系的误认，构成《反不正当竞争法》第 6 条第 4 项所规制的情形。

天津市第三中级人民法院

腾讯公司与天津某公司行为保全案

法院：天津市第三中级人民法院

原告：腾讯公司

被告：某公司

案由：不正当竞争纠纷

案情简介：腾讯公司具有在中国（除港澳台地区外）通过所有数字音视频内容传输方式独家提供 NBA 比赛直播、点播、免费及付费服务的独家授权。天津某公司运营的 App 中通过主播直播的方式盗播腾讯公司提供的 NBA 比赛直播，还采用技术手段遮挡标识、屏蔽广告，并投放博彩、色情广告。腾讯公司以天津某公司的上述行为构成不正当竞争，向天津市第三中级人民法院（以下简称天津三中院）提起诉讼，并提交了行为保全申请及担保。

天津三中院围绕原告的权利来源、被告被控的不正当竞争行为及采取行为保全措施的紧迫性、必要性等问题进行审查。天津三中院认为，该体育赛事直播具有一定的知名度及热度，内容购买成本高，市场生命周期短，具有时效性及商业价值，且考虑到目前正处于该体育赛事附加赛及季后赛时期,属于《民事诉讼法》第 100 条规定的“情况紧急”的情形。天津三中院遂于 48 小时内作出裁定,禁止被告在其经营的 App 中向用户提供 NBA 比赛节目直播内容。

(本裁定尚未公开,相关内容系根据法院官方报道内容整理)

贵州省高级人民法院

双升公司与长生公司商业诋毁案

法院:贵州省高级人民法院

案号:(2021)黔民终 144 号

上诉人(一审被告):贵州长生药业有限责任公司

被上诉人(一审原告):贵州双升制药有限公司

案由:不正当竞争纠纷

案情简介:贵州长生药业有限责任公司(以下简称长生公司)系 ZL03143332.4、发明名称为“治疗妇科疾病的栓剂及其制备工艺”的发明专利(以下简称涉案专利)的专利权人。2018 年 4 月 11 日,长生公司以贵州双升制药有限公司(以下简称双升公司)等生产、销售、许诺销售的“百草妇炎清栓”药品侵害其涉案专利权为由,诉至北京知识产权法院。2018 年 5 月 31 日,双升公司就涉案专利向国家知识产权局提出无效宣告请求,国家知识产权局于 2019 年 2 月 3 日作出无效审查决定,维持涉案专利有效。双升公司不服该决定,于 2019 年 6 月 20 日向北京知识产权法院提起行政诉讼。另外,2019 年 11 月 4 日,双升公司与贵州百灵企业集团制药股份有限公司(以下简称百灵公司)之子公司西藏金灵医药科技开发有限公司(以下简称金灵公司)就“百草妇炎清栓”的生产、销售,签订合作协议。2020 年 3 月 18 日,长生公司向百灵公司发送《法律告知函》,告知双生公司侵害其涉案专利权等事宜,要求百灵公司立即停止与双升公司之间的合作,停止生产双升公司“百草妇炎清栓”产品以及与此相关的一切商业活动。2020 年 3 月 30 日,长生公司发出未说明受函对象的《声明函》,声明双生公司侵害其涉案专利权等事宜,并表明参与双升公司“百草妇炎清栓”产品的生产、销售等商业行为的个人或单位将承担侵权责任。2020 年 4 月 16 日,金灵公司向双升公司发送《关于暂停“百草妇炎清栓”合作的函》,表示暂停与双升公司就“百草妇炎清栓”的相关合作。

双升公司认为长生公司发出的《法律告知函》《声明函》构成商业诋毁,遂诉至贵阳市中级人民法院(以下简称贵阳中院),请求法院判令长生公司立即停止被诉商业诋毁行为,公开声明、消除不良影响,赔偿经济损失及合理开支共计300万元。贵阳中院经审理认为,长生公司发送的《法律告知函》《声明函》内容包含虚假、误导性信息,对双升公司的商业信誉造成了损害,构成商业诋毁。关于损害赔偿,贵院中院认为双升公司的实际损失和长生公司的侵权获利均难以确定,遂综合考虑双升公司与金灵公司签订的合作协议中约定的合作期限及提货量、双升公司"百草妇炎清栓"药品市场价格、药品生产企业的行业利润以及被诉商业诋毁行为对双升公司业务产生的现实与潜在影响等因素,酌定经济损失及合理维权费用100万元。据此,贵阳中院作出一审判决,判令长生公司立即停止被诉商业诋毁行为,赔偿双升公司经济损失及维权合理开支共计100万元,并在《贵州都市报》刊登声明,以消除不良影响。

长生公司不服一审判决,上诉至贵州省高级人民法院(以下简称贵州高院)。贵州高院经审理认为,长生公司发送的《法律告知函》《声明函》的函件内容不客观、不全面,具有诱导百灵公司终止与双升公司之间合作的意图;函件中记载的"一时疏忽大意、欺骗"等词汇不符合诚实信用、基于善意的商业道德要求;长生公司不选择向双升公司发函、提醒、警告,而选择向双升公司的合作伙伴发函要求停止侵权的行为不具有合理性和善意性;且在双生公司对其专利权是否构成侵权尚无定性结论的情况下,函件中以其主观判断方式明确宣告双升公司生产销售的"百草妇炎清栓"构成侵权,明显不具正当性和适当性。故此,长生公司发送的《法律告知函》《声明函》存在编造、传播虚假或者误导性信息。此外,金灵公司向双升公司发送了《关于暂停"百草妇炎清栓"合作的函》,足以证明涉案药品经销商已对双升公司产生不信任,对其社会评价度产生不必要的降低,不正当地损害了双升公司的商业信誉和商品声誉,并导致相关合作终止的直接后果。据此,贵州高院认为长生公司发送《法律告知函》《声明函》的行为构成商业诋毁,且一审判决关于民事责任承担的认定并无不当,遂判决驳回上诉,维持原判。

裁判规则

1. 被诉行为是否构成商业诋毁通常应当审查四方面要件:(1)商业诋毁纠纷所涉主体均为经营者,且双方之间存在竞争关系;(2)商业诋毁行为所侵害的客体是商业信誉和商品声誉;(3)商业诋毁在行为上表现为编造、传播虚假信息或者误导性信息,在结果上表现为损害竞争对手的商业信誉、商品声誉;(4)实施商业诋毁行为的主体在主观方面应为故意。

2. 在涉嫌侵害知识产权的相关行为未被有权机关依法认定,且在明知涉嫌侵权产品生产者的情况下,权利人应当首先选择生产者进行维权函告,而不宜选择向明知具有合法来源的销售者进行维权函告,确保自行维权所应履行的谨慎义务并保持在合理限度内。

3. 若权利人将没有依据的信息、不完整的事实及未经定性的论断传递给其他经营者,以挤压竞争对手市场,则可以认定其具有实施商业诋毁行为的主观故意。

重庆市第一中级人民法院

腾讯公司与微播视界公司诉前行为保全案

法院:重庆市第一中级人民法院

案号:(2021)渝 01 行保 1 号

申请人:深圳市腾讯计算机系统有限公司、腾讯科技(北京)有限公司、重庆腾讯信息技术有限公司

被申请人:北京微播视界科技有限公司

案由:不正当竞争纠纷

案情简介:深圳市腾讯计算机系统有限公司、腾讯科技(北京)有限公司、重庆腾讯信息技术有限公司(以下统称腾讯公司)经授权,对动漫作品《斗罗大陆》(以下简称涉案作品)享有独占的信息网络传播权等权利,并由腾讯视频独家播放。腾讯公司发现,在北京微播视界科技有限公司(以下简称微播视界公司)运营的抖音 App 上,存在大量未经授权,直接搬运或剪切涉案作品全部或部分内容而形成的视频(以下简称被诉侵权视频)。腾讯公司多次向微播视界公司发送侵权告知函,要求其立即停止传播被诉侵权视频并采取合理措施阻止上传行为,但抖音 App 上仍然存在海量的被诉侵权视频,上传和传播等侵权行为并未停止。腾讯公司遂于 2021 年 6 月 2 日,以微播视界公司和重庆天极魅客科技有限公司(以下简称天极魅客公司)为被申请人,向重庆市第一中级人民法院(以下简称重庆一中院)申请诉前行为保全,请求法院裁定微播视界公司立即删除抖音 App 上“忆三漫剪”等用户账号中的所有被诉侵权视频,立即采取有效措施删除抖音 App 中所有被诉侵权视频,过滤和拦截用户上传和传播的被诉侵权视频,同时裁定天极魅客公司停止提供抖音 App 的分发和下载服务。

重庆一中院经审理认为,依据最高人民法院《关于审查知识产权纠纷行为保全

案件适用法律若干问题的规定》第 7 条的规定:(1)腾讯公司对于涉案作品的权利基础具有稳定性,且就涉案被诉侵权行为提起侵权诉讼具有极高的胜诉可能性;(2)如不及时制止被诉侵权行为,将给腾讯公司造成流量降低、收入减少和竞争优势削弱等难以弥补的损害;(3)要求微播视界公司采取有效措施删除、过滤和拦截用户上传和传播侵权视频,并不影响其正常生产经营及合法权益;(4)采取行为保全措施不会损害社会公众利益;(5)腾讯公司为此次行为保全申请已提供 2900 万元担保。据此,重庆一中院对腾讯公司提出的对于微播视界公司的行为保全申请予以支持,裁定微播视界公司立即删除抖音 App 上用户名为"忆三漫剪"等账号中的所有被诉侵权视频,立即采取有效措施删除抖音 App 中所有被诉侵权视频、过滤和拦截用户上传和传播被诉侵权视频,但认为天极魅客公司提供抖音 App 的下载服务与被诉侵权行为没有必然联系,故不予支持针对天极魅客公司的行为保全申请。

小米公司与天极公司不正当竞争案

法院:重庆市第一中级人民法院

案号:(2020)渝 01 民初 755 号

原告:小米科技有限责任公司

被告:重庆天极魅客科技有限公司

案由:不正当竞争纠纷

案情简介:小米科技公司(以下简称小米公司)系"小米"商标的权利人和"小米"字号的所有者,小米的核心商标被使用在包括小米电视的核心产品上。小米公司发现重庆天极魅客科技有限公司(以下简称天极公司)在其运营的天极网网站中进行了一场名为"一场,真正的,专业拆机,荣耀智慧屏对比小米电视"的智能电视直播测评。小米公司认为,天极公司在该视频中以自己主观的标准对小米的产品进行检测和评价,让公众产生对小米产品存在严重质量问题等误导性认识,导致小米公司的商业信誉和商品声誉遭受了难以弥补的重大损失。小米公司认为天极公司制作、传播涉案视频和文章的行为构成商业诋毁,向重庆市第一中级人民法院(以下简称重庆一中院)提起诉讼,并请求判令天极公司停止侵权、消除影响并赔偿经济损失及合理维权费用共计 1000 万元。

重庆一中院经审理认为,本案诉争行为是被告制作、传播商品对比测试信息。一方面,商品对比测试能够直观地彰显被比较商品的异同或优劣,为消费者提供更多信息,提高市场透明度;对此,司法应予鼓励和保护。另一方面,由于商品对比测试对消费者和经营者的重要影响,决定了其存在被经营者不当利用的可能;对此,司法亦应予以规制,以维护正常的市场竞争秩序。具体到本案,原告指控被告制作、传播的涉案视频和文章包括开机评测、画质评测、透光孔评测、电源电路 PCB 板评测、MOS 管散热片评测,PCB 层数评测,电视背板燃烧评测等七个方面。重庆一中院对该 7 个方面逐一分析后,认为被告在透光孔评测、电源电路 PCB 板评测等 5 个方面的评测均属于误导性信息,损害了原告的商业信誉和商品声誉。违反了《反不正当竞争法》第 11 条的规定,构成商业诋毁。重庆一中院据此判令天极公司消除影响,并赔偿经济损失和合理开支共计 2,000,000 元。

裁判规则

虚假信息或者误导性信息,需要结合具体案情,根据日常生活经验,以相关公众的一般注意力和客观事实作为标准来评判该信息是否真实、是否片面、是否有歧义,进而是否容易使相关公众产生误解。当该信息足以使相关公众对相关产品产生误解,降低对竞争对手的商业信誉或者商品声誉的评价,进而影响消费者的决定时,构成法律规定的商业诋毁。

福建省高级人民法院

盈趣公司等与沃太公司等不正当竞争案

法院:福建省高级人民法院

案号:(2020)闽民终 1101 号

上诉人(一审被告):沃太科技(北京)有限公司

被上诉人(一审原告):厦门盈趣科技股份有限公司、厦门盈点科技有限公司

一审被告:厦门喵宝科技有限公司

案由:不正当竞争纠纷

案情简介:厦门盈趣科技股份有限公司(以下简称盈趣公司)、厦门盈点科技有限公司(以下简称盈点公司)长期生产、销售以“咕咕机”作为商品名称的智能热敏打印机(以下简称涉案商品)。沃太科技(北京)有限公司(以下简称沃太公司)是厦门喵宝科技有限公司(以下简称喵宝公司)的经销商,销售喵宝公司生产的智能热敏打印机“喵喵机”。盈趣公司、盈点公司认为,沃太公司在其经营的淘宝店铺

（以下简称被诉侵权店铺）中将涉案商品名称中核心部分——“咕咕”二字作为描述其所销售“喵喵机”商品名称一部分进行宣传引流，构成不正当竞争，遂起诉至厦门市中级人民法院（以下简称厦门中院），请求判令沃太公司、喵宝公司消除影响并赔偿经济损失998,253.42元及合理支出58,800元。厦门中院经审理认为，在案证据无法证明喵宝公司是被诉侵权店铺的所有者或实际经营者或实际参与了店铺的经营，因此，喵宝公司不构成不正当竞争。沃太公司将“咕咕”二字用于“喵喵机”的商品描述构成不正当竞争。厦门中院据此判决沃太公司赔偿经济损失及合理支出10万元。

沃太公司不服一审判决，上诉至福建省高级人民法院（以下简称福建高院）。福建高院经审理认为，“咕咕机”与涉案商品已建立了密切联系，属于“有一定影响的商品名称”。沃太公司将“咕咕”与“热敏打印机”组合使用的行为，实际上是攀附涉案商品商誉的行为，该行为是为获取商品关注及流量吸引而为之，可以认定沃太公司为竞争目的，获取或者破坏他人竞争优势，违反了诚实信用原则和公认商业道德，客观上，可能导致原本想购买涉案商品的用户最终购买了被诉侵权商品或使用户产生不恰当联想，误认为被诉侵权商品与涉案商品存在关联，不合理获取交易机会，因此，沃太公司构成不正当竞争。福建高院综合考虑“咕咕”关键词在被诉侵权商品标题中所占比重、引流次数及成交数据情况、涉案商品名称的影响力、沃太公司主观的故意、侵权性质等因素，酌情调整赔偿数额为3万元。

裁判规则

将他人有一定影响的商品名称中的核心部分作为自己在售商品名称中的一部分进行宣传引流，从而不合理地获取并增加己方商业机会，减少他人商业机会的，构成不正当竞争。

厦门市中级人民法院

腾讯公司与固乔公司等不正当竞争案

法院：厦门市中级人民法院

原告：深圳市腾讯计算机系统有限公司、腾讯科技（深圳）有限公司

被告：厦门固乔科技有限公司、武平县固乔软件经营部

案由：不正当竞争纠纷

案情简介:腾讯科技(深圳)有限公司是“腾讯微视”“腾讯手机 QQ”软件的著作权人,与深圳市腾讯计算机系统有限公司(以下统称腾讯公司)共同运营上述两款软件。厦门固乔科技有限公司(以下简称固乔公司)开发了“固乔视频助手”,用户通过该软件可批量下载“腾讯微视”“QQ 看点”上的视频内容,去除所下载“腾讯微视”视频内容的水印等操作。武平县固乔软件经营部(以下简称固乔软件经营部)提供“固乔视频助手”软件的宣传、推广和下载服务,并由固乔公司收取软件付费会员费用。腾讯公司依据《反不正当竞争法》第 12 条第 2 款第 4 项的规定,将固乔公司、固乔软件经营部起诉至厦门市中级人民法院(以下简称厦门中院),要求停止侵权、消除影响,并赔偿经济损失及维权合理支出共 110 万元。

厦门中院经审理认为:腾讯公司通过多年经营和宣传在国内视频行业所获得的竞争优势,属于应受到《反不正当竞争法》所保护的民事权益。固乔公司、固乔软件经营部利用技术手段定位到不带有水印的原始视频播放源地址,从而能够根据源地址下载没有水印的原始视频文件,实现去除视频平台水印的技术效果。该行为使得腾讯公司通过视频平台持续获得商业利益的目的落空,视频平台流量及其竞争优势被人为减损,平台的经营方式和盈利模式受到冲击和破坏。综上,固乔公司、固乔软件经营部利用腾讯公司的经营资源以不正当手段为自己攫取利益,剥夺他人交易机会,属于典型的搭便车、借他人经营投入获取自身利益的行为,违反《反不正当竞争法》第 12 条第 2 款第 4 项的规定,判决固乔公司、固乔软件经营部赔偿经济损失各 10 万元以及维权合理开支 5 万余元。

(本案判决尚未公开,相关内容系根据法院官方报道内容整理)

湖南省长沙市开福区人民法院

腾讯公司与极炫公司等诉前行为保全案

法院:湖南省长沙市开福区人民法院

案号:(2021)湘 0105 行保 1 号

申请人:腾讯科技(成都)有限公司、深圳市腾讯计算机系统有限公司

被申请人:湖北省极炫网络科技有限公司、湖北省极利网络科技有限公司、长沙七丽网络科技有限公司

案由:不正当竞争纠纷

案情简介:腾讯科技(成都)有限公司、深圳市腾讯计算机系统有限公司(以下

统称腾讯公司)系“王者荣耀”游戏的开发者和运营商。申请人向湖南省长沙市开福区人民法院(以下简称开福法院)提起诉讼,诉称湖北省极炫网络科技有限公司(以下简称极炫公司)、湖北省极利网络科技有限公司(以下简称极利公司)开发的租号 App 提供“王者荣耀”游戏账号的出租平台服务,以及长沙七丽网络科技有限公司(以下简称七丽公司)对该租号 App 进行宣传、推广及账号分发的行为违反了国家法律和政策规定,导致公众对腾讯公司开发的“王者荣耀”游戏社会评价降低,损害了腾讯公司的商业信誉,构成不正当竞争。并向开福法院申请诉前行为保全,请求裁定被申请人立即停止“王者荣耀”游戏账号的出租平台服务。

开福法院经审理认为:极炫公司与极利公司运营的租号 App 及网站租赁游戏账号,使未成年人有可能通过租赁游戏账号的方式登录“王者荣耀”游戏,从而规避了防沉迷通知,导致防止未成年人沉迷网络的监管法规形同虚设。基于网络传播范围广、传播速度快的特点,对极炫公司、极利公司及七丽公司的侵权行为如不及时采取保全措施,不仅不利于未成年人健康成长,而且将持续增加对腾讯公司商誉和市场份额的损害。开福法院据此依法向极炫公司、极利公司及七丽公司发出行为保全临时禁令。

(五)植物新品种类

厦门市中级人民法院

绿士达公司与何某植物新品种侵权案

法院:厦门市中级人民法院

案号:(2020)闽 02 民初 1516 号

原告:绿士达(厦门)农林科技有限公司

被告:何某

案由:侵害植物新品种权纠纷

案情简介:绿士达(厦门)农林科技有限公司(以下简称绿士达公司)向厦门市中级人民法院(以下简称厦门中院)起诉,诉称其前员工何某侵害其植物新品种权,请求法院判令何某停止侵权并赔偿经济损失。绿士达公司立案时提交了品种权人记载为河南省绿士达园艺有限公司(以下简称绿士达河南公司)的《植物新品种权证书》复印件(见图 1－7－11)及其获得该绿士达河南公司独占许可授权的证据。对此,何某抗辩上述《植物新品种权证书》系伪造,原告主体不适格。经厦门中院庭审调查后,绿士达公司认可该品种权人为绿士达河南公司和虞城县科苑花木科技有限公司(以下简称虞城花木公司),其庭审后提交了品种权人确系绿士达河南公司和虞城花木公司的《植物新品种权证书》原件(见图 1－7－12),绿士达公司亦自认其立案时提交的《植物新品种权证书》复印件系伪造。厦门中院依据《民事诉讼法》第 111 条第 1 款第 1 项关于伪造重要证据的规定,决定对绿士达公司伪造本案重要证据《植物新品种权证书》的行为处以 10 万元罚款,同时认定绿士达公司权利基础存在瑕疵,无权单独向人民法院提起诉讼,遂裁定驳回绿士达公司的起诉。

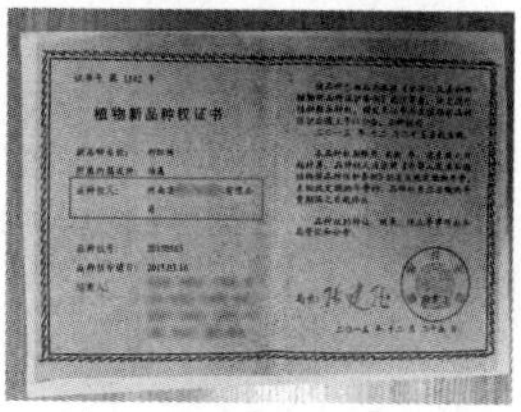

图 1－7－11　原告立案时提交的复印件

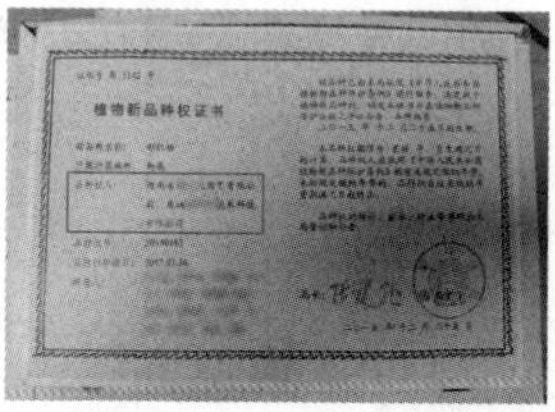

图 1－7－12　原告庭审后提交的原件

海南自由贸易港知识产权法院

亚华研究院与张某植物新品种权侵权案

法院:海南自由贸易港知识产权法院

原告:湖南亚华种业科学研究院

被告:张某

案由:侵害植物新品种权纠纷

案情简介:湖南亚华种业科学研究院(以下简称亚华研究院)系“隆科 638S”(以下简称涉案品种)的品种权人,并以涉案品种作为母本,与父本“R1377”组配繁育“隆两优 1377”。亚华研究院发现,张某利用涉案品种作为母本,繁育隆两优水稻品种(以下简称被诉侵权种子)。经农业部植物新品种测试(杭州)分中心检测和鉴定,被诉侵权种子样品与“隆两优 1377”系极近似品种或相同品种,与涉案品种存在亲缘关系。据此,亚华研究院向海南自由贸易港知识产权法院(以下简称海南知产法院)起诉张某侵害涉案品种权,请求判令张某停止侵权,赔偿经济损失及合理支出共计50万元。

海南知产法院经审理认为，在亚华研究院已提交检测和鉴定报告证明了张某使用涉案品种组配繁育被诉侵权种子的情形下，张某未提出其被诉侵权种子来源于其他亲本的相关证据，依据高度盖然性证明标准，可认定张某存在涉案品种的重复使用行为。张某未提供家庭承包土地的相关证据，亦未对其组配繁育杂交水稻上万斤给予合理解释，不能认定其育种行为构成农民自繁自用，亦不能排除其具有商业目的的情形。关于损害赔偿，海南知产法院综合考虑涉案品种权的类型、侵权行为的性质和情节、合理开支等因素，参考亚华研究院许可关联公司生产、销售“隆两优1377”的情况，酌情确定赔偿数额为10万元。据此，海南知产法院判决张某停止侵权，赔偿经济损失及合理开支共计10万元。宣判后双方均未上诉，一审判决生效。

裁判规则

在侵害植物新品种权纠纷中，判断被诉侵权行为是否构成授权品种繁殖材料的重复使用时，若品种权人已经提交检测和鉴定报告证明被诉侵权人使用涉案品种组配繁育被诉侵权种子，则应由被诉侵权人提交被诉侵权种子源于其他亲本的相关证据，否则可依据高度盖然性证明标准认定被诉侵权行为成立。

第二部分

裁判规则汇编

一、专利类*

（一）专利民事纠纷

1. 诉权

专利权的有效存在是审理专利民事侵权案件的前提和基础。针对被诉侵权人就专利权效力稳定性提出的抗辩，人民法院只进行有限审查，以确定专利权人是否具有诉权基础，但不对专利权的效力作出判决，社会公众仍然可以向国务院专利行政部门请求宣告涉案专利权无效。

［最高人民法院（2020）最高法知民终1379号，青禾公司与共创公司专利侵权案］

最高人民法院《关于适用〈中华人民共和国民事诉讼法〉的解释》第247条规定的重复诉讼的构成前提为已有前诉对当事人的诉讼事项正在处理，或已经对当事人的诉讼事项进行实质处理，没有提起后诉的必要。如果前诉与后诉仅涉及相同事实，但在诉讼类型、当事人、诉讼标的和诉讼请求等方面存在差异的，不构成重复诉讼。

［最高人民法院（2021）最高法知民终553号，朱某彦与袁某丽等专利权转让合同案］

2. 管辖

针对在中国境内没有住所和代表机构的被告提起的标准必要专利许可纠纷案件，在判断该案件与中国是否存在适当联系时，可以综合考虑涉案标准必要专利的专利权授予地、专利实施地、专利许可合同签订地或专利许可磋商地、专利许可合同履行地、可供扣押或可供执行财产所在地等是否在中国领域内。只要前述地点之一在中国领域内，则应认为该案件与中国存在适当联系，中国法院对该案件即具

---

* 第二部分“裁判规则汇编”系将第一部分“各地法院典型案例”中裁判规则的分类汇总，以便读者查阅。

有管辖权。

［最高人民法院(2020)最高法知民辖终517号,OPPO公司与夏普等标准必要专利许可纠纷管辖权异议案］

标准必要专利许可纠纷的当事人对于由一国法院裁判标准必要专利全球许可条件能够达成合意,并非特定法院能够就标准必要专利全球许可条件进行管辖和处理的必要条件。在此基础上,还应综合考虑涉案标准必要专利的专利权授予地、专利实施地、专利许可合同签订地或专利许可磋商地、专利许可合同履行地、可供扣押或可供执行财产所在地等,判断该案件是否与中国法院具有更密切联系。在当事人就涉案标准必要专利具备达成全球范围的许可条件的意愿,且该案件与中国法院具有更密切联系的情况下,中国法院适宜对涉案标准必要专利在全球范围内的许可条件作出裁决。

［最高人民法院(2020)最高法知民辖终517号,OPPO公司与夏普等标准必要专利许可纠纷管辖权异议案］

3. 诉讼措施

在侵害专利权纠纷案件中,因专利权效力稳定性和权利边界清晰性弱于普通物权、技术事实查明较为复杂、侵权判断专业性较强等特点,对申请财产保全有无错误的判断,应注意此类纠纷区别于一般民事侵权纠纷的特殊性,并需结合案件具体事实予以分析。具体到实用新型专利侵权纠纷中的财产保全申请,需结合在案证据着重考察实用新型专利本身的稳定性,以审查财产保全申请行为是否符合审慎原则,进而判断申请财产保全是否属于《民事诉讼法》第105条所规定的"错误"。

［最高人民法院(2020)最高法知民终521号,动一公司与朗辉公司财产保全损害责任纠纷案］

对于阻碍法院工作人员现场勘验被诉侵权产品、无正当理由故意逾期提交证据材料等妨碍人民法院审理案件、扰乱正常诉讼秩序的行为,依法应予制裁。

［最高人民法院(2020)最高法知民终862号、最高人民法院(2021)最高法知司惩1号,新辉公司与屹成公司专利侵权案］

4. 侵权判定

(1)被诉侵权行为

当专利权人在专利侵权纠纷中针对被诉侵权的使用行为,同时依据方法权利要求和装置权利要求提出诉讼请求时,应围绕专利权人的真实意思表示,合理确定依据方法权利要求还是装置权利要求对使用者的行为进行侵权认定,从而给予专利权以实质保护。

[最高人民法院(2019)最高法知民终 421 号,美高公司与赵某勇专利侵权案]

针对网络通信领域中涉及计算机软件的方法权利要求的情形,实施者通过自己控制的组件实现该方法权利要求中的部分步骤,并且可以控制其他组件中的模块运作再现其他步骤,进而导致方法权利要求的所有步骤流程被完整再现,实现了方法权利要求中所有步骤的效果,则应认定构成对该方法权利要求中所有技术特征的"全面覆盖",属于对该专利方法的使用行为。

[最高人民法院(2019)最高法知民终 421 号,美高公司与赵某勇专利侵权案]

判断行为人是否构成专利间接侵权,应当以行为人是否明知有关产品系专门用于实施专利的材料、设备、零部件、中间物等专用品,仍为生产经营目的将该产品提供给他人、帮助他人侵权作为判断标准。

[北京市高级人民法院(2019)京民终 369 号,达尔文公司与宇洁公司等发明专利侵权案]

对于专利间接侵权认定中所涉及的专用品,通常以该产品是否对实现涉案专利所请求保护的技术方案具有实质性意义且是否具有"实质性非侵权用途"为判断标准。如果相关产品为实现涉案专利技术方案所不可或缺,且除用于涉案专利所保护的技术方案之外,无其他"实质性非侵权用途",一般应当认定该产品为实施专利的专用品。

[北京市高级人民法院(2019)京民终 369 号,达尔文公司与宇洁公司等发明专利侵权案]

(2)权利要求解释

对权利要求的解释应当站在本领域普通技术人员的角度,在本领域普通技术人员对专利要求保护的技术方案形成整体认识的基础上,结合权利要求的具体语境,对权利要求的保护范围作出合乎逻辑的界定,并以符合发明目的和能够实现发明技术方案为指引。

[最高人民法院(2020)最高法知民终 1468 号,宝华公司与华丽丰公司等专利侵权案]

(3)确认不侵权之诉

确认不侵权之诉本质上属于侵权之诉,其实益及目的在于对被诉侵权人以救济,并给予被警告人在遭受侵权警告、而权利人怠于行使诉权使得被警告人长期处于不安状态情形下的一种司法救济途径,其根本目的是规制权利人滥发侵权警告的行为,维护稳定的市场经营秩序。判定被警告人遭受的行为是否属于侵权警告,应当考虑该行为的目的以及该行为是否会使得被警告人长期处于不安状态。

[最高人民法院(2021)最高法知民终 1、2 号,博龙公司与嘉德公司等确认不侵害专利权纠纷案]

(4)抗辩事由

合法来源抗辩一般仅适用于使用、许诺销售、销售专利侵权产品的情况。对于使用专利方法的行为而言,实施方法所需产品的对价不等同于使用方法的对价,实施方法所需产品具有合法来源同样不构成方法专利合法来源抗辩成立的原因。使用专利方法行为反复再现专利方法,持续给专利权人造成损害,尤其是对于使用产品制造方法的行为而言,使用专利方法的过程类似专利产品的制造行为,不符合《专利法》中合法来源抗辩制度设立的初衷,故对于使用专利方法的行为一般不能适用合法来源抗辩。

[最高人民法院(2019)最高法知民终 421 号,美高公司与赵某勇专利侵权案]

专利默示许可通常是指专利侵权诉讼中的被诉侵权人基于专利权人的任何语言或行为,可以正当地推定专利权人已经同意其实施专利,而不必承担侵权责任。专利权人对于被诉侵权产品研发制造的消极不作为,尚不足以认定该行为能够使得被诉侵权人产生获得专利使用许可的合理信赖,不宜认定构成默示许可。

[最高人民法院(2020)最高法知民终 1453 号,库米赛诺公司与政明公司等发明专利权侵权纠纷案]

在展览会参展产品涉及侵犯他人专利权的情形下,如果被诉侵权参展者主张其系租赁展位进而不侵犯他人专利权的,应当积极举证证明直接侵权人。如果被诉侵权参展者未就其所主张的租赁事实提供充分证据，使得无法区分参展者行为，则会被法院认定为共同侵权人并被判决承担相应法律责任。

[最高人民法院(2020)最高法知民终1838号、最高人民法院(2020)最高法知民终1806号，世鑫公司与悦诚玩具厂等专利侵权案]

专利权合法有效且权利相对稳定是其依法获得保护的前提。专利权人有权实施其专利并依法禁止他人未经许可实施其专利技术，但对于不应获得法律保护的技术方案，且被诉侵权人也明确据此抗辩被诉行为不构成侵权或其不应承担侵权责任的，不应禁止他人实施，否则将显失公平且有悖专利法立法目的。

[最高人民法院(2020)最高法知民终699号，孙某贤与朗汀公司专利侵权案]

如果相同技术方案的发明专利申请被认定不具备创造性时并未明显超越实用新型专利创造性的审查标准，例如，在技术领域、对比文件数量上并未出现明显不同，则针对发明专利申请的审查结论也可以作为判断相同技术方案的实用新型专利是否符合授权条件的依据，亦可能对该实用新型专利是否应获得民事保护产生实质影响。

[最高人民法院(2020)最高法知民终699号，孙某贤与朗汀公司专利侵权案]

如果现有技术仅公开了马库什通式化合物，不能当然地认为每一个符合该通式的化合物均已被公开。但是，如果现有技术中已经明确记载了符合马库什通式的具体化合物，则应当认为该具体化合物已经被现有技术公开。

[广州知识产权法院(2018)粤73民初3515号，西姆莱斯公司等与美乐莲公司专利侵权案]

5. 责任承担

专利权人在专利确权程序中，以“进一步限定”的方式修改原权利要求，修改后的权利要求所限定的技术方案不落入原各从属权利要求的保护范围，但仍落入原独立权利要求的保护范围，他人未经许可实施该修改后的权利要求技术方案的行为，仍然构成对涉案专利权的侵害并应承担赔偿责任。但基于专利权保护与公众信赖利益平衡的考量，对发生在上述以“进一步限定”方式修改权利要求之前的侵权行为，可以酌减赔偿数额。

[最高人民法院(2019)最高法知民终369号，朗进公司与南邦公司等专利侵权案]

许诺销售行为的目的虽指向销售行为,但许诺销售行为是一种法定的独立的侵权行为方式,许诺销售侵权行为的民事责任承担不以销售是否实际发生为前提。权利有损害必有救济,除非法律另有特殊规定,该救济即应当至少包括承担停止侵害和赔偿损失这两种最基本的侵权民事责任形式,而不是只承担其中一种形式。而且,判令侵权人就其许诺销售行为承担损害赔偿责任,更有利于保护和激励创新,更有利于实现《专利法》的立法目的。

[最高人民法院(2020)最高法知民终 1658 号、最高人民法院(2020)最高法知民终 1659 号,晨源公司与青科公司专利侵权案]

专利权人难以举证证明其因许诺销售行为遭受的具体损失时,应着重考虑在案证据反映的侵权恶意与侵害情节,在法定赔偿额范围内酌情确定赔偿数额。

[最高人民法院(2020)最高法知民终 1658 号、最高人民法院(2020)最高法知民终 1659 号,晨源公司与青科公司专利侵权案]

在电池类产品专利侵权案件的损害赔偿计算中,可以被诉侵权人销售的被诉侵权电池产品的总储电量、单位储电量的合理价格、专利产品的平均营业利润率及涉案专利贡献度之积,确定权利人因被侵权所受到的实际损失。

[福建省高级人民法院(2020)闽民初 1 号,宁德时代公司与江苏塔菲尔公司等实用新型专利侵权案]

若侵害涉案专利的部件产品须与其他部件组合后形成完整的最小单位的可销售单元才具有相应作用,且涉案专利的技术方案及其技术效果须在其他部件和技术方案的配合下才能实现,则该部件产品构成该可销售单元的零部件,在损害赔偿的计算中应以该可销售单元作为计算依据。关于涉案专利在部件产品与其他部件组合后的可销售单元中的贡献度,可综合考虑涉案专利的种类、专利稳定程度、专利所涉及的产品性能对销售量的影响及其在实现成品利润中的作用、其他关联侵权诉讼的情形等因素予以确定。

[福建省高级人民法院(2020)闽民初 1 号,宁德时代公司与江苏塔菲尔公司等实用新型专利侵权案]

6. 职务发明创造

判断发明人与用人单位之间是否存在职务发明意义上的劳动关系或者临时工作关系,关键在于判断用人单位对发明人的创造性劳动是否已取得支配权。如果用人单位与发明人之间的关系仅是一般的合作关系,发明人并未让渡相关劳动的支配权，则不应将不属于用人单位支配的劳动所创造出的技术成果认定为该用人单位所有。

[最高人民法院（2020）最高法知民终1258号，白某民等与多维公司专利权权属纠纷案]

个人与用人单位系平等的民事主体，在不涉及国家、社会公共利益的情况下，双方之间形成何种工作关系应遵循意思自治原则。认定发明人与用人单位之间工作关系的性质应当以约定优先，只有在双方之间没有约定的情况下，才需要根据双方所实施的实际行为和结果进行综合判断。

[最高人民法院（2020）最高法知民终1258号，白某民等与多维公司专利权权属纠纷案]

在判断职务发明所涉发明创造与发明人在原单位本职工作是否具有相关性时，并不要求该发明创造的技术特征与发明人在原单位履行本职工作所接触的技术方案相同，只需要求两者间具有一定的关联性即可。对于该关联性的判断，可以综合考虑两者是否属于同一技术领域、解决的技术问题是否相同、技术手段是否具有传承性等因素。

[上海知识产权法院（2020）沪73知民初406号，翎腾公司与纸上绝知公司专利申请权权属案]

发明创造实施且取得经济效益系被授予专利权的单位向发明人或设计人支付职务发明报酬的要件。若涉案专利已经实施且取得经济效益，则可以认定发明人或设计人的职务发明报酬请求权已经产生。发明人或设计人主张职务发明报酬请求权的，其诉讼时效应与涉案专利实施期间有关，即从发明人或设计人知道或应当知道其职务发明报酬请求权被侵害之日起算，而不能以涉案专利终止之日作为诉讼时效期间起算之日。

[上海市高级人民法院（2020）沪民终568号，陈某东与可口可乐公司职务发明案]

(二)专利行政诉讼

1. 创造性判断

在确定涉案专利与最接近的现有技术之间的区别技术特征时,一般不宜将涉案专利的多个技术特征组合起来,与最接近的现有技术中的相应技术特征进行比较,否则会难以准确识别实质性区别点,导致对发明实际要解决技术问题予以宽泛化理解,并最终影响现有技术中是否存在技术启示的准确判断。

[最高人民法院(2020)最高法知行终 183 号,大疆公司与国家知识产权局等专利无效行政纠纷案]

专利技术方案的创造性既可以源于“问题的解决”,也可以源于“问题的提出”。当现有技术进步的难点在于发现问题时,如果不考虑“问题的提出”对本领域技术人员来说是否显而易见,可能会陷入后见之明并低估技术方案的创造性。

[最高人民法院(2020)最高法知行终 183 号,大疆公司与国家知识产权局等专利无效行政纠纷案]

判断本领域技术人员是否存在对现有技术进行改进的动机,并非单独判断现有技术是否存在缺陷。即便现有技术在实际实施应用中没有缺陷或改进的必要,也不能排除本领域普通技术人员为解决一定的技术问题,对该现有技术进行改进。对此,应当从区别技术特征以及发明实际需要解决的技术问题出发进行判断。当现有技术整体上存在将区别技术特征应用于最接近的现有技术以解决其存在的技术问题的技术启示,使得本领域普通技术人员在面对所述技术问题时,有动机改进该最接近的现有技术,则发明是显而易见的,不具有突出的实质性特点

[最高人民法院(2019)最高法知行终 76 号,麦克罗弗姆公司等与国家知识产权局专利行政案]

2. 权利要求解释

在专利授权确权程序中,对于权利要求的解释,可以适用最大合理解释原则。但适用最大合理解释原则时,应当基于权利要求的文字记载,结合本领域技术人员

对说明书的理解，在权利要求用语的最大含义范围内，以“合理”解释为出发点和落脚点，对权利要求作出最广义的合理解释。

[最高人民法院(2019)最高法知行终61号，西门子公司与国家知识产权局、联影公司专利无效行政案]

在专利确权程序中，对于权利要求中的技术名词或者术语，应当结合说明书所记载的内容进行理解，而不能脱离说明书所记载的发明背景、发明目的、应用领域、解决的技术问题等内容作宽泛的、一般意义上的解释。

[最高人民法院(2020)最高法知行终183号，大疆公司与国家知识产权局等专利无效行政纠纷案]

3. 优先权认定

判断在后申请是否享有在先申请的优先权，需要站在本领域技术人员的立场上对二者的主题是否相同进行整体判断，但并不要求在叙述方式上完全一致，只要在先申请阐明了在后申请权利要求所述技术方案即可，且在先申请记载的内容不限于文字，也包括说明书附图公开的信息。

[最高人民法院(2020)最高法知行终352号，波速尔公司与国家知识产权局等专利无效行政纠纷案]

4. 保护客体

在判断权利要求所保护的技术方案是否构成实用新型专利的保护客体时，应将该方案作为一个整体，在分析其所采用的技术手段、解决的技术问题、产生的技术效果的基础上，予以综合评判。如果实用新型专利申请的权利要求在形式上保护产品的形状、构造，但本领域技术人员根据权利要求书和说明书的记载，可以确定该权利要求所保护的实质上是对方法的改进，则其不属于实用新型专利的保护客体。

[最高人民法院(2021)最高法知行终233号，裴某与国家知识产权局专利驳回复审行政纠纷案]

5. 证据认定

对于公知常识的认定，应该有充分的证据或者理由支持并以确凿无疑为标准。一般而言，对于相关技术知识是否属于公知常识，原则上可以通过技术词典、技术手册、教科书等所属技术领域中的公知常识性证据加以证明。在难以通过技术词典、技术手册、教科书等公知常识性证据予以证明的情况下,也可以通过所属领域的多份非公知常识性证据,例如,多篇专利文献、期刊等相互印证以充分证明该技术知识属于公知常识,但这种证明方式应遵循更严格的证明标准。如无相反证据,技术词典、技术手册、教科书记载的技术知识可以推定为公知常识。而对于技术词典、技术手册、教科书之外的文献所记载的内容,在判断其是否属于本领域的公知常识时,需要结合该文献的载体形式、内容及其特点、受众、传播范围等具体认定。

[最高人民法院(2020)最高法知行终 35 号,靶标公司等与国家知识产权局专利行政诉讼案]

6. 送达时间

确定国家知识产权局所作出相关决定的送达时间应符合信赖利益保护原则。在对送达时间存在多种理解的情形下,为保护行政相对人的信赖利益,充分保障其诉权行使,应当作出有利于行政相对人的解释,从而全面有效地保障行政相对人的程序性合法权益。

[最高人民法院(2021)最高法知行终 278 号,叶某微与国家知识产权局专利行政案]

二、商标类

（一）商标的可注册性

1. 显著性

对于由地名与其他要素组合而成的商标，需要从整体上考察该商标是否具有区别于地名的其他含义。若该商标从整体而言具有区别于地名的其他含义，可以发挥识别商品来源的作用，则应予以核准注册。

［最高人民法院（2020）最高法行再 370 号，哈尔滨啤酒公司与国家知识产权局商标复审行政纠纷案］

商标是在生产经营活动中使用的，用于识别商品或者服务来源的标志，应当具备帮助消费者将其所代表的生产、经营者的商品或者服务同其他生产、经营者的商品或者服务区分开来的功能。虽然诉争商标尚不足以构成相关商品上的通用名称，但若在其申请注册时，已不能区别具体的商品生产、经营者的，应当认定该诉争商标构成《商标法》第 11 条第 1 款第 3 项规定的其他缺乏显著特征的标志，不得作为商标注册。

［最高人民法院（2021）最高法行再 255 号，陈麻花公司与国家知识产权局等商标权无效行政案］

2. 通用名称

通用名称一般被分为依据法律规定或者国家标准、行业标准的通用名称以及约定俗成的通用名称，两者有比较明确及严格的认定依据和标准。依据法律规定或者国家标准、行业标准属于商品通用名称的，应当认定为通用名称。相关公众普遍认为某一名称能够指代一类商品的，应当认定为约定俗成的通用名称。被专业工具书、辞典等列为商品名称的，可以作为认定约定俗成的通用名称的参考。约定俗成的通用名称一般以全国范围内相关公众的通常认识为判断标准。对于由于历史传统、风土人情、地理环境等原因形成的相关市场固定的商品，在该相关市场内通用的称谓，可以认定为通用名称。

[北京知识产权法院(2020)京 73 民再 1 号,安实创业公司与正鸿泰达公司商标侵权案]

判断注册商标是否成为其核定使用商品的通用名称,应当从商标标志整体上进行审查,且应当认定通用名称指向的具体商品,对与该商品类似的商品不予考虑。如果该注册商标因为包含其他显著部分而在整体上能够发挥识别商品来源的作用,则不应仅因其同时包含核定使用商品的通用名称而予以撤销。反之,如果该注册商标中除核定使用商品的通用名称外,还包含其他部分,但该其他部分的加入并不能使得该注册商标整体上具备显著特征的,则其注册应予撤销,且该撤销不以商标权人存在主观过错为前提。

[北京市高级人民法院(2020)京行终 2540 号,慧能泰丰分公司与国家知识产权局等商标权撤销复审行政案]

3. 在先权利或权益

(1)著作权

当事人主张商标标志构成受《著作权法》保护的作品,诉争商标损害其在先著作权的,当事人提供的涉及商标标志的设计底稿、原件、取得权利的合同、诉争商标申请日之前的著作权登记证书,均可以作为证明涉案作品著作权归属的初步证据;当事人在先申请注册的含有涉案作品的商标公告、商标注册证等,可以作为确定商标申请人为有权主张商标标志著作权的利害关系人的初步证据。

[最高人民法院(2020)最高法行再 130 号,载途公司与国家知识产权局等商标权无效宣告请求行政纠纷案]

(2)作品名称

2013 年《商标法》第 32 条规定的"在先权利"包括当事人在诉争商标申请日之前享有的民事权利或者其他应予保护的合法权益。作品名称由于构成简单,通常不具备著作权法意义上作品所需要的独创性,但可作为在先权益予以保护,以打击恶意抢注,维护商标注册管理秩序。

[北京市高级人民法院(2020)京行终 7664 号,中文在线公司与国家知识产权局商标权无效行政案]

将作品名称作为在先权益保护至少需要满足以下条件:一是诉争商标申请日前,该作品处于著作权保护期;二是诉争商标申请日前,该作品名称具有较高的知名度;三是相关公众易将使用该作品名称的商品或者服务与该作品的著作权人联系在一起,容易认为该商标的申请注册已经过作品的著作权人许可或者该商标与著作权人之间存在特定联系;四是诉争商标申请人主观上存在恶意。

[北京市高级人民法院(2020)京行终7664号,中文在线公司与国家知识产权局商标权无效行政案]

4. 共存协议

商标共存协议体现了引证商标权利人对其所享有的商标权部分权利空间的让渡和处分,根据意思自治原则,应当允许商标注册人自由处分其商标权,故在判断诉争商标与引证商标在类似服务上共存是否会导致相关公众的混淆、误认时,应当考虑引证商标注册人与诉争商标申请人之间达成的商标共存协议。在诉争商标标志与引证商标标志存在差异的情况下,商标共存协议可以作为排除混淆可能性的参考因素。

[北京市高级人民法院(2019)京行终10145号,哈士奇公司与国家知识产权局等商标权无效宣告请求行政纠纷案]

(二)商标的使用

同一标识在不同国家可能有不同权利主体,各该权利主体对该标识在国际上或第三国的知名度与影响力可能均有贡献。对于该标识在第三国的权益归属,需要考虑不同主体所使用商业标识为该第三国相关公众所知的时间早晚、在第三国对该品牌知名度与影响力的贡献大小、对该标识的使用本身合法与否等因素,以判断在该第三国相关公众将该商业标识与哪一方主体形成稳定联系。一方已经在先建立稳定联系的应享有相应权益,在后进入市场者理应避让。

[浙江省杭州市中级人民法院(2019)浙01民初4193号,章节四公司与皎奢公司等商标侵权及不正当竞争纠纷案]

服务商标与商品商标是两个不同的商标类别。商品商标通常直接标注于有形实物商品上,用于识别商品提供者;服务商标因服务的无形性特点往往附着于服务相关的场所招牌、工具等物品上,用于识别服务提供者。将核定使用在商品上的商标用于服务场所、服务招牌、服务工具、招商展会或网站宣传中,用于指示服务来源的,应当认定为超出核定商品的范围使用该商标。

[上海市浦东新区人民法院(2019)沪0115 民初84502 号,老城隍庙公司等与南翔餐饮公司等商标侵权及不正当竞争案]

(三)商标近似

对于被诉侵权标识与涉案系列商标的近似性问题,应当充分考虑涉案商标的显著性及该系列商标之间的关联性、对应性,并结合考虑被诉侵权行为的整体性以及使用被诉侵权标识所可能引发的市场混淆后果等因素,予以综合认定。

[广东省高级人民法院(2020)粤民终 1642 号,乐高公司与美致公司等商标侵权及不正当竞争案]

(四)商品/服务类似

《商标注册用商品和服务国际分类表》《类似商品和服务区分表》作为商标申请时指定商品或服务的依据,其作用主要在于方便商标检索、查询和行政管理。具体到商标侵权民事案件中,判断两种服务是否类似,仍应从相关公众对两种服务的一般认识出发,综合考虑两种服务的使用目的、内容、方式、对象等进行判断,《商标注册用商品和服务国际分类表》《类似商品和服务区分表》仅是作出上述判断的参考。

[浙江省高级人民法院(2020)浙民终 652 号,世贸协会公司与东森公司商标侵权及不正当竞争纠纷案]

(五)混淆误认与商标侵权

混淆误认的判断通常要考虑商标标志的近似程度、商品和服务的类似程度、注册商标的显著性和知名度以及相关公众的注意程度等因素,商业活动中实际混淆的证据情况亦可作为混淆误认判断的重要参考因素。同时,混淆误认不仅包括将使用被诉侵权标志的商品或服务误认为商标权人的商品或服务,或者与商标权人有某种联系;也包括将商标权人的商品或服务误认为被诉侵权人的商品或服务,或者误认商标权人与被诉侵权人有某种联系的情形。

[北京市高级人民法院(2018)京民初127号,炎黄盈动公司与亚马逊通公司等商标侵权案]

商标法意义上的混淆包括正向混淆与反向混淆。正向混淆是指在后被诉标识的使用使得相关公众误认为该标识使用人的商品或服务源于在先商标权人;反向混淆是指由于在后被诉标识的使用,使得相关公众误认为在先商标权人的商品或服务来源于在后被诉标识的使用者,或两者之间存在某种特定的联系。在认定混淆可能性时应秉承基本相同的裁量标准,考虑涉案商标的显著性与知名度、被诉侵权标识的使用强度等因素,给予其相匹配的保护强度。

[浙江省高级人民法院(2020)浙民终264号,联安公司与小米通讯公司等商标侵权案]

在权利人享有著作权的作品与其注册商标基本相同,且该作品已具有较高知名度的情况下,该作品的知名度可以辐射影响至该注册商标,并可据此认定该注册商标也具有较高知名度。

[山东省高级人民法院(2020)鲁民终3127号,鸭灵号公司与利讯集团等商标侵权案]

司法对知名商业标识的保护及救济应与其知名度相匹配,对于具有明显设计性和组织性的全方位、大规模、长链条的恶意侵权行为,应当予以严惩。

[广东省高级人民法院(2020)粤民终1642号,乐高公司与美致公司等商标侵权及不正当竞争案]

在同一种或类似商品上将与他人注册商标近似的标识作为商品名称使用,容易导致相关公众产生混淆、误认的,构成商标侵权。

[北京知识产权法院(2020)京 73 民再 1 号,安实创业公司与正鸿泰达公司商标侵权案]

商标除具有识别商品来源的功能外,还具有品质保证功能,消费者对同一商标指示的商品品质存在同一性期待。即使没有损害商标的产源识别功能,但妨碍商标品质保证功能的,亦属于《商标法》第 57 条第 7 项规定的"给他人注册商标专用权造成其他损害的"情形,构成商标侵权。

[广州市越秀区人民法院(2020)粤 0104 民初 46217 号,腾讯公司与任我行电子游戏机商店商标侵权及不正当竞争案]

企业名称的取得先于涉案注册商标核准日的,该企业享有合法使用字号的在先权利,但应规范对字号的使用。如果突出使用与涉案注册商标相近似的企业字号且易导致相关公众混淆、误认的,构成商标侵权。

[杭州铁路运输法院(2020)浙 8601 民初 1746 号,干星记公司与王星记扇厂等商标侵权案]

非物质文化遗产是指各族人民世代相传并视为其文化遗产组成部分的各种传统文化表现形式,其中包括了传统技艺类文化遗产,由政府主管部门等从人类文明传承的角度进行保护,但被纳入非物质文化遗产项目名录并非获得知识产权保护的前提。非物质文化遗产传承人有权在商品、商品包装及宣传中标注其商品系采用相关传统技艺制作,但标注的内容应周详完整。将与他人注册商标相同或近似的标识抽象化、概括性地标示于相同或类似商品上,起到识别商品来源作用,容易导致相关公众混淆、误认的,构成商标侵权。

[杭州铁路运输法院(2020)浙 8601 民初 1746 号,王星记公司与王星记扇厂等商标侵权案]

使用搜索引擎服务商提供的关键词推广服务并设置关键词进行推广的,该关键词能够起到商业标识的作用,对其使用属于商标性使用。如果该关键词与他人注册商标构成使用在同一种或类似商品或服务上的相同或近似标识,足以导致相关公众产生混淆、误认的,构成商标侵权。

[北京知识产权法院(2021)京 73 民终 690 号,微播视界公司与爱奇艺公司商标侵权及不正当竞争案]

判断经营者突出使用其字号是否侵害他人注册商标专用权,应当考虑注册商标显著性、知名度、两者实际使用状况、使用历史、相关公众的认知状态以及使用者的主观状态等因素予以综合判定,给予与注册商标显著性和知名度相匹配的保护强度,并尊重已经客观形成的市场格局。

[浙江省高级人民法院(2021)浙民再34号,谭某飞与一招鲜酒家商标侵权案]

商标权人对自己的商品享有控制品质的权利,商品品质的优劣不仅体现在商品本身,还体现在商品外包装的质量、设计感等方面。将商标权人正品商品分装后进行销售,会导致正品包装抑或产品本身的改变,使得商标权人失去对商品品质的控制,损害了商标的品质保证功能及商标权人的商誉,构成《商标法》第57条第7项规制的"给他人的注册商标专用权造成其他损害的"商标侵权行为。

[上海知识产权法院(2021)沪73民终596号,克鲁勃公司与信裕公司等商标侵权案]

(六)驰名商标的保护

原告以他人使用在核定商品上的注册商标与其在先的注册商标相同或者近似为由提起诉讼的,人民法院应当根据2008年修正《民事诉讼法》第111条第3项的规定,告知原告向有关行政主管机关申请解决。但如果原告系依据最高人民法院《关于审理涉及驰名商标保护的民事纠纷案件应用法律若干问题的解释》第11条的规定请求保护其涉案驰名商标的,人民法院应当对符合起诉条件的予以受理,无须等待被诉侵权注册商标的无效宣告程序结果。

[广东省高级人民法院(2019)粤民终1857号,路易威登公司与锐王公司等商标侵权案]

驰名商标保护的本质在于对驰名商标给予更强保护,既然《商标法》第13条第3款对在非相同、非类似商品上的侵害商标权行为都可以通过认定驰名商标予以保护,举重以明轻,在相同和类似商品上当然可以给予驰名商标更强的保护。

[广东省高级人民法院(2019)粤民终1857号,路易威登公司与锐王公司等商标侵权案]

即使在不需要给予跨类保护而无须司法认定涉案商标为驰名商标的情况下,如果商标权人已提供大量证据证明涉案商标为相关公众所熟知,则仍应考虑对驰名商标的保护,即除从混淆角度考察是否影响涉案商标的识别功能外,还应适当考虑对涉案商标质量保证和表彰功能的影响。

[广东省高级人民法院(2020)粤民终 1642 号,乐高公司与美致公司等商标侵权及不正当竞争案]

(七)侵权抗辩

1. 商标权权利用尽

一般而言,标有注册商标的商品经商标权人同意投入市场后,商标权人对该商品的权利已经用尽。但如果再次销售带有商标权人商标的商品在核心部件或外观上发生变化,或者降低了原有商品的品质,影响商标权人商誉的,则商标权权利用竭原则不再适用,商标权人有权予以禁止。

[天津市滨海新区人民法院(2020)津 0116 民初 3814 号,中国重汽与吕山公司商标侵权案]

商标权利用尽是指享有商标权的商品经由商标权人或被许可人以合法方式销售或转让后,商标权人对该特定商品上的商标权即告穷竭,其无权禁止合法取得该商品的所有权人在市场上再行销售或直接使用。但适用商标权利用尽时,使用人必须保证商品来源于商标权利人,且销售中不能对商品进行任何形式的改变,不能影响商标的来源识别功能和品质保证功能。将商标权人正品商品分装后进行销售,损害了商标的品质保证功能及商标权人的商誉,不适用商标权利用尽原则。

[上海知识产权法院(2021)沪 73 民终 596 号,克鲁勃公司与信裕公司等商标侵权案]

2. 商标合理使用

判断是否构成商标合理使用应当从“目的是否善意”“方式是否合理”“是否符合诚信的商业惯例”三个方面进行,基于善意的目的并通过合理的、符合商业惯例的方式使用相关标识,可以认定构成商标合理使用。

［上海市高级人民法院(2019)沪民再5号，芬迪公司与益朗公司商标侵权及不正当竞争案］

注册商标中含有地名的，注册商标专用权人无权禁止他人对该地名的正当使用。使用地名的行为是否正当，关键在于判断对该地名系作为对地理位置的描述性使用，还是作为识别商品或服务来源的商标性使用。若使用该地名仅是为了描述地理位置且不会对商品或服务来源产生混淆误认，则不宜仅因地名商标的存在而禁止他人正当使用该地名；反之，若将该地名作为指示商品或服务来源进行使用且导致相关公众产生混淆、误认，则不宜认定为正当使用。

［上海市浦东新区人民法院(2019)沪0115民初84502号，老城隍庙公司等与南翔餐饮公司等商标侵权及不正当竞争案］

商标法中的指示性使用，是指使用者在经营活动中善意合理地使用他人的商标，客观地说明自己商品用途、服务范围以及其他特性与他人的商品或服务有关。该种使用应当坚持必要性和适度性原则，即只有在确有必要使用权利人商标且在适度范围内使用，才属于正当的指示性使用。

［杭州市中级人民法院(2019)浙0103民初6040号，字节跳动公司等与微赢公司等商标侵权及不正当竞争案］

商标的合理使用包括叙述性使用、指示性使用、说明性使用等。指示性使用是指使用人善意、合理地使用商标权人的商标，并客观而无歧义地说明自己商品的性质。将商标权人正品商品分装后贴附假冒商标权人注册商标标识进行销售，该假冒标识的作用是为了向消费者表明分装后的商品来源于商标权人，该行为虽然没有改变商标的来源识别功能，但也并非为了说明、描述、指示商品而正当使用该商标，该使用方式不属于商标的合理使用行为。

［上海知识产权法院(2021)沪73民终596号，克鲁勃公司与信裕公司等商标侵权案］

3. 商标在先使用

《商标法》规定的在先使用抗辩制度旨在保护在申请日前已经在市场上存在并具有一定影响但未注册的商标标识所有人的权益。但对未注册商标的保护仍应以确保商标注册制度不被动摇为基本原则，故其适用应符合严格的法定条件。先使用抗辩人需举证证明在先使用的标识早于注册商标申请日，并早于注册商标权人对该注册商标的实际使用，且在先使用的标识已具有了一定影响力。

[杭州铁路运输法院(2020)浙 8601 民初 1746 号,王星记公司与王星记扇厂等商标侵权案]

(八)平行进口

判定商标平行进口是否构成侵害商标权,应当坚持以商标基本功能是否遭受破坏、商标使用行为是否会导致混淆误认以及是否会使得商标的质量保证功能受到损害进而影响商誉为标准,以实现对消费者利益的保护。

[广州知识产权法院(2020)粤 73 民终 1944 号,百威公司与东方科苑公司商标侵权案]

被诉侵权商品系商标权人在境外生产、销售的正品,与商标权人同意在国内市场销售的授权商标品质相同,不会产生商誉价值的市场分割,故被诉侵权商品通过平行进口方式进入国内不会损害商标权人的商誉,除非存在特殊情形,平行进口商品与授权商品竞争不会损坏权利人的商标商誉,也不会损坏商标所具有的质量保证功能,不构成对商标权的侵害。

[广州知识产权法院(2020)粤 73 民终 1944 号,百威公司与东方科苑公司商标侵权案]

平行进口这一跨境贸易方式能够促进全球商品流通,扩大消费者获得商品的渠道,符合《商标法》保护消费者利益的公益目的,也不会损坏商标权人的利益,有利于丰富市场供给,提升市场竞争水平,进一步提升消费者福利。

[广州知识产权法院(2020)粤 73 民终 1944 号,百威公司与东方科苑公司商标侵权案]

(九)权利滥用

无论是自行申请商标注册,还是对他人申请注册的商标提出异议或是对他人已注册商标请求宣告无效,都是商标法律制度赋予商业主体取得和维护其商标权益的程序安排,但商业主体必须依法正当行使其相关权利,不得借助表面合法的形式以达成其实质违法的目的。商业主体恶意抢注、滥用商标异议、商标权无效宣告等程序,设置障碍配合其他侵权行为干扰其他商业主体正常经营活动的,违反了《反不正当竞争法》第2条的规定,应当认定构成不正当竞争。

[上海市闵行区人民法院(2017)沪0112民初26614号,碧然德公司等与康点公司商标侵权及不正当竞争案]

注册商标专用权以核准注册的商标和核定使用的商品为限,超出核准注册范围的不规范使用行为,本质上是滥用注册商标专用权的行为,不是正当行使商标专用权的行为,故不能阻却商标侵权行为或不正当竞争行为的构成。

[杭州铁路运输法院(2016)浙8601民初296号,新百伦贸易公司与新百伦体育公司等商标侵权及不正当竞争案]

(十)商标许可

合同的变更、延续或者补充一般是针对合同相对方,并因合同约定事项不明或者发生变动时所致,且需要经过全体合同相对方作出一致的意思表示。对于不同合同主体所订立的合同,其中具体约定的事项亦存在差异,在合同中并未明确约定相关合同之间具有延续、补充关系的情况下,不宜直接认定不同合同之间具有延续或者补充关系。

[最高人民法院(2020)最高法民终394号,红牛公司与天丝公司商标权权属纠纷案]

对合同条款的解释系对合同各方主体订立合同此种法律行为的解释,目的在于探求各方主体的真实意思表示。各方主体对合同条款的理解存在争议的,应当基于合同有效的解释原则,采取文义解释、体系解释、目的解释、习惯解释和诚信解释等方法,对合同条款的真实本意进行分析、认定。

[最高人民法院(2020)最高法民终394号,红牛公司与天丝公司商标权权属纠纷案]

除当事人之间另有约定,设计商标、为商标注册提供帮助等均非取得商标权的法定要件。被许可人基于商标权人的授权使用商标,应当保证该商标所贴附商品的质量,维护被许可使用商标的声誉。尤其是在商标权人亦提供产品配方、生产工艺以确保商品质量并投放广告提升商标知名度,且被许可人已通过商标许可使用取得商品利润回报的情况下,商标被许可人无权对该商标主张所有权。

[最高人民法院(2020)最高法民终 394 号,红牛公司与天丝公司商标权权属纠纷案]

(十一)商标专用权和禁用权

通常而言,商标专用权和禁用权应当同时形成。但经过商标异议程序获准注册的商标的专用权起算时间为该商标初审公告三个月期满之日,而对他人在同一种或者类似商品上使用与该商标相同或近似的标识的禁用权的起算时间则为异议裁定生效日。

[杭州铁路运输法院(2016)浙 8601 民初 296 号,新百伦贸易公司与新百伦体育公司等商标侵权及不正当竞争案]

(十二)证据规则

通过数字版权服务平台取得的电子数据通过哈希算法转化为存证码上传至司法链,并通过安全传输层协议加密进一步确保数据的真实性和不可篡改性,且储存至司法链平台的数据的区块高度、上传时间等信息亦能够与电子数据内容、操作日志内容相互印证,即在相关电子数据的生成、存储、传输、存证所依赖的计算机系统环境(包括区块链存证环境)完整可靠、运行正常且安全稳定,存证方法具有可靠性的情况下,该电子数据符合对证据真实性的要求。

[杭州互联网法院(2020)浙 8601 民初 489 号,蚂蚁科技公司与海南庆德公司商标侵权及不正当竞争案]

（十三）民事责任

1. 共同侵权与连带责任

对于被控侵权公司的自然人股东或者法定代表人是否与该公司构成共同侵权的认定，应在考虑该自然人股东或者法定代表人自身相关客观事实以及对于被控侵权公司实施的设立、控制等系列行为的基础上，予以综合判断。若根据上述客观事实及系列行为，该自然人股东或者法定代表人主观上具有明显的侵权故意，且在被控侵权公司的侵权行为中与被控侵权公司具有共同的意思联络，客观上共同造成了侵权后果，则该自然人股东或者法定代表人与被控侵权公司构成共同侵权，应承担连带责任。

[北京知识产权法院(2020)京73民终2935号，远洋公司与远睿创公司等商标侵权及不正当竞争案]

各侵权人间存在经营场所和高管人员混同的情况，主观上对于实施侵权行为具有意思联络，客观上分工合作实施侵权行为，构成共同侵权。

[浙江省高级人民法院(2021)浙民终291号，章节四公司与皎奢公司等商标侵权案]

2. 损害赔偿

(1)赔偿数额的计算

计算侵犯商标权的损害赔偿数额时，应当考虑涉案商标的使用状况、侵权行为持续时间、侵权规模、涉案商标的利润贡献率等因素，综合确定赔偿数额。侵权人恶意侵犯商标专用权且情节严重，在诉讼过程中滥用程序性权利故意拖延诉讼进程，进一步加剧侵权行为影响，扩大权利人损失的，可以适用惩罚性赔偿予以规制。

[北京市高级人民法院(2018)京民初127号，炎黄盈动公司与亚马逊通公司等商标侵权案]

以侵权人的获利计算赔偿数额时，应当注意被诉侵权商品销售利润与侵权行为之间的因果关系。在反向混淆的情况下，侵权人的经营能力、品牌知名度、营销推广能力明显强于商标权人，特别在商标权人对注册商标的使用和宣传有限的情况下，侵权人的销售利润往往远高于商标权人的损失，但对于侵权人基于自身的商标商誉或者商品固有价值获得的利润，由于其与被诉侵权行为之间欠缺直接因果关系，故商标权人无权对此部分利润主张赔偿。

［浙江省高级人民法院（2020）浙民终 264 号，联安公司与小米通讯公司等商标侵权案］

能够确定权利人部分损失或侵权人部分侵权获利的，应当先以该部分损失或部分侵权获利计算赔偿金额。对于符合适用惩罚性赔偿的情形，可以该部分损失或部分获利为基数确定惩罚性赔偿数额；对于不能确定损失或侵权获利的部分，仍应当适用法定赔偿，最后将两部分之和作为侵权赔偿数额。

［广州市越秀区人民法院（2020）粤 0104 民初 46217 号，腾讯公司与任我行电子游戏机商店商标侵权及不正当竞争案］

知识产权损害赔偿数额的确定既要以知识产权的市场价值为指引，力求准确反映被侵害知识产权的市场价值，又要充分顾及市场环境下侵权主体及侵权行为的各类对应因素，全方位、多层次地评估分析权利信息（包括权利主体、权利客体考量因素）和侵权信息（包括侵权主体、侵权行为考量因素）。对于上述因素均属很高层级的，可以按照法定最高赔偿数额给予权利人充分的司法救济。

［杭州铁路运输法院（2016）浙 8601 民初 296 号，新百伦贸易公司与新百伦体育公司等商标侵权及不正当竞争案］

商标侵权人的刷单行为虽然使侵权人实际侵权获利相对减少，但是该行为依然对商标权利人的利益造成了损害，使得权利人商品的市场营销、商品商誉、市场份额受到不利影响和冲击，刷单行为不能成为侵权人免除赔偿责任的正当理由。

［上海知识产权法院（2021）沪 73 民终 193 号，龙井茶协会与韵品阁茶叶店商标侵权案］

（2）惩罚性赔偿

多次因模仿、使用他人知名商标、知名字号而被司法机关认定构成商标侵权甚至刑事犯罪的，可以认定为以侵权为业的主体，属于故意侵权且情节严重的情形，并可在确定法定赔偿金额时作为惩罚性因素予以考虑，按照法定赔偿上限确定赔偿数额。

［广东省高级人民法院，海天公司与海纳百川公司等商标侵权案］

对于主观恶意明显、侵权情节严重的侵害商标权行为，可以适用惩罚性赔偿予以规制，并在确定惩罚性赔偿基数的基础上，在《商标法》规定的合理倍数范围内确定赔偿数额。

［浙江省杭州市中级人民法院（2019）浙01民初412号，惠氏公司等与广州惠氏公司等商标侵权案］

侵权人与权利人之间在先具有合作关系，明知权利人注册商标及企业字号的知名度，在结束合作后理应具有相较于一般公众更高的注意义务与避让义务。在此情况下如果对权利人仍实施商标侵权或不正当竞争行为的，属于恶意侵权，情节严重的，应当适用惩罚性赔偿。

［苏州市中级人民法院（2020）苏05民初271号，德禄公司等与德禄上海公司等商标侵权案］

3. 字号侵权的责任承担

注册商标核准注册日期虽然晚于同业竞争企业成立日期，但该注册商标在核准注册前已达到驰名程度，同业竞争企业对此应当知晓却仍将该商标显著识别部分登记为企业字号，并在商业活动中予以使用，主观上具有攀附该注册商标的故意，客观上容易导致相关公众的混淆、误认，构成不正当竞争，应当变更企业名称且变更后的企业名称中不得包含该商标的显著识别部分。

［北京市高级人民法院（2021）京民终490号，大陆马牌公司与马牌江西公司等商标侵权及不正当竞争案］

明知他人注册商标具有较高知名度，仍将他人注册商标作为企业字号使用，从事与他人相同或类似的商品或服务经营，容易导致相关公众对商品或服务来源产生混淆、误认，或误认为二者存在特定联系的，构成不正当竞争，并可就此判决变更企业名称。

［浙江省杭州市中级人民法院（2019）浙01民初412号，惠氏公司等与广州惠氏公司等商标侵权案］

(十四)刑事责任

违反商标管理法规,伪造、擅自制造他人的注册商标标识,以购入低单价规格产品、更换包装冒充高单价规格产品的方式牟取非法利益,且情节严重的,构成非法制造注册商标标识罪。

[上海市第三中级人民法院,刘某洋非法制造注册商标标识刑事案]

三、特殊标志专有权

未经特殊标志所有人许可，将特殊标志用于搜索关键词等商业活动，容易导致相关公众产生混淆、误认的，构成侵害特殊标志专有权及不正当竞争。

［杭州市萧山区人民法院(2021)浙0109民初12877号，亚组委与龙都公司等特殊标志专有权侵权案］

四、著作权类

（一）诉　权

诉权派生于实体权利，依附于实体权利，不能脱离实体权利进行转让或许可，只有程序性权利与实体性权利一并转移或许可时，被许可人才可以作为适格原告起诉。

［北京知识产权法院（2021）京73民终4885号，成幄公司与三道车公司著作权侵权案］

对于开源软件项目，若项目管理者提交的代码占整个涉案软件代码量的绝大部分且系整个涉案软件的核心基础，其他贡献者提交的代码未对涉案软件著作权产生实质影响，则项目管理者有权就涉案软件单独提起计算机软件著作权侵权诉讼，而无须经过其他贡献者的授权。

［广州知识产权法院（2019）粤73知民初207号，罗盒公司与玩友公司等计算机软件著作权侵权案］

（二）作品与制品

1. 独创性表达

对于游戏设计本身是否构成《著作权法》规定的作品，应当以抽象概括的方式区分层次加以分析。一般而言，同类游戏的基本玩法属于基础规则，属于思想范畴，不属于《著作权法》的保护范围。当事人主张游戏设计构成作品的，应当证明其所主张的游戏设计属于具体规则，且属于独创性表达，是在基础规则的基础上指引玩家行为的一系列机制及机制的组合，并因此使得整个游戏的玩法与其他游戏相比具有个性或特质。

［上海知识产权法院(2020)沪73民终33号，益趣公司与羽盟公司著作权侵权及不正当竞争案］

《著作权法》规定的作品是指文学、艺术和科学领域内具有独创性并能以一定形式表现的智力成果，该智力成果的创作完成既包括整体的创作完成，又包括局部的创作完成。创作完成的部分能够相对完整地表现作者思想感情的，可以认定构成《著作权法》意义上的智力成果。

［北京市海淀区人民法院(2017)京0108民初43128号，金百星公司与山东卫视等著作权侵权案］

著作权法对作品的保护核心在于作品中的独创性表达。作品类型的分类是基于不同类型作品所包含独创性表达的不同，是为了更便于保护独创性表达，而非在于为独创性表达的保护设置障碍。当某一种独创性表达可以为多种不同类型的作品所包含时，在判断是否给予著作权法保护时，关键在于判断主张权利者是否为该独创性表达的贡献者，而不在于界定包含该独创性表达的作品属于何种类型。

［浙江省杭州市中级人民法院(2019)浙01民初1874号，娱美德公司等与盛和公司等著作权侵权及不正当竞争案］

游戏元素不受《著作权法》保护并不意味着角色形象或装备外观的整体均不符合独创性表达的标准，对于游戏中体现出独创性表达的对各设计元素的选择、组合与安排，可以受到著作权法的保护。

［浙江省杭州市中级人民法院(2019)浙01民初1874号，娱美德公司等与盛和公司等著作权侵权及不正当竞争案］

文字作品中的人物形象等要素不同于电影作品或美术作品中的人物形象等，后者借助于可视化手段能够获得更为充分的表达，更容易清晰地被人所感知。而文字作品中的人物形象等要素往往只是作品情节展开的媒介和作者叙述故事的工具，从而难以构成表达本身。只有当人物形象等要素在作品情节展开过程中获得充分而独特的描述，并由此成为作品故事内容本身时，才有可能获得《著作权法》保护。

［上海市浦东新区人民法院(2015)浦民三(知)初字第838号，玄霆公司与先锋出版公司等著作权侵权案］

根据我国《著作权法》的规定，连续的画面既可能构成著作权的客体，也可能成为邻接权的客体，判断其构成哪一种客体类型取决于其是否具有著作权法所要求的独创性。我国《著作权法》意义上的独创性,是指作品系作者独立完成并能体现作者特有的取舍、选择、安排、设计等,即体现作者选择、判断和个性的作品才构成《著作权法》意义上的作品。

[北京市高级人民法院(2020)京民申3362号,高某、邓某欢与优酷公司等著作权侵权案]

2. 戏剧作品

戏剧作品是指以剧本等形式表现的作品。剧本既包括已经写作完成体现在纸质载体或电子载体上的剧本,也包括没有完整体现于载体上而是以口头、动作等行为形成的供舞台演出的剧本。对于后一种形式的剧本,应当以其客观呈现确定其具体内容。

[北京知识产权法院(2019)京73民初1722号,中影华腾公司与光线影业公司等著作权侵权案]

3. 杂技作品

杂技作品以动作为基本元素,技巧也通过具体动作展现,但杂技作品并不保护技巧本身,通常也不保护特定的单个动作,而是保护具有艺术性及独创性的连贯动作的编排设计。

[北京知识产权法院(2019)京73民终2823号,中国杂技团与张某杂技团等著作权侵权案]

立法已明确限定杂技作品系通过形体动作和技巧表现,其并非如视听作品,属于可以涵盖音乐、美术作品等予以整体保护的复合型作品。因此,杂技表演中的配乐、服装及舞台美术设计等,可作为音乐作品、美术作品等分别予以保护,而不应纳入杂技作品的保护范围。

[北京知识产权法院(2019)京73民终2823号,中国杂技团与张某杂技团等著作权侵权案]

4. 美术作品

若实用艺术品满足作品的一般构成要件及美术作品的特殊构成要件,并且其实用性与艺术性在物理上或观念上可以相互分离的,可以作为美术作品受《著作权法》保护。

[重庆自由贸易试验区人民法院(2021)渝0192民初994号,云创公司与卡诗兰公司著作权侵权案]

5. 电影作品与类电作品

网络游戏的整体画面是否属于类电作品至少应当符合两个条件:(1)具有连续动态的图像;(2)能够表达一定的故事情节。游戏元素或者游戏单幅画面具有独创性,不意味着整个游戏画面亦具有类电作品所要求的独创性。

[上海知识产权法院(2020)沪73民终33号,益趣公司与羽盟公司著作权侵权及不正当竞争案]

类电作品的独创性表达可以表现在情节上。对于网络游戏而言,创作者在创作过程中会选择并安排各种不同的元素,一旦玩家进入游戏,这些选择与安排将决定游戏呈现出已设定的情节,进而被玩家或观看游戏者感知。当这些选择与安排即由其决定的情节达到独创性的标准时,便可构成独创性表达,应受《著作权法》的保护。

[浙江省杭州市中级人民法院(2019)浙01民初1874号,娱美德公司等与盛和公司等著作权侵权及不正当竞争案]

电子竞技直播节目的制作能够反映制作者独特构思,体现游戏个性选择和安排,具有独创性,且该节目的画面由一系列有伴音的连续画面组成,可以通过多种途径予以保存,具备有形复制的属性,构成《著作权法》规定的以类似摄制电影的方法创作的作品。

[广州互联网法院(2020)粤0192民初20339号,虎牙公司与斗鱼公司著作权侵权及不正当竞争案]

游戏运行过程中形成的连续画面具有独创性,可借助技术设备复制,由有伴音或无伴音的连续动态画面构成,且人机互动而呈现在游戏画面中的视听表达属于游戏预设范围的,应当认定该连续画面符合以类似摄制电影的方法创作的作品构成要件。

[广州知识产权法院(2020)粤73民终574-589号,腾讯公司与运城阳光公司著作权侵权案]

类电作品是一门综合艺术,但其本质在于画面、声音的衔接,通过各种画面、声音的前后衔接表达某种内容。类电作品的独创性主要并最终体现在画面的衔接与声音的衔接上,包括画面内容的选择、光线的明暗、角度和色度、镜头的切换,以及对所摄制画面的剪接等方面。类电作品应当在画面、声音的衔接等方面反映拍摄者的构思,表达出某种精神内容,体现出一定程度的独创性。

[北京知识产权法院(2019)京 73 民终 3812 号,良心网公司与聚力公司著作权侵权案]

网络游戏在运行过程中呈现出的连续的动态画面,体现出故事情节、玩法规则、技能体系、装备数值、画面美工、配音配乐、界面布局等诸多设计元素的有机组合,蕴含了游戏开发设计者的大量智力成果,体现出游戏开发者富有个性的选择和安排,具备独创性,并可借助计算机等数字播放硬件设备予以传播,可以认定该游戏连续的动态画面构成类电作品。

[深圳市中级人民法院(2019)粤 03 民初 2836 号,腾讯公司与微播视界公司著作权侵权案]

网络游戏连续动态画面是游戏客户端软件调用资源库中的素材,将这些素材有序展现并向用户展现出来的一系列连续的动态影像效果。该画面所呈现的场景表达、游戏角色设定、游戏角色间的互动、整体游戏的故事情节等内容设计,均未超过游戏开发设计者的设定范围的,因此,其著作权应当归属于游戏软件及游戏资源库的创作者。

[深圳市中级人民法院(2019)粤 03 民初 2836 号,腾讯公司与微播视界公司著作权侵权案]

体育赛事直播画面在机位的拍摄角度、镜头的切换、拍摄场景与对象的选择、拍摄画面的选取、剪辑、编排以及画外解说等方面体现了摄像、编导等创作者的个性选择和安排,具有独创性,且其由不同摄像机采集拍摄后进行选择、加工、剪辑及对外实时传送的过程,实质上就是选择、固定并传输赛事节目内容的过程,满足“摄制在一定介质上”的要求,构成类电作品。

[北京知识产权法院(2019)京 73 民终 99 号,央视公司与新感易搜公司著作权侵权案]

6. 建筑作品

建筑物具有审美意义且具有独立于其实用功能的艺术美感的,符合建筑作品的构成要件。在没有相反证据证明在先同类作品否定该建筑物独创性的情况下,应当认定该建筑物属于《著作权法》规定的建筑作品。

[上海知识产权法院(2020)沪73民终187号,华东设计院与都设公司等著作权侵权案]

7. 图形作品

工程设计图系由点、线、面和各种几何图形组成的图纸,对于其中体现了严谨、精确、简洁、和谐与对称的科学之美的,构成图形作品。判断被控侵权图纸与构成图形作品的工程设计图是否构成实质性相似,需要综合考虑前者是否使用了后者的独创性表达,以及该表达是否属于有限表达。

[上海知识产权法院(2020)沪73民终187号,华东设计院与都设公司等著作权侵权案]

判断作品类型的关键在于识别作品中表达的实质特征且不能脱离原告诉请保护的智力成果的特征。当游戏场景地图实质特征在于由点、线、面和各种几何图形组成的空间布局结构,而非最终的美术效果,其空间布局结构向玩家传递了虚拟战场环境信息,符合示意图"说明事物原理或者结构"的特征时,可以作为图形作品中的示意图予以保护。

[广东省高级人民法院(2020)粤民终763号,腾讯公司与畅游云端公司等著作权侵权案]

8. 录像制品

在以机械方式录制他人现场讲座、表演等的过程中,由于对机位的设置、场景的选择、镜头的切换等只进行了简单的调整,或在录制后只对画面、声音进行了简单的剪接等,故创作高度较低,运用通常技能即可完成,不宜认定为构成类电作品,但构成录像制品。

[北京知识产权法院(2019)京73民终3812号,良心网公司与聚力公司著作权侵权案]

在视频的拍摄、录制过程中,完全脱离行为人控制,未体现行为人的选择、判断和个性化表达的视频,不宜认定构成受我国《著作权法》保护的作品。但该视频符合《著作权法实施条例》关于录像制品要求的,可以作为录像制品受到保护。

[北京市高级人民法院(2020)京民申3362号,高某、邓某欢与优酷公司等著作权侵权案]

(三)著作权

1. 署名权

主要利用法人的物质技术条件创作,并由法人承担责任的工程设计图,属于特殊职务作品,其署名权由作者享有。

[上海知识产权法院(2020)沪 73 民终 187 号,华东设计院与都设公司等著作权侵权案]

2. 信息网络传播权

因权利的行使最终通过对受该权利控制的行为的支配来实现,故受信息网络传播权控制的行为,是指以有线或者无线方式向公众提供作品,使公众可以在其个人选定的时间和地点获得作品的行为。一般认为,信息网络传播行为,是一种向公众提供作品的行为,是指将作品、表演、录音录像制品上传到网络服务器、设置共享文件或者利用文件分享软件等方式将其置于信息网络中,使公众可以在个人选定的时间和地点获得作品、表演、录音录像制品的行为。仅将作品上传、存储至网络服务器的行为不属于信息网络传播权所控制的范围。

[北京知识产权法院(2020)京 73 民终 155 号,优酷公司与百度公司著作权侵权案]

教育机构在其开办的网站上面向不特定社会公众使用被控侵权图片,不属于《著作权法》第 22 条第 6 项所规定的“为学校课堂教学或者科学研究”目的且“供教学或者科研人员使用”的合理使用他人作品的情形,构成对著作权人信息网络传播权的侵害。

[江苏省南京市中级人民法院(2019)苏 01 民终 6316 号,优图公司与南京大学著作权侵权案]

破坏技术措施的行为与侵害信息网络传播权的行为是两类不同性质的侵权行为,即使存在通过破坏技术措施的方式设置链接的行为,该行为并不当然等同于侵害信息网络传播权的行为。仅实施破坏技术措施的行为,而未实施将他人作品置于向公众开放的服务器中，则不构成对他人作品信息网络传播权的侵害。

[上海知识产权法院（2018）沪73民终319号，腾讯公司与真彩公司著作权侵权及不正当竞争案]

IPTV经营者通过“IPTV回看”模式在IPTV专网中传播电视频道直播节目，公众只能在电视台及IPTV经营者确定的时间获得上述作品，并非在个人选定的时间获得作品；公众也只能在同时可以接收广播电视信号的IPTV专网及终端中获得该作品，地点受限于可接收广播电视信号的范围，并非在个人选定的地点获得作品。因此，通过“IPTV回看”模式传播电视台的直播作品，不受信息网络传播权的控制。

[杭州市中级人民法院（2019）浙01民终10859号，西藏乐视公司与电信杭州分公司著作权侵权案]

3. 改编权

对电影作品的保护是保护其在连续图像形成中的独创性表达，对电影情节的保护应该从电影画面中剥离出来，还原为对文字作品的保护。仅在宣传文案中使用他人电影作品的情节，不构成对该电影作品改编权的侵害。

[杭州互联网法院（2020）浙0192民初9817号，光线影业公司与瓦力公司等著作权侵权及不正当竞争案]

围绕故事主题展开的特定情节、人物技能、经历、关系等小说元素，能够反映作者独特选择、判断、取舍的，属于《著作权法》保护的表达。游戏开发者未经许可对小说中的前述元素进行组合使用，使得游戏人物等元素与小说具有高度关联性及依存性，与小说中具有独创性的元素构成实质性相似，若根据游戏特性使小说的表现形式有了根本性转变，属于在小说基础上进行再度创作的，构成侵害小说著作权人的改编权。

[北京知识产权法院（2021）京73民终1265号，完美世界公司与玩蟹公司著作权侵权案]

改编权是指行为人在依托、借用和保留在先作品已有的基本表达的基础上，通过一定的智力劳动后所形成的具有新的独创性表达的权利。行为人添加了一定程度的、有别于在先作品的、具有独创性的特有表达要素、表达方式、表达效果后，即便改编作品和在先作品之间仍然存在“实质性相似”的情形，但若改编作品给予普通受众所呈现出的欣赏体验和感受并不完全等同于在先作品，则应认定前述行为属于受改编权控制的改编行为，而非复制行为。

[江苏省高级人民法院(2019)苏民终1410号,曹某华与濮某娟著作权侵权案]

4. 著作权人享有的其他权利

未经著作权人许可,通过信息网络直播电子竞技节目的行为虽然无法纳入《著作权法》第10条第1款第1项至第16项规定的权项所规制的范围,但该行为明显具备可非难性,应当适用《著作权法》第10条第1款第17项规定的“应当由著作权人享有的其他权利”,对该行为进行规制。

[广州互联网法院(2020)粤0192民初20339号,虎牙公司与斗鱼公司著作权侵权及不正当竞争案]

(四)实质性相似

著作权侵权诉讼中美术作品的比对思路应区别于不正当竞争诉讼中包装装潢标识的比对思路。美术作品体现的是作者的独创性,而包装装潢则是通过持续性使用和宣传,发挥区别服务和商品来源的功能。对于美术作品,应当重点关注整体画面所体现的独创性及美感;对于包装装潢,应当重点关注画面、色彩搭配组合而形成的产源识别性,并基于其使用情况判断相近似的包装装潢是否会导致相关公众的混淆误认。

[福建省高级人民法院(2020)闽民终1104号,希海公司与威妮欣公司著作权侵权及不正当竞争案]

比对电视剧本与电视剧是否构成实质性相似,应当首先剔除属于思想范畴的相同历史背景、史实脉络或“标准场景”等,且不能单纯依照两者的直观文字表述为基础及依据进行比对,而应当进一步判断作品之间是否存在改编来源关系,将情节展现作为相似性、关联性判断的基本着眼点,进而比较作者在情节展开中的取舍、选择、安排、设计等是否相似。

[北京市海淀区人民法院(2017)京0108民初43128号,金百星公司与山东卫视等著作权侵权案]

玩家的交互行为会使游戏画面难以穷尽,但是游戏的具体玩法设计是恒定的,不同游戏之间是否会给玩家带来相似的操作体验，关键在于玩法的具体设计是否相似。因此，在对游戏画面难以逐帧进行比对的情况下，可以将游戏玩法具体设计作为游戏的基本表达和是否构成实质性相似的判断方法进行比对。

[广州互联网法院（2019）粤0192民初38509号，娱美德公司等与三七互娱公司等著作权侵权纠纷案]

在包含语言文字、音乐、图画、舞蹈等多种形式形成的不同作品之间进行著作权层面的相似性比对时，应当以外观主义为原则，以广大受众的一般感受为基础，而不能受创作者对作品的个性化理解的限制。

[北京知识产权法院（2019）京73民初1722号，中影华腾公司与光线影业公司等著作权侵权案]

在侵害计算机软件著作权纠纷中，被告拒不提交其计算机软件源代码时，若要推定原、被告的计算机软件构成实质性相似通常还需满足如下前提条件：原告能够举证证明原、被告的计算机软件目标代码相同或者相近似；或者，被告的计算机软件的目标代码存在原告主张权利的计算机软件的特有内容（包括权属标记、设计缺陷）；或者，原告、被告的计算机软件在软件结果（包括软件界面、运行参数、数据库结构）等方面相同或者实质性相似。若原告未能证明上述前提条件，则应视为原告未完成初步举证责任，应承担举证不能的不利后果，而不能直接推定被告的计算机软件与原告的计算机软件构成实质性相似。

[最高人民法院（2020）最高法知民终1705号，宝利通公司与小鱼在家公司等计算机软件著作权侵权案]

在著作权人提交的源代码的完成时间无法确认，且该源代码与涉案目标代码所反映的范围不一致时，应以涉案目标代码、或与涉案目标代码具有同一性且编译后实际进入涉案目标代码的源代码，作为实质性相似判断的比对基础。

[最高人民法院（2020）最高法知民终1705号，宝利通公司与小鱼在家公司等计算机软件著作权侵权案]

(五)著作权侵权

认定是否构成著作权侵权的关键在于,被控侵权作品是否以受专有权利控制的形式使用了权利作品的独创性表达。但如果被控侵权作品中不包含或者去除了权利作品的独创性表达,即使两作品给用户(读者、玩家、欣赏者等)所带来的感观和体验上存在一定共性,仍不构成对权利作品著作权的侵害。

[浙江省杭州市中级人民法院(2019)浙01民初1874号,娱美德公司等与盛和公司等著作权侵权及不正当竞争案]

在对是否侵害表演权的认定中,并非仅对原作不经裁剪的原样照搬才构成抄袭,如未经许可表演的内容与权利作品的部分相对完整的独创性表达构成实质性相似,被诉侵权人存在接触权利作品的可能且排除其系独立创作后,可以认定侵权成立。

[北京知识产权法院(2019)京73民终2823号,中国杂技团与张某杂技团等著作权侵权案]

源代码比对并非计算机软件著作权侵权判断的必备条件和必须环节,计算机软件著作权的侵权判断仍然遵循"接触加实质性相似"的标准。在原告提交的证据能够初步证明侵权成立的情况下,若被告并未提交相反证据或者提交的相反证据不足以推翻侵权认定的,则被告应当承担相应的侵权责任。

[最高人民法院(2020)最高法知民终209号,君意东方公司与东方瑞利公司软件著作权侵权案]

商标专用权虽是由法律授予商标权利人在核定商品或服务上使用其注册商标的权利,但如果这种权利的取得实质上是违反诚实信用原则,违背了公认的商业道德,即便其形式具有合法性,仍不能阻却在先权利人的合法权益。将与他人在先美术作品构成实质性相似的标识作为商标申请注册并使用,构成对他人著作权侵害的,仍应承担停止侵权、赔偿损失的民事责任。

[上海知识产权法院(2021)沪73民终62号,葫芦娃公司与美影厂著作权侵权及不正当竞争案]

(六)侵权抗辩

1. 合理使用

《著作权法》第22条第10项所规定的合理使用的情形,既有对艺术作品的限制,也有对使用行为的限制,且还需要指明作者姓名和作品名称。否则,被诉侵权行为不应被认定为构成合理使用。

[北京市高级人民法院(2020)京民申5203号,华谊兄弟与非诚勿扰婚介所等著作权侵权案]

2. 合法来源

《著作权法》规定的"合法来源"并非指著作权权利具有合法来源,而是指有体复制件商品具有合法来源,因此,主张合法来源抗辩的主体限于作品发行者及出租者,不应扩张解释至作品著作权的被许可人或受让人。

[上海知识产权法院(2019)沪73民终312号,初某璐与包图公司著作权侵权案]

(七)民事责任

1. 网络服务提供者责任

网络服务提供者在接到权利人投诉通知后,针对侵权行为是否"及时"采取了必要措施,应当根据最终的实际效果进行判断,即网络服务提供者在其能力范围内采取相应措施后,是否仍存在较为严重的侵权和较为明显的损害后果。

[北京知识产权法院(2020)京73民终155号,优酷公司与百度公司著作权侵权案]

收到权利人通知后及时断开侵权链接是网络服务提供者免于承担侵权责任的

必要条件,而非充分条件。除及时断开链接外,网络服务提供者还应基于其所提供服务的性质、方式、引发侵权可能性的大小以及其所具备的信息管理能力,积极采取其他合理措施制止侵权行为。

[北京知识产权法院(2020)京73民终155号,优酷公司与百度公司著作权侵权案]

权利人向网络服务提供者发送的侵权预警函应当符合一定条件:第一,提供有效的权属证据;第二,对侵权可能发生的范围以及要求网络服务提供者协助的行为进行合理的限定;第三,预警函的发送时间和途径等应当合理,给予网络服务提供者判断和响应的时间。

[北京知识产权法院(2019)京73民终3019号,新浪公司与华多公司著作权侵权案]

权利义务具有对等性,对于未实施主动行为,仅提供中立技术服务并基于服务产生收益的网络服务提供者,其应尽到的义务也应是基于合格的通知和说明,及时采取断开、恢复相应服务以及交换材料的义务。只有网络服务提供者脱离中立技术服务范围、采取了超出服务应有范围的行为,实质参与内容提供行为或产生服务收益外的内容收益时,又或是网络服务提供者未提供合理、适时的协助、转递条件时,抑或是存在其他特殊情况时,才应承担与脱离中立技术服务范围程度相适应的扩张之义务,或基于未提供协助、转递条件,或需要处理其他特殊情况而产生的替代义务。

[北京知识产权法院(2019)京73民终3019号,新浪公司与华多公司著作权侵权案]

直播平台经营者与主播深入合作,且从成果中直接获取各项权益,对于主播上传及传播侵权视频持默许与鼓励态度的,应当对侵权行为承担责任。

[广州互联网法院(2020)粤0192民初20339号,虎牙公司与斗鱼公司著作权侵权及不正当竞争案]

网络服务提供者与用户签订协议,约定由其用户制作并上传包含他人作品的视频,由网络服务提供者负责相关商业运营,双方共享收益的,二者属于以分工合作等方式共同提供作品。该作品构成侵权的,网络服务提供者与用户构成共同侵权,应当承担连带责任。

[广州知识产权法院(2020)粤73民终574－589号,腾讯公司与运城阳光公司

著作权侵权案]

网络直播平台的服务方式包括平台服务方式和主播签约方式，应当根据网络直播平台提供的服务方式确定其侵权责任。若网络直播平台仅提供直播平台服务时，其性质为网络直播技术服务提供者，应当适用一般注意义务；若网络直播平台提供签约主播直播服务时，根据网络直播平台对签约主播的分工以及网络主播参与内容选择的程度，网络直播平台的性质是网络直播内容提供者，或与网络主播分工合作共同提供内容，网络直播平台均应当对网络主播直播中发生的侵权行为承担法律责任。

[北京知识产权法院(2020)京73民终2905号，麒麟童公司与斗鱼公司著作权侵权案]

2. 损害赔偿

权利人怠于行使权利，使得因侵权行为所造成的损失进一步扩大的，权利人对该损失扩大部分亦有过错，并应相应减轻侵权人的赔偿责任。

[广州互联网法院(2020)粤0192民初46551号，林某南与科特公司著作权侵权案]

侵权人与被侵权人在先在调解协议中就再次发生侵权行为时的侵权责任方式、赔偿数额等达成调解协议并经司法确认的，该调解协议合法有效。如果侵权人再次实施的侵权行为属于在先调解协议约定的范围，可以结合权利类型、侵权情节、主观过错等因素，按照在先调解协议约定的赔偿额确定侵权赔偿数额。

[北京互联网法院(2020)京0491民初2853号，万达公司与淘淘智汇公司著作权侵权案]

融资与侵权违法所得属于不同的概念，是否获得融资以及融资规模大小与侵权违法所得之间不具备必然联系，无法直接作为计算侵权获利的依据。但与融资相关的证据可以从一定层面反映企业的规模和相关业务的发展程度，可以作为酌定法定赔偿的考虑因素。

[最高人民法院(2020)最高法知民终1705号，宝利通公司与小鱼在家公司等计算机软件著作权侵权案]

裁量性赔偿是在当事人无法举证证明权利人损失或侵权人违法所得数额，但有证据证明上述数额明显超出法定赔偿限额的情况下，根据案件具体情况在法定赔偿额之外确定赔偿数额的一种方法。因此,适用裁量性赔偿方法应当遵循一定的适用顺序,在无法计算权利人实际损失或侵权人违法所得的情况下,可以裁量确定赔偿数额。

[浙江省高级人民法院(2020)浙民终 1014 号,恺英公司等与仙峰公司著作权侵权案]

在确定侵权人因侵害他人作品著作权的违法所得时,通常可以采取"违法所得=总流水收入×利润率×综合贡献率"的公式计算。在确定综合贡献率时,应当考虑侵权内容在被诉侵权作品整体收益中所占的比例,以及侵权内容与权利作品相似程度的比例。当权利作品是演绎作品时,由于演绎作品的权利人仅有权在演绎作品独创性范围内禁止他人未经授权使用其作品并要求赔偿,故在计算损害赔偿时,应当剔除演绎作品中包含的原创作品的独创性部分,仅就演绎作品中具有独创性贡献的部分占全部作品的比例进行计算。

[浙江省高级人民法院(2020)浙民终 1014 号,恺英公司等与仙峰公司著作权侵权案]

(八)其　他

著佐权(Copyleft)是一种利用现有著作权体制来保护所有用户和二次开发者的自由的授权方式。在自由软件授权方式中增加著佐权条款之后,该自由软件除了允许用户自由使用、散布、修改之外,更要求用户修改后的衍生作品必须要以同等的授权方式向其他用户公开。项目管理者等权利人无权在具有著佐权条款的协议中加入限制用户范围的商业使用限制保留条款。

[广州知识产权法院(2019)粤 73 知民初 207 号,罗盒公司与玩友公司等计算机软件著作权侵权案]

对于在逻辑上与开源代码有关联性且整体发布的衍生作品,只要其中一部分适用了 GPLV3 协议发布,则整个衍生作品均应适用 GPLV3 协议而公开。

[广州知识产权法院(2019)粤 73 知民初 207 号,罗盒公司与玩友公司等计算机软件著作权侵权案]

五、不正当竞争类

(一)一般性规定

1. 一般条款的具体适用

适用《反不正当竞争法》第2条归责不正当竞争行为应具备以下条件:(1)法律对该种竞争行为未作出特别规定;(2)其他经营者的合法权益确因该竞争行为受到了实际损害;(3)该种竞争行为因确属违反诚实信用原则和公认的商业道德而具有不正当性或可责性。

[北京知识产权法院(2021)京73民终511号,酷溜网公司与剑圣公司等不正当竞争纠纷案]

适用《反不正当竞争法》第2条认定某一行为是否属于不正当竞争行为时应具备以下条件:(1)法律对该种竞争行为未作出特别规定;(2)反不正当竞争法保护的法益因被诉行为受到实际损害;(3)该竞争行为确因违反诚实信用原则和公认的商业道德而具有不正当性和可责性。

[上海市浦东新区人民法院(2020)沪0115民初3814号,鸿云公司与百度公司等不正当竞争纠纷案]

适用《反不正当竞争法》第2条判定某一行为的损害时,须就公共利益(市场秩序)、经营者利益和消费者利益的"三元叠加"法益进行综合考量。

[上海市浦东新区人民法院(2020)沪0115民初3814号,鸿云公司与百度公司等不正当竞争纠纷案]

经营者提供的商品或服务在来源上依附于其他经营者,但既缺乏该经营者的合法授权,又不当地损害了该经营者的合法权益,同时扰乱了市场竞争秩序,对社会整体福利并无增益,并将损害消费者的长远利益,则该行为违反了《反不正当竞争法》第2条的规定,构成不正当竞争。

[北京市海淀区人民法院(2017)京0108民初24530号,微梦公司与字节跳动公司不正当竞争纠纷案]

2. 诚信原则和商业道德

无论是自行申请商标注册,还是对他人申请注册的商标提出异议或是对他人已注册商标请求宣告无效,都是商标法律制度赋予商业主体取得和维护其商标权益的程序安排,但商业主体必须依法正当行使其相关权利,不得借助表面合法的形式以达成其实质违法的目的。商业主体恶意抢注、滥用商标异议、商标权无效宣告等程序,设置障碍配合其他侵权行为干扰其他商业主体正常经营活动的,违反了《反不正当竞争法》第2条的规定,应当认定构成不正当竞争。

[上海市闵行区人民法院(2017)沪0112民初26614号,碧然德公司等与康点公司商标侵权及不正当竞争案]

应用软件通过盗播热门影视剧的非法手段,大量吸引用户并发展具有上下线关系的用户群,抽取用户"津贴"赚取非法利益,不仅损害了权利人的合法权益,还违反了互联网行业公认的商业道德,破坏了互联网行业健康、绿色、有序的市场秩序,构成不正当竞争。

[天津市第三中级人民法院(2019)津03知民初652号,腾讯公司与隆耀公司商标侵权及不正当竞争案]

在适用《反不正当竞争法》第2条的规定时,不能仅以当事人利益受到损害,即认定涉案行为具有不正当性,还需证明涉案行为对市场竞争秩序、消费者合法权益造成了损害,进而违反"商业道德"。对此,竞争行为是否具有不正当性应以是否违反公认的商业道德为标准,而不应以传统的社会公德、生活道德为标准进行评价。

[北京市高级人民法院(2019)京民终567号,小源公司与泰迪熊公司不正当竞争案]

3. 合法权益

《反不正当竞争法》不是权益保护法,对互联网行业的竞争行为进行规制时不应过多考虑静态利益和商业成果,而应立足于竞争手段的正当性和竞争机制的健全性,更多考虑市场竞争的根本目标。对于网站经营者通过robots协议限制其他网站网络机器人抓取的行为,不应作为一种互联网经营模式进行绝对化的合法性判断,而应结合robots协议设置方与被限制方所处的经营领域和经营内容、被限制的网络机器人应用场景、robots协议的设置对其他经营者、消费者以及竞争秩序的影响等多种因素进行综合判断。

[北京市高级人民法院(2021)京民终281号,微梦创科与字节跳动不正当竞争案]

经营者投入经营资源和服务之后而最终形成的成果,能满足社会公众的相关需求,增加了消费者的福利,本质上是一种竞争性权益。如果该权益并未在相关知识产权专门法或《反不正当竞争法》第二章中被具体列明,亦应属于《反不正当竞争法》第2条所保护的合法权益。

[北京市海淀区人民法院(2017)京0108民初24530号,微梦公司与字节跳动公司不正当竞争纠纷案]

(二)仿冒混淆

1. 有一定影响的标识/商品

人民法院认定知名商品,应当考虑该商品的销售时间、销售区域、销售额和销售对象,进行任何宣传的持续时间、程度和地域范围,作为知名商品受保护的情况等因素,进行综合判断。知名商品并不要求在所有的市场内或者全部社会公众中都达到知名的程度,而只要求在该商品的相关公众中具有知名度。知名商品亦不要求已经获得过驰名商标或经过其他知名商品的认定,而是应根据在案现有证据,判断相关公众对其是否知悉。

[杭州铁路运输法院(2016)浙8601民初296号,新百伦贸易公司与新百伦体育公司等商标侵权及不正当竞争案]

判断是否构成《反不正当竞争法》中有一定影响的商业标识,关键在于判断在相关公众中,该商业标识与其权益主张者之间是否已经产生稳定联系,是否以该商业标识作为识别相应商品或服务来源于其权益主张者的依据。在经济和信息全球化、资讯和互通极为发达、不同商业模式层出不穷的今天,判断此种联系是否已经建立,不能固守传统市场环境中的考量要素,机械地要求以主动进入某一地域市场、在该地域市场内持续经营或宣传达一定时间、经营规模达一定量级为衡量标准,相反,"地毯式铺店"与"饥饿营销"、独立经营与联名经营、线下销售与网络销售等商业模式均可能产生此种联系,各类媒体主动通过纸质、网络等媒介所作的报道、宣传均可作为此种联系已经形成的证据。

[浙江省杭州市中级人民法院(2019)浙 01 民初 4193 号,章节四公司与皎奢公司等商标侵权及不正当竞争纠纷案]

对有一定影响商品的认定,应当考虑该商品的销售时间、销售区域、销售额和销售对象,以及进行任何宣传的持续时间、程度和地域范围,作为有一定影响商品受保护的情况等因素,进行综合判断。而且,商品只需在一定地区有一定影响即可受到《反不正当竞争法》的保护。

[湖南省长沙市天心区人民法院(2020)湘 0103 民初 8252 号,茶悦公司与洛旗公司等不正当竞争案]

在依据《反不正当竞争法》第 6 条审查商品名称是否"有一定影响"时,应当参照《商标法》关于商标显著性审查因素的规定,结合商品使用该名称的持续时间,商品销售的区域和数额,该商品名称宣传的持续时间、程度和地理范围,相关公众对于商品名称的知晓程度以及商品名称的受保护记录等因素进行综合考量。

[广州知识产权法院(2020)粤 73 民终 2289 号,星辉公司与正凯公司等不正当竞争纠纷案]

2. 相同或近似标识的使用

《反不正当竞争法》第 6 条第 1 项对于仿冒混淆行为的规制对象并无明确限定,不应将该条文中的"使用"与《商标法》第 57 条第 1 项及第 2 项规定中"使用"行为作等同理解,否则将无法规制经营者销售仿冒商业标识商品的行为。因此,销售擅自使用与他人有一定影响的商品名称、包装、装潢等相同或者近似标识商品的,仍然属于《反不正当竞争法》第 6 条第 1 项所规制的不正当竞争行为。

[浙江省高级人民法院(2021)浙民终 291 号,章节四公司与皎奢公司等商标侵权案]

知名商品特有名称在一定意义上起到未注册商标的商业标识作用,故在判断被诉侵权行为是否属于擅自使用知名商品特有名称的不正当竞争行为时,首先需要审查被诉侵权行为是否将相关标识作为商业标识使用。只有行为人实施了将相关标识作为商业标识使用的行为,才有将相关标识作为知名商品特有名称进行保护的必要。

[上海市浦东新区人民法院(2015)浦民三(知)初字第 838 号,玄霆公司与先锋出版公司等著作权侵权案]

3. 商品的名称、包装、装潢

将他人有一定影响的商品名称中的核心部分作为自己在售商品名称中的一部分进行宣传引流，从而不合理地获取并增加己方商业机会，减少他人商业机会的，构成不正当竞争。

[福建省高级人民法院(2020)闽民终1101号，盈趣公司等与沃太公司等不正当竞争案]

擅自使用与他人有一定影响的商品名称相同或近似的网络搜索关键词，进行有偿推广，容易导致相关公众产生混淆、误认的，构成不正当竞争。

[上海知识产权法院(2020)沪73民终565号，小罐公司与小笋公司等不正当竞争案]

对于注重现场选购、等待生产、一次消费完，又体现一定文化元素的实物商品，一般包装已无法起到传递商品信息、表现商品特色，进而宣传商品、美化商品、促进销售的作用，唯有具有美化和识别商品的文字、图案、色彩及其排列组合而形成的整体营业形象，才能起到表现商品特色，达到宣传商品、美化商品和促进销售的作用。这些能促成整体营业形象的元素组合以及经营场所的独特整体形象属于《反不正当竞争法》第6条第1项规定的“装潢”。

[湖南省长沙市天心区人民法院(2020)湘0103民初8252号，茶悦公司与洛旗公司等不正当竞争案]

具有美化商品作用、外部可视的装饰通常都属于装潢。App图标与有形器物的外部装饰等传统意义上的装潢一样，均为经营主体在商业活动中使用的、由特定元素构成的商业外观，目的是美化商品与区分产源，可以认定为《反不正当竞争法》第6条第1项规定的“装潢”。

[北京市朝阳区人民法院(2020)京0105民初68166号，新氧公司与完美公司等不正当竞争纠纷案]

装潢之所以能够受到《反不正当竞争法》的保护，本质上在于其具有区别性特征并具有一定影响力，从而能够发挥识别服务来源的作用。装潢是否达到足以识别服务来源的程度，应当从装潢本身的设计情况和使用宣传情况综合考虑，即装潢是否存在区别性特征的设计，是否经过大量推广和使用后在市场上具有一定知名度、客观上能独立起到识别服务来源的作用。

[北京市朝阳区人民法院(2020)京0105民初68166号,新氧公司与完美公司等不正当竞争纠纷案]

判断装潢是否近似,应以相关公众的一般注意力为标准,在隔离观察的情况下,通过比较装潢的整体和主要部分,对是否构成近似进行综合判断。相关公众施加一般注意力容易产生混淆误认的,应认为构成近似的装潢。

[北京市朝阳区人民法院(2020)京0105民初68166号,新氧公司与完美公司等不正当竞争纠纷案]

知名网络游戏的名称具备足以区别商品来源的显著性的,可以认定该游戏名称构成知名商品的特有名称。游戏界面构成与游戏元素紧密结合,通过色彩、线条、图案及构图形成独特风格,相关公众接触到该界面时能够建立起与该游戏的联系,具备足以区别商品来源的显著性的,可以认定该游戏界面构成知名商品的特有装潢。

[广东省高级人民法院(2016)粤民终1775号,暴雪公司等与动景公司等不正当竞争案]

《反不正当竞争法》所保护的商品包装装潢,不仅指为识别与美化商品而在商品或者其包装上附加文字、图案、色彩及其各元素的排列组合,还包括属于商品本体但具有装饰作用的物品整体或者局部外观构造,但由商品自身的性质产生的形状、为获得技术效果而具有的商品形状以及使商品具有实质性价值的形状除外,其主旨实质上是通过商品装潢所具有的显著性特征,起到区别商品来源的作用,防止产生市场混淆,从而保护该商品装潢上积累的经营者商誉。

[北京知识产权法院(2019)京73民终2033号,路虎公司与江铃公司等不正当竞争案]

在隔离比对的状态下,被诉包装、装潢与他人具有显著性和较高知名度的包装、装潢在整体和主要部分上构成近似,相关公众施以一般注意力容易产生混淆、误认的,构成不正当竞争。

[上海知识产权法院(2020)沪73民终565号,小罐公司与小笋公司等不正当竞争案]

4. 企业名称

明知他人注册商标具有较高知名度,仍将他人注册商标作为企业字号使用,从事与他人相同或类似的商品或服务经营，容易导致相关公众对商品或服务来源产生混淆、误认，或误认为二者存在特定联系的，构成不正当竞争，并可就此判决变更企业名称。

［浙江省杭州市中级人民法院(2019)浙01民初412号，惠氏公司等与广州惠氏公司等商标侵权案］

注册商标核准注册日期虽然晚于同业竞争企业成立日期，但该注册商标在核准注册前已达到驰名程度，同业竞争企业对此应当知晓却仍将该商标显著识别部分登记为企业字号，并在商业活动中予以使用，主观上具有攀附该注册商标的故意，客观上容易导致相关公众的混淆、误认，构成不正当竞争，应当变更企业名称且变更后的企业名称中不得包含该商标的显著识别部分。

［北京市高级人民法院(2021)京民终490号，大陆马牌公司与马牌江西公司等商标侵权及不正当竞争案］

权利人与使用相同字号的前身等主体之间存在紧密的承继关系，权利人使用其字号的时间应追溯至其前身使用该字号之时。

［最高人民法院(2021)最高法民再3号，华联公司与肥城市华联公司等商标侵权案］

受《反不正当竞争法》保护的企业名称，特别是字号，是区别不同市场主体的商业标识，本质上属于一种财产权益，可由后来者承继。老字号通过经营所形成的美誉度与其早年经营者相联系，即使该早年经营者已较长时间未实体经营该字号，但在该字号仍具有识别商品来源的作用，其所享有的历史商誉、知名度以及潜在的商业价值仍持续存在的情况下，应当受到《反不正当竞争法》的保护。

［北京知识产权法院(2020)京73民终3501号，京饮华天公司与海缘阁公司不正当竞争案］

企业在注册成立时将其股东字号作为企业名称的一部分并获得该股东认可的，则该企业对企业名称的注册及使用为善意。但如果在企业宣传、产品销售及推广等经营活动中擅自将该字号突出使用，容易导致相关公众混淆、误认的，违反《反不正当竞争法》第6条第2项的规定，构成不正当竞争。

［江苏省南京市中级人民法院(2021)苏01民终434号，南京同仁堂药业公司与南京同仁堂生物科技公司等不正当竞争案］

中国企业的企业名称系经我国行政机关依法登记取得，外国企业的企业名称需在中国境内进行商业使用并具有一定知名度才能获得保护。无论是中国企业还是外国企业的企业名称均具有专有属性,不得许可其他主体使用,故对通过授权获得其他主体企业字号使用权的主张不予支持。

[北京知识产权法院(2020)京 73 民终 722 号,新百伦公司与广州新百伦等不正当竞争案]

5. 其他仿冒混淆

经营者在招投标活动中,伪造其他经营者的授权书,使招标单位产生两者之间存在较强关联关系的误认,构成《反不正当竞争法》第 6 条第 4 项所规制的情形。

[陕西省高级人民法院(2021)陕知民终 4 号,东莞兆生公司与陕西兆意公司等不正当竞争纠纷案]

(三)商业诋毁

基于客观存在的事实可分为真实、虚假和未定论三种状态。如果经营者对于未定论的事实,没有客观公允地表述其"未定论"的状态,而是故意将未定论的状态作为已经定论的事实进行宣传散布,误导公众产生误解,造成竞争对手商誉贬损的,属于捏造、散布虚假事实的行为,构成商业诋毁。

[浙江省高级人民法院(2021)浙民终 250 号,苏泊尔公司与巴赫公司等不正当竞争纠纷案]

判断是否构成商业诋毁的关键在于经营者是否通过虚假信息或者误导性信息使消费者产生认知偏差,侵害其知情权并影响其消费选择,扰乱正常的市场竞争秩序。

[广东省高级人民法院(2021)粤民终 382 号,吕某等与影儿公司商业诋毁案]

误导性信息不侧重于言论在客观事实上真实与否,而侧重于其表述的内容和方式是否足以导致相关受众的误解,并应当以一般消费者的认知为认定标准。对于一般消费者的认知,可基于信息的内容、表述的方式以及传播的特点等客观因素综合分析确定。

［广东省高级人民法院(2021)粤民终382号，吕某等与影儿公司商业诋毁案］

商业言论因受经济利益驱动，难免带有贬低竞争对手以抬高自身从而追求更大的商业利益的倾向。对于商业言论，应赋予经营者更高程度的注意义务。例如，对于在公众平台上发表尚无定论的内容贬低竞争对手、使得相关公众产生认知偏差、损害竞争对手商业信誉的商业言论，构成商业诋毁。

［广东省高级人民法院(2021)粤民终382号，吕某等与影儿公司商业诋毁案］

虚假信息或者误导性信息，需要结合具体案情，根据日常生活经验，以相关公众的一般注意力和客观事实作为标准来评判该信息是否真实、是否片面、是否有歧义，进而是否容易使相关公众产生误解。当该信息足以使相关公众对相关产品产生误解，降低对竞争对手的商业信誉或者商品声誉的评价，进而影响消费者的决定时，构成法律规定的商业诋毁。

［重庆市第一中级人民法院(2020)渝01民初755号，小米公司与天极公司不正当竞争案］

(四)侵害商业秘密

1. 秘密性

判断涉案客户信息是否具有经营秘密的秘密性，可从客户信息的内容、客户数量和客户交易的稳定性三方面综合考量。关于客户信息的内容，可以考虑涉案客户信息除包括基础信息外，是否还包括客户需求习惯、客户交易习惯及市场信息等不易从公开渠道获取的深度信息；关于客户信息的客户数量，可以考虑构成涉案客户信息的客户数量的多少，是否具有不易集中从公开渠道获取的特点；关于客户交易的稳定性，可以考虑权利人与涉案客户信息所涵盖的客户之间的交易数量的多少、交易时间的长短、交易对象是否稳定、信息动态是否持续更新等因素。在涉案客户信息除包括客户名称、地址、客户对接人员联系方式等基础信息外，还包括客户的交易习惯、意向、内容等不易从公开渠道获取的深度信息，且汇集了众多客户并保持长期稳定交易关系的情形下，可以认定涉案客户信息具备秘密性。

［最高人民法院(2020)最高法知民终726号，瑞昌公司与明远公司等商业秘密

侵权案]

2. 举证责任分配

在商业秘密权利人客观上无能力收集到证明其主张的待证事实的证据,但已经穷尽方法提供证据,初步证明了待证事实具有一定可能性的情形下,若被诉侵权人持有证明该待证事实的直接证据,但无正当理由拒不提供的,构成举证妨碍,法院可以据此推定权利人主张的待证事实成立。

[广东省高级人民法院(2019)粤知民终 457 号,仟游公司等与徐某等侵害技术秘密纠纷案]

3. 侵害商业秘密的行为

被诉侵权人在生产经营活动中直接使用商业秘密,对商业秘密进行修改或改进后使用,或者根据商业秘密调整、优化、改进有关生产经营活动的,一般应当认定为使用商业秘密。若被诉侵权产品与涉案技术秘密之间的差异是因被诉侵权人在获取涉案技术秘密后进行规避性或者适应性修改所导致的,则依然构成使用涉案技术秘密。

[最高人民法院(2020)最高法知民终 1667 号,中华化工公司等与王龙集团等侵害技术秘密纠纷案]

在侵害经营秘密案件中认定离职员工是否侵犯客户信息时,不仅要考虑该员工是否有接触客户信息的条件,还要考虑该员工的行为是否具有不正当性。对于离职员工因本职工作正常获得的客户信息,除非原单位能够证明该员工或其所在新单位使用原单位的客户信息获取竞争优势具有不正当性,否则该员工或其所在新单位使用该客户信息的行为并不当然具有违法性。

[最高人民法院(2020)最高法知民终 726 号,瑞昌公司与明远公司等商业秘密侵权案]

公司明知或应知其隐名股东的商业秘密违法行为,仍获取、使用或者披露该商业秘密的,视为侵犯商业秘密。

[浙江省宁波市中级人民法院(2020)浙 02 行终 293 号,三泉公司与余姚市监局等侵害商业秘密行政处罚案]

4. 民事责任

在认定侵犯商业秘密罪中权利人的经济损失时,应审查商业秘密的非公知性司法鉴定意见与佐证权利人经济损失的司法会计鉴定意见之间的关联性,以及该两项鉴定意见与案件待证事实之间的关联性。对于上述缺乏关联性的部分,不应在经济损失的计算中予以考虑。

[广东省惠州市中级人民法院(2018)粤13刑终361号,林某翔等侵犯商业秘密罪刑事案]

游戏服务器源代码类商业秘密易于复制,即使判令销毁仍难以阻止再次侵害商业秘密的,同时结合考虑被诉侵权人存在主观恶意、不正当行为蓄谋已久等事实,应当在酌定赔偿金额时考量施予被诉侵权人适当威慑这一因素。

[广东省高级人民法院(2019)粤知民终457号,仟游公司等与徐某等侵害技术秘密纠纷案]

在被诉侵权人应承担侵害客户信息的民事责任时,关于是否判决其停止侵害,应考虑是否存在必要性和时效性。若被诉侵权人在审理期间已经不再处于合同约定的保密义务期限,涉案客户信息的价值和竞争优势随着时间推移和市场供需关系变化随之减弱,且判令支付赔偿金额已足以弥补权利人因经营秘密被侵害造成的经济损失,则判决停止侵害已失去必要性和时效性,对该停止侵害的诉讼请求可不予支持。

[最高人民法院(2020)最高法知民终726号,瑞昌公司与明远公司等商业秘密侵权案]

公司员工为公司利益和公司股东利益所做的经营、管理行为系职务行为,相应法律后果应由公司承担。

[浙江省宁波市中级人民法院(2020)浙02行终293号,三泉公司与余姚市监局等侵害商业秘密行政处罚案]

如果被诉侵权人系为实施涉案技术秘密而专门成立的公司,其成立及存在的目的即为实施涉案技术秘密以生产侵权产品,则该被诉侵权人属于以侵权为业的侵权人。

[最高人民法院(2020)最高法知民终1667号,中华化工公司等与王龙集团等侵害技术秘密纠纷案]

在确定侵害技术秘密的损害赔偿数额时,可以综合考虑涉案技术秘密的商业价值、被诉侵权人获取涉案技术秘密手段的恶劣程度、非法获取及使用涉案技术秘密的数量、侵害涉案技术秘密的恶意程度、被诉侵权人是否系以侵权为业、侵害涉案技术秘密行为对相关市场造成的影响、是否存在举证妨碍和不诚信诉讼等情节、是否拒绝执行法院生效行为保全裁定等因素,并对侵权恶意较深、侵权情节恶劣、不诚信诉讼的被诉侵权人,以销售利润计算损害赔偿数额。

[最高人民法院(2020)最高法知民终 1667 号,中华化工公司等与王龙集团等侵害技术秘密纠纷案]

(五)“互联网专条”规制的不正当竞争行为

构成《反不正当竞争法》第 12 条第 2 款中“妨碍、破坏其他经营者合法提供的网络产品或者服务正常运行的行为”,需要被告的不正当竞争行为本身对原告的网络产品或服务的正常运行造成妨碍或者破坏,例如导致原告网络产品或服务的某项功能失灵、设置的权限被攻破、无法正常展现或运行等。如果被告的不正当竞争行为仅仅是通过技术手段导致原告的流量被劫持、用户可能流失、潜在商业机会被抢夺等,但并未对原告的网络产品或服务的正常运行造成妨碍或破坏,则不属于《反不正当竞争法》第 12 条第 2 款第 4 项规定的情形。

[北京市海淀区人民法院(2020)京 0108 民初 26546 号,百度公司与湖南林枫公司等不正当竞争案]

不属于利用技术手段主动、强行在他人网站中“插入链接、强制进行目标跳转”,去影响用户选择的情形,不应适用《反不正当竞争法》第 12 条第 2 款第 1 项的规定。

[北京知识产权法院(2021)京 73 民终 1092 号,智联公司等与魔方公司不正当竞争案]

不属于利用技术手段实施的妨碍、破坏其他经营者合法提供的网络产品或者服务正常运行的行为,不应适用《反不正当竞争法》第 12 条第 2 款第 4 项的规定。

[北京知识产权法院(2021)京 73 民终 1092 号,智联公司等与魔方公司不正当竞争案]

网络平台公司设置访问权限的数据属于网络平台中的非公开数据,未设定访问权限的数据属于网络平台中的公开数据。网络爬虫等技术手段虽系自动抓取网络数据的程序或脚本，但如其遵守通用的技术规则，则其与通过用户浏览的方式获取公开数据的行为本质相同，亦可以访问获取网络平台的公开数据。在无其他合理理由的情形下，不应将通过网络爬虫等自动化程序获取公开数据的行为认定为不正当竞争行为。但通过网络爬虫等自动化程序破坏或绕开网络平台公司设置的访问权限，获取非公开数据的行为应认定为不正当竞争行为。

[北京知识产权法院(2019)京73民终3789号，蚁坊公司与微梦公司不正当竞争纠纷案]

（六）《反不正当竞争法》与知识产权专门法的关系

违反诚实信用和商业道德，以及行为结果对于经营者利益、消费者权益及竞争秩序造成之影响角度，加以综合考察、评判。

[上海市徐汇区人民法院(2019)沪0104民初13056号，班提公司等与卡思黛乐公司等商标侵权及不正当竞争纠纷案]

知识产权专门法和《反不正当竞争法》的基本政策是，自由竞争、模仿自由和公有领域是原则，纳入著作权等专有权及反不正当竞争法保护的属于例外。通过《反不正当竞争法》进行保护不能抵触知识产权专门法的立法政策，在知识产权专门法之外通过《反不正当竞争法》进行补充保护必须有不足以正常保护的其他因素与依据。

[广州互联网法院(2019)粤0192民初38509号，娱美德公司等与三七互娱公司等著作权侵权纠纷案]

文字作品中人物形象等要素即使不受《著作权法》的保护，但在读者群体中，当该人物形象等要素与作品之间已经建立起了较为稳定的联系，具备了特定的指代和识别功能，其整体仍有可能受到《反不正当竞争法》的保护。

[上海市浦东新区人民法院(2015)浦民三(知)初字第838号，玄霆公司与先锋出版公司等著作权侵权案]

六、垄断类

（一）管　辖

我国《反垄断法》明确规定了域外适用原则，即垄断纠纷案件的管辖可以以被诉垄断行为产生排除、限制竞争影响的结果地作为管辖连结点，若被诉垄断行为在中国市场产生了排除、限制竞争效果，则中国法院对此具有管辖权。

［最高人民法院（2020）最高法知民辖终392号，OPPO与西斯威尔垄断纠纷管辖权异议案］

在管辖权异议案件中，人民法院只需审理与建立案件管辖连结点相关的事实。如果与建立管辖连结点相关的事实同时涉及案件实体争议内容的，只需审查案件初步证据是否能够证明一个可争辩的管辖连结点事实即可，一般不对案件实体争议内容作出明确认定。

［最高人民法院（2020）最高法知民辖终392号，OPPO与西斯威尔垄断纠纷管辖权异议案］

如果专利权人在中国以外的国家或地区对专利实施者提起的专利侵权诉讼可能对该专利实施者参与中国相关市场的竞争造成直接、实质、显著的排除与限制竞争效果，则该专利实施者在中国的住所地可以作为垄断纠纷的侵权结果发生地，该住所地法院对该垄断纠纷具有管辖权。

［最高人民法院（2020）最高法知民辖终392号，OPPO与西斯威尔垄断纠纷管辖权异议案］

（二）相关市场

在界定相关市场时，下游产品市场消费者选择产品的市场传导，将直接影响上游技术市场的供需关系。假如下游产品易被其他竞争产品替代,则技术上需求者可以放弃该产品的产销而进行其他替代竞争产品的产销,以满足同一类消费者需求。故下游产品易被其他竞争产品替代时,不仅应把该竞争性产品纳入下游相关商品市场考量范围,还应把相应竞争产品应用技术纳入上游相关技术市场考量范围。

[宁波市中级人民法院(2014)浙甬知初字第579号,科田公司与日立金属垄断案]

"必需设施"原则类似于"相关市场"的界定,均是反垄断分析判定中的一种可选手段而非目的,均需在个案中具体判定是否引入该手段。通常,必需设施须具备下列五个要件:(1)该设施对于其他经营者参与竞争是必不可少的;(2)独占者控制了该必需设施;(3)竞争者不能在合理努力的范围内再复制同样的设施;(4)独占者不合理地拒绝竞争者利用该必需设施;(5)独占者提供该必需设施是可能的。但在知识产权领域应非常审慎适用"必需设施"原则,除上述五要件外,还应考量拒绝许可是否会将导致相关市场的竞争或者创新受到不利影响,并损害消费者利益或公共利益。

[宁波市中级人民法院(2014)浙甬知初字第579号,科田公司与日立金属垄断案]

(三)滥用市场支配地位

1.市场支配地位

拥有知识产权并不必然产生反垄断法意义上的市场支配地位。在行使知识产权过程中,对市场支配地位的判断核心仍是经营者在相关市场内是否获得了控制商品价格等交易条件,从而排除、限制竞争的能力,并附加考虑知识产权的特点。

[宁波市中级人民法院(2014)浙甬知初字第579号,科田公司与日立金属垄断案]

当经营者的知识产权占据技术的核心结点,拒绝许可将实质性排除其他经营者进入上游技术市场,从而可能在上游技术市场产生反竞争后果,不利于创新。当知识产权成为进入下游商品市场的必需设施,该拒绝许可还将有可能实质性地限制或者排除了下游市场的竞争,并进而有可能损害消费者利益或者社会公共利益。

[宁波市中级人民法院(2014)浙甬知初字第579号,科田公司与日立金属垄断案]

2. 滥用市场支配地位

涉及知识产权的拒绝交易行为受反垄断法规制应同时具备以下要件:(1)被诉经营者因拥有特定知识产权而在相关市场上具有支配地位,其他经营者进入下游市场必须获得知识产权权利人的许可;(2)被诉经营者在适当的市场交易条件下,能够进行许可却仍然拒绝许可;(3)拒绝许可相关知识产权实质性地限制或者排除了下游市场的竞争,并可能损害消费者利益或者社会公共利益;(4)拒绝许可相关知识产权不具有合理理由。

[宁波市中级人民法院(2014)浙甬知初字第579号,科田公司与日立金属垄断案]

(四)《反垄断法》与知识产权法的关系

反垄断与保护知识产权二者相互协调,又在一定程度上存在冲突,即《反垄断法》保护经营者就其知识产权享有的独占权利,经营者依照有关知识产权的法律、行政法规规定行使知识产权的行为,不属于《反垄断法》的规制对象。但对知识产权的行使不能突破《反垄断法》的边界和底线,经营者滥用知识产权排除、限制竞争的行为应受到《反垄断法》的规制。

[宁波市中级人民法院(2014)浙甬知初字第579号,科田公司与日立金属垄断案]

七、植物新品种权

（一）侵权判定

1. 侵权行为

《种子法》第28条、《植物新品种保护条例》第6条以及最高人民法院《关于审理侵犯植物新品种权纠纷案件具体应用法律问题的若干规定》第2条第3款中规定的“重复”，应限定于以市场销售为目的的重复。重复以授权品种的繁殖材料为亲本与其他亲本另行繁殖并不当然具有“商业目的”。

[最高人民法院（2020）最高法知民终1588号，台沃公司与清远农业推广中心植物新品种侵权案]

利用授权品种培育新品种并申请品种权保护是获取植物新品种权的前置程序，该行为本身并不具有商业目的，不构成侵权。

[最高人民法院（2020）最高法知民终1588号，台沃公司与清远农业推广中心植物新品种侵权案]

品种审定是品种审定委员会对新育成的品种或新引进的品种根据审定标准和规定程序，对申请审定品种的品种试验结果进行审核鉴定，决定该品种能否销售或推广并确定其适宜推广区域的过程。利用授权品种培育新品种进行品种审定仍属于科研育种的范畴，该行为本身不具有商业目的，不构成侵权。

[最高人民法院（2020）最高法知民终1588号，台沃公司与清远农业推广中心植物新品种侵权案]

若被诉侵权人实施了发布被诉侵权种子的具体销售信息、与买家协商种子买卖的包装方式、价款和数量、履行期限等交易要素等行为，使得买家依据与被诉侵权人约定的交易条件，产生取得被诉侵权种子所有权的确定预期，则销售合同成立，构成销售行为。

[最高人民法院（2021）最高法知民终816号，金地公司与亲耕田公司植物新品种权侵权案]

在侵害植物新品种权纠纷中，判断被诉侵权行为是否构成授权品种繁殖材料的重复使用时，若品种权人已经提交检测和鉴定报告证明被诉侵权人使用涉案品种组配繁育被诉侵权种子，则应由被诉侵权人提交被诉侵权种子源于其他亲本的相关证据，否则可依据高度盖然性证明标准认定被诉侵权行为成立。

［海南自由贸易港知识产权法院，亚华研究院与张某植物新品种权侵权案］

2. 侵权抗辩

被诉侵权人在侵害植物新品种权案件中以其销售的是商品粮进行抗辩的，应当审查被诉侵权人的具体销售过程是否符合诚信原则及交易惯例、被诉侵权种子的销售价格是否明显高于商品粮价格等因素，进行综合判断。如果存在销售被诉侵权种子的方式不符合商业惯例、销售单价远高于当年商品粮的挂牌收购价格等情形，则可合理推定被诉侵权人销售的是种子而并非商品粮。

［江苏省高级人民法院（2018）苏民终 1492 号，明天种业公司与金满仓公司植物新品种侵权案］

若被诉侵权人并非与农村集体经济组织签订家庭农村土地承包经营合同的农民，交易场所并非法定的当地集贸市场，且种子销售数量远超出农民家庭农村土地承包经营合同约定的土地范围所能剩余自留种的数量，则被诉侵权行为不符合《种子法》第 37 条规定的农民自繁自用剩余种子合法出售、串换的条件。

［最高人民法院（2021）最高法知民终 816 号，金地公司与亲耕田公司植物新品种权侵权案］

（二）损害赔偿

在基于许可使用费确定侵害植物新品种权的损害赔偿数额时，鉴于植物新品种的价值和效用主要在前期，故针对前期确定的品种权使用费应当高于品种权使用费平均数。

［江苏省高级人民法院（2018）苏民终 1492 号，明天种业公司与金满仓公司植物新品种侵权案］

侵犯植物新品种权情节严重的，可适用1倍以上3倍以下的惩罚性赔偿。对于侵权情节严重的认定，应当综合考虑侵权人的主观恶意、侵权手段、次数，侵权行为的持续时间、地域范围、规模、后果，侵权人在诉讼中的行为等因素予以确定。

［最高人民法院（2021）最高法知民终816号，金地公司与亲耕田公司植物新品种权侵权案］

（三）司法鉴定

对于植物新品种权纠纷案件中当事人自行委托鉴定意见的证据效力，若经审查，该鉴定意见由具有相应鉴定资格的鉴定机构和鉴定人作出、鉴定程序合法、对照样品来源可靠、鉴定方法科学，经质证对方未提出足以反驳的相反证据的，一般可确认其证明力；若经审查，该鉴定意见存在鉴定机构或鉴定人不具备相应鉴定资质、鉴定程序严重违法、对照样品来源不明、鉴定方法明显依据不足等重大错误，或者当事人提交了足以推翻原鉴定意见的相反证据的，可不予采信并启动重新鉴定程序。在二审程序中，若经审查，当事人自行委托鉴定意见作为一审判决定案依据，证明力不足，重新鉴定具有必要性，且被诉侵权产品保存完好而具备鉴定条件，重新鉴定具有可操作性，则可在二审启动重新鉴定程序。

［最高人民法院（2020）最高法知民终795号，登海先锋公司与强盛种业公司等植物新品种权侵权案］

对于侵害植物新品种权纠纷案件涉及的真实性、同一性等专门性问题，可以采取田间观察检测和基因指纹图谱检测方法进行鉴定。鉴于田间种植测试耗时长、诉讼成本高，司法实践中一般采用不受环境影响、测试周期短、准确性高的基因指纹图谱检测技术进行快速鉴别。

［最高人民法院（2020）最高法知民终795号，登海先锋公司与强盛种业公司等植物新品种权侵权案］